Das allgemeine Persönlichkeitsrecht der öffentlichen Person in den Medien

Europäische Hochschulschriften
Publications Universitaires Européennes
European University Studies

Reihe II
Rechtswissenschaft

Série II Series II
Droit
Law

Bd./Vol. 4289

PETER LANG
Frankfurt am Main · Berlin · Bern · Bruxelles · New York · Oxford · Wien

Alexandra Loock

Das allgemeine Persönlichkeitsrecht der öffentlichen Person in den Medien

Eine Betrachtung mit interdisziplinären Bezügen

PETER LANG
Europäischer Verlag der Wissenschaften

Bibliografische Information Der Deutschen Bibliothek
Die Deutsche Bibliothek verzeichnet diese Publikation in der Deutschen Nationalbibliografie; detaillierte bibliografische Daten sind im Internet über <http://dnb.ddb.de> abrufbar.

Zugl.: Hannover, Univ., Diss., 2005

D 89
ISSN 0531-7312
ISBN 3-631-54118-X

www.peterlang.de

Meinen Eltern

semper aliquid haeret

Vorwort

Mein Dank gilt zunächst meinem Doktorvater, Herrn Prof. Dr. Thomas E. Abeltshauser, LL.M. für die freundliche Betreuung der Arbeit.

Frau Privatdozentin Dr. Jutta Stender-Vorwachs, LL.M hat sich die Zeit genommen, mit mir das Manuskript vor Fertigstellung zu diskutieren. Ich bedanke mich bei ihr außerdem für die Erstellung des Zweitgutachtens.

Mein besonderer Dank gilt meinen Eltern, die mich – wie immer – unterstützt haben. Ihnen soll die Arbeit gewidmet sein.

Berlin, im September 2005 Alexandra Loock

Inhaltsverzeichnis

Abkürzungsverzeichnis

a.A.	anderer Ansicht
a.a.O.	am angegebenen Ort
Abs.	Absatz
AcP	Archiv für civilistische Praxis
a.F.	alte Fassung
AfP	Archiv für Presserecht
a. M.	am Main
AöR	Archiv des öffentlichen Rechts
Art.	Artikel
a.S.	an der Saar
Aufl.	Auflage
BGB	Bürgerliches Gesetzbuch
BGBl.	Bundesgesetzblatt
BGH	Bundesgerichtshof
BGHSt	Entscheidungen des Bundesgerichtshofs in Strafsachen
BGHZ	Entscheidungen des Bundesgerichtshofs in Zivilsachen
BR-Drucksache	Bundesratsdrucksache
BT-Drucksache	Bundestagsdrucksache
BVerfG	Bundesverfassungsgericht
BVerfGE	Entscheidungen des Bundesverfassungsgerichts
BVerwGE	Entscheidungen des Bundesverwaltungsgerichts
bzw.	beziehungsweise
ders.	derselbe
DJZ	Deutsche Juristen Zeitung
EGMR	Europäischer Gerichtshof für Menschenrechte
EMRK	Europäische Menschenrechtskonvention
EuGRZ	Europäische Grundrechte Zeitung
f.	folgende (r)/(s)
Fn.	Fußnote
GG	Grundgesetz
Gruch Beitrag	Gruchot Beiträge zur Erläuterung des Deutschen Rechts
GRUR	Gewerblicher Rechtsschutz und Urheberrecht
Hrsg.	Herausgeber
i. V. m.	in Verbindung mit
JR	Juristische Rundschau
JuS	Juristische Schulung
JW	Juristische Wochenschrift
JZ	Juristen-Zeitung
KG	Kammergericht
KUG	Gesetz betreffend das Urheberrecht an Werken der bildenen Künste und der Fotografie von 1907
LG	Landgericht
LPG	Landespressegesetz
MarkenG	Gesetz über den Schutz von Marken und sonstigen Kennzeichen
MDR	Monatszeitschrift für Deutsches Recht

m.w.N.	mit weiteren Nachweisen
Nds	niedersächsisch/e/er/es
n.F.	neue Fassung
NJ	Neue Justiz
NJW	Neue Juristische Wochenschrift
Nr.	Nummer
OLG	Oberlandesgericht
OLGZ	Entscheidungen der Oberlandesgerichte in Zivilsachen
o.J.	ohne Jahr
o.O.	ohne Ort
RabelsZ	Rabels Zeitschrift für ausländisches und internationales Privatrecht
Rdnr.	Randnummer
RG	Reichsgericht
RGSt	Entscheidungen des Reichsgerichts in Strafsachen
RGZ	Entscheidungen des Reichsgerichts in Zivilsachen
Sp.	Spalte
StGB	Strafgesetzbuch
Ufita	Archiv für Urheber-, Film-, Funk-und Theaterrecht
UrhG	Gesetz über Urheberrecht und verwandte Schutzrechte (Urhebergesetz) vom 09.09. 1965
UWG	Gesetz gegen den unlauteren Wettbewerb
v.	von
VGH	Verwaltungsgerichtshof
vgl.	vergleiche
WRP	Wettbewerb in Recht und Praxis
WRV	Weimarer Reichsverfassung
ZRP	Zeitschrift für Rechtspolitik
ZUM	Zeitschrift für Urheber-und Medienrecht

In den Fällen, in denen der Schutz des Privatlebens gegen die Freiheit
der Meinungsäußerung abzuwägen war, hat der Gerichtshof stets darauf abgestellt,
ob die Fotoaufnahmen oder Presseartikel zu einer öffentlichen Diskussion
über eine Frage allgemeinen Interesses beitrugen.

EGMR NJW 2004, 2647 (2649) – Caroline von Hannover

Einleitung

Die vorliegenden Arbeit untersucht den Persönlichkeitsrechtschutz der lebenden „öffentlichen Person" in den Medien. Die Bezeichnung „Medien" wird in herkömmlicher Weise verwendet. Zu den Medien werden traditionell Presse, Film und Rundfunk gerechnet[1]. Der Bereich der sogenannten „Neuen Medien" wird „Multimedia" genannt[2].

Innerhalb der Interdependenz von „öffentlicher Person", medialer Öffentlichkeit und Persönlichkeitsrechtschutz ist „Öffentlichkeit" der zentrale Begriff.
Er spielt bei der Definition der „öffentlichen Person" eine wesentliche Rolle und ist auch entscheidend für den Persönlichkeitsrechtschutz, bei dem es um eine Abgrenzung zwischen „öffentlich" und „privat" geht. Die Grenze zwischen „privat" und „öffentlich" ist dynamisch und liegt nicht fest. Sie diffundiert in zweifacher Weise: einmal zwischen „privat" und „öffentlich" zum anderen zwischen „öffentlicher" und „realer" Person.

Eine wesentliche Aufgabe der Untersuchung ist es, den Begriff „öffentlich" zu determinieren. Für die Begriffsbestimmung bietet sich ein interdisziplinärer Ansatz aus mehreren Gründen an: Zum einen wird „öffentlich" in der Jurisprudenz so mannigfaltig gebraucht, dass sich diese Wissenschaft für die Determination von „öffentlich" nicht eignet. Zum zweiten kann nur eine soziologische Betrachtung mit rechtshistorischen Bezügen den gesellschaftlichen Wandel und damit die Veränderung unseres Verständnisses von Öffentlichkeit und „öffentlicher Person" im Laufe der Zeit klären. Der interdisziplinäre Ansatz hilft auch, sich die Interdependenz von „öffentlicher Person", Medien und Gesellschaft deutlich zu machen und wechselseitige Bedürfnisse, Rechte und Pflichten zu erkennen. Es ist beispielsweise einerseits der Bedeutung der Autonomie der Person für die Gesellschaft und andererseits der Erfahrung, die gerade die Deutschen im Laufe des letzten Jahrhunderts in zwei Diktaturen mit der Gleichschaltung der Presse gemacht haben, Rechnung zu tragen.

Erst wenn die wechselseitigen Beziehungen deutlich sind, kann das allgemeine Persönlichkeitsrecht der „öffentlichen Person" geklärt werden. Beim Persönlichkeitsrechtsschutz in den Medien geht es nämlich hauptsächlich um eine Rechtskollision zwischen den Medienfreiheiten des Art. 5 Abs. 1 GG und dem allgemeinen Persönlichkeitsrecht, Art. 2 Abs.1 i. V. m. Art. 1 Abs. 1 GG.

Im ersten Teil der Arbeit wird die Interdependenz von „öffentlicher Person", medialer Öffentlichkeit und Persönlichkeitsentwicklung beleuchtet. Dabei wird im ersten Abschnitt der häufig unreflektiert gebrauchte Begriff der „öffentlichen Person" untersucht und definiert.
Im 16. Jahrhundert waren Staatsdiener „öffentliche Personen"[3]. Heute werden „Stars" wie der Rennfahrer Michael Schumacher als solche bezeichnet[4]. Der Wandel der Be-

---

1 Vgl. Fechner, F., Medienrecht. Lehrbuch des gesamten Medienrechts unter besonderer Berücksichtigung von Presse, Rundfunk und Multimedia, 7.
2 Ebenda.
3 Habermas, J., Strukturwandel der Öffentlichkeit, 66.

deutung des Begriffs „der öffentlichen Person" wird erst aus der Etymologie des Wortes „öffentlich" deutlich. Es wird daher mit Hilfe eines rechtssoziologischen Ansatzes untersucht, wie es zu einem Wandel der Gesellschaft und dem veränderten Verständnis von Öffentlichkeit kam. Dann wird der Begriff der „öffentlichen Person" für die Gegenwart determiniert.

Dieser Teil der Untersuchung führt unter anderem zu dem Ergebnis, dass durch den „Strukturwandel der Öffentlichkeit"[5] ein neuer Diskurs entstanden ist: der um das „allgemeine Persönlichkeitsrecht" und die Medien.

Beim Persönlichkeitsrechtsschutz geht es letzlich um eine Einschränkung der Freiheit der Medien. Der Schutz der Medien führt wiederum zu einer Einschränkung des Persönlichkeitsrechts des Einzelnen. Um die Wichtigkeit und die Probleme einer diesbezüglichen Rechtsabwägung deutlich zu machen, werden die Medien, ihre Rechte und das Wesen der Persönlichkeit in verschiedenen Abschnitten näher beleuchtet. Es soll die immense Bedeutung der Medien für den gesellschaftlichen Prozess und für die Persönlichkeitsentwicklung des Einzelnen erforscht und die von ihnen zu erfüllende „öffentliche Aufgabe" analysiert werden[6]. Danach wird der Wert der Privatheit für die Persönlichkeitsentfaltung untersucht. An dieser Stelle ist wiederum ein interdisziplinärer Ansatz erforderlich, da das Recht die Persönlichkeitsentfaltung zwar schützen, aber nicht erklären kann. Es wird daher auf das handlungspsychologische Modell von Lantermann[7] rekurriert. Durch die psychologische Betrachtung soll außerdem die Frage gelöst werden, ob zwischen der öffentlichen und der realen Person, auf die die „öffentliche Person" verweist, unterschieden werden kann.
In die Überlegungen fließt die Erkenntnis ein, dass eine Person nur Kontrolle über ihr Leben hat, wenn sie zwischen verschiedenen Beziehungen und entsprechenden Verhaltensweisen differenzieren kann. Sie unterscheidet zwischen Bereichen, die nur für sie interessant sind und solchen, die für alle wichtig sind. Ein solches selbstbestimmtes Leben ist nicht mehr möglich, wenn Personen von den externen Bedingungen oder von ihren Fähigkeiten her nicht mehr in der Lage sind, zwischen dem beobachteten und dem unbeobachteten Leben zu unterscheiden. Wenn jemand sich nicht mehr mit einem Freund im Gartenrestaurant treffen[8] oder einkaufen gehen kann, ohne dass darüber in den Medien berichtet wird, gibt es fast keinen persönlichen Bereich mehr, der unbeobachtet und unkommentiert bleibt. Die Persönlichkeitsentfaltung wird dann stark beeinträchtigt[9].

Die Anfänge der Diskussion um das Verhältnis des Persönlichkeitsrechts zu den Medien kann man schon am Ende des 19. Jahrhunderts ausmachen. Damals wurde das „allgemeine Persönlichkeitsrecht" aufgrund der Verbreitung der Klatschpresse, ein-

---

4 Schumacher, M., „Tomaten selbst häuten und entkernen". Michael Schumacher hat eine ganze Menge dazugelernt, seit er in Italien arbeitet. Tränenreich weinen allerdings, das konnte er schon vorher, in: Der Tagesspiegel v. 01.07.2001, Weltspiegel, 1; Rössler, B., Der Wert des Privaten, 332. Vgl. auch Meyer, Th., Was ist Politik, 10.

5 Habermas, J., Strukturwandel der Öffentlichkeit.

6 Vgl. auch EGMR NJW 2004, 2653 (2655) – Andreotti.

7 Lantermann, E. D., Interaktionen: Person, Situation, Handlung, 143.

8 BGHZ 131, 332 = NJW 1996, 1128 – Caroline von Monaco III.

9 Vgl. EGMR NJW 2004, 2647 = EuGRZ 2004, 404 – Caroline von Hannover.

hergehend mit der Popularisierung der Fotografie zum ersten Mal juridisch und theoretisch zum Thema[10]. Mit der rasanten Entwicklung der Medien und den neuen Technologien sind neue Formen von Beobachtung und Kontrolle des Einzelnen möglich geworden[11]. Wenn hierzulande das Private bedroht ist, dann liegt der Akzent nicht so sehr auf der Freiheit von Eingriffen in Entscheidungen und Handlungen, sondern auf der Freiheit von Einblicken ins Alltagsleben[12].
Der Schutz der privaten Sphäre wird dann gefordert, wenn sich die Menschen im alltäglichen Selbstsein bedroht sehen, und das tun sie, wenn sie befürchten müssen, möglichen „Voyeuren" ausgeliefert zu sein[13].
„Diesen Bereich zu achten und nicht unbefugt in ihn einzudringen, ist ein rechtliches Gebot, das sich aus dem Grundgesetz selbst ergibt. Ebenso folgt aus dem Grundgesetz die Notwendigkeit, bei Verletzungen dieses Bereichs Schutz gegen die Verletzung wesenseigentümlicher Schäden zu gewähren."[14]

Mit dem Recht am eigenen Bild ist die Bedeutung des Schutzes von Privatheit im öffentlichen Raum veranschaulicht[15].
Das Unzulässige der eigenmächtigen Bildnisveröffentlichung durch einen Dritten liegt darin, dass damit dem Abgebildeten die Freiheit entzogen wird, auf Grund eigener Entscheidung über dieses Gut seiner Individualsphäre zu verfügen.
Das Leben in sozialen Kontexten ist natürlich immer mit einem gewissen Maß an sozialer Beobachtung und Kontrolle verbunden. Indem der Einzelne die anderen beobachtet, erhält er Informationen, die er für die Ausrichtung des eigenen Verhaltens benötigt. Information ist in der menschlichen Gesellschaft eine normale Erscheinung. Das gilt sowohl für die Wahrnehmung und deren Verarbeitung, als auch für den Informationsaustausch im Wege sprachlichsymbolischer Vermittlung[16]. Das Problem ist, wie trotz der Entwicklung der neuen Informationstechnologien im 20. Jahrhundert noch ein solches Maß an „Normalität" zu wahren ist, dass unsere Begriffe von Autonomie und einem nichtkontrollierten Leben nicht gänzlich ihren Sinn verlieren. Aus diesem Grund wird der Sozialbezug der Persönlichkeit und seine Folgen im vierten Abschnitt des ersten Teils untersucht.

Da sich die Jurisprudenz weder mit dem Begriff der „öffentlichen Person" noch mit ihren Rechten beschäftigt hat, geht die Arbeit im fünften Abschnitt des ersten Teils der Frage nach, ob die „öffentliche Person" unter den Begriff der „Person der Zeitgeschichte"[17] fällt. Es wird der nicht im Gesetz verankerte Begriff der „Person der Zeitgeschichte" determiniert. Anschließend findet eine Auseinandersetzung mit der Lehre

---

10 Vgl. Rössler, B., Der Wert des Privaten, 13.
11 Vgl. Rössler, B., a.a.O., 217; Werwigk-Hertneck, C., Schutz vor den Paparazzi? Der Einbruch in die Intimsphäre soll strafbar werden, in : ZRP 2003, 293.
12 Rössler, B., a.a.O., 34.
13 Ebenda.
14 BGHZ 26, 349 (354f) – Herrenreiter.
15 Rössler, B., a.a.O., 35.
16 Leisner, W., Von der persönlichen Freiheit zum Persönlichkeitsrecht, in: Forkel, H./Kraft, A. (Hrsg.), Beiträge zum Schutz der Persönlichkeit und ihrer schöpferischen Leistungen: Festschrift für Heinrich Hubmann zum 70. Geburtstag, 295 (306).
17 Neumann-Duesberg, H., Bildberichterstattung über absolute und relative Personen der Zeitgeschichte, in: JZ 1960, 114 (116).

von der absoluten und relativen Person der Zeitgeschichte[18] statt. Die Begriffe werden auf ihre Zeitgemäßheit in Anbetracht unseres veränderten Verständnisses von Öffentlichkeit und der Kritik des EGMR im Caroline von Hannover-Urteil[19] hinterfragt.

Die im ersten Teil der Arbeit gewonnenen Erkenntnisse werden dann im zweiten Teil verarbeitet. Zunächst werden dort die geschichtliche Entwicklung und die Grundlagen des allgemeinen Persönlichkeitsrechts dargestellt. Danach wird das allgemeinen Persönlichkeitsrecht in Sphären untergliedert und im Hinblick auf den im ersten Teil der Arbeit gefundenen Begriff der „öffentlichen Person" untersucht. Dabei ist der besonderen Rolle der „öffentlichen Person" Rechnung zu tragen, die bereits im ersten Teil der Untersuchung mittels des interdisziplinären Ansatzes herausgearbeitet wurde: Die „öffentliche Person" ist durch den zunehmenden Wettbewerb[20] im Boulevardjournalismus und dessen immer aggressivere Formen der Berichterstattung[21] besonders gefährdet, in ihren allgemeinen Persönlichkeitsrechten verletzt zu werden. Rechtsverletzungen seitens der Medien erfolgen dabei in den überwiegenden Fällen zum Zwecke der Gewinnerzielung. Es muss aber beachtet werden, dass die „öffentliche Person" ihren Marktwert zumeist erst durch die Aufmerksamkeit der Medien erhält[22]. In vielen Fällen lässt sie sich deshalb auf eine Symbiose mit ihnen ein. Das führt häufig zu einer völligen Auflösung der Dichotomie von „privat" und „öffentlich" und erschwert den Schutz des allgemeinen Persönlichkeitsrechts.
Der EGMR hat mit seinem Caroline von Hannover-Urteil[23] insbesondere hinsichtlich der Bestimmung der Privat- bzw. Sozialsphäre einen interessanten Lösungsvorschlag unterbreitet. Mit der Entscheidung wird sich innerhalb der Darstellung der einzelnen Sphären auseinandergesetzt.

Die Arbeit beschäftigt sich auch mit der Tatsache, dass einige „öffentliche Personen" und die Medien Prozesse sowie Verurteilungen bereits im Vorfeld von Persönlichkeitsrechtsverletzungen miteinplanen, da es in der medialen Öffentlichkeit hauptsächlich um Aufmerksamkeit und Images geht. Das Schadensersatzrecht erleidet auf diese Weise einen Funktionsverlust[24].

Hinsichtlich der Lösung dieser Probleme bestehen vielfältige Ansätze. Sie sind häufig fragwürdig.
Ist eine willkürliche Einteilung in immer neue Sphären sinnvoll? Kann sie der Rechtssicherheit dienen?

---

18 Neumann-Duesberg, H., Bildberichterstattung über absolute und relative Personen der Zeitgeschichte, in: JZ 1960, 114.

19 EGMR NJW 2004, 2647 (2650) = EuGRZ 2004, 404 (413) – Caroline von Hannover.

20 Vgl. Prinz, M./Peters, B., Medienrecht. Die zivilrechtlichen Ansprüche, VII.

21 Vgl. nur BGHZ 131, 332ff. = NJW 1996, 1128f – Caroline von Monaco III; BGH in NJW 1996, 984f. = AfP 1996, 137f. – Caroline von Monaco II; BGHZ, 128, 1ff = NJW 1995, 861f.- Caroline von Monaco I.

22 Vgl. Ladeur, K.-H., Die Anpassung des privaten Medienrechts an die „Unterhaltungsöffentlichkeit", NJW 2004, 393 (396).

23 EGMR NJW 2004, 2647 = EuGRZ 2004, 404 – Caroline von Hannover.

24 Ebenda.

Bedarf der Persönlichkeitsrechtsschutz als „ultima ratio" wirklich eines neuen Anspruchs „sui generis" und der damit einhergehenden Präferierung einer condemnatio pecuniaria? Kann nicht der Rezipient durch die negatorischen Rechtsbehelfe in die zivilrechtliche Naturalrestitution einbezogen werden?

Das Telos der vorliegenden Arbeit ist es, die aufgeworfenen Fragen interessengerecht zu lösen.

1. Teil: Die „öffentlichen Person" als Teil der Mediengesellschaft

1. Abschnitt: Definition des Begriffs der „öffentlichen Person"

1. Kapitel: Die Begriffe „öffentliche Person" und „öffentlich" im Recht

Den Rechtsbegriff[25] „öffentliche Person" sucht man vergebens in der deutschen Jurisprudenz.

Die parlamentarische Versammlung des Europäischen Rates hat die „öffentliche Person" folgendermaßen beschrieben: „ Public figures are persons holding public office and/or using public resources and, more broadly speaking, all those who play a role in public life, whether in politics, the economy, the arts, the social sphere, sport or in any other domain."[26]

Diese Formulierung nimmt einen Rückgriff auf Begriffe wie „öffentliches Amt" und „öffentliches Leben" ohne „öffentlich" näher zu beschreiben. Die Definition der „öffentlichen Person" seitens der parlamentarischen Versammlung des Europäischen Rates ist daher inhaltsleer und hilft für einen reflektierten Gebrauch des Begriffs „öffentliche Person" nicht weiter. Erforderlich ist eine nähere Beschreibung des Begriffs „öffentlich", der auch nach der Definition der parlamentarischen Versammlung des Europäischen Rates für das Verständnis der „öffentlichen Person" eine Schlüsselrolle einnimmt.

Wird das Augenmerk auf das Wort „öffentlich" gerichtet, so wird offenbar, dass sich die deutsche Rechtswissenschaft mit diesem Begriff intensiv auseinandergesetzt hat. Ursache ist zum einen, dass „öffentlich" als der in den Gesetzen meist gebrauchte Begriff gilt[27], und zum anderen, dass der Gesetzgeber vielfach von einer Definition oder Umschreibung abgesehen und damit die erforderliche Begriffsbestimmung der Wissenschaft und Praxis überlassen hat[28].
Vereinzelt findet sich dennoch eine Legaldefinition, so in § 15 Abs. 3 UrhG:
„Die Wiedergabe ist öffentlich, wenn sie für eine Mehrzahl von Mitgliedern der Öffentlichkeit bestimmt ist. Zur Öffentlichkeit gehört jeder, der nicht mit demjenigen, der das Werk verwertet, oder mit anderen Personen, denen das Werk in unkörperli-

---

25 Als Rechtsbegriffe werden in Übereinstimmung mit einer verbreiteten Auffassung nicht nur die Begriffe des positiven Rechts (Gesetzes-oder Rechtssatzbegriffe), sondern auch die von der Rechtswissenschaft geprägten Begriffe (rechtswissenschaftliche Begriffe) bezeichnet; vgl. Jesch, D., Unbestimmter Rechtsbegriff und Ermessen in rechtstheoretischer und verfassungsrechtlicher Sicht, in: AöR 82, 163 (167) m.w.N.; Martens, W., Öffentlich als Rechtsbegriff, 37 m.w.N.

26 Resolution 1165 (1998) of the Parliamentary Assembly of the Council of Europe on the right to privacy, 7.

27 Arndt, A., Umwelt und Recht, Das Öffentliche: 1. Gerichtsöffentlichkeit, 2. Die Verbände im Bereich des Öffentlichen, in: NJW 1960, 423 (425).

28 Martens, W., a.a.O., 37.

cher Form wahrnehmbar oder zugänglich gemacht wird, durch persönliche Beziehungen verbunden ist."
Ähnlich interpretiert auch die Rechtsprechung „öffentlich" im Rahmen zahlreicher Tatbestände, in denen die öffentliche Vornahme verschiedener Handlungen strafbegründendes oder strafschärfendes Merkmal bildet[29].
Dagegen ist ein Darlehen öffentlich, wenn es aus öffentlichen Mitteln, insbesondere aufgrund staatlicher Kreditprogramme gewährt wird[30]. Öffentlich wird hier mit staatlich gleichgesetzt.
Eine ganz andere Bedeutung bekommt „öffentlich", wenn es um das sogenannte „öffentliche Interesse" geht. Obwohl sich das einschlägige Normenmaterial in kein wie auch immer geartetes System bringen lässt, da die Rechtsbereiche, in denen es auftritt, und die Rechtsfolgen, die es auslöst, vielgestaltig und heterogen sind[31], lässt sich „öffentliches Interesse" in den meisten Fällen als Verweisung auf gemeinsame Interessen der staatsbürgerlichen Öffentlichkeit in ihrer Gesamtheit oder auch einer engeren Allgemeinheit verstehen[32].

Der Begriff öffentlich wird also im Recht so mannigfaltig definiert, dass eine alles erfassende Bestimmung nur schwer gelingt. Hinsichtlich der genauen Definition der „öffentlichen Person" ist es deshalb sinnvoll, sich am Gemeingebrauch der Sprache zu orientieren[33].

2. Kapitel: Die Begriffe „öffentliche Person" und „öffentlich" im allgemeinen Sprachgebrauch

Seit dem Aufkommen des liberalen Bürgertums hat der Begriff der „öffentlichen Person" die Menschen im Zusammenhang mit Reflexionen über gesellschaftliches

29 RGSt. 72, 67ff; 112 (113); 58, 53; 42, 112 (113); 40, 262 (263); 38, 207 (208); 35, 159f.; 21, 254 (255ff.). Für § 183a StGB vgl. Laufhütte, H.W., in: Jähnke, B./Laufhütte, H.W./Odersky, W. (Hrsg.), Strafgesetzbuch: Leipziger Kommentar, Großkommentar, 19.Lieferung, §§ 174-184c, § 183a Rn. 3 m.w.N.; ähnlich auch Scheer, B., Deutsches Presserecht, S. 184f.; in diesem Sinne ist „öffentlich" u.a. auch in Art. 42 Abs. 1 GG, Art. 52 Abs. 3 GG, §§169ff. GVG, §978 BGB, §§, 1 Abs. 1, 2 Abs. 1, 6 Abs. 1 Nr. 3 StVG zu verstehen.

30 Putzo, H., in: Palandt, Bürgerliches Gesetzbuch, Vorb v § 488, Rn. 18.

31 Martens, W., a.a.O., 171. Vgl. zur Definition des „öffentlichen Interesses" u.a. auch Kopp, F.O./Schenke, W.-R., Verwaltungsgerichtsordnung, § 80, Rn. 90ff., Meyer-Goßner, L., Strafprozessordnung, §153, Rn. 7f.; ders. §153a, Rn. 6; ders. § 376 Rn.1.

32 So wohl zuerst Jellinek, G., Gesetz und Verordnung. Staatsrechtliche Untersuchungen auf rechtsgeschichtlicher und rechtsvergleichender Grundlage, 71; Martens, W., a.a.O., 193; vgl. auch Häberle, P., Öffentliches Interesse als juristisches Problem, 716ff. Sehr instruktiv zum Begriff des „öffentlichen Interesses" insbesondere unter Berücksichtigung der juristischen und ökonomischen Theorie: Abeltshauser, Th. E., Unternehmensbegriff und öffentliches Interesse, 18, 23, 25, 52ff, 94.

33 Die Rechtssprache hat ohnehin am Gemeingebrauch der Sprache anzuknüpfen, vgl. Larenz, K., Methodenlehre der Rechtswissenschaft, 181ff., 232, 320ff. ; Heck, P., Das Problem der Rechtsgewinnung. Gesetzesauslegung und Interessenjurisprudenz. Begriffsbildung und Interessenjurisprudenz, 156ff; Neumann-Duesberg, H., Sprache im Recht, S. 83.

Selbstverständnis begleitet[34]. In diesem Kontext wird der Begriff unter anderem auch bei Goethe umschrieben.

In der zweiten Fassung[35] seines „Wilhelm Meister" findet sich ein Brief von Wilhelm an seinen Schwager, in dem es heißt: Der Edelmann „ ist eine öffentliche Person, und je ausgebildeter seine Bewegungen, je sonorer seine Stimme, je gehaltener und gemessener sein ganzes Wesen ist, desto vollkommener ist er. (...) Wenn der Edelmann im gemeinen Leben gar keine Grenzen kennt, wenn man aus ihm Könige oder königähnliche Figuren erschaffen kann, so darf er überall mit einem stillen Bewusstsein vor seinesgleichen treten; er darf überall vorwärts dringen, anstatt dass dem Bürger nichts besser ansteht, als das reine, stille Gefühl der Grenzlinie, die ihm gezogen ist. Er darf nicht fragen: Was bist du? sondern nur: Was hast du? welche Einsicht, welche Kenntnis, welche Fähigkeit, wieviel Vermögen? Wenn der Edelmann durch die Darstellung seiner Person alles gibt, so gibt der Bürger durch seine Persönlichkeit nichts und soll nichts geben. Jener darf und soll scheinen; dieser soll nur sein, und was er scheinen will, ist lächerlich oder abgeschmackt. Jener soll tun und wirken, dieser soll leisten und schaffen; er soll einzelne Fähigkeiten ausbilden, um brauchbar zu werden, und es wird schon vorausgesetzt, dass in seinem Wesen keine Harmonie sei, noch sein dürfe, weil er, um sich auf eine Weise brauchbar zu machen, alles übrige vernachlässigen muss. (...)"[36]

Goethe unterscheidet Edelmann und Bürger. Der Edelmann verkörpert die Öffentlichkeit während der Bürger für die private Seite steht. Diese Unterscheidung von „öffentlich" und „privat" bildete sich erst mit Entstehen des Bürgertums heraus.

Im Mittelalter war Öffentlichkeit kein eigener von einer privaten Sphäre geschiedener Bereich, sondern eher ein Statusmerkmal[37]. Der Status des Grundherrn, auf welcher Stufe auch immer, war an sich gegenüber den Kriterien „öffentlich" und „privat" neutral; aber sein Inhaber repräsentierte ihn öffentlich[38]. Die Repräsentation ist untrennbar mit der Öffentlichkeit verbunden, da es keine „Repräsentation" gibt, die „Privatsache" ist[39]. In der aristokratischen Welt waren Besitz, Überfluss, Pomp, Luxus, Reichtum und magnificertia ein unabdingbares Gebot der Standesehre[40].

Die Entfaltung der repräsentativen Öffentlichkeit war an Attribute der Person geknüpft: an Insignien (Abzeichen, Waffen), Habitus (Kleidung, Haartracht), Gestus

34 Vgl. Wittich, W., Der soziale Gehalt von Goethes Roman „Wilhelm Meisters Lehrjahre", in: Erinnerungsgabe für Max Weber, München und Leipzig 1923, Bd. II, 279f; Kastner, K., Literatur und Recht – eine unendliche Geschichte, in: NJW 2003, 609 (613).

35 In der älteren Fassung „Wilhelm Meisters theatralische Sendung", die wohl 1777-1785 entstanden ist, fehlt der nachfolgend teilweise zitierte Brief. Erst in der zweiten endgültigen Fassung hat Goethe die sozialen Probleme seiner Zeit in den Mittelpunkt des Werkes gestellt. Vgl. auch Wittich, W., a.a.O., 285.

36 Goethe, J.W., Wilhelm Meisters Lehrjahre, Zweiter Teil, in: Johann Wolfgang Goethe Werke, 4. Band, 17ff.

37 Vgl. Habermas, J., Strukturwandel der Öffentlichkeit, 60.

38 Ebenda.

39 Vgl. Schmitt, C., Verfassungslehre, 208ff.

40 Bosl, K., Die Gesellschaft in der Geschichte des Mittelalters, 34.

(Grußform, Gebärde) und Rhetorik (Form der Anrede, Förmliche Rede überhaupt) [41]. Da Öffentlichkeit nur einen Status symbolisierte, war sie nicht ortsgebunden.

Nur die Geistlichen hatten mit der Kirche ein Lokal ihrer Repräsentation. „Im kirchlichen Ritual, in Liturgie, Messe, Prozession überlebt noch heute repräsentative Öffentlichkeit"[42]. „Das Verhältnis der Laien zur Priesterschaft veranschaulicht, wie die „Umgebung" zu der repräsentativen Öffentlichkeit hinzugehört und doch auch von ihr ausgeschlossen ist"[43].

Das Wort „öffentlich" wurde bis ins 16. Jahrhundert hauptsächlich adverbiell verwendet, wobei der Ausdruck „öffentlich sein" – im Sinne von „klar", „offensichtlich sein" – bis Ende des 15. Jahrhunderts die geläufigste Form blieb[44]. Im 18. Jahrhundert erkannte Johann Christoph Adelung „öffentlich" in seinem Wörterbuchs der hochdeutschen Mundart drei Bedeutungen zu: „1. was vor allen Leuten, vor jedermann ist und geschiehet: im Gegensatze des geheim oder verborgenen, 2. zu jedermanns Gebrauche bestimmt, 3. in engem Verstande, eine große bürgerliche Gesellschaft betreffend."[45] Die attributive Bezeichnung von Herrschaft und sozialer Gemeinschaft, die das Wort seit dem 17. Jahrhundert ausdrückte, war ursprünglich der Bedeutung des Ausdrucks fremd[46].

Goethe legte der „öffentlichen Person", die im Sprachgebrauch seiner Zeit bereits die Bedeutung eines Dieners der öffentlichen Gewalt, des Staatsdieners, angenommen hatte, wiederum den traditionellen Sinn öffentlicher Repräsentanz unter[47].
Ob diese Beschreibung der „öffentlichen Person auch noch im 21. Jahrhundert Bestand hat, ist im Hinblick auf den historischen Bedeutungswandel von „Öffentlichkeit" fraglich[48].

---

41 Gurjewitsch, A. J., Das Weltbild des Mittelalterlichen Menschen, 342.

42 Habermas, J., a.a.O., 62.

43 Habermas, J., a.a.O., 63.

44 Hölscher, L., Öffentlichkeit, in : Historisches Lexikon zur politisch-sozialen Sprache in Deutschland, Band 4, 414.

45 Adelung, J.C., Wörterbuch der hochdeutschen Mundart, besonders aber der oberdeutschen, M-Scr., Band. 3, 893.

46 Hölscher, L., a.a.O., 414.

47 Vgl. Habermas, J., Strukturwandel der Öffentlichkeit, 68.

48 Wegen der Übersichtlichkeit der Darstellung wird lediglich jeweils von einer Öffentlichkeit und einem Publikum gesprochen. Tatsächlich gibt es konkurrierende subkulturelle und klassenspezifische Öffentlichkeiten, die von der hegemonialen Öffentlichkeit verdrängt wer-den; auch Habermas, J., Strukturwandel der Öffentlichkeit, 15; Faulstich, J., Die bürgerliche Mediengesellschaft (1700-1830), 11. Einen grundsätzlichen Überblick über die verschie-denen Öffentlichkeiten und ihre Bedeutung verschafft, Hill, C., The World Turned Upside Down. Negt, O./Kluge, A., Öffentlichkeit und Erfahrung: Zur Organisationsanalyse von bürgerlicher proletarischer Öffentlichkeit, halten für eine Untersuchung der Öffentlichkeit die Einbeziehung aller Öffentlichkeiten wohl für unabdingbar.

1. Die Sphäre der öffentlichen Gewalt

Im 16./17. Jahrhundert verringerte sich die repräsentative Öffentlichkeit und es entstand die Sphäre der „öffentlichen Gewalt"[49]. Ursächlich hierfür war, dass sich in dieser Zeit der moderne Staat mit seinen bürokratischen Einrichtungen und einem wachsenden finanziellen Aufwand konstituierte. Weder private Darlehnsverträge zwischen Fürst und Finanzier noch öffentliche, das heißt staatliche Anleihen, reichten zur Deckung des Kapitalbedarfs aus; erst ein wirksames Steuersystem half der Finanzmisere ab. Mit dieser Trennung des staatlichen Budgets vom persönlichen Hausgut des Landesherrn wurde die Polarisierung von „öffentlich" und „privat" sichtbar[50].

„Öffentlich" in diesem engen Sinne wurde also synonym mit staatlich[51]. Die „öffentliche Gewalt" konsolidierte sich zu einem greifbaren Gegenüber für die Privatleute, die ihr bloß unterworfen waren und an ihr zunächst nur negativ ihre Bestimmung fanden, da sie von der Teilnahme an der „öffentlichen Gewalt" ausgeschlossen waren[52]. Vor diesem Hintergrund erstaunt es nicht, dass sich im Deutschen das vom lateinischen „privatus" entlehnte „privat" erst seit der Mitte des 16. Jahrhunderts fand und zwar in der Bedeutung „ohne öffentliches Amt". „Privat" meinte den Ausschluss von der Sphäre des Staatsapparates; denn „öffentlich" bezog sich inzwischen auf den mit dem Absolutismus ausgebildeten Staat, der sich gegenüber der Person des Herrschers objektivierte. Die Staatsdiener waren „öffentliche Personen", public persons, personnes publique; sie hatten ein öffentliches Amt inne, ihre Amtsgeschäfte waren öffentlich (public office, service public), und öffentlich hießen die Gebäude und Anstalten der Obrigkeit[53]. Schon in der Antike wurden Personen, die mit einem officium publicum ausgestattet waren, „personae publicae" genannt[54]. Auf der anderen Seite gab es Privatleute, Privatämter, Privatgeschäfte und Privathäuser[55]. Die Privatleute waren von der Teilnahme an der „öffentlichen Gewalt" ausgeschlossen und ihr zunächst nur unterworfen[56].

Erst nach und nach emanzipierten sich die Untertanen zu Bürgern, die eine kommunikative Ordnung jenseits feudaler Schranken konstruierten und so eine neue „Öffentlichkeit" konsolidierten[57].

49 Hölscher, L., a.a.O., 413.

50 Hölscher, L., a.a.O., 425. – aufgrund der Vielschichtigkeit des Begriffs „öffentlich" ist privat nicht der einzige Gegensatz, sondern „öffentlich" kann auch „geheim" oder „arkan" gegenübergestellt werden, vgl. Geuss, R., Privatheit. Eine Genealogie, 18f.

51 Hölscher, L., a.a.O., 413.

52 Habermas, J., Strukturwandel der Öffentlichkeit, 74.

53 Habermas, J., Strukturwandel der Öffentlichkeit, 66.

54 Hölscher, L., a.a.O., 421.

55 Habermas, J., Strukturwandel der Öffentlichkeit, 66.

56 Habermas, J., Strukturwandel der Öffentlichkeit, 74f.

57 Bertelsmann Lexikon Geschichte, Öffentlichkeit, 581.

2. Die bürgerliche Öffentlichkeit

Es entstand die „bürgerliche Öffentlichkeit", die im 18. Jahrhundert von der bürgerlichen Teilöffentlichkeit[58] zur gesamtgesellschaftlich dominanten Öffentlichkeit transformierte[59]. Träger dieser Öffentlichkeit waren die Bürger, die das Bürgerrecht besaßen und deren soziale Stellung zwischen den Standespersonen nach oben und den Bauern und Landleuten nach unten definiert war[60]. Die Bürger forderten zwei Rechte: 1. Das Recht zu sagen, was sie wussten (= Pressefreiheit) ; 2. Das Recht zu erfahren, was sie nicht wussten (= Abbau des höfischen Arkanums) [61].
Dieser „bürgerlichen Öffentlichkeit", ging eine lange Entwicklung voraus[62]: Ausgangspunkt dieses Entwicklungsprozesses war der ökonomische Aufstieg des Bürgertums. „Aus den Ständen entwickelten sich die herrschaftsständischen Elemente zu Organen der öffentlichen Gewalt, zum Parlament (und zum anderen Teil zur Gerichtsbarkeit) ; die berufsständischen Elemente; soweit sie in den ständischen Korporationen und gewissen landesständischen Differenzierungen schon angelegt, entwickeln sich zur Sphäre der „bürgerlichen Gesellschaft", die dem Staat als der genuine Bereich privater Autonomie gegenüberstehen würde."[63]

Der freie Warenverkehr ist nicht als das einzige Element des neuen Verkehrszusammenhanges anzusehen, das zur Entwicklung der bürgerlichen Öffentlichkeit beitrug. Vielmehr diente der sich ausbildende Nachrichtenverkehr ebenfalls dem Aufbau einer kommunikativen Ordnung jenseits feudaler Schranken[64].

Der Informationsfluss entwickelte sich in den Bahnen des Warenverkehrs, da die am Markt orientierte kaufmännische Kalkulation durch die Ausdehnung des Handels häufigerer und genauerer Informationen über räumlich entfernte Vorgänge bedurfte[65].

58 Es gibt verschiedene Öffentlichkeiten, vgl. oben Fn. 11.

59 Faulstich, W., a.a.O., 11. Die Frauen waren von dieser Gesellschaft ausgeschlossen, da man sie nur auf den häuslichen Bereich verwies und das Räsonieren in den Kaffeehäusern und Salons stattfand, vgl. Thompson, J.B., a.a.O., 72f.; nun auch Habermas, J., Strukturwandel der Öffentlichkeit, 18f.

60 Faulstich, W., a.a.O., 12.

61 Schneider, F., in: Historisches Lexikon zur politisch-sozialen Sprache in Deutschland, Band, 909.

62 Habermas folgend wird die plebejische Öffentlichkeit, die während der französischen Revolution für einige Zeit dominierte, vernachlässigt, da sie sich in den hier wesentlichen Punkten von der bürgerlichen Öffentlichkeit nicht unterscheidet. „Die plebejische Öffentlichkeit ist gewissermaßen eine bürgerliche Öffentlichkeit, deren soziale Voraussetzungen aufgehoben sind", Lottes, G., Politische Aufklärung und plebejisches Publikum: Zur Theorie und Praxis des englischen Radikalismus im späten 18. Jahrhundert, 110; vgl. auch Habermas, J., Strukturwandel der Öffentlichkeit, 16, 52f.

63 Habermas, J., Strukturwandel der Öffentlichkeit, 67.

64 Vgl. Faulstich, W., a.a.O., 255f.

65 Straßner, E., Historische Entwicklungstendenzen der Zeitungsberichtserstattung, in: Leonhard, J.-F./Ludwig, H.-W./Schwarze, D./Straßner, E., Medienwissenschaft: Ein Handbuch zur Entwicklung der Medien und Kommunikationsformen, 1. Teilband, 913.

Ausgehend vom kaufmännischen Briefverkehr entwickelte sich das Nachrichtensystem über die berufsständische Korrespondenz zur regelmäßig öffentlichen Berichterstattung (Presse) [66]. „Die ersten Zeitungen (...) erscheinen zuerst wöchentlich, um die Mitte des 17. Jahrhunderts schon täglich."[67]

Die Obrigkeiten machten sich die Presse zu Zwecken der Wirkungs- und Einflussnahme nutzbar[68]. Indem sie sich dieses Instruments bedienten, um Befehle und Verordnungen bekanntzugeben, wurden die Adressaten der öffentlichen Gewalt erst zum „Publikum"[69].
Der Begriff „Publikum" hat in diesem Zusammenhang die Bedeutung von „Lesepublikum", womit erst im Laufe der ersten Hälfte des 18. Jahrhunderts aufgrund des intensivierten Nachrichtenverkehrs in Deutschland ein neues gesellschaftliches Phänomen bezeichnet wurde: die soziale Schicht der gebildeten Leserschaft, die vor allem das Bürgertum stellte. Das nominale Neutrum von „publicus" war schon in der Antike bekannt. Allerdings verstand man darunter einerseits das Gebiet, Eigentum und Einkommen der res publica, andererseits alles, was außerhalb des Hauses stattfand[70].
Im Spätmittelalter bildete sich aus dem unspezifischen Öffentlichkeitsbegriff der Antike die personale Bedeutung des Volkes als Ganzes heraus[71]. Nach 1700 nahm der Gebrauch der personalen Bedeutung des Wortes erheblich zu, besonders häufig wurde die Leserschaft in Zeitschriften und Buchvorworten mit „Publicum" angeredet[72].
Die Obrigkeiten richteten ihre Bekanntmachungen an alle Untertanen, aber über die Presse, das heißt, über die Amtsblätter erreichten sie allenfalls die gebildeten Stände, also das Publikum[73].
Thompson weist darauf hin, dass die Print-Medien eine neue Art von Öffentlichkeit möglich machten, die nicht mehr auf Kopräsenz angewiesen war:
„Hence the printed word was used from the outset both as a medium for official proclamations by representatives of the state and as a medium through which opposition groups could highlight actions and events that might otherwise have passed unnoticed: both were means of constituting phenomena as public for individuals who were not physically present at their occurence. These individuals comprised a collectivity – a reading public – which was not localized in space and time. The reading public was not a community in the traditional sense of a group of individuals who interact with one another in face-to-face encounters. Rather, it was a public without a place and it was defined, not by the existence or possibility of face-to-face interaction among its members, but rather by the fact, that its members access to the kind of publicness

66 Straßner, E., Historische Entwicklungstendenzen der Zeitungsberichtserstattung, in: Leonhard, J.-F./Ludwig, H.-W./Schwarze, D./Straßner, E., Medienwissenschaft: Ein Handbuch zur Entwicklung der Medien und Kommunikationsformen, 1. Teilband, 913.

67 1659 wird in Leipzig die erste Tageszeitung gedruckt. Deutschland gilt damit als Ursprungsland der Presse, vgl. Faulstich, W., Rückert, C., Mediengeschichte in Tabellarischen Überblick von den Anfängen bis heute, Teil II: Geschichte von Einzelmedien, 21.

68 Straßner, E., a.a.O., 914ff; am Beispiel Japans veranschaulicht das Anderson, B., a.a.O., 10[illegible].

69 Habermas, J., Strukturwandel der Öffentlichkeit, . 79.

70 Georges, K.E., Ausführliches Lateinisch-Deutsches Handwörterbuch, 2021ff., s.v. publicus

71 Hölscher, L., a.a.O., 430.

72 Ebenda.

73 Vgl. Habermas, J., Strukturwandel der Öffentlichkeit, 80.

made possible by the printed word."[74] Anderson ist sogar der Auffassung, dass die Druckmedien zur Konsolidierung der Nationalstaaten und der Gesellschaft beigetragen hätten[75]. Er begründet das damit, dass jeder Leser die Zeitung zwar für sich alleine lese, aber jedem Leser dabei bewusst sei, dass seine Handlung gleichzeitig von Tausenden oder Millionen anderer vollzogen wird, von deren Existenz er überzeugt sei, von deren Identität er jedoch keine Ahnung habe. Dadurch, dass das Ritual in täglichen Intervallen das gesamte Jahr hindurch wiederholt werde, zeige sich das Bild einer säkularisierten, historisch gebundenen Gemeinschaft.

Aber nicht nur durch die Konsolidierung eines Gemeinschaftsgefühls und die Aufhebung des Erfordernisses der Kopräsenz boten die Printmedien die Basis für die Entwicklung einer bürgerlichen Öffentlichkeit.

Im Voranschreiten des 17. Jahrhunderts veränderte sich die Berichterstattung, die bisher fakten- und personenorientiert war, dahingehend, dass auch Hintergrundinformationen mitgeteilt wurden, um geschilderte Ereignisse in komplexe Zusammenhänge einzuordnen[76]. In reflexiven Mitteilungen wurde versucht mitzuteilen, welche widersprüchlichen Aussagen und Einordnungen es quellenbezogen gab, woher die Nachrichten stammten und wie die Nachrichtenlage überhaupt einzuschätzen war[77]. Nach und nach fanden sich in einzelnen Korrespondenzen Wertungen und Urteile[78]. Die Tendenzen zur Politisierung der Zeitungen und zum Willen, das Leserpublikum informativ so auszustatten, dass es sich an den Staatsgeschäften und an der Gestaltung der Gesellschaft beteiligen konnte, waren unverkennbar[79].

Vor diesem Hintergrund wandelten sich die Untertanen von Adressaten obrigkeitlicher Rechtsakte zur gebildeten bürgerlichen Gesellschaft, die sich, zugleich aktiv und passiv, geschmacksbildend am allgemeinen Austausch der Meinungen und Ansichten beteiligten. Diese Artikulierung allgemeiner Anliegen bildete ein Publikum, das sich dann als die „öffentliche Meinung" zu verstehen begann[80].

Im Zusammenhang mit dem Zeitungswesen wurde öffentlich nun auch als Substantiv verwendet[81]. Joseph von Sonnenfels, der es wahrscheinlich 1765 erstmals benutzt hat, bezeichnete als „Öffentlichkeit" diejenige Qualität von Kommunikationsmitteln,

---

74 Thompson, J. B., The Media and the Modernity: A social Theory of the Media, 126f; vgl. auch Baraldi, C., a.a.O., 199; Luhmann, N., Die Gesellschaft der Gesellschaft, 202f, 249ff.

75 Anderson, B., a.a.O., 41; Anderson weist auch daraufhin, dass das Druckgewerbe nicht nur wesentlich für das Entstehen der Nationen war, sondern ihm allgemein eine strategische Rolle in der Verbreitung von Ideen zukam. Anderson, B., a.a.O., 223. Das Druckgewerbe ermöglichte immer mehr Menschen aufgrundlegende Weise über sich selbst nachzudenken und sich auf andere zu beziehen, Anderson, B., a.a.O., 42f.

76 Straßner, E., a.a.O., 915.

77 Ebenda; Schneider, F., a.a.O., 910.

78 Straßner, E., a.a.O., 915.

79 Ebenda.

80 Schneider, F., a.a.O., 910.

81 Zum Problem der Definition von Öffentlichkeit vgl. u.a. Smend, R., Zum Problem des Öffentlichen und der Öffentlichkeit, in: Bachoff, O./Drath, M./Gönnenwein, O./Walz, E., Forschungen und Berichte aus dem öffentlichen Recht, Gedächtnisschrift für Jellinek, W., 11ff.

die, wenn es keine Zensur gäbe, „zur Verbreitung irriger, ärgerlicher und gefährlicher Meinungen führen müsste: die Zensur erstreckt sich daher nicht nur auf Bücher, sondern auch auf Schauspiele, Lehrsätze, Zeitungen, alle öffentlichen an das Volk gerichteten Reden, Bilder und Kupferstiche, und was sonst immer eine Art von Öffentlichkeit, wenn man so sagen darf, an sich hat"[82]. Er benutzte den Begriff also pejorativ und zeigte auf, warum ein Schutz vor der Öffentlichkeit seiner Meinung nach notwendig sein kann.

Das Wort „Öffentlichkeit" blieb jedoch bis ins 19. Jahrhundert hinein ungebräuchlich, seine Bedeutung unsicher, indem es neben der Bekanntheit einer Sache auch – in Anlehnung an den schon in publicus anklingenden Bedeutungsaspekt der Feierlichkeit – einen festlichen oder durch die Obrigkeit sanktionierten Akt bezeichnen konnte[83]. Erst als Ausdruck einer republikanischen bzw. liberalen Gesinnung gewann das Wort nach 1800 die semantische Prägnanz eines positiven politisch-sozialen Begriffs, dem seit 1815 eine Schlüsselstellung in der deutschen Verfassungsdiskussion zufiel[84].

Das nun als „mündig" postulierte bürgerliche Publikum drängte zur Teilhabe am öffentlichen[85] Leben des Staates[86].
Die zum Publikum versammelten Privatleute (bürgerliche Öffentlichkeit) beanspruchten die obrigkeitlich reglementierte Öffentlichkeit alsbald gegen die öffentliche Gewalt selbst, um sich mit Hilfe des sogenannten „öffentlichen Räsonnements" über die allgemeinen Regeln des Verkehrs in der grundsätzlich privatisierten, aber öffentlich relevanten Sphäre des Warenverkehrs und der gesellschaftlichen Arbeit auseinanderzusetzen[87].
Damit bekam der inhomogene Begriff „Öffentlichkeit" eine zusätzliche Bedeutung. Bürgerliche Öffentlichkeit war nunmehr auch mit allgemeiner Zugänglichkeit gleichzusetzen[88].
Dieses Verständnis von bürgerlicher Öffentlichkeit lässt sich an den Substantiven erkennen, mit denen das Attribut „öffentlich" verbunden wurde, wie zum Beispiel „öffentliches Konzert", „öffentliche Zeitung", „öffentliche Ausstellung".[89] Der Begriff der „öffentlichen Gewalt", der „öffentlich" in den Bedeutungskreis von „staatlich" stellte, existierte daneben weiter[90], obwohl bei dieser Kategorie von Öffentlichkeit gerade kein allgemeiner Zugang bestand.

Die Vielschichtigkeit des Begriffes „öffentlich" zeigte schon Kant, indem er die bürgerliche Öffentlichkeit folgendermaßen beschrieb:
„Ich verstehe aber unter dem öffentlichen Gebrauche seiner eigenen Vernunft denjenigen, den jemand als Gelehrter von ihr vor dem ganzen Publikum der Leserwelt macht. Den Privatgebrauch nenne ich denjenigen, den er in einem gewissen ihm an-

---

82 Sonnenfels, J., Grundsätze der Polizey, Handlung und Finanz, Bd. 1, 82.
83 Hölscher, L., a.a.O., 446.
84 Ebenda.
85 Im Sinne von „was vor allen Leuten geschieht".
86 Hölscher, L., a.a.O., 437.
87 Habermas, J., Strukturwandel der Öffentlichkeit, 80.
88 Hölscher, L., a.a.O., S. 431; vgl. auch Thompson, J.B., a.a.O., 123f.
89 Ebenda.
90 Hölscher, L., a.a.O., 438.

vertrauten bürgerlichen Posten, oder Amte, von seiner Vernunft machen darf."[91] Damit machte Kant den Begriff „öffentlich" allein vom räsonierenden Element abhängig. Das führte dazu, dass derjenige, der eine Aussage innerhalb des Aufgabenbereiches seines staatlichen Amtes tätigte und somit gehorchen musste, keine öffentliche Aussage machen konnte, da er nicht räsonierte. In der „bürgerlichen Öffentlichkeit", also der Sphäre der Freien und Gleichen, hat das Amt keinen Platz. Die bürgerliche Öffentlichkeit stand damit konträr zur „öffentlichen Gewalt".

Diese Definition des Begriffes „öffentlich" zeigt, dass es zu einer zweiten Bedeutungsschwelle des Wortes kam, in der „öffentlich" nicht nur den Geltungsbereich staatlicher Autorität bezeichnet, sondern zugleich den geistigen und sozialen Raum, in dem diese sich legitimieren und kritisieren lassen muss[92].

Das öffentliche Räsonnement war die Grundlage der „bürgerlichen Öffentlichkeit". Einer Öffentlichkeit, die sich im Spannungsfeld von Staat und Gesellschaft entfaltete, aber so, dass sie selbst Teil des privaten Bereichs blieb[93]. Die Trennung von Staat und Gesellschaft, von öffentlich (im Sinne von staatlich) und bürgerlich war somit die Basis einer „bürgerlichen Öffentlichkeit", in der die als Publikum versammelten Privatleute sich mit Hilfe des Räsonnements über die allgemeinen Regeln des Warenverkehrs und der gesellschaftlichen Arbeit auseinandersetzten.

3. Zwischenfazit:

Der „öffentliche Raum" bekam in der „bürgerlichen Öffentlichkeit" eine enorme Bedeutung, da sich die „öffentliche Gewalt" in dieser Sphäre legitimieren lassen muss. Konsequenz dieser Entwicklung war, dass sich die Sphäre der „öffentlichen Gewalt" zunehmend mit dem persönlichen[94] Bereich verschränkte[95]:

---

91 Kant, I., Beantwortung der Frage: Was ist Aufklärung?, in: Was ist Aufklärung, 57.

92 Als Beispiel dieses Verständnisses von „Öffentlichkeit" folgende Äußerung Feuerbachs: „Ist im allgemeinen Heimlichkeit die verbergende Hülle des Schlechten und Verworfenen, so ist dieselbe in jeder Beziehung der Natur der Gerechtigkeit an und für sich selbst innerlich zuwider. Diese Gerechtigkeit, – das Herrlichste was der Staat den Menschen verbürgt, rein wie die Wahrheit und heilig wie die Tugend – sie, die parteilos jedem auf gleicher Waage Gebührendes zumisst und nur Gewalt übt im Namen des Gesetzes für das ewige Recht: Was hätte sie mit der Verborgenheit gemein, da sie so gar nichts gemein hat mit dem Schlechten? Was an ihr erscheint, sobald sie sich zeigt, ist Lauterkeit, Reinheit, Ehrfurcht gebietende Hoheit, und je heller das Licht, das sie umgibt, desto deutlicher werden erkannt alle die Vollkommenheiten, durch welche sie als Gerechtigkeit verherrlicht wird, und welche, je deutlicher und allgemeiner sie erkannt werden, durch die Kraft des Vertrauens und der Ehrfurcht ihre eigene Macht, womit sie alles Menschliche zu beherrschen bestimmt ist, erheben, innerlich befestigen und äußerlich erweitern", Feuerbach, P.J.A. v., Betrachtungen über die Öffentlichkeit und Mündlichkeit der Gerechtigkeitspflege, 89.

93 Habermas, J., Strukturwandel der Öffentlichkeit, 225.

94 Auf die Bezeichnung „privat" habe ich in diesem Zusammenhang bewußt verzichtet, da das auf eine strenge Unterscheidung zwischen „privat" und „öffentlich" hinausliefe. Eine so klare Unterscheidung zwischen „privat" und „öffentlich" ist aber nicht möglich. Es gibt aufgrund der weiten Begriffsfelder der beiden Wörter vielmehr eine Reihe überlappener Gegensätze, vgl. Geuss, R., a.a.O., 17. Grundsätzlich kann man wohl etwas als „privat" bezeichnen, wenn

Die Verwischung der Grenze privat/öffentlich zeigte sich in verschiedenen Bereichen, unter anderem in der Ökonomie.
Der Staat griff durch Gesetz und Maßnahmen tief in die Sphäre des Warenverkehrs und der gesellschaftlichen Arbeit ein[96]. Aus der Mitte dieser öffentlich[97] relevanten Privatsphäre der bürgerlichen Gesellschaft bildete sich eine repolitisierte Privatsphäre, in der sich staatliche und gesellschaftliche Institutionen zu einem einzigen, nach Kriterien des Öffentlichen und Privaten nicht mehr länger zu differenzierenden Funktionszusammenhang zusammenschlossen[98]. Rechtlich fand diese neue Interdependenz bis dahin geschiedener Sphären ihren Ausdruck in der Durchbrechung des klassischen Privatrechtssystems[99]. Elemente des öffentlichen Rechts wie die Schutz und Füsorgepflichten des Staates und Elemente des Privatrechts wie die Vertragsfreiheit wurden miteinander bis zur Unkenntlichkeit und Unentwirrbarkeit verzahnt[100]. Besonders deutlich wird das in der Gegenwart im Mietrecht, wo die gesetzlichen Vorgaben im Interesse des Mieters den Mietvertrag für den Vermieter fast schon zu einem öffentlichen Raumnutzungsverhältnis werden lassen[101].

---

man selbst den Zugang zu diesem „etwas" kontrollieren kann/können sollte, vgl. Rössler, B., a.a.O., 23f.
Sehr eingehend hat sich Dewey mit der Unterscheidung zwischen dem Öffentlichen und dem Privaten beschäftigt. Er gibt folgende Anhaltspunkte für eine Unterscheidung: „Wenn die Folgen einer Handlung hauptsächlich auf die direkt in sie verwickelten Personen beschränkt sind oder für auf sie beschränkt gehalten werden, ist die Transaktion eine private. (...) Wenn sich jedoch herausstellt, dass die Folgen (...) über die (...) direkt Betroffenen hinausgehen, (...) dann bekommt die Handlung einen öffentlichen Charakter (...) die Grenze zwischem Privatem und Öffentlichem (muss nämlich) auf der Grundlage der Reichweite und des Umfanges derjenigen Handlungsfolgen gezogen werden, die so wichtig sind, dass sie der Kontrolle bedürfen, entweder durch Unterbindung oder durch Förderung. (...) Die Öffentlichkeit besteht aus all denen, die von den indirekten Transaktionsfolgen in solch einem Ausmaß beeinflusst werden, dass es für notwendig gehalten wird, sich um diese Folgen systematisch zu kümmern", Dewey, J., The Public and Its Problems, 12ff., 15f. Rössler beschreibt den semantischen Kontrast zwischen öffentlich und privat folgendermaßen: „... alles, was nicht privat ist, ist öffentlich, aber nicht alles, was nicht-öffentlich ist, ist, ist privat; auch was im Prinzip „öffentlich" ist, kann „geheim" sein, wie etwa wenn politische Sitzungen geheim, aber nicht privat sind", Rössler, B., a.a.O., 17. Sie betont aber, dass die Trennlinie zwischen dem, was als öffentlich, und dem, was als privat zu gelten hat, konstruiert ist und nicht festliegt, Rössler, B., a.a.O., 25. Sehr informativ auch zur feministischen Kritik, die meint, mit der Kritik am Begriff des „Privaten" als Sphäre der Frauen zugleich auch die Unterscheidung privat und öffentlich aufgeben zu müssen, ebenfalls Rössler, B., a.a.O., 49 ff.

95 Instruktiv zur Verwischung der Grenze zwischen „öffentlich" und privat, Arendt, H., Vita activa – vom tätigen Leben, 35 ff.

96 Habermas, J., Strukturwandel der Öffentlichkeit, 233.

97 „Öffentlich" bedeutet hier: alle betreffend.

98 Habermas, J., Strukturwandel der Öffentlichkeit, 234.

99 Ebenda.

100 Vgl. Schimpf, C., Der verwaltungsrechtliche Vertrag unter besonderer Berücksichtigung seiner Rechtswidrigkeit, 63ff.

101 Voelskow, R. vor § 535, in: Münchener Kommentar, Rebmann, K./Säcker, F.J. (Hrsg.), §§433-606, VerbrKrG, HausTWG, MHG, Band 3, Rdnr. 76ff; Jendrek, P., § 535, in: Westermann, H.P. (Hrsg.), Ermann, §§ 1-853, MHG, ProdHaftG, VerbrG, HausTWG, AGBG, Rdnr. 39b ff.

Mit der wechselseitigen Durchdringung von Staat und Gesellschaft ging nach der liberalen Zeit die Entprivatisierung der Arbeits- und Organisationswelt einher[102]:
Das Gesellschaftsmodell, an dem sich der Liberalismus lange Zeit orientiert hat, war das einer vorindustriellen Gemeinschaft selbständiger Kleinproduzenten. In der liberalen Ära gehörte daher der Bereich des Warenverkehrs und der gesellschaftlichen Arbeit ebenso zur Privatsphäre wie der der Familie[103]. Im 19. Jahrhundert entstanden Großbetriebe, mit deren Existenz sich die Einstellung zur Arbeit änderte[104]. Die Beschäftigten sind eher an die „Institution" als an Personen gebunden[105]. „Verglichen mit dem typischen Privatunternehmen des 19. Jahrhunderts verselbständigt sich die Berufssphäre als ein quasiöffentlicher, das heißt quasistaatlicher, Bereich gegenüber einer auf die Familie zusammengeschrumpften Privatsphäre; heute bezeichnet die berufsfreie Zeit geradezu das Reservat des Privaten, während mit der Berufsarbeit der „Dienst" beginnt"[106].

Auch in den Medien spiegelte sich die Verschränkung des Privaten mit dem Öffentlichen wieder. Der gesellschaftliche Wandel und der technische Fortschritt zeigte sich nicht nur in einem veränderten Verständnis von Öffentlichkeit, sondern gefährdeten den Schutz der Privatheit auf eine neue Weise[107]. Durch den technischen Fortschritt wie zum Beispiel die Entwicklung der Momentfotografie, die seit 1890 für die Massenauflagen der Rotation reproduzierfähig war, wurde in Zeitungen und Zeitschriften neben dem Wort immer mehr auf die Fotografie zurückgegriffen[108]. Dadurch entstand ein völlig neuer juridischer Diskurs.

Ein Beispiel hierfür ist der Fall der Bismarck-Fotografie:
In der Nacht nach dem Tode Otto von Bismarcks, am 31. Juli 1898 drangen die Fotografen Wilke und Priester gegen den Willen der Kinder Bismarcks in das Zimmer ein, in dem sein Leichnam aufgebahrt lag, und nahmen ihn und seine Umgebung im Scheine des mitgebrachten Magnesiumlichtes auf. Der Antrag der Hinterbliebenen, den Fotografen die Vernichtung der Negative aufzuerlegen, stellte sämtliche Instan-

---

102 Vgl. Habermas, J., Strukturwandel der Öffentlichkeit, 238.

103 Ebenda. Constant, der zu den Begründern des europäischen Liberalismus gehört, unterschied scharf zwischen der „privaten Existenz" der Angehörigen einer modernen Gesellschaft und ihrer „öffentlichen Existenz". Die „private Existenz" bezog sich auf die Familie und den engen Kreis persönlicher Freunde, die individuelle Arbeit, den Konsum sowie die Bereiche der individuellen Überzeugungen und Präferenzen; die „öffentliche Existenz" bezeichnete das Handeln in der Welt der Politik; Constant, Benjamin, De l'esprit de la conquête et de l' usurpation, in: Gauchet, M. (Hrsg.), De la liberté chez les modernes: Ecrits politiqué, 184 ff.

104 Hannah Arendt weist darauf hin, dass die Steigerung der Arbeitsproduktivität nur möglich war, weil durch die Großbetriebe Öffentlichkeit gegeben war. Öffentlich meint in diesem Zusammenhang einen Raum, in dem andere zugegen sind, die man übertreffen kann. „So ist es zu erklären, dass das Arbeiten, das in der Neuzeit in der Öffentlichkeit vollbracht wird, auf eine so außerordentliche Weise vervollkommnet worden ist, während unsere Fähigkeiten zu handeln und zu sprechen, die in diesem Zeitraum in die Sphäre des Privaten und des Intimen gedrängt wurden, so offensichtlich an Qualität eingebüßt haben." Arendt, H., Vita Activa – oder Vom tätigen Leben, 48f.

105 Ebenda.

106 Habermas, J., Strukturwandel der Öffentlichkeit, 241.

107 Vgl. Rössler, B., a.a.O., 13 m.w.N.

108 Vgl. Dovifat, E., Handbuch der Publizistik, Bd. 1, S. 247.

zen vor große rechtliche Probleme[109]. Der Bildnisschutz war bis dahin völlig unzureichend, da zuvor nicht auf diese Weise in den persönlichen Bereich eingegriffen wurde. Erst das Diffundieren der Grenze zwischen „öffentlich" und „privat" ließ einen Diskurs über das allgemeine Persönlichkeitsrecht aufkommen[110].

4. Die mediale Öffentlichkeit

In der zuvor beschriebenen Genese von Öffentlichkeit zeichnete sich bereits die besondere Rolle der Medien ab. Heute bieten Massenmedien die beste Chance, Vorgänge in Staat und Gesellschaft, in Wirtschaft und Politik und allen sonstigen Lebensbereichen einem breiten Publikum zu vermitteln und transparent zu machen[111]. Ihnen kommt eine herausragende Bedeutung für die Verwirklichung des Grundrechts der Informationsfreiheit in Art. 5 Abs. 1 GG zu, sich aus allgemein zugänglichen Quellen zu unterrichten. Allzu häufig bestehen faktische Grenzen für eine unmittelbare Unterrichtung an der Quelle der Information, so dass Massenmedien die weitaus wichtigsten allgemein zugänglichen Informationsquellen darstellen[112].
Die Massenmedien nehmen im Tagesverlauf der meisten Menschen einen ganz erheblichen Raum ein[113]. Das Fernsehen ist die Unterhaltungsdroge Nummer eins[114]. In vielen Haushalten läuft der Fernseher als Hintergrundberieselung den gesamten Tag. Die Rezipienten nehmen viele Mitteilungen über ihr peripheres Wahrnehmungssystem auf, ohne über die entsprechenden Informationen nachzudenken. Ein Fürsichsein ohne die Beeinflussung anderer scheint nicht mehr möglich. Privatheit im eigentlichen Sinne ist nicht gegeben, da die zunehmend intensivierten Mittel der Massenkommunikation jeder Beeinflussung offen stehen und im Haus selber eine Öffentlichkeit[115] schaffen, wie es das geschriebene Wort nie vermochte[116]. Im Verlauf dieser neuzeitlichen Entwicklung transformierte sich die oben geschilderte „klassische Privatheit" in eine „Scheinprivatheit", da das „klassisch Private" zunehmend abstirbt[117]: Die Familie hat mit ihren ökonomischen Aufgaben auch die schützenden Funktionen

109 Die Entscheidungen sind abgedruckt bei Kohler, J., Zum Autorrecht und Individualrecht. III. Der Fall der Bismarckphotographie, in: GRUR 1900, 196.

110 Keyßner, H., Gutachten zum 26. Deutschen Juristentag 1902 über die Frage: Zum Schutz des Rechts am eigenen Bild, in: Verhandlungen des 26. Deutschen Juristentages, 78.

111 Paschke, M., Medienrecht, 8.

112 Paschke, M., a.a.O., 9.

113 Im Durchschnitt wird zirka drei Stunden täglich ferngesehen, vgl. Dörner, A., Politainment. Politik in der medialen Erlebnisgesellschaft, 41.

114 Buss, M. Manipulation mit Millionen. TV-Werbung intern, 19.

115 Im Sinne von „allgemeiner Zugänglichkeit".

116 Vgl. Plessner, H., Das Problem der Öffentlichkeit und die Idee der Entfremdung, 9, Buss, M., a.a.O., 12. Hochwald weist auf die Gefahr des Realitätsverlustes bei Vielsehern (mehr als 3 Stunden täglich) hin. Je häufiger mit den Medien, ganz besonders mit dem Fernsehen umgegangen wird, desto stärker passen sich die Vorstellungen der Zuschauer über die Wirklichkeit der im Medien verkürzten und unter Umständen verzerrt wiedergegebenen „Medienwirklichkeit" an. Vgl. auch Heuermann, H./Kuzina, M., Gefährliche Medien. Medienmacht und Medienmissbrauch, 137. Ein wichtiger Faktor, um den „Realitätsverlust" einzugrenzen, ist die Möglichkeit der sozialen und interpersonalen Kommunikation, vgl. Hochwald, K.-H., a.a. O., 12. Zur Manipulierbarkeit durch die Medien, vgl. Noelle-Neumann, E., Die Schweigespirale. Öffentliche Meinung – unsere soziale Haut, 20.

117 Arendt, H., a.a.O., 69.

eingebüßt, so dass der Einzelne ohne Abschirmung durch einen institutionell gesicherten Familienraum unter den Einfluss halböffentlicher Instanzen gerät[118]. Ein Großteil unserer Gesellschaft nimmt weitgehend nur noch über Informationen der Medien am Zeitgeschehen teil. Neben den Printerzeugnissen hat dabei in hohem Maße das Fernsehen die Aufgabe übernommen, uns von den aktuellen Geschehnissen in Kenntnis zu setzen. Es ersetzt zunehmend, was wir im Alltag nicht (oder nicht mehr) erleben[119]. Thompson weist in diesem Zusammenhang auf die Unterschiede zwischen Öffentlichkeit in der Vergangenheit und Medienöffentlichkeit hin: Einerseits können an einem Ereignis viel mehr Menschen teilnehmen als früher, es besteht ein Millionenpublikum und die Menschen können Phänomene sehen, die außerhalb ihres normalen Umfeldes liegen. Andererseits können die Zuschauer nicht selbst bestimmen, worauf der Fokus gerichtet wird[120].

Ab dem 20. Jahrhundert bringen Funk, Film und Fernsehen die Distanz, die der Leser zum gedruckten Buchstaben einhalten musste, nahezu zum Verschwinden[121]. Gerade aber der Abstand zum geschriebenen Wort erforderte die Privatheit der Aneignung und das anschließende Räsonieren über das Gelesene[122]. „Mit den neuen Medien[123] änderte sich die Kommunikationsform als solche; sie wirken darum, in des Wortes strikter Bedeutung, penetranter als die Presse je es vermochte."[124] Dadurch, dass das Publikum auf Funk, Film und Fernsehen nicht im Sinne eines Widersprechens oder Zustimmens reagieren kann, handelt es sich bei der durch die Medien erzeugte Welt auch nur noch um eine (bürgerliche) Öffentlichkeit dem Scheine nach[125].
Dieser scheinprivate oder pseudoöffentliche Bereich, in dem hauptsächlich konsumiert, fast nicht mehr räsoniert wird, tritt an die Stelle der bürgerlichen Öffentlichkeit[126]. Das wird auch daran deutlich, dass man sich früher über intime Probleme entweder direkt oder mittels Brief austauschte, während heute eher in den Massen-

---

118 Vgl. Habermas, J., Strukturwandel der Öffentlichkeit, 247; Hochwald, K.-H., Neue Medien – Auswirkungen in Familie und Erziehung: Literaturstudie zum Diskussionsstand in Wissenschaft und Politik, 14; Fechner, F., a.a.O., 12.

119 Buss, M., a.a.O., 15.

120 Thompson, J.B., a.a.O., 130f.

121 Vgl. Keppler, A., Wirklicher als die Wirklichkeit: das neue Realitätsprinzip der Fernsehunterhaltung, 8.

122 Ebenda.

123 Mit neuen Medien meint Habermas hier Film, Funk und Fernsehen, vgl. Habermas, J., Strukturwandel der Öffentlichkeit, 282.

124 Habermas, J., Strukturwandel der Öffentlichkeit, 261; vgl. auch Geißler, R., Wandel durch Massenmedien: Die Verstärker – Doktrin neu durchdacht, in: Burkart, R. (Hrsg.), Wirkungen der Massenkommunikation: Theoretische Ansätze und empirische Ergebnisse, 32.

125 Vgl. Habermas, J., Strukturwandel der Öffentlichkeit, 261. So auch Postman, N., Die Verweigerung der Hörigkeit: Lauter Einsprüche, 198f; auch de Broglie merkt an: „A la télévision, les artistes ne saluent pas, le public n'applaudit pas. Cette froideur, si éloignée des enthousiasmes parfois excessifs des autres formes de représentation traduit une communication passive, uniforme continue et médiocre", Broglie, G. de, Une image vaut dix mille mots, 156.; vgl. auch Baraldi, C., a.a.O., 201.

126 Wie oben 1. Teil 1. Abschnitt 2. Kapitel 2. bereits gezeigt, handelte es sich bei der bürgerlichen Öffentlichkeit, um eine Öffentlichkeit, in der sich die zum Lesepublikum versammelen Privatleute mit Hilfe des sogenannten „öffentlichen Räsonnements" über die allgemeinen Regeln des Verkehrs in der grundsätzlich privatisierten, aber öffentlich relevanten Sphäre des Warenverkehrs und der gesellschaftlichen Arbeit auseinandersetzten.

medien (Talkshows) über persönliche Nöte diskutiert wird[127]. Im Durchschnitt wird fast drei Stunden täglich konzentriert ferngesehen, während man mit personaler Kommunikation „von Mensch zu Mensch" im Durchschnitt gerade einmal eineinhalb Stunden verbringt[128]. Die private Existenz wird von dieser medialen Öffentlichkeit aufgesogen und zu deren Sujet[129]. Personen geben in den Talkshows etwas preis, das eigentlich in den verborgenen Bereich dessen gehört, das allenfalls in nahen Beziehungen zum Thema erhoben wird. Nicht mehr das Private als Privates, sondern das Private als Öffentliches[130] wird in der medialen Öffentlichkeit interessant.
In der Gegenwart umschreibt das Private eine Sphäre der Nähe, die in ihrer Vielfalt und Mannigfaltigkeit keiner Epoche vor der Neuzeit bekannt war[131]. Das Intime wird gegenüber dem Öffentlichen[132] immer weiter aufgewertet[133]. Das geht schließlich so weit, dass das Öffentliche nur noch dann von Wert zu sein scheint, wenn es einer Darstellung des Persönlichen Raum gibt[134]. „Heute dominiert die Anschauung, Nähe sei ein moralischer Wert an sich (...). Es dominiert ein Mythos, demzufolge sich sämtliche Missstände der Gesellschaft auf deren Anonymität, Entfremdung, Kälte zurückführen lassen. Aus diesen drei Momenten erwächst eine Ideologie der Intimität."[135]

„Das ursprüngliche Verhältnis der Intimsphäre zur bürgerlichen Öffentlichkeit kehrt sich um: die publizitätsbezogene Innerlichkeit weicht tendenziell einer intimitätsbezogenen Verdinglichung."[136]

Von dieser Neubewertung der Differenz aus, die dem, was von dem Privaten noch übrig geblieben ist, das Vorrecht vor dem Öffentlichen[137] einräumt, formuliert sich ein neues Ziel bürgerlicher Ideologie, das bis heute auch im Zuge eines generalisierten psychologischen Diskurses von großer Wirkungsmacht ist: Es geht letztlich um die Überwindung der einmal installierten Unterscheidung von Privatem und Öffentlichem. Ziel ist eine Gesellschaft, die in der Lage wäre, die zu ihrer Errichtung notwendige Differenz öffentlich/privat wieder aufzuheben. So begründet sich das Paradox, dass zum einen das Private und das Öffentliche voreinander geschützt werden sollen, zum anderen aber das Öffentliche seine Legitimation nur noch in der Enthüllung des Privaten findet – ein Widerspruch, dessen Extreme im Umgang mit dem Tod der

127 Zur Inszenierung von Privatheit und dem Diskurs der Betroffenheit vgl. Mikos, L., Die Inszenierung von Privatheit. Selbstdarstellung und Diskurspraxis in Daily Talks, in: Willems, H./Jurga, M. (Hrsg.); Inszenierungsgesellschaft. Ein einführendes Handbuch, 435.

128 Dörner, A., a.a.O., 41.

129 Vgl. Gemür, M., Der öffentliche Mensch: Medienstars und Medienopfer, 49; Böckelmann, F., a.a.O., 12. Keppler weist darauf hin, dass durch die Medien die private Sphäre auch gestaltet wird, denn es werden dort Kontakte angebahnt, Ehen geschlossen etc., Keppler, A., a.a.O., 9.

130 Im Sinne von „allen zugänglich".

131 Arendt, H., a.a.O., 38, 70.

132 Im Sinne von „allen zugänglich".

133 A.A., Mikos, L., a.a.O., 443, der zwar auch von der Auflösung der Dichotomie privat/öffentlich ausgeht, aber eher ein Eindringen des Öffentlichen ins Private sieht, zum Beispiel bei Talkshows.

134 Peters, S./Jentz, J., Diana oder die perfekte Tragödie, 20; Gemür, M., a.a.O., 32, 75; Rössler, B., a.a.O., 15.

135 Sennett, R., Verfall und Ende des öffentlichen Lebens. Die Tyrannei der Intimität, 329.

136 Habermas, J., Strukturwandel der Öffentlichkeit, 263.

137 Im Sinne von „allen zugänglich", „alle betreffend".

Prinzessin Diana, die bei einem Autounfall 1997 ums Leben kam, deutlich werden: Einerseits besteht die allgemeine Auffassung, die Presse hätte hinsichtlich ihrer Reaktionen im Anschluss an das Unglück mehr Distanz wahren müssen und anderseits wird von vielen die Tragik im Leben der Prinzessin darin gesehen, dass sie nie offen über ihre intimsten Gefühle sprechen konnte[138].

Durch die Intimisierung der Öffentlichkeit[139], das heißt, durch die Darstellung des Persönlichen im öffentlichen Raum, wird das kritische Räsonnement eingeschränkt: Der Rezipient wird durch die Art und Weise der dargebotenen Information gefühlsmäßig angesprochen. Die einmal entstandenen Emotionen verhindern die objektive Einordnung der Fakten auf rationaler Ebene. Die Fähigkeit zu kritisieren und zu kontrollieren, ist dann subjektiv eingeschränkt[140].

Auf das Räsonieren wirkt sich auch das neue Verhältnis des Staates und der einstigen „bürgerlichen Öffentlichkeit" negativ aus:

War das liberale Modell der Öffentlichkeit gegen den Feudalstaat des 19. Jahrhunderts gerichtet und getragen von „zum Publikum versammelten Privatleuten", die in herrschaftsfreier Diskussion unter Gleichen ihre allgemeinen Interessen ermittelten, so ist der Staat jetzt selbst Faktor und Mitgestalter einer kommunikativen Ordnung jenseits feudaler Schranken geworden. In dieser Öffentlichkeit artikulieren sich die gesellschaftlichen und staatlichen Interessen in einer Vielfalt, dass der Einzelne sie nicht mehr überblicken kann. Die Angebotsflut macht nicht einmal vor der Freizeit halt. Nicht zufällig wurde beispielsweise der Begriff „Freizeitstress" geboren. Betrachtet man den Erlebnismarkt der letzten Jahre, so wird deutlich, mit welcher Geschwindigkeit neue Angebote kreiert, realisiert und vermarktet werden und im gleichen Tempo wieder vom Markt verschwinden. Mit der Existenz der vielfältigen Erlebnismöglichkeiten und dem schnellen Rhythmus des Wandels auf dem Erlebnismarkt geht die Tendenz bei Konsumenten einher, den Rhythmus der Nutzung von Erlebnisangeboten zu beschleunigen. Eine Interaktion zwischen Erlebnisanbietern und Erlebnisnachfrage entsteht. Sie treffen auf dem „Erlebnismarkt" aufeinander und stimulieren sich gegenseitig. Schließlich überfordert den Konsumenten das reichhaltige Angebot, das die Suche nach dem idealen Produkt immer aufwendiger und anstrengender werden lässt[141]. Er ändert sein Wahrnehmungsverhalten im Umfeld der wachsenden Informationsflut und sucht nach neuen Orientierungsmöglichkeiten. Die Unternehmer versuchen dem überforderten Konsumenten durch Werbung eine Orientierungshilfe zu geben[142].

Die gesellschaftliche Entsprechung findet die Werbung bei Institutionen wie Verbände und Parteien, die das kritische Räsonnement der Privatleute übernommen haben[143]. Diese Institutionen besitzen die kommunikative Kompetenz, da nur organisierte Interessen unter bestimmten Bedingungen in der nun massenmedial vermit-

---

138 Peters, S./Jentz, J., a.a.O., 23.

139 Im Sinne von „der für alle zugängliche Raum".

140 Habermas, J., Strukturwandel der Öffentlichkeit, 262. So wohl auch Patzlaff, R. Medienmagie – oder die Herrschaft über die Sinne, 8; Gemür, M., a.a.O., 48f.

141 Vgl. zur Reizüberflutung auch BGH NJW 1994, 124 (126) – FCKW; BVerfGE 24, 278 (286) = NJW 1969, 227.

142 Borgmann, A., Gesellschaftliche Rahmenbedingungen: Fernsehwerbung und Konsumption in der Erlebnisgesellschaft, in: Friedrichsen, M./Jenzowsky, S. (Hrsg.), 71.

143 Vgl. Habermas, J., Strukturwandel der Öffentlichkeit, 268.

telten Öffentlichkeit eine Chance haben, berücksichtigt zu werden[144]. Das Publikum wird nur noch zum Zwecke der Akklamation benötigt[145], so dass eine Tendenz zur Ausschaltung der Beteiligung breiter Bevölkerungsschichten an der Öffentlichkeit durch Partei- und Verbandsfunktionäre besteht. Die Organisation des räsonierenden Publikums in den Parteien ist insoweit ausgeschlossen, als diese zum Machtinstrument der Parteibürokratien werden. „Soweit die gesellschaftliche Reproduktion von der Verbrauchsentscheidung und der politische Machtvollzug von der Wahlentscheidung der Privatleute abhängt, besteht ein Interesse, darauf Einfluss zu nehmen – hier, um den Absatz zu steigern, dort, um den Stimmenanteil der oder jener Partei formell zu vergrößern oder um informell dem Druck bestimmter Organisationen ein größeres Gewicht zu geben"[146]. Die Einflussnahme erfolgt über die Medien. In einer von den Medien beherrschten Gesellschaft ist Medienpräsenz eine unverzichtbare Voraussetzung von Macht[147].
Während die Presse früher das Räsonnement der zum Publikum versammelten Privatleute bloß vermitteln und verstärken konnte, wird dieses nun durch die Massenmedien erst geprägt[148].

Für alles das, was „öffentlich" werden, das heißt in den Blick der medialen Öffentlichkeit gelangen soll, muss in den Medien durch gezielte Einschleusung von Informationen ein vorher kalkulierbares stereotypes Räsonnement in Gang gesetzt werden[149]. Diesem Erfordernis unterliegt eine „öffentliche Person" ebenso wie ein Markenprodukt.
Anhand der Meinungspflege (Public Relations) [150] kann man erkennen, wie auch die „öffentliche Person" in der medialen Öffentlichkeit agieren muss, um Aufmerksamkeit zu erlangen. Aus diesem Grund ist es erforderlich, sich näher mit „Public Relations" auseinanderzusetzen: Ursprünglich stammt der Begriff aus dem Bereich des Unternehmensmarketing[151]. Inzwischen arbeiten PR-Agenturen auch für Schauspieler, Politiker und Sportler, die ebenfalls als Markenprodukte verkauft werden.

Public Relations hängen aber nur indirekt mit dem Absatz und Verkauf bestimmter Güter zusammen. Ziel der Public Relations ist es, den Bekanntheitsgrad des Unternehmens und seiner Produkte zu erhöhen sowie positive Vorstellungsinhalte zu ver-

---

144 Barthenheier, G., Zur Notwendigkeit von Öffentlichkeitsarbeit – Ansätze und Elemente zu einer allgemeinen Theorie der Öffentlichkeitsarbeit, in : Naedrich, G./Barthenheier, G./Kleinert, H. (Hrsg.), Öffentlichkeitsarbeit: Dialog zwischen Institutionen und Gesellschaft. Ein Handbuch, 20; Thompson, J.B., a.a.O., 148.

145 Vgl. Habermas, J., Strukturwandel der Öffentlichkeit, 269, 327.

146 Berth, R., Wähler- und Verbraucherbeeinflussung, 10; Jäckel, M., Die umworbene Gesellschaft. Eine Einführung, in ders. (Hrsg.), Die umworbene Gesellschaft, 9.

147 Dörner, A., a.a.O., 14; Habermas, J., Strukturwandel der Öffentlichkeit, 270, 338.

148 Habermas, J., Strukturwandel der Öffentlichkeit, 284, 321; vgl. auch Baraldi, C., a.a.O., 202; Luhmann, N., Die Gesellschaft der Gesellschaft, 202f., 249ff; ders., Die Realität der Massenmedien, 14.

149 Vgl. Spitzer, G., Sonderwerbeformen im TV. Kommunikations-Kooperationen zwischen Fernsehen und Wirtschaft, 30; Kohtes, P.J., Der Nutzen von Image-Programmen, in: Manager Magazin (Hrsg.), Imageprofile'88: Das Deutsche Image-Jahrbuch, 47.

150 Die Definition des Begriffs „Public Relations" ist unklar. Teilweise wird davon ausgegangen, dass es über 2.000 Begriffsbestimmungen gibt.

151 Ebenda; Kunczik, M., Public Relations, Konzepte und Theorien, 19.

mitteln[152]. Die Marktstellung eines Unternehmens wird nämlich nicht allein durch betriebswirtschaftliche Erfolge errungen, sondern zunehmend durch die kulturelle Kraft, die Tradition und die Ideen, für die ein Unternehmen im Markt steht[153]. Die Unternehmen setzen diese Erkenntnis um, indem sie in der Rolle der am öffentlichen Wohl Interessierten ihre geschäftlichen Absichten kaschieren und beispielsweise damit werben, dass ein Teil des Gewinns an einem bestimmten Produkt für den Erhalt des Regenwaldes oder für Kinderhilfswerke gespendet wird. Das ist für die Existenzsicherung eines Unternehmens notwendig, da sich die Bürger heute nicht mehr ausschließlich als Konsumenten empfinden, sondern von einem Unternehmen auch Unterstützung bei der Durchsetzung sozialer oder ökologischer Interessen erwarten[154].

Absatzpolitisch betrachtet, ist das Ziel der Public Relations Vertrauen und Verständnis bei den für das Unternehmen relevanten Öffentlichkeiten aufzubauen und zu erhalten[155]. Vertrauen in ein Unternehmen kann durch ein positives Unternehmensimage und ein positives Produktimage geschaffen werden[156].

Der Imagebegriff wurde ursprünglich zur Beschreibung des Verbraucherverhaltens verwendet und bezeichnet die Gesamtheit aller Vorstellungen, die ein Mensch oder eine Gruppe von Menschen mit einem Meinungsgegenstand verbindet[157]. „Im Mittelpunkt der Entstehung von öffentlichem Image stehen die ‚Lebensäußerungen' eines Unternehmens, das heißt, die gewachsenen Bräuche und Handlungspraktiken, eingeschliffenen Wert- und Leistungsstandards, historischen Symbole und Repräsentationsformen, der etablierte Entscheidungs- und Führungskodex sowie Kultur und Geist eines Unternehmung. Sie zusammengenommen, bilden die authentische Essenz eines Unternehmens, das, was in der Tiefenströmung einer breiten Öffentlichkeit zum Image wird."[158] Dieses Image erzeugt eine besondere Art von Personifizierungen, die nicht nur positive emotionale Vibrationen erzeugen, sondern die Ausdruck von dauerhaften Bindungen, von Identifizierungschancen und Vertrauensleistungen sind und damit eine öffentlich legitimierte Unternehmensautorität begründen.[159] Image sorgt somit beispielsweise bei Werbespots für Stillstand im Bilderrauschen moderner Werbung und erzeugt zugleich jene Ruhepunkte, durch die eine wirksame unternehmerische Kommunikationspolitik erst möglich wird.
In erster Linie also ist Öffentlichkeitsarbeit die Voraussetzung für langfristiges erfolgreiches Handeln am Markt, da durch PR-Maßnahmen die Existenz und Akzeptanz freier Unternehmen als staatstragende, unverzichtbare Institutionen gesichert

152 Vgl. Kunczik, M., a.a.O., 24.

153 Buß, E., Das Unternehmensimage – der neue Produktionsfaktor, in: Manager Magazin (Hrsg.), Imageprofile'88: Das Deutsche Image-Jahrbuch, 8.

154 Kleinert, H., Ökonomische Aspekte der Öffentlichkeitsarbeit, in: Naedrich, G./Barthenheier, G./Kleinert, H. (Hrsg.), Öffentlichkeitsarbeit: Dialog zwischen Institution und Gesellschaft. Ein Handbuch, 28f; Buß, E., a.a.O., 11.

155 Köcher, A./Birchmeier, E., Public Relations? Public Relations!: Konzepte, Instrumente und Beispiele für erfolgreiche Unternehmenskommunikation, 32.

156 Köcher, A./Birchmeier, E., a.a.O., 32.

157 Ebenda.

158 Buß, E., a.a.O., 8.

159 Ebenda.

wird[160]. Public Relations mobilisieren für die Firma, die Branche, für ein ganzes System quasipolitischen Kredit, einen Respekt von der Art, wie man ihn öffentlichen Autoritäten entgegenbringt[161].
Dieser Respekt basiert aber nur auf einer emotionalen Zustimmung. Sie hat mit öffentlicher Meinung, die ein Ergebnis rationaler Übereinstimmung aufgrund des kritischen Räsonnements wäre, nichts zu tun, da ein solches Räsonnement nicht mehr stattfindet[162]. Wir kennen bestimmte Produkte und verbinden sie mehr oder weniger bewusst allein wegen ihres bekannten Namens mit Qualität und bewährter Tradition, nicht aber zuletzt mit einem guten Image[163].
„Die bürgerliche Öffentlichkeit nimmt im Maße ihrer Gestaltung durch Public Relations wieder feudale Züge an: die „Angebotsträger" entfalten repräsentativen Aufwand vor folgebereiten Kunden. Publizität ahmt jene Aura eines persönlichen Prestiges und übernatürlicher Autoritäten nach, die repräsentative Öffentlichkeit einmal verliehen hat."[164]

Dass es sich nur um ein Imitieren der repräsentativen Öffentlichkeit handelt, wird schon an Begriffen wie „Öffentlichkeitsarbeit" und „Meinungspflege" deutlich. Öffentlichkeit, die einst mit der Position des Repräsentanten gegeben war, muss erst hergestellt werden[165]. Ursache dieses Erfordernis ist die Informationsflut. Aufgrund der Pluralitäten und Proliferationen verliert der einzelne den Überblick[166]. Es ist schwer geworden, Aufmerksamkeit zu erlangen[167]. Die grundlegende Idee bürgerlicher Öffentlichkeit Herrschaft zu kontrollieren und zu legitimieren ist daher einer Publizität gewichen, in der es nur noch um Erlangung von Aufmerksamkeit, Zustimmung und Prestige geht[168].

Aufmerksamkeit ist stark umworben und deshalb ein knappes Gut[169]. Insbesondere in der Werbewirtschaft handelt es sich um eine duplizierte Knappheit: Zum einen ist Aufmerksamkeit aufgrund von zahlreichen Medienangeboten in den verschiedenen Mediensystemen knapp, weil hier um die Aufmerksamkeit der Rezipienten gebuhlt wird. Zum anderen ist die Produktmenge des Wirtschaftssystems überaus groß, die Aufmerksamkeit auf sich ziehen soll. Damit ist für die Werbewirtschaft ein doppeltes Paradoxon formuliert: Sie vergrößert das Medienangebot immer mehr und reduziert damit gleichzeitig das ohnehin knappe Gut Aufmerksamkeit[170].

---

160 Kleinert, H., a.a.O., 29f.
161 Habermas, J., Strukturwandel der Öffentlichkeit, 291.
162 Vgl. Habermas, J., Strukturwandel der Öffentlichkeit, 291f.
163 Buss, M., a.a.O., 20.
164 Habermas, J., Strukturwandel der Öffentlichkeit, 292.
165 Vgl. Habermas, J., Strukturwandel der Öffentlichkeit, 300.
166 Jäckel, M., a.a.O., 9; Franck, G., Ökonomie der Aufmerksamkeit Ein Entwurf, 62.
167 Franck, G., a.a.O., 62ff; vgl. auch BVerfGE 24, 278 (286) = NJW 1969, 227; BGH in: NJW 1994, 124 (126) – FCKW.
168 Vgl. Habermas, J., Strukturwandel der Öffentlichkeit, 311.
169 Maatje, C., Verkaufte Luft. Die Kommerzialisierung des Rundfunks. Hörfunkwerbung in Deutschland (1923-1936), 31.
170 Schmidt, S.J./Spieß, B., Die Geburt der schönen Bilder. Fernsehwerbung aus der Sicht der Kreativen, 16.

Es reicht daher nicht mehr aus, einer Marke ein einziges Mal einen ganz eigenen Charakter sowie ganz besondere Eigenschaften und Erkennungsmerkmale zu geben[171]. Die Aufmerksamkeit des Einzelnen muss immer wieder neu erlangt werden. Durch gezielte Werbung müssen immer wieder neue Blickfänge eingerichtet werden.
Anpassung ist gefordert, sensible Beobachtung der Verbraucherwünsche und flexibles Eingehen auf Trends und Strömungen[172]. Ist ein Markenartikel erst einmal mit großem Einsatz und hohen Kosten im Markt etabliert, darf seine Pflege vom Hersteller nicht vernachlässigt werden. Immer wieder müssen sich die Manager fragen, ob sie mit ihrem Angebot noch im Rennen liegen und ob die Philosophie ihrer Marke noch überzeugend ist[173]. Das gilt für ein Produkt genauso wie für die „öffentliche Person". Im Rahmen der Produktpflege werden daher beständig neue Veränderungen am Aussehen oder auch an der Qualität vorgenommen[174]. Diese Veränderungen müssen ebenfalls den Verbrauchern nahegebracht werden, bestenfalls durch Fernsehwerbung, die sich auch bei geteilter Aufmerksamkeit, über mindestens einen Wahrnehmungskanal ins Unterbewußtsein des reizüberfluteten Fernsehzuschauers einbohrt[175]. „Das Werbesystem produziert durch Produktion und Distribution von Medienangeboten bei intendierten Zielgruppen zwangfrei folgenreiche Aufmerksamkeit für Produkte, Leistungen, Personen und ‚Messages'."[176] Die Selbstregelung des Werbesystems erfolgt durch Preise, also durch den systemimmanenten Code Zahlung-Nichtzahlung[177]. Die Werbung stellt daher für die Medien eine reichlich sprudelnde Einnahmequelle sicher[178].
Mit der Kommerzialisierung des Kommunikationsnetzes wächst auch der Kapitalaufwand. Die Möglichkeiten der Presse, eine kritische (bürgerliche) Öffentlichkeit herzustellen, werden durch die Abhängigkeit vom Anzeigengeschäft und die Informationspolitik staatlicher Presseagenturen eingeschränkt[179]. Die einstige „bürgerliche Öffentlichkeit" wird neben der Presse, den Verbänden und Parteien überantwortet, also Gruppierungen, die selbst Machtinteressen vertreten oder Macht ausüben. Damit dient mediale Öffentlichkeit nicht mehr der Kontrolle von Herrschaft, sondern wurde selbst zur Macht. Die wirksamen Kommunikationswege wurden zentralisiert.
„Die durch Massenmedien zugleich vorstrukturierte und beherrschte Öffentlichkeit wuchs sich zu einer vermachteten Arena aus, in der mit Themen und Beiträgen nicht nur um Einfluss, sondern um eine in ihren strategischen Intentionen möglichst verborgene Steuerung verhaltenswirksamer Kommunikationsflüsse gerungen wird."[180]

171 Buss, M., a.a.O., 22.
172 Ebenda.
173 Bei der Anpassung ist aber Vorsicht geboten, da ein Unternehmensimage auch einer gewissen Kontinuität bedarf, vgl. Buß, E., a.a.O., 10.
174 Vgl. Buss, M., a.a.O., 23.
175 Vgl. Buss, M., a.a.O., 12.
176 Schmidt, S., Werbewirtschaft als soziales System, 10.
177 Maatje, C., a.a.O., 31.
178 Vgl. Buss, M., a.a.O., 11; Spitzer, G., a.a.O., 76f.
179 Vgl. Habermas, J., Strukturwandel der Öffentlichkeit, 284ff., 293ff; Franck, G., a.a.O., 64.
180 Habermas, J., Strukturwandel der Öffentlichkeit, 28.

5. Der Begriff der „öffentlichen Person" in der medialen Gesellschaft

Für eine Definition der „öffentlichen Person" genügt es nicht, sich mit dem Begriff „Öffentlichkeit" auseinanderzusetzen, sondern es muss auch geklärt werden, was unter „Person" zu verstehen ist.

In der Gegenwart gehen wir bei der „öffentlichen Person" von einer natürlichen Person aus[181], da der Begriff „juristische Person" lediglich eine Zweckschöpfung des Gesetzes ist. Es handelt sich bei der „juristischen Person" um keine Person im eigentlichen Sinne, sondern um ein Kunstprodukt, dem die Rechtsordnung Rechte und Pflichten verliehen hat[182]. Damit ist der Begriff „Person" allerdings noch nicht endgültig geklärt. Eine nähere Definition bringt die Jurisprudenz. Kaum eine andere Wissenschaft hat sich so mit dem Personenbegriff auseinandergesetzt[183]. In der Jurisprudenz wird unter „Person" der mögliche Träger von Rechten und Pflichten verstanden[184].
Larenz/Canaris kritisieren mit Recht die Sinnentleerung des Begriffs durch eine derartig abstrakte Definition[185]: „Die Bildung abstrakter Begriffe und namentlich solcher immer höherer Abstraktionsstufen, die notwendig mit zunehmender Abstraktionshöhe immer inhaltsleerer werden, erleichtert zwar in hohem Maße die Übersichtlichkeit, weil mit Hilfe solcher Begriffe eine große Zahl von Erscheinungen oft sehr unterschiedlicher Art auf einen gemeinsamen Nenner gebracht und gleichförmig geregelt werden können. Sie geht aber auf Kosten einer Sichtbarmachung derjenigen Sinnzusammenhänge, die sich aus den der Regelung zugrunde liegenden Wertmaßstäben und rechtlichen Prinzipien ergeben und für das Verständnis der Regelung unentbehrlich sind. (...) Noch einmal muss hier auf die Unfähigkeit des abstraktbegrifflichen Denkens hingewiesen werden, Zwischenformen und „Mischgebilde" zu erfassen, die sich dem vorgegebenen Schema nicht restlos einfügen lassen. In Wahrheit geht die Rechnung mit dem vermeintlich lückenlosen System der abstrakten Begriffe nirgends auf. Vermeintlich kontradiktorische Gegensätze erweisen sich als lediglich konträr; das begrifflich scharf Getrennte ist auf mannigfache Weise miteinander verbunden; die auf die Spitze getriebene Abstraktion schneidet die Sinnzusammenhänge ab und führt sich letztlich durch die Leerheit ihrer höchsten Begriffe, die nichts über die zu Grunde liegenden Sinnzusammenhänge mehr aussagen, selbst ad absurdum."[186]
Da aber gerade geklärt werden soll, welche Persönlichkeitsrechte die „öffentliche Person" besitzt, geht es um die Erfassung von Sinnzusammenhängen, die eine genauere Definition des Begriffes erfordern.

Es stellt sich also die Frage, wann ein Träger von Rechten und Pflichten eine „öffentliche Person" ist. In der Gegenwart ist ein Merkmal von Öffentlichkeit die Erlangung

---

181 Vgl. Westermann, H., Person und Persönlichkeit als Wert im Zivilrecht, 7.
182 Vgl. Raiser, T., Der Begriff der juristischen Person. Eine Neubesinnung, in: AcP 199, 104; Eichler, H., System des Personenrechts, 35.
183 Vgl. Nass, G., Person, Persönlichkeit und juristische Person, 9.
184 Larenz, K./Canaris C.-W., Methodenlehre der Rechtswissenschaft, 284 m.w.N.
185 Ebenda.
186 Larenz, K./Canaris, C.-W., a.a.O., 285f.

von Einflusschancen durch Aufmerksamkeit.[187] Personen, die besondere Wertschätzung (Prestige) genießen, sind in der Regel Gegenstand der Bewunderung, Ehrerbietung, Nachahmung und Mittelpunkt der sozialen Anziehung[188]. Hintergrund ist, dass der Einzelne für seine Identitätskonstruktion Vorbilder benötigt. Schon Freud hat festgestellt: „Jeder Einzelne ist ein Bestandteil von vielen Massen, durch Identifizierung vielseitig gebunden und hat sein Ichideal nach den verschiedensten Vorbildern aufgebaut."[189]

Die Schnittstelle zwischen Individuum und Gesellschaft ist bei Freud markiert durch einen psychischen Bereich des Menschen, der gesellschaftliche Werte und Normen in sich aufnimmt und eine Instanz, das Ich, die diese Werte und Normen mit der Realität und den Bedürfnissen in Einklang bringt. Damit ist die Diskontinuität zwischen dem Erleben und Verhalten des Menschen qua Individuum einerseits sowie qua Mitglied einer Masse andererseits angesprochen. Man kann sich den Prozess der gesellschaftlichen Integration dann folgendermaßen vorstellen: Er erfolgt durch Verinnerlichung von und Identifikation mit gesellschaftlichen Idealbildern[190]. Aus diesem Grunde erlangen Personen, die der Identifikation dienen können, Aufmerksamkeit. Personen mit hohem Prestige sind gesellschaftliche Idealbilder und bieten somit Identifikationsmöglichkeiten.

Prestige ist eng mit der politischen und ökonomischen Macht beruflicher Positionen assoziiert, die man wiederum durch Kompetenzen[191] erlangt[192]. Dabei kommt es in der medialen Gesellschaft nicht darauf an, dass diese Kompetenzen wirklich vorhanden sind, sondern die Rezipienten müssen nur meinen, dass gewisse Kompetenzen bei bestimmten Personen vorliegen. Ähnlich wie bei Unternehmen und Produkten ist es daher auch bei „öffentlichen Personen" erforderlich, dass sie ein Image[193] besitzen. Die Vertrauensbindung, die das Image erzeugt, ersetzt die Dauerauseinandersetzung mit zahlreichen komplexen Einzelinformationen. Einzelne Kompetenzen werden bestimmten Personen aufgrund ihres Images einfach zugeschrieben.

Personen, die ein solches Image haben, erlangen nicht nur Vertrauen, sondern sind auch wichtig für die Identitätskonstruktion des einzelnen[194]. Dadurch, dass einem das

---

187 Siehe oben 1.Teil 1. Abschnitt 2. Kapitel 4.

188 Klima, R., in: Fuchs-Heinritz, W./Lautmann, R./Rammstedt, O./Wienold, H. (Hrsg.), Lexikon zur Soziologie, 512.

189 Freud, S., Massenpsychologie und Ich-Analyse, 120.

190 Freud, S., Neue Folge der Vorlesung zur Einführung in die Psychoanalyse, 66.

191 Im anthropologischen Sinn werden unter Kompetenzen die Fähigkeiten zur Stillung von Bedürfnissen und daraus resultierenden Fähigkeiten verstanden, vgl. Lepenies, W., Soziologische Anthropologie. Materialien, 29ff.

192 Peters, S./Jentz, J., Diana oder die perfekte Tragödie, 92; Kluth, H., Prestige, in: Beckerath, E.v./Bente, H./Brinkmann, C./Gutenberg, E./Haberler, G./Jecht, H./Jöhr, W.A., Lütge, F./Predöhl, A./Schaeder, R./Schmidt-Rimpler, W./Weber, W./Wiese, L.v. (Hrsg.), Handbuch der Sozialwissenschaften, 8. Band, Nut-Rep, 534ff.

193 Ein Personenimage ist ein Persönlichkeitsbild, das primär in den Massenmedien aufgebaut und verändert wird und zwar unter maßgeblicher Beteiligung des Trägers selbst, Ladeur, K. – H., Persönlichkeitsschutz und „"Comedy". Das Beispiel der Fälle SAT1/Stahnke und RTL 2/Schröder, in: NJW 2000, 1977 (1980).

194 Auf die einzelnen klassischen und postmodernen Identitätstheorien soll an dieser Stelle nicht eingegangen werden, da die Relevanz von Konstruktionen auch seit langem in den klassischen Identitätstheorien berücksichtigt wird. Einen kurzen aber guten Überblick zu diesem Thema verschafft Berggold, C., Unternehmensidentität: Emergenz, Beobachtung und Identitätspoli-

knappe Gut der Aufmerksamkeit zuteil wird, erlangt man Prestige – andererseits erlangt man durch Prestige auch Aufmerksamkeit. Der „öffentliche Person" wird durch ihre gesellschaftliche Position – unabhängig von ihren persönlichen Eigenschaften – Prestige zugerechnet. Die Medien verhelfen ihr auf diese Weise zu Einflusschancen. Sie erhalten aufgrund des personalisierten Prestiges[195], dass einer Person wegen ihrer Leistungen zuerkannt wird, ebenfalls Aufmerksamkeit und Einflusschancen, wenn sie der „öffentlichen Person" ein Forum bieten[196].

Jemand, der als „öffentliche Person" bezeichnet wird, muss also Aufmerksamkeit erregen. Dabei genügt es nicht, nur kurzfristig im Mittelpunkt zu stehen, sondern es muss dauerhaft Aufmerksamkeit in weitem Kreise erlangt werden.
Öffentliche Anerkennung, die täglich in immer steigendem Maß produziert und konsumiert wird, ist aber in der Gegenwart so flüchtig, dass verglichen mit ihr selbst das Geld, das immerhin zu den vergänglichsten Dingen gehört, die es gibt, „objektiv" und wirklich erscheint[197]. Voraussetzung für dauerhafte Aufmerksamkeit ist ein hoher Bekanntheitsgrad[198].

Auch hier wird die Parallele zum Unternehmensmarketing deutlich. Ziel der Unternehmes-Public Relations ist es, den Bekanntheitsgrad des Unternehmens und seiner Produkte zu erhöhen sowie positive Vorstellungsinhalte zu vermitteln[199]. Diese Ziele hat auch die „öffentliche Person".
Um in einem weiten Kreise bekannt zu werden, müssen viele Menschen über einen reden. Man muss zum Gesprächsstoff Dritter werden und ein Thema von allgemeinem Interesse sein[200]. Da wir in einer Mediengesellschaft leben, erlangt man die Aufmerksamkeit von vielen Menschen vor allem durch die Massenmedien, insbesondere durch das Fernsehen[201]. Die Bekanntheit nimmt ihre erste Hürde, wenn ein Fernsehauftritt beim Publikum kommentiert, wenn der Auftritt besprochen wird. Wie es Veranstalter und Verleger schon immer machten, bieten die Medien denen, die in ihnen auftreten, ein Forum. Allerdings wird durch die ungezügelte Öffentlichkeit für alles und jeden Publizität immer belangloser.

---

tik: Ansatzpunkte einer organisationstheoretischen Betrachtung, 36ff. – Für Habermas hat die Psychoanalyse den Stellenwert eines Arguments in einer erkenntnistheoretischen und gesellschaftskritischen Argumentation. Für ihn ist die Psychoanalyse eine Form der Ideologiekritik, Habermas, J., Technik und Wissenschaft als ‚Ideologie'; ders., Erkenntnis und Interesse, 32.

195 Bei bedeutenden Personen kann es zu einer Prestigegeneralisierung kommen, das heißt, der Positionsinhaber wird aufgrund seiner hoch eingeschätzten Berufsposition auch in anderen Positionen und Rollen, die er einnimmt oder spielt, hoch angesehen, vgl. Lamnek, S., in: Reinhold, G. (Hrsg), Soziologie Lexikon, 506.

196 Hillmann, K.H., Wörterbuch der Soziologie, 688.

197 Arendt, H., a.a.O., 56. Vgl. zur Flüchtigkeit der Aufmerksamkeit für vermeintliche Stars.: Karasek, H., Mehr Sterne als am Himmel. Von Marilyn Monroe bis Susan Stahnke: Wie hat sich das Bild des Stars verändert? in: Der Tagesspiegel v. 7. Februar 2004, 24.

198 Franck, G., Ökonomie der Aufmerksamkeit. Ein Entwurf, 114.

199 Siehe oben 1. Teil 1. Abschnitt 2. Kapitel 4.

200 Franck, G., a.a.O., 122f.

201 Franck, G., a.a.O., 147, 151; Dörner, A., a.a.O., 40; Ladeur, K.-H., Persönlichkeitsschutz und „Comedy". Das Beispiel der Fälle SAT1/Stahnke und RTL 2/Schröder, in: NJW 2000, 1977 (1979).

Aus diesem Grunde ist ein „Aufmerksamkeits-Management" sowohl seitens der Medien als auch seitens der „öffentlichen Person" erforderlich[202].

Die Medien warten nicht darauf, „dass ihnen jemand anbietet, was sie präsentieren können, sondern nehmen die Produktion der zu präsentierenden Inhalte selbst in die Hand. Wohl arbeiten auch unabhängige Künstler und Autoren, um Beachtung zu finden. Sie verquicken ihr Streben nach Beachtung aber eng mit dem nach Selbstverwirklichung. Mit dem, was gut für die Selbstverwirklichung ist, bringt man indes selten die Massen auf die Beine."[203] Ursache hierfür ist, dass beinahe jedes gesellschaftliche Ereignis ein polykontexturaler Vorgang ist, der ganz unterschiedliche Informationen liefert (ökonomische, politische etc.). Ein autonomer Umgang mit diesen Vorgängen und Sachverhalten in der Umwelt wird erst dadurch ermöglicht, dass jedes Funktionssystem immer nur diejenigen (und überhaupt nur dann) Informationen ableitet und verarbeitet, die den eigenen differentiellen Code ansprechen. Das publizistische System operiert grundsätzlich nach dem Code öffentlich/nicht öffentlich und sogenannten „Sekundärcodes"[204], die sozusagen die geronnenen Erfahrungen und das systemintern „gelernte" Wissen darüber darstellen, welche Themen und Beiträge Aufmerksamkeit beim potentiellen Publikum erreichen können[205].

„Will man die Attraktion im grossen Maßstab betreiben, dann muss gezielt die Sensationslust bedient, dann müssen eigens Blickfänge hergerichtet, dann müssen bewusst Ohrwürmer ausgesetzt werden."[206] Um die Aufmerksamkeit der Zuschauer zu erlangen, muss sich auch die Politik diesem Modus anpassen. Seit den 90er Jahren hat sich das sogenannte Politainment herausgebildet, bei dem Politik und Entertainment gekoppelt werden, um so das Interesse der Bürger auf die Politik zu richten[207]. Damit das Interesse der Fernsehzuschauer nicht abflaute, unterlag zum Beispiel das Fernseh-Duell Schröder/Stoiber strengen Zeitvorgaben: Pro Frage hatte ein Kandidat maximal 90 Sekunden Zeit, für die Beantwortung einer Nachfrage 60 Sekunden[208].

---

202 Vgl. Ladeur, K.-H., Persönlichkeitsschutz und „"Comedy". Das Beispiel der Fälle SAT1/Stahnke und RTL 2/Schröder, in: NJW 2000, 1977 (1979).

203 Franck, G., a.a.O., 148.

204 So auch Marcinkowski, F., Publizistik als autopoietisches System. Politik und Massenmedien. Eine Systemtheoretische Analyse, 65; Luhmann, N., „Distinctions directrices". Über die Codierung von Semantiken und Systemen, in: ders., Soziologische Aufklärung 4., 20. Vgl. zu den einzelnen systemtheoretischen Konzepten, Maatje, C., a.a.O., 25 ff.

205 Vgl. auch Maatje, C., a.a.O., 29.

206 Franck, G., a.a.O., 148. Wie sich die Medien diesem Erfordernis anpassen, hat Velten für die Darstellung von Sportlern folgendermaßen beschrieben: „ Je größer das Publikum und Medium, um so mehr lehnt sich der Chronist an seinen Star an, glättet dessen Bild zur absoluten Faltenlosigkeit, formt ihn nach dem Publikumsgeschmack (...) und so entstehen die gängigen, sozusagen mit Riesenwaschkraft hergestellten Persilcharaktere der Arena – lauter jugendliche Albert Schweizers gewissermaßen", Velten, H., Die Aufsteiger der Nation, in: Zeitmagazin 36/1994, 6. Vgl. auch Karasek, H., Mehr Sterne als am Himmel. Von Marilyn Monroe bis Susan Stahnke: Wie hat sich das Bild der Stars verändert?, in: Der Tagesspiegel v. 7. Februar 2004, 24.

207 Dörner, A., a.a.O., 31; Bolz, N., Du hast in Wahrheit keine Wahl, also triff sie! in: Der Tagesspiegel v. 25.08.02, 25.

208 Vgl. Schmiede, A., Noch 15 Sekunden. Bis zur Studiotür behütet, beim Duell allein: Schröder und Stoiber, in : Der Tagesspiegel v. 24.08.02, 27.

Die Medien müssen – wie bei den Public Relations – bei den Empfindsamkeiten und Wunschvorstellungen der Menschen direkt ansetzen und so erst eine Öffentlichkeit schaffen, um deren Interesse zu wecken. Die Medien haben zwar die Möglichkeit, die Aufmerksamkeit der Rezipienten in gewisser Weise zu fokussieren, andererseits haben die Zuschauer die Chance auf die Programmgestaltung Einfluss zu nehmen, da um ihr Interesse immer wieder geworben wird. Um die Aufmerksamkeit der Zuschauer zu wecken, genügt es nicht, die Objekte der Begierde zu präsentieren, sondern die Bilder müssen mit Attraktivität aufgeladen werden[209]. Soll eine Person in einem weiten Kreise wirken und gefallen, also „öffentlich" werden, so muss auch die reale Person attraktiver gemacht werden. Erforderlich ist dafür eine hyperrealistische Darstellung der realen Person. Aus der realen Person wird auf diese Weise die öffentliche Person kreiert.

Den Prozess der Hyperrealisierung beschreibt Dörner sehr anschaulich, wenn er Schröders Auftritt auf dem SPD-Parteitag in Leipzig am 17.April 1998 schildert: „Der ‚gleiche' Schröder, den wir aus unzähligen Medienauftritten kennen und der gerade noch Bestandteil einer ausgefeilten Videoästhetik war, steht nun ‚echt' und ‚live' auf der Bühne. Der Körper, der als Medienkörper zuvor einen fiktionalen Als-ob-Status hatte, ist nun kopräsent mit dem Publikum im Saal. Gleichzeitig erfolgt jedoch eine musikalische Rahmung aus dem aktuellen Fundus Hollywoods, die den Menschen Schröder refiktionalisiert. Er schlüpft in die mediale Rolle jenes Airforce One inszenierten Superhelden, der als amerikanischer Präsident im Alleingang eine ganze Terroristengruppe außer Gefecht setzt. Die Musik rahmt Schröder als fiktionalen Helden mit außeralltäglichen Fähigkeiten ein, die zum Wohl des Volkes eingesetzt werden (...) Der hyperreale Status dieser Figur besteht aus einem ständigen Oszillieren zwischen Realität und Fiktion, zwischen inner- und außermedialer Existenz. Während die eine Seite Außeralltäglichkeit und nahezu omnipräsente Wahrnehmbarkeit im öffentlichen Diskurs gewährleistet, verbürgt die andere Seite die Authentizität jener Wirklichkeit, die wir als die „reale" zu betrachten pflegen."[210]
Dieser Hyperrealismus der Darstellung kann Mängel der Wiedergabe des Originals nicht nur kompensieren, sondern auch überkompensieren. Er kann überkompensieren in dem Sinne, dass es dem Kunstprodukt gelingt, mehr Aufmerksamkeit aus dem Betrachter herauszuholen, als es dem Original gelänge[211]. Je mehr Aufmerksamkeit die Bilder nun aber erobern, desto wirklicher werden sie im subjektiven Sinn. Der subjektive Eindruck wird sozial objektiv, sobald er sich in einer beträchtlichen Anzahl von Subjekten manifestiert und zwischen diesen kommuniziert wird[212]. Auf diese Weise wird das Kunstprodukt der „öffentlichen Person" zur Wirklichkeit.

Die heutige Gesellschaft verlangt nach Nähe und Authentizität[213].
„Das, was wir von Stars zu sehen bekommen, ist so deutlich Konstruktion, Oberflächengestaltung, Maske, dass das Begehren, einen Blick auf ein unterstelltes Dahinter

209 Franck, G., a.a.O., 173.
210 Dörner, A., a.a.O., 125f.
211 Franck, G., a.a.O., 173.
212 Ebenda.
213 Siehe oben 1. Teil 1. Abschnitt 2. Kapitel 4.

zu werfen, ungeheuer groß wird."[214] Dieses Dahinter darf nicht in dem Sinne enttäuschen, dass es die „öffentliche Person" demaskiert. Das Konstrukt der „öffentlichen Person" muss möglichst viele Identifikationsmöglichkeiten bieten. Die Erfüllung dieses Erfordernisses gelingt einerseits nur, wenn das Konstrukt selbst eine gewisse Leere birgt, die der Identifikation nicht widerspricht, andererseits darf die Leere aber nicht zu groß werden, da es dann nichts mehr gibt, mit dem man sich identifizieren kann.
Daher bezieht die „öffentliche Person" ihr Image auch aus der realen Person, die ihrerseits im Sinne der Bedeutungen, Werte und Sinnmuster interpretiert wird, die sich im Rahmen des öffentlichen Diskurses an die „öffentliche Person" anlagern.
Dyer formuliert: „ A star image consists both of what we normally refer to his or her ‚image', made up of screen roles and obviously stagemanaged public appearance, and also of images of the manufacture of that ‚image' and of the real person who is the site of occasion of it. Each element is complex and contradictory, and the star is all of it taken together."[215]

Ein Einblick ins Private vermittelt den Eindruck von Authentizität. Die Konsequenz ist, dass die „öffentliche Person" ständig auf die reale Person verweisen muss, was nur durch eine Veräußerlichung des Innerlichen (Enthüllung) geschehen kann.
Aus diesem Grunde haben die Kanzlerkandidaten Schröder und Stoiber im Wahlkampf 2002 ihre Frauen einbezogen: Um die Kandidaten imagemäßig abzurunden, wird mitgeteilt, wie Doris Schröder-Köpf ihre Blumen gießt und dass Karin Stoiber liebend gern durch Bad Tölz bummelt[216].

Die Prozesshaftigkeit der Enthüllung ist dabei operational von größerer Wichtigkeit als das Telos. Das Erreichen des Ziels wäre sogar fatal, da die vollständige Veräußerlichung des Innerlichen der weiteren sinnvollen[217] Enthüllung entgegenstehen würde. Es ist aber erforderlich, dass der Prozess der Enthüllung stets weiterläuft, da sonst das Äuquilibrium von der Leere der „öffentlichen Person" und dem Geheimnisvollen der realen Person aufgehoben wäre. Die entzauberte reale Person würde das Kunstprodukt konsumieren.
Wie all jene zeitlich organisierten Mechanismen von Sinnerzeugung, durch die die Moderne strukturiert ist, arbeitet auch der Prozess der Enthüllung in gewisser Weise gegen sich selbst, insofern er auf die Auslöschung seiner eigenen Voraussetzungen gerichtet ist. Der Mechanismus stabilisiert sich allein darin, dass sich der Bewegung der Enthüllung die Bewegung des Entzugs hinzugesellt, die ersterer die Waage hält. Jede Enthüllung verweist darin in sich selbst auf einen Überschuss, der weiterhin

---

214 Peters, S./Jentz, J., a.a.O., 88f; vgl. Schmiedke-Rindt, „She's Got Herself a Universe 1 oder Die Vorstellung einer Lebenswelt und ihrer Bewohnerinnen im Widerschein des Madonna-Fanomens, in: Hepp, A./Winter, R. (Hrsg.), Kultur-Medien-Macht. Cultural Studies und Medienanalyse, 345ff.

215 Dyer, R., Heavenly Bodies. Film Stars and Society, 7f.

216 Hornig, F./Rosenbach, M., Die Damen-Qual, in: Der Spiegel 35/2002, 154f; vgl. auch Ladeur, K.-H., Persönlichkeitsschutz und „"Comedy". Das Beispiel der Fälle SAT1/Stahnke und RTL 2/Schröder, in: NJW 2000, 1977 (1979).

217 Sinn erweist sich entsprechend Luhmann im Verweisungsüberschuss auf weitere Möglichkeiten des Erlebens in jedem einzelnen Erleben, Luhmann, N., Die Gesellschaft der Gesellschaft, 44ff.

verborgen bleibt. Madonna arbeitet beispielsweise perfekt mit dieser ewigen Verweisung auf eine andere neue Seite[218]. Auf diese Weise ist sie der Aufmerksamkeit und weiterer Einflusschancen sicher. Da es in der Mediengesellschaft um Erlangung von Aufmerksamkeit und Einfluss[219] geht, dient die öffentliche Person den Medien wiederum als Lockmittel für die Aufmerksamkeit des Publikums. Um mit Hilfe der „öffentlichen Person" Einfluss zu erlangen, bieten sie ihr ein Forum[220], wodurch die „öffentliche Person" wiederum an Einfluss gewinnt. Daraus folgt die Tautologie, dass die „öffentliche Person" eine „öffentliche Person" ist, weil sie eine „öffentliche Person" ist.

Aufgrund ihrer Einflusschancen hat die „öffentliche Person" dann auch einen Marktwert, der mit zunehmenden Einfluss steigt[221]. Das wird insbesondere bei der Vermarktung der Popularität bekannter Persönlichkeiten durch die Werbung deutlich[222]. Bei dem sogenannten Merchandising[223] tritt neben die jeweilige Primärverwertung von „öffentlichen Personen" die Sekundärvermarktung[224]. Das Image der „öffentlichen Person" wird dabei geschickt auf ein Unternehmen, eine Marke, ein Produkt übertragen[225]. Die Personifizierung durch das Unternehmensimage wird durch die Verbindung des Unternehmens mit einer „öffentlichen Person" verstärkt und die Kommunikation zwischen Unternehmen und Verbraucher erleichtert. Schertz weist in diesem Zusammenhang darauf hin, dass der Konsument bei Waren, für die Merchandising-Lizenzen vergeben wurden, allein aufgrund dieser Tatsache von einer höheren Qualität ausgeht[226]. „Dies gilt umso mehr in den Fällen, in denen zwischen dem Produkt und dem Merchandisinggegenstand ein Sachzusammenhang besteht, etwa, wenn Prof. Brinkmann aus der Fernsehserie Schwarzwaldklinik für magenschonenden Kaffee wirbt oder sich sein Abbild auf der Packung befindet. Beim Verbraucher werden insofern aufgrund der „Empfehlung" durch eine populäre Person (...) gewisse

---

218 In „Frozen" treibt sie ihre Vervielfältigung auf die Spitze und verwandelt sich vor den Augen des Publikums: Von einer in ein schwarzes wallendes Gewand gekleideten und über dem Wüstenboden schwebenden Figur mit hüftlangen schwarzen Haaren und weißem Gesicht, wird Madonna zu einer Säule, die umstürzt und in tausend Splitter zerberstet, die aufsteigend sich in schwarze Raben transformieren und auseinander in den Himmel fliegen. In „The Power of Goodbye" inszeniert Madonna mittels einer Schachpartie ein Signifikanten-Verwirr-Spiel um die konventionellen Begrifflichkeiten von „männlich (=dominant) und „weiblich" (=submissiv).Vgl. zu den Selbstinszenierungen von Madonna und deren Interpretationen: Schmiedke-Rindt, C., a.a.O., 342.

219 Franck, G., a.a.O., 173.

220 Vgl. Ladeur, K.-H., Persönlichkeitsschutz und „"Comedy". Das Beispiel der Fälle SAT1/Stahnke und RTL 2/Schröder, in: NJW 2000, 1977 (1980).

221 Vgl. Peters, B., Prominenz. Eine soziologische Analyse ihrer Entstehung und Wirkung, 203.

222 Vgl. Götting, H.-P., Persönlichkeitsrechte als Vermögensrechte, 7.

223 Vgl. zu den verschiedenen Definitionen von Merchandising Schertz, C., Merchandising. Rechtsgrundlagen und Rechtspraxis, 4ff; siehe auch Spitzer, G., a.a.O., 169.

224 Schertz, C., a.a.O., 10f.

225 BGH NJW 2000, 2195 (2198). Ein gelungener Imagetransfer setzt voraus, dass das Image des Merchandisingobjekts mit dem Produkt kompatibel sein muss bzw. es ergänzen kann sowie zielgruppenaffin ist, da es andernfalls zu einem Verlust an Glaubwürdigkeit und Reaktanz kommen kann. Es gilt: Je bekannter/aktueller das Merchandisingobjekt bei der angepeilten Zielgruppe ist, desto höher ist dessen Wirkungsintensität, vgl. Spitzer, G., a.a.O. 171f.

226 Schertz, C., a.a.O., 16.

Gütevorstellungen ausgelöst, in dem Sinne, dass sie ein Mindestmaß an Qualität garantieren. Walt Disney Productions beispielsweise lizensiert seine characters aus diesem Grunde nicht für minderwertige Produkte."[227]

Die „öffentliche Person" ist ein Kunstprodukt, das extra so wie es gezielt sichtbar gemacht worden ist und nicht anders in Erscheinung treten soll. Handlungen und Informationen über die reale Person, die in die Öffentlichkeit lanciert werden, können daher dem Image der „öffentlichen Person" entgegenstehen bzw. ihr Image verändern[228]. Das neue Image stimmt dann möglicherweise nicht mehr mit dem Rollenverständnis überein, das das Publikum von der „öffentlichen Person" hat[229]. Die soziale Rolle der „öffentlichen Person" bringt Rechte und Pflichten mit sich[230]. Werden die Pflichten gröblich verletzt, stellt die „öffentliche Person" kein Idealbild mehr da. Sie stimmt dann nicht mehr mit dem Geschmack des Publikums überein, da sie zu wenig Identifikationsmöglichkeiten bietet[231]. Durch das Angebot von Identifikationsmöglichkeiten erlangt die „öffentliche Person" Aufmerksamkeit, da Individuen Idealbilder für die Konstruktion ihrer Identität benötigen[232]. Fehlt dieses Angebot, verliert die „öffentliche Person" an Aufmerksamkeit und damit an Einfluss und Marktwert[233]. Die Medien ziehen eine letzte (negative) Aufmerksamkeit aus dem Fall der „öffentlichen Person", indem sie das aufgebaute Image in Trümmer legen. Ladeur beschreibt diesen Vorgang folgendermaßen: „Man wird durch „Beckmann" oder „Kerner" aufgebaut, in der „Harald Schmidt-Show" wird die Prominenz dann wieder zerstört."[234]

6. Wer ist eine „öffentliche Person"?

Ob jemand eine „öffentliche Person" ist, ist eine Einzelfallentscheidung. Bestimmte Berufsfelder prädestinieren aber für den Status der „öffentlichen Person".

Hochrangige Politiker besitzen politische Macht[235], die eng mit Prestige assoziiert ist[236]. Ihre demokratische Legitimierung durch das Volk stellt den wesentlichen Grundpfeiler der Demokratie dar. Wie bereits am Beispiel von Gerhard Schröder deutlich wurde, wird die der Öffentlichkeit zugewandte Seite hyperrealisiert[237]. Hochrangige Politiker sind somit „öffentliche Personen".

---

227 Schertz, C., a.a.O., 16 m.w.N.
228 Vgl. Thompson, J.B., a.a.O., 135, 137, 141, 143, 144.
229 Ähnlich Bellebaum, A., Soziologische Grundbegriffe: Eine Einführung für soziale Berufe, 68.
230 Vgl. ebenda.
231 Vgl. auch Spitzer, G., a.a.O., 172.
232 Siehe oben 1. Teil 1.Abschnitt 2. Kapitel 5.
233 Vgl. auch Ullmann, E., Persönlichkeitsrechte in Lizenz? in: AfP 1999, 209.
234 Ladeur, K.-H., Persönlichkeitsschutz und „"Comedy". Das Beispiel der Fälle SAT1/Stahnke und RTL 2/Schröder, in: NJW 2000, 1977 (1980).
235 Vgl. Seyfarth, G., Der Einfluss des Verfassungsrechts auf zivilrechtliche Ehrschutzklagen, in: NJW 1999, 1287 (1290).
236 Siehe oben 1. Teil 2. Abschnitt 2. Kapitel 5.
237 Ebenda.

Auch Journalisten, Schauspieler, Popstars und andere Künstler sind – was ihre öffentliche Seite anbetrifft- Kunstprodukte[238]. Öffentliche Personen werden sie aber erst, wenn sie über einen beträchtlichen Marktwert aufgrund der ihnen zuteil werdenden Aufmerksamkeit verfügen.

Spitzensportler haben aufgrund ihrer Leistungen und der daraus resultierenden Vorbildfunktion ein hohes Prestige. Als „öffentlichen Personen" kann man sie bezeichnen, wenn sie der Allgemeinheit bekannt sind und ein Image aufgebaut haben. In der Regel korrespondiert die Aufmerksamkeit mit der Beliebtheit der ausgeübten Sportart[239].

Überragende Wissenschaftler besitzen genau wie Spitzensportler allein wegen ihrer Leistungen ein hohes Prestige. Allerdings drängen Wissenschaftler selten in das Licht der Öffentlichkeit und sind daher der Allgemeinheit nur in Ausnahmefällen bekannt[240]. Grundsätzlich können große Wissenschaftler „öffentliche Personen" sein, sie sind es aber nur in Ausnahmefällen, da sie zumeist nicht das Bekanntheitserfordernis erfüllen.

Adlige mit herausragenden repräsentativen Stellungen verfügen über einen hohen Bekanntheitsgrad. Ihnen kommt eine Vorbildfunktion für zumindest einen Teil der Bevölkerung zu[241]. Sie genießen große Aufmerksamkeit, was unschwer an den vielen Berichten in der Yellow Press zu erkennen ist. Mit ihrer Zugehörigkeit zum Adelsgeschlecht wird etwas „Märchenhaftes" verbunden[242], so dass es für die Rezipienten eine hyperrealisierte Seite gibt. Adlige mit herausragenden repräsentativen Stellungen sind daher „öffentliche Personen".

Opfer von Verbrechen oder Unglücken erfüllen bisweilen das Bekanntheitserfordernis, haben aber kein hohes Prestige. Der Opferstatus steht dem Prestigefaktor Macht diametral entgegen. Sie sind also keine „öffentlichen Personen"[243].

Straftäter sind ebenfalls keine „öffentlichen Personen"[244], da sie für die Allgemeinheit keine Idealbilder darstellen und somit keinerlei Einflusschancen besitzen[245].

---

238 Siehe oben 1. Teil 2. Abschnitt 2. Kapitel 5.

239 Vgl. zum Tennis: OLG Frankfurt, in NJW 1989, 402; zum Fußball : BGH, in NJW 1979, 2203 – Fußballkalender; OLG Hamburg, in AfP 1985, 209ff; zum Eiskunstlauf: OLG Frankfurt, in NJW 2000, 594.

240 So auch Gronau, K., Das Persönlichkeitsrecht von Personen der Zeitgeschichte und die Medienfreiheit, 223.

241 Vgl. BVerfGE 101, 316 (390) – Caroline von Monaco .

242 Vgl. ebenda.

243 Vgl. auch Soehring, J., Presserecht. Recherche, Darstellung und Haftung im Recht der Presse, des Rundfunks und der Neuen Medien, 433.

244 Vgl. auch Soehring, J., a.a.O., 434. Soehring weist zutreffend daraufhin, dass Straftäter wie etwa der Fälscher der Hitler-Tagebücher Konrad Kujau dann Personen des öffentlichen Lebens sind, wenn sie sich selbst weiterhin in die Öffentlichkeit stellen und auf diese Weise Erinnerung und Interesse an Tat und Täter lebendig halten oder gar kommerzialisieren.

245 Vgl. BVerfGE 25, 202 (229) – Lebach.

3. Kapitel: Zusammenfassung:

Der Begriff der „öffentlichen Person" lässt sich nur an Hand des Gemeingebrauchs der Sprache definieren. Dabei spielt das Verständnis von „Öffentlichkeit" eine wesentliche Rolle. In unserer heutigen medialen Gesellschaft ist Öffentlichkeit eine von den Massenmedien vorstrukturierte und beherrschte Arena, in der nicht nur um Einfluss, sondern um eine verborgene Steuerung verhaltenswirksamer Kommunikationsflüsse gerungen wird[246].

Eine „öffentliche Person" hat im Unterschied zur juristischen Person ihren Ursprung in der realen Person.
Die Massenmedien schaffen der „öffentlichen Person" zunächst ein Forum für die Erlangung von Einflusschancen, indem sie über die „öffentliche Person" berichten und sie auf diese Weise bekannt machen (Medienpräsenz). Damit die „öffentliche Person" in der informationsüberfluteten Gesellschaft der Aufmerksamkeit des Publikums sicher ist, wird sie idealisiert. Sie stellt ein Idealbild dar und dient der Identitätskonstruktion des einzelnen. Sie hat durch ihre soziale Rolle ein hohes Prestige[247]. Allerdings darf sie nicht aus ihrer Rolle fallen und muss die hohen Erwartungen der Rezipienten erfüllen, andernfalls verliert sie an Aufmerksamkeit, Einfluss und Marktwert. Der realen Person ist das nicht (immer) möglich. Aus diesem Grunde wird aus der realen Person ein Kunstprodukt kreiert, das in der medialen Öffentlichkeit die Erwartungen erfüllt. Neben der authentischen, realen Identität gibt es eine hyperrealisierte der medialen Öffentlichkeit[248] zugewandte Seite.
Das Ergebnis ist ein Kunstprodukt, das sein Image teilweise aus der realen Person gewinnt. Da im medialen Zeitalter die Dichotomie von öffentlich/privat nahezu aufgelöst ist und Privatheit und Authentizität einen hohen Stellenwert genießen, muss auch die „öffentliche Person" authentisch wirken. Erforderlich hierfür ist ein unentwegtes teilweises Enthüllen der realen Person, ein Oszillieren zwischen Fiktion und Realität. Die Enthüllung der realen Person darf niemals enden, da dann das Begehren auf ein unterstelltes Dahinter und damit die Aufmerksamkeit entfallen würde. Mit dem Verlust der Aufmerksamkeit würde die „öffentliche Person" ihre Einflusschancen und ihren Marktwert verlieren.

Bei einem ungeplanten Enthüllen von Handlungen und Informationen über die reale Person, kann es zu Imageveränderungen bzw. -verlusten für die „öffentliche Person" kommen, da diese Details der Erscheinung der „öffentlichen Person" entgegenstehen können. Imageverluste führen dann zur Reduzierung des Marktwertes.

Solange die „öffentliche Person" aber der Aufmerksamkeit und ihrer Einflusschancen sicher ist, solange bieten die Massenmedien ihr ein Forum, damit sie über die öffentliche Person" ebenfalls Einfluss nehmen können. Eine „öffentliche Person" ist dann eine „öffentliche Person", weil sie eine „öffentliche Person" ist.

---

246 Vgl. Habermas, J., Strukturwandel der Öffentlichkeit, 28.
247 Vgl. oben 1. Teil 2. Abschnitt 2. Kapitel 5.
248 Öffentlichkeit ist hier im Sinne von „jedermann zugänglich" zu interpretieren.

2. Abschnitt: Die Rechte des Art. 5 Abs. 1, Abs. 3 GG

Nachdem der Begriff der „öffentlichen Person" determiniert wurde, soll deren Persönlichkeitsrecht in den Medien untersucht werden. Es geht dabei um einen Interessenausgleich zwischen dem Schutz der Medien und den Rechten des Einzelnen. Diese Rechtsabwägung erfordert Kenntnisse über die Funktion und Aufgabe der Medien sowie hinsichtlich des Prozesses der Persönlichkeitsentwicklung. Die folgenden Abschnitte sollen daher diese für die Arbeit essentiellen Themen näher untersuchen.
Die Medien spielen nicht nur für die Konstruktion der „öffentlichen Person" sondern in der gesamten medialen Öffentlichkeit eine entscheidende Rolle. Sie schaffen informationelle Grundlagen für den kommunikativen Austausch im zwischenmenschlichen Bereich[249]. Sie haben in unserer Gesellschaft eine besondere Funktion[250] .

Das BVerfG[251] hat am Beispiel der Presse die Rolle der Medien folgendermaßen definiert:

„Die Presse hält die ständige Diskussion in Gang; sie beschafft die Informationen, nimmt selbst dazu Stellung und wirkt damit als orientierende Kraft in der öffentlichen Auseinandersetzung. In ihr artikuliert sich die öffentliche Meinung; die Argumente klären sich in Rede und Gegenrede, gewinnen deutliche Konturen und erleichtern so dem Bürger Urteil und Entscheidung. In der repräsentativen Demokratie steht die Presse zugleich als ständiges Verbindungs- und Kontrollorgan zwischen dem Volk und seinen gewählten Vertretern in Parlament und Regierung."
Die Medien respektive die Presse sind also konstitutiv für den gesellschaftlichen und politischen Prozess[252]. Das Medienwesen in Deutschland wird daher von der Konzeption der Kommunikations- und Medienfreiheit des Grundgesetzes geprägt[253].
In Art. 5 Abs. 1 GG sind die Freiheitsrechte normiert, die nach Ansicht des BVerfG für die freiheitlich demokratische Staatsordnung „schlechthin konstituierend" sind[254].
Art. 5 Abs. 1 Satz 2 GG gewährleistet den Grundrechtsschutz jenseits der personalen Kommunikation im Bereich des für das Massenkommunikationswesen unverzichtbaren Einsatzes von Medien. Die Medienfreiheit des Art. 5 Abs. 1 Satz 2 GG ist die Freiheit publizistischer Vermittlung durch die Massenmedien[255]. Sie umfasst die Freiheit der Presse als überkommenes Gut freiheitlicher Gewährleistungen, ausdrücklich auch die im 20. Jahrhundert neu entstandenen Phänomene des Rundfunks und des Films[256]. Die Medienfreiheit wird dahingehend interpretiert, dass auch neu entstehende massenmediale Kommunikationsmittel in den Schutzbereich einzubeziehen sind[257].

---

249 Fechner, F., a.a.O., 13.
250 Vgl. EGMR NJW 2004, 2653 (2655) – Andreotti.
251 BVerfGE 20, 162 (174f) – Spiegel.
252 Vgl. EGMR NJW 2004, 2653 (2655) – Andreotti.
253 Paschke, M., Medienrecht, 64.
254 BVerfGE12, 113 (125) – Schmidt-Spiegel; BVerfGE 7, 198 (208) – Lüth.
255 Paschke, M., a.a.O., 64.
256 Ebenda.
257 Vgl. für rundfunkähnliche Kommmunikationsdienste BVerfGE 74, 297 (350f.).

Unter Umständen können die Berichterstattenden auch die in Art. 5 Abs. 3 Satz 1 GG geschützte Kunst- oder Wissenschaftsfreiheit in Anspruch nehmen[258].
Die Rechte des Art. 5 GG sollen für die vorliegend relevante Fallkonstellation einer Berichterstattung über eine „öffentliche Person" untersucht werden. Bei den Ausführungen wird der Tatsache Rechnung getragen, dass die Meinungsfreiheit, die Persönlichkeitsrechte der „öffentlichen Person" einschränkt, selbst eine der bedeutesten Entfaltungsformen der Persönlichkeit ist[259].

1. Kapitel: Die Meinungsfreiheit

1. Der Begriff „Meinung"

a) Allgemeines

Äußern sich andere Grundrechtsträger über die „öffentliche Person", so können sie häufig die Meinungsfreiheit gemäß Art. 5 Abs. 1 1. Alt. GG für sich in Anspruch nehmen.
Die Meinungsfreiheit wird zu den „vornehmsten Menschenrechten"[260] gerechnet. Das Recht aus Art. 5 Abs. 1 Satz 1 1.Alt. GG wirkt gleichermaßen im öffentlichen[261] wie im privaten Raum. Es ist Voraussetzung dafür, dass der Mensch als Mensch in der Gemeinschaft mit anderen leben und sich als soziale Person in Freiheit entwickeln kann. Die Meinungsfreiheit sorgt dafür, dass sich die richtige Auffassung auf dem „freien Markt" des geistigen Kampfes entwickeln und der Mensch nicht nach einer von der „Obrigkeit" verordneten Moral zu leben hat. Die Meinungsfreiheit schließt auch (wahre) Tatsachenbehauptungen ein, „weil und soweit sie Voraussetzung der Bildung von Meinungen sind"[262]. Die Meinungsfreiheit ist das wichtigste „Gegenlager" zum Schutz der intimen Person; sie kann eigentlich nicht als Gegeninteresse des Persönlichkeitsschutzes begriffen werden, weil sie selbst auch eine Bedingung der Bildung einer vernünftigen Persönlichkeit ist.

b) Determination des Begriffs „Meinung"

aa) Meinung im „engeren" Sinne

Der Begriff „Meinung" ist „grundsätzlich weit zu verstehen"[263]. Eine Meinungsäußerung ist nicht dem Beweis zugänglich und nur durch Elemente der Stellungnahme und des Dafürhaltens zu qualifizieren[264]. Sie ist durch die subjektive Beziehung des

258 Gronau, K., Das Persönlichkeitsrecht von Personen der Zeitgeschichte und die Medienfreiheit, 136, 168ff.
259 Vgl. Bethge, H., in: Sachs, M. (Hrsg.), Grundgesetz Kommentar, Art. 5 Rdnr. 22.
260 BVerfGE 7, 208.
261 „Öffentlich" ist hier im Sinne von „für alle zugänglich" zu verstehen.
262 BVerfGE 61, 1 (8).
263 BVerfGE 71, 162 (179); 61, 1 (9).
264 BVerfG AfP 1994, 126 – Judenverfolgung; BVerfG NJW 1983, 1415f. – NPD von Europa; BVerfGE 7, 198 (210) – Lüth; Wendt, R., in: Münch, I. V./Kunig, Ph. (Hrsg.), Grundgesetz Kommentar, Band 1 (Präambel bis Art. 19), Art. 5, Rdnr. 8.

Einzelnen zum Inhalt der Aussage geprägt[265]. Aus diesem Grund kann es auch keine wahre oder unwahre, richtige oder falsche Meinungsäußerung geben[266]. Eine Differenzierung nach „wertvoller" oder „wertloser" Meinung wird nicht vorgenommen[267]. Unter den Begriff „Meinung" fallen auch Äußerungen, die andere in ihren Rechten verletzen, Gemeinschaftsgüter gefährden oder die politische und soziale Ordnung in Frage stellen[268]. Solche Äußerungen können aber den Schranken des Art. 5 Abs. 2 GG unterliegen.

Meinungen im Sinne des Art. 5 Abs. 1 1. Alt. GG sind demnach Ansichten, Auffassungen, Überzeugungen, Wertungen, Urteile, Einschätzungen, Stellungnahmen zu allen möglichen sachlichen Gegenständen und Personen und auch Werturteile über Werturteile. Auch die Satire steht als meinungsbildnende oder sogar künstlerische Ausdrucksform unter dem grundrechtlichen Schutz des Art. 5 GG.[269]
Nicht vom Schutzbereich erfasst, wird Schmähkritik, bei der nicht die Auseinandersetzung mit der Sache, sondern die Diffamierung einer Person im Vordergrund steht[270]. Die Abgrenzung zwischen „Satire" und „Schmähkritik" kann sich in Einzelfällen schwierig darstellen[271]. Wichtig ist hierfür die zutreffende Erfassung des Äußerungssinns. Nach Ansicht des BVerfG muss diesbezüglich zwischen der satirischen Einkleidung und dem Aussagekern differenziert werden[272]. Bei der Bewertung der satirischen Einkleidung seien die Maßstäbe weniger streng als diejenigen für die Beurteilung des Aussagekerns. Der satirischen Einkleidung sind die Stilmittel der Übertreibung, Verzerrung und Verfremdung gerade eigen, weil sie den Leser „vordergründig zum Lachen reizen will, um zum Lesen anzuregen und hierdurch die Aufmerksamkeit des Lesers auf ihren Gegenstand zu lenken"[273]. Würden an die satirische Einkleidung ebenso strenge Maßstäbe wie an die Beurteilung des Aussagekerns gelegt, könnten die Stilmittel der Satire ihren dargestellten Sinn nicht erfüllen[274]. Die

265 Prinz, M./Peters, B., a.a.O., 4.

266 BVerfGE 33, 1 (14) – Strafgefangenen-Brief; BVerfG NJW 1994, 1779 – Auschwitzlüge.

267 Wendt, R., a.a.O., Art. 5 Rdnr. 8.

268 Schulze-Fielitz, H., in: Dreier, H., Grundgesetz Kommentar, Band 1, Art. 1-19; Art. 5I, II, Rdnr. 44.

269 Becker, B. v., Rechtsfragen der Satire, GRUR 2004, 908.

270 BVerfG NJW 1993, 1462 – Heinrich Böll; BVerfGE 82, 272 (284) = NJW 1991, 95-Zwangsdemokrat; BVerfGE 93, 266 (293f) – Soldaten sind Mörder; Bethge, H., a.a.O., Art. 5 Rdnr. 33a.

271 Gronau, K., a.a.O., 139.

272 BGH NJW 2000, 1036 (1039) – Verdachtsberichterstattung; BVerfG NJW 1998, 1386 (1387) – Münzen- Erna; kritisch Ladeur, K.-H., Persönlichkeitsschutz und „Comedy". Das Beispiel der Fälle SAT1/Stahnke und RTL 2/Schröder, in: NJW 2000, 1977 (1978), der die Auffassung vertritt, diese Trennung gehe von einem äußerst schlichten Kommunikationsmodell aus, das der Ausdifferenzierung des Mediensystems und der Vielfalt der Sendeformate nicht annährend gerecht werden könne. Auch Becker setzt sich für eine Relativierung der vereinfachenden Unterscheidung zwischen Aussagekern und satirischer Einkleidung ein, da sie insbesondere den neuen Comedy-Formaten nicht gerecht werde, Becker. B.v., Rechtsfragen der Satire, GRUR 2004, 908 (913).

273 BGH NJW 2000, 1036 (1039) – Verdachtsberichterstattung; BVerfG NJW 1998, 1386 (1387) – Münzen-Erna; kritisch hierzu Ladeur, K.-H., Persönlichkeitsschutz und „Comedy". Das Beispiel der Fälle SAT1/Stahnke und RTL 2/Schröder, in: NJW 2000, 1977 (1978).

274 Gronau, K., a.a.O., 139.

Form der Satire kann zwar auch Kunst sein, doch unterfällt sie nicht „automatisch" dem Tatbestand der Kunstfreiheit, denn ihre charakteristischen Verfremdungen, Verzerrungen oder Übertreibungen können auch ein Mittel der „einfachen" Meinungsäußerung von Einzelnen oder von Massenmedien sein[275]. Die Satire wird dann von der Meinungsfreiheit geschützt. Folglich fällt die Satire immer in den Schutzbereich des Art. 5 GG, so dass beispielsweise bei der Beurteilung der Frage, ob es sich um Satire oder Schmähkritik handelt, die Deutung vorzuziehen ist, die für die Ermöglichung der Satire sprechen würde[276]. Eine mögliche Deutung als Schmähkritik darf nach dem verfassungsrechtlichen Grundsatz „in dubio pro libertate" nur dann zur Unzulässigkeit der satirischen Äußerung führen, wenn eine Deutung als Meinungsäußerung oder als Scherz offenkundig ausscheidet.

Geschützt sind alle Tätigkeiten, die der Meinungsübermittlung dienen[277].
Auch Werbung und sogenannte „Boykottaufrufe" dienen der Einwirkung auf die allgemeine Meinung und fallen somit in den Schutzbereich des Art. 5 Abs. 1 1. Alt. GG[278].
Noch ist nicht restlos geklärt, ob bzw. inwiefern Tatsachenbehauptungen in den Schutzbereich von Art. 5 Abs. 1 1.Alt. GG fallen.

bb) „Wahre" Tatsachenbehauptungen und der Schutzbereich des Art. 5 Abs. 1 Satz 1 1. Alt. GG

Um Tatsachenbehauptungen handelt es sich nach der Auffassung des BGH, wenn die Aussage einer Überprüfung auf ihre Richtigkeit mit den Mitteln des Beweises zugänglich ist"[279]. Bei der Abgrenzung von Tatsachenbehauptung und Meinungsäußerung ergeben sich häufig erhebliche Schwierigkeiten[280].

Die Äußerung ist in dem Gesamtkontext, in dem sie gefallen ist, zu qualifizieren. Für die Abgrenzung ist es unerheblich wie der Erklärende seine Äußerung selbst verstanden hat oder verstanden wissen wollte[281]. Auszugehen ist vom Verständnis des unbefangenen Rezipienten[282]. Erfolgt die Äußerung gezielt gegenüber einem bestimmten Adressaten oder einem bestimmten Adressatenkreis, so kommt es auf dessen/deren Vorverständnis an[283]. Beim Fernsehen ergibt sich die Aussage aus einem Zusammenwirken von Bild und Wort[284]. Werden in einem Fernsehbeitrag zu einem Text Bilder gezeigt, so kann der Rezipient davon ausgehen, dass sich der Text auf die Bilder be-

---

275 BVerfGE 86, 1 (9).
276 Vgl. Becker, B. v., Rechtsfragen der Satire, GRUR 2004, 908 (911) m.w.N.
277 Schulze-Fielitz, H., a.a.O., Art. 5 I, II, Rdnr. 51.
278 Wendt, R., a.a.O., Art. 5 Rdnr. 14; a.A. Gronau, K., a.a.O., 139.
279 BGH ZUM 1998, 834 (836) – „IM-Sekretär"; BGH NJW 1997, 1148 (1149) – Chefarzt; BGH NJW 1996, 1131 (1133) – Lohnkiller.
280 Vgl. pars pro toto: BGH NJW 1987, 1398 – Kampfanzug unter der Robe.
281 BGH ZUM 1998, 834 (886)- „IM-Sekretär"; BGH NJW 1966, 1213 (1214) – Luxemburger Wort; BGH NJW 1961, 1913 (1914).
282 BGH NJW 1997, 1148 (1149) – Chefarzt; BGH NJW 1994, 2614 (2616) – „Pleite gehen".
283 BGH AfP 1994, 295 (296) – Brief an Bundespräsidenten; BGH AfP 1988, 25 (27) – „Mit Verlogenheit zum Geld"; BGH NJW 1980, 1685 – Straßen- und Autolobby.
284 Prinz, M./Peters, B., a.a.O., 8.

zieht[285]. Wird beispielsweise eine „öffentliche Person" im Zusammenhang mit einem Korruptionsskandal gezeigt, kann das für den Zuschauer nur bedeuten, dass diese Person an dem Skandal beteiligt ist.

Gibt es hinsichtlich einer Äußerung mehrere Deutungsmöglichkeiten, so ist diejenige zugrunde zu legen, die für den Äußernden günstiger ist und den Betroffenen weniger beeinträchtigt[286]. Nur wenn sich der Äußernde auf den Schutz des Art.5 Abs. 1 GG berufen kann, bedarf es einer Abwägung mit dem Persönlichkeitsrecht der „öffentlichen Person".

Wahre Tatsachenbehauptungen werden in den Schutzbereich der Meinungsfreiheit aufgenommen, wenn und soweit sie Voraussetzung für die Bildung einer Meinung sind[287]. Tatsachenbehauptungen gelangen also erst „über die Brücke der Meinung" in den Schutzbereich von Art. 5 Abs. 1 Satz 1 GG[288]. Dies wird vor allem mit dem Schutzzweck des Art. 5 Abs. 1 Satz 1 GG begründet, der die freie und individuelle Meinungsbildung und damit einen freiheitlichen Kommunikationsprozess gewährleisten soll[289].

Die Meinungsbildung wird auch durch Tatsachenmitteilung gefördert. Diese können eine den Werturteilen nicht nachstehende Überzeugungskraft haben. Ferner beruht schon die Auswahl dessen, worüber berichtet wird, häufig auf einer subjektiven Wertung[290]. Durch die Ausführlichkeit der Darstellung, das Weglassen von Tatsachen und die Art der Präsentation steht nahezu jede Mitteilung einer Tatsache in einem wertenden Kontext, der von einer wertenden Konnotation nicht freigehalten werden kann[291].

Abgelehnt wird lediglich die Einbeziehung statistischer Daten in den Schutzbereich der Meinungsfreiheit, da sie für die Meinungsbildung nicht relevant sind[292]. Folglich werden jedenfalls wahre Tatsachenbehauptungen in dem dargestellten Rahmen vom Schutzbereich der Meinungsfreiheit gemäß Art. 5 Abs. 1 Satz 1 1.Alt. GG erfasst[293].

Nach allgemeiner Grundrechtsdogmatik kann eine Tatsachenbehauptung dennoch unzulässig sein, wenn der Inhalt der Äußerung in Rechte eines anderen Grundrechtsträgers eingreift und dieser Eingriff nicht gerechtfertigt werden kann[294].

---

285 Prinz, M./Peters, B., a.a.O., 8.

286 BGH NJW 1998, 3047 (3048) – Stolpe.

287 Vgl. BVerfG NJW 1994, 1779 – Auschwitzlüge; BVerfGE 94, 1 (7) – DGHS; BVerfGE 61, 1 (8) = NJW 1983, 1415 (1417) – NPD von Europa.

288 Grimm, D., Die Meinungsfreiheit in der Rechtsprechung des BVerfG, in: NJW 1995, 1697 (1699).

289 Gronau, K., a.a.O., 141 m.w.N.

290 Lerche, P., Meinungsfreiheit und Richtigkeitsanforderungen an Tatsachenangaben im wirtschaftlichen Wettbewerb, in: Pfister, B./Will, M.R., Festschrift für Werner Lorenz zum 70. Geburtstag, 143, 144.

291 Schulze-Fielitz, H., a.a.O., Art. 5 I, II, Rdnr. 45.

292 BVerfGE 65, 1 (41ff) – Volkszählungsurteil.

293 Bethge, H., in: Sachs, M. (Hrsg.), Grundgesetz Kommentar, Art. 5 Rdnr. 27, 28.

294 Vgl. Gronau, K., a.a.O., 141.

cc) „Unwahre" Tatsachenbehauptungen und der Schutzbereich des Art. 5 Abs. 1 Satz 1 1. Alt. GG

Unwahre Tatsachenbehauptungen werden im Zusammenhang mit der „öffentlichen Person" zumeist dann relevant, wenn über sie Spekulationen angestellt werden, die als „Fakten" präsentiert werden.

Bei den unwahren Tatsachenbehauptungen werden die bewusst oder erwiesen unwahren von den unbewusst oder nicht erwiesen falschen unterschieden.
Das BVerfG[295] schließt in Übereinstimmung mit einem Teil der Literatur[296] bewusst oder erwiesen unwahre Tatsachenbehauptungen gänzlich aus dem Schutzbereich der Meinungsfreiheit gemäß Art. 5 Abs. 1 Satz 1 GG aus. Dies wird mit der fehlenden Funktion von bewusst und erwiesen unwahren Tatsachenbehauptungen für die verfassungsrechtlich vorausgesetzte Meinungsbildung begründet. Unter diesem Gesichtspunkt sei die unrichtige Information kein schützenswertes Gut[297]. Die Anforderungen an die Wahrheitspflicht dürfen nach Ansicht des Gerichts jedoch nicht so bemessen werden, dass darunter die Funktion der Meinungsfreiheit leidet und zulässige Äußerungen aus Angst vor Sanktionen unterbleiben. Handle es sich nicht um bewusst oder erwiesen unwahre Tatsachen, so sei der Schutzbereich unter den oben aufgeführten Voraussetzungen eröffnet. Wäre ein genereller Wahrheitsbeweis für die Eröffnung des Schutzbereiches erforderlich, könnte keine öffentliche Diskussion über nicht erweislich wahre Tatsachen stattfinden und der öffentliche Meinungsbildungsprozess würde erst nach verfahrensfester Wahrheitsprüfung einsetzen[298]. Ist eine Tatsache nicht erwiesen unwahr, so kann sie auch nicht als „unwahr" behandelt werden und muss ohnehin dem Schutzbereich der Meinungsfreiheit unterliegen, sofern sie Voraussetzung für die Meinungsbildung ist.

Das Gericht berücksichtigt den Wahrheitsgehalt bei nicht bewusst oder erwiesen unwahren Tatsachen im Rahmen der Abwägung[299].
Bei der Abwägung falle, „die Richtigkeit des tatsächlichen Äußerungsgehalts, der dem Werturteil zugrund liegt, ins Gewicht". Ist dieser unwahr, trete die Meinungsfreiheit regelmäßig hinter dem Persönlichkeitsrechtsschutz zurück. Demnach gibt es – dieser Ansicht folgend – einerseits erwiesen oder bewusst unwahre Tatsachenbehauptungen, die nicht in den Schutzbereich des Art. 5 Abs. 1 Satz 1 GG fallen und andererseits sonstige, denen dieser Schutz zugebilligt wird.
Dem wird entgegengehalten, dass die Beurteilung einer Tatsache als „wahr" oder „falsch" sowie das Problem der Abgrenzung von objektiver Wahrheit und subjektiver Wahrhaftigkeit sehr schwer sei[300].

---

295 Vgl. BVerfGE 99, 185 (197); BVerfG AfP 2000, 351; BVerfG NJW 1994, 1779 – Auschwitzlüge.

296 Vgl. für viele andere Bethge, H., in: Sachs, M. (Hrsg.), Grundgesetz Kommentar, Art. 5 Rdnr. 28.

297 BVerfG NJW 1994, 1779 – Auschwitzlüge.

298 Vgl. Stürner, R., Die verlorene Ehre des Bundesbürgers – Bessere Spielregeln für die öffentliche Meinungsbildung?, in: JZ 1994, 865 (873).

299 BVerfGE 94, 1 (8) – DGHS.

300 Schmidt-Jortzig, E., Meinungs- und Informationsfreiheit, in: Isensee, J./Kirchhof, P., HStR VI (Freiheitsrechte), § 141, Rdnr. 20.

Aus diesem Grunde sollen nach einer Auffassung sämtliche Tatsachenbehauptungen unabhängig von ihrem (erwiesenen) Wahrheitsgehalt in den Schutzbereich des Art. 5 Abs. 1 Satz 1 GG fallen[301]. Der Wahrheitsgehalt einer Tatsache dürfe immer erst im Rahmen der Abwägung berücksichtigt werden[302]. Für die Beurteilung der Wahrheit bzw. Unwahrheit der Tatsache sei auf den Zeitpunkt der Äußerung abzustellen[303]. Stelle sich die Unwahrheit erst ex post heraus, entfiele der Grundrechtsschutz nicht nachträglich[304].
Die entgegengesetzte Auffassung schließt sämtliche falsche Tatsachen aus dem Schutzbereich der Meinungsfreiheit aus[305]. Das wird damit begründet, dass unwahre Tatsachenbehauptungen nicht zur Meinungsbildung beitrügen.

Zu folgen ist der Auffassung des BVerfG: Bewiesen oder bewusst unwahre Tatsachen sind aus dem Schutzbereich der Meinungsfreiheit auszugrenzen. Falsche Tatsachen tragen zu der verfassungsrechtlich vorausgesetzten Meinungsbildung nichts bei. Einer Lähmung des Kommunikationsprozesses wird durch das Erfordernis der bewiesenen bzw. bewußten Unwahrheit vorgebeugt.

dd) Fragen und der Schutzbereich des Art. 5 Abs. 1 Satz 1 1. Alt. GG

Offene Fragen spielen für den Meinungsbildungsprozess eine wichtige Rolle[306]. Sie unterscheiden sich von Werturteilen und Tatsachenbehauptungen dadurch, dass sie keine Aussage machen, sondern sie erst herbeiführen wollen[307]. Offene Fragen lassen sich weder den Meinungsäußerungen noch den Tatsachenbehauptungen zuordnen[308]. Da sie aber der Meinungsbildung dienen, fallen auch sie in den Schutzbereich der Meinungsfreiheit[309].

Rhetorische Fragen sind nur ein Stilmittel, hinter dem sich erkennbar eine Aussage verbirgt, die je nach Inhalt Meinungsäußerung oder Tatsachenbehauptung ist[310]. Der BGH hat die Schlagzeile „Udo im Bett mit Caroline" mit dem Untertitel „In einem Playboy-Interview antwortet er eindeutig zweideutig" als rhetorische Frage eingestuft, die eine unwahre Tatsachenbehauptung enthalte[311]. Nach der Rechtsprechung des BVerfG müssen die Gerichte ihre Deutung bei der Unterscheidung zwischen echten und rhetorischen Fragen sorgfältig begründen und im Zweifel von einem weiten Fragebegriff ausgehen[312].

---

301 Wendt, R., a.a.O., Art. 5 Rdnr. 10; Schmidt-Jortzig, E., a.a.O., Rdnr. 20.
302 Ebenda.
303 Gronau, K., a.a.O., 148 m.w.N.
304 Ebenda.
305 Schwinge, E., Ehrschutz heute. Die Schutzlosigkeit der Führungskräfte, 76.
306 BVerfGE 85, 23 (31).
307 Bethge, H., a.a.O., Art. 5 Rdnr. 30; Prinz, M./Peters, B., a.a.O., 18.
308 Eine Ausnahme stellt die sogenannte rhetorische Frage dar, die der Meinungsäußerung zuzuordnen ist.
309 Prinz, M./Peters, B., a.a.O., 18.
310 Vgl. BVerfG NJW 2003, 660 = AfP 2003, 41.
311 BGH NJW 2004, 1034 = AfP 2004, 124 – Eindeutig zweideutig.
312 BVerfG, NJW 2003, 660 = AfP 2003, 41.

ee) Zweck der Äußerung und der Schutzbereich des Art. 5 Abs. 1 Satz 1 1.Alt. GG

Da der Schutz durch Art. 5 Abs. 1 Satz 1 1.Alt. GG den Zweck hat, die Meinungsbildung zu fördern und den kommunikativen Austausch zu gewährleisten, richtet sich das Ausmaß seines Schutzes auch nach dem Zweck der Äußerung.[313] Beiträge zur Auseinandersetzung in einer die Öffentlichkeit wesentlich berührenden Frage genießen demnach stärkeren Schutz als Äußerungen, die lediglich der Verfolgung privater Interessen dienen[314]. Der Schutz des allgemeinen Persönlichkeitsrechts muss stärker zurücktreten, wenn es um einen Beitrag zum geistigen Meinungskampf in einer die Öffentlichkeit wesentlich berührende Frage geht[315]. Bei einer Äußerung im wirtschaftlichen Verkehr und in Verfolgung eigennütziger Ziele überwiegt meisten das allgemeine Persönlichkeitsrecht des Betroffenen[316].
Am stärksten schützt Art. 5 Abs. 1 Satz 1 GG Äußerungen im Wahlkampf[317]. Hintergrund ist, dass es sich dabei um eine Situation handelt, in der „der politische Meinungskampf auf das höchste intensiviert ist"[318].

2. Geschütztes Verhalten

Nach Art. 5 Abs. 1 Satz 1 1. Alt. GG hat jeder das Recht seine Meinung in Wort, Schrift und Bild frei zu äußern. Die Begriffe „Wort, Schrift und Bild" sind weit auszulegen[319]. „Wort" erfasst alle hörbaren Meinungsäußerungen[320]. „Schrift" sind alle denkbaren Schriftarten wie Kurzschrift, Blindenschrift, elektronische Textübertragung et cetera[321]. „Bild" ist über die bildliche Darstellung hinaus jedes aus sich selbst verständliche Zeichen wie beispielsweise eine Anti-Atomkraftplakette[322]. Die nur beispielhaft ausdrücklich genannten Formen des Sich-Äußerns sind umfassend zu verstehen: Geschützt ist jede Art und Weise der Äußerung[323]. Das „Äußern" betont mehr den Aspekt des Sich-nach-außen-Wendens des Grundrechtsträgers im Sinne der vernehm- und sichtbaren Artikulation, während beim „Verbreiten" stärker der Aspekt der Kontaktherstellung mit dem oder den Adressaten der Meinungskundgabe im Vordergrund steht[324]. Angesichts des Anliegens des Art. 5 Abs. 1 Satz 1 GG, zur Meinungsbildung beizutragen, ist beides unauflöslich miteinander verknüpft[325].

---

313 BVerfGE 82, 272 = NJW 1991, 95 (96) – Zwangsdemokrat; BVerfG NJW 1983, 1415 (1416) „NPD von Europa".
314 Ebenda.
315 BVerfG NJW 1983 1415 (1416) – „NPD von Europa".
316 Ebenda.
317 Ebenda.
318 Ebenda.
319 Wendt, R., a.a.O., Art. 5 Rdnr. 15.
320 Ebenda.
321 Ebenda.
322 BVerfGE 71, 108 (113).
323 Schulze-Fielitz, H., a.a.O., Art. 5 I, II, Rdnr. 48 m.w.N.
324 Wendt, R., a.a.O., Art. 5, Rdnr. 17.
325 Ebenda.

Geschützt ist auch die sogenannte „negative Meinungsfreiheit", sich nicht zu einer bestimmten Meinung zu bekennen[326].
Art. 5 Abs. 1 Satz 1 1. Alt. GG gibt keinen Anspruch auf Verschaffung einer Zuhörerschaft[327]. Ebensowenig gewährleistet Art. 5 Abs. 1 Satz 1 1. Alt. GG, dass geeignete Foren, das heißt der Zugang zu dem Medien ermöglicht wird. Die „öffentliche Person" kann sich also kein Zugangsrecht zu den für sie wichtigen Medien verschaffen, sondern ist darauf angewiesen, dass die Medien ihr von sich aus ein Forum bieten.

3. Träger des Grundrechts

Mit der Formulierung „Jeder" ist das Grundrecht des Art. 5 Abs. 1 1. Alt. GG als Menschenrecht gewährleistet. Es gilt auch für Ausländer[328] und Minderjährige, die die geistigphysische Fähigkeit zur Meinungsbildung und -äußerung besitzen[329].

2. Kapitel: Die Informationsfreiheit

Bei Persönlichkeitsrechtsverletzungen der „öffentlichen Person" geht es meistens um die Verbreitung von Informationen. Die Weitergabe von Informationen wird von Art. 5 Abs. 1 Satz 1 2. Alt. GG nicht geschützt[330]. Aus diesem Grund ist die Informationsfreiheit im Rahmen der vorliegenden Arbeit von untergeordneter Bedeutung. Von der Informationsfreiheit geschützt ist der gesamte Prozess des Sich-Informierens, von der schlichten Entgegennahme einer Information bis hin zum aktiven Beschaffen einschließlich der Aufbereitung und Speicherung sowie der Beschaffung und Nutzung von Anlagen, die den Empfang von an die Allgemeinheit gerichteten Informationen erst erschließen[331]. Auch die Methoden der Informationsbeschaffung – wie beispielsweise das Fotografieren von Personen in der medialen Öffentlichkeit – sind umfassend geschützt[332]. Diese Rechte finden aber ihre Schranken nach Maßgabe der vom Gesetz geschaffenen (einfachen) Gesetzeslage, die verfassungskonform zu interpretieren ist[333].

3. Kapitel: Die Pressefreiheit

Unter der Bedingung der großen Gesellschaften der modernen Industriestaaten musste die Meinungsfreiheit zur institutionalisierten Form der Pressefreiheit weiterentwickelt werden, da sich die Art und Weise der Kommunikation und der Meinungsbildung änderte[334]. „Preßfreiheit" ist ein Wort der Aufklärung[335].

---

326 Wendt, R., a.a.O., Art. 5, Rdnr. 17.
327 Wendt, R., a.a.O., Art. 5, Rdnr. 18.
328 Wendt, R., a.a.O., Art. 5, Rdnr. 4.
329 Wendt, R., a.a.O., Art. 5, Rdnr. 5.
330 Schulze-Fielitz, H., a.a.O., Art. 5 I, II, Rdnr. 62 m.w.N.
331 Schulze-Fielitz, H., a.a.O., Art. 5 I, II, Rdnr. 62.
332 Schulze-Fielitz, H., a.a.O., Art. 5 I, II, Rdnr. 64.
333 Ebenda.
334 Vgl. oben 1. Teil 1. Abschnitt 2. Kapitel 2.
335 Schneider, F., Presse, Pressefreiheit, Zensur, in: Historisches Lexikon zur politisch-sozialen Sprache in Deutschland, Band 5, 913.

1. Rechtscharakter

Wie für alle Grundrechte gilt auch für Art. 5 Abs. 1 Satz 2 GG, dass die dort garantierte Pressefreiheit zunächst ein subjektives öffentliches Individualrecht (Abwehrrecht) ist, für die im Pressewesen tätigen Personen und Unternehmen, durch das die Freiheit gegenüber staatlichem Zwang verbürgt wird[336]. Ausgangspunkt für die Gewährleistung der Pressefreiheit ist das Individuum. Um seinetwillen ist die Pressefreiheit ebenso wie die Meinungsfreiheit gewährt worden. Die Pressefreiheit greift in ihrer Wirkung jedoch über den Einzelnen hinaus. Das Grundrecht der Pressefreiheit entfaltet in der Ausprägung, die es durch die Rechtsprechung des BVerfG erfahren hat, eine zweifache – wenn man seine Geltung im bürgerlichen Recht einbezieht sogar eine dreifache – Wirkung.

Neben dem Rechtscharakter als reines Abwehrrecht hat das BVerfG[337] im Jahre 1966 der Pressefreiheit eine zweite Bedeutung zuerkannt, die gewöhnlich als „institutionelle Garantie" bezeichnet wird. Das BVerfG rekurrierte dabei auf das in Art. 20, 28 GG enthaltene Staatsziel, dass die Bundesrepublik Deutschland ein demokratischer und sozialer Rechtsstaat zu sein habe[338]. Nach dieser im „Spiegel-Urteil"[339] entwickelten Garantie für die Existenz einer freiheitlich verfassten Presse ist der Staat verpflichtet, in seiner gesamten Rechtsordnung dafür Sorge zu tragen, dass die Presse ihre „öffentliche Aufgabe" erfüllen kann. Wenn auch der Begriff „öffentliche Aufgabe" durch die Bedeutungsvielfalt von „öffentlich" Raum für Interpretationen lässt, so wird doch deutlich, dass die Presse in unserer Gesellschaft eine herausgehobene Funktion hat.

Das BVerfG[340] hat festgestellt, dass die Presse für die moderne Demokratie unentbehrlich ist.

Dennoch wendet sich eine Meinung[341] gegen den Begriff „institutionelle Garantie". Diese Ansicht möchte den Begriff für die Verfassungsgarantie des Berufsbeamtentums (Art. 33 Abs. 5 GG) und die kommunale Selbstverwaltung (Art. 28 Abs. 2 GG) reservieren. Das wird damit begründet, dass das Berufsbeamtentum und die kommunale Selbstverwaltung ohne die Verfassungsgarantie weder vor dem Gesetzgeber geschützt noch in ihrem Bestand erhalten werden könnten[342]. Die „Pressefreiheit" werde aber in ihrem Wesen als Freiheitsgrundrecht bereits nach Art. 19 Abs. 2 und Art. 79 Abs. 3 GG ausreichend geschützt[343].
Diese Auffassung ignoriert jedoch, dass der Begriff der „institutionellen Garantie" im Kontext mit der Pressefreiheit nicht im klassischen Sinne, dass heißt, nicht im Sinne

336 Ricker, R., Freiheit und Aufgabe der Presse, individualrechtliche und institutionelle Aspekte, S. 11f.
337 BVerfGE 20, 162ff – Spiegel.
338 Ebenda.
339 Ebenda.
340 BVerfGE 20, 162 (174f) – Spiegel.
341 U.a. Schnur, R., „Pressefreiheit", in: Veröffentlichungen der Vereinigung der Deutschen Staatsrechtslehrer 1965, 101 (117).
342 Schnur, R., a.a.O., S.119.
343 Ebenda.

einer verfassungsrechtlichen Gewährleistung einer Einrichtung des öffentlichen Rechts, verwendet wird, sondern um zum Ausdruck zu bringen, dass Art. 5 Abs. 1 GG über die subjektive Seite hinaus eine erhebliche Breitenwirkung und damit auch eine erhebliche Bedeutung für Staat und Gesellschaft entfaltet[344].

Die Presse hat demnach eine besondere Funktion, die das BVerfG[345] mit dem Begriff der „öffentlichen Aufgabe" konkretisieren wollte. Diese öffentliche Aufgabe werde verfassungsrechtlich vorausgesetzt[346] und führe dazu, dass die Pressefreiheit neben ihrem individualrechtlichen Bedeutungsgehalt auch eine institutionelle Seite aufweisen müsse.

Gegen diese Auffassung wendet sich ein Teil der Literatur[347], der vom prinzipiellen Vorrang der individuellen Komponente der Pressefreiheit ausgeht. Nach dieser Meinung ist die Pressefreiheit lediglich oder vor allem ein staatsgerichtetes Freiheitsrecht, ein Abwehrrecht gegen staatliche Eingriffe, das grundsätzlich nur um der Freiheit des Einzelnen willen existiere. Die Presse bekleide keine andere Stellung als andere Grundrechtsträger auch.

Auch diese Auffassung erkennt die wichtige Bedeutung der Pressefreiheit für das politische Gemeinschaftsleben, sie misst der überindividuellen Funktion jedoch keine zentrale Bedeutung für die Auslegung des Grundrechts zu. Die Presse unterscheide sich durch ihre „öffentliche Aufgabe" nicht von anderen Grundrechtsträgern, denen in der modernen arbeitsteiligen Welt ebenfalls eine „öffentliche Aufgabe" zukomme wie Hebammen, Schornsteinfegern und Trichinenbeschauern[348]. Im Übrigen sei der Begriff „öffentliche Aufgabe" missverständlich und finde auch keine Grundlage in der Verfassung[349].

Mit dieser Betrachtungsweise wird die Pressefreiheit stark verkürzt. Allein die Funktion als Abwehrrecht erklärt nicht, warum die Presse mit Sonderrechten, wie etwa dem Informationsanspruch gegenüber Behörden[350], dem Zeugnisverweigerungsrecht für Journalisten[351] und einem Beschlagnahmeverbot von Redaktionsmaterial[352] ausgestattet ist.
Das BVerfG[353] führt aus:„Die in gewisser Hinsicht bevorzugte Stellung der Presseangehörigen ist ihnen um ihrer „öffentlichen Aufgabe" willen und nur im Rahmen dieser Aufgabe eingeräumt. Es handelt sich nicht um persönliche Privilegien; Befreiun-

---

344 Herzog, R., in : Maunz, Th./Dürig, G./Herzog, R. u.a.; Grundgesetzkommentar, Bd.I (Art.1 -11), Rn. 13 zu Art. 5 Abs. 1, 2.
345 BVerfGE 20, 162 (175) – Spiegel.
346 Ebenda.
347 Rehbinder, M., Presserecht, 22f.; Kull, E., Zur öffentlichen Aufgabe grundrechtsgeschützter Presse, in: Presserecht und Pressefreiheit, Festschrift für Löffler, M. zum 75. Geburtstag, 185ff.
348 Vgl. Rehbinder, M., a.a.O., 22.
349 Ebenda.
350 Vgl. §4 LPG.
351 Vgl. §53 Abs. 1 Nr. 5 StPO; §383 Abs.1 Nr.5 ZPO; §177 AO; §84 Abs.1 FGO.
352 Vgl. §§ 97, 98 StPO, §§ 111m, 111 n StPO.
353 BVerfGE 20, 162 (176) – Spiegel.

gen von allgemein geltenden Rechtsnormen müssen nach Art und Reichweite stets von der Sache her sich rechtfertigen lassen."

Um die Sonderrechte der Pressangehörigen zu erklären, muss man sich daher mit der besonderen Rolle der Presse auseinandersetzen, die das BVerfG mit dem Begriff „öffentliche Aufgabe" konkretisiert hat.

2. Die „öffentlichen Aufgabe" der Presse

Mit Ausnahme von Hessen enthalten die Landespressegesetze in §3 LPG eine Vorschrift über die öffentliche Aufgabe.
Bis auf Bremen erwähnen die Bestimmungen die wesentlichen Tätigkeiten der Presse, durch die sie ihre öffentliche Aufgabe erfüllt.

§ 3 LPG Berlin lautet:
„Die Presse erfüllt eine öffentliche Aufgabe.

Die Presse hat alle Nachrichten vor ihrer Verbreitung mit der nach den Umständen gebotenen Sorgfalt auf Inhalt, Wahrheit und Herkunft zu prüfen.

Die Presse nimmt berechtigte Interessen im Sinne des §193 des StGB wahr, wenn sie in Angelegenheiten von öffentlichen Interesse Nachrichten beschafft und verbreitet, Stellung nimmt, Kritik übt oder in anderer Weise an der Meinungsbildung mitwirkt."

In § 3 Nds PressG heißt es:
„Die Presse erfüllt eine öffentliche Aufgabe, wenn sie in Angelegenheiten von öffentlichen Interesse Nachrichten beschafft und verbreitet, Stellung nimmt, Kritik übt oder auf andere Weise an der Meinungsbildung mitwirkt."

Auch die anderen Landesgesetzgeber haben die „öffentliche Aufgabe" der Presse weit gefasst. Das lässt unterschiedliche Interpretationen der Tätigkeiten der Presse bei der Erfüllung ihrer „öffentlichen Aufgabe" zu.

a) Staatsbezogene Interpretation:

Anknüpfend an das Merkmal „öffentlich" sieht eine Auffassung in dem Begriff ein Kennzeichen für die Staatsbezogenheit der Presse. Diese Meinung folgt der Begriffstradition, die „Öffentlichkeit" in einen engen Zusammenhang mit Staatlichkeit stellt[354]. Die Ansicht verweist mit ihrer Interpretation auf die Sphäre der „öffentlichen Gewalt", in der nur Staatsdiener als „öffentliche Personen" bezeichnet wurden[355].

Die Auffassung, die Presse solle als staatliche Institution gesehen werden, setzte sich vor allem in der zweiten Hälfte des 19. Jahrhundert durch. In dieser Zeit führte die

354 Baecker, D., Oszillierende Öffentlichkeit, in: Maresch, R. (Hrsg.), Medien und Öffentlichkeit, 89.
355 Vgl. oben 1. Teil 1. Abschnitt 2. Kapitel 1.

schrittweise Abkehr von liberalen Ideen des Vormärz zu einer Verstärkung der staatlichen Autorität[356]. Zeitgleich veränderte sich die Zeitungslandschaft: An die Stelle der in der Vormärz-Epoche vorherrschenden Meinungspresse war im Verlauf der industriellen Revolution die Massenpresse gerückt[357], bei der der Pressetyp des Generalanzeigers dominierte, dessen Einnahmen zum überwiegenden Teil aus dem Anzeigenwesen resultierten[358]. Das mit dem Inseratgeschäft verbundene kommerzielle Interesse der Verleger führte zu einer Reihe von Missständen, wie etwa die Aufnahme von Anzeigen mit betrügerischem Inhalt oder die Vermischung von redaktionellen Aussagen mit Anzeigentexten auf Betreiben der Großinserenten, aber auch durch die Verleger selbst[359].

Aufgrund dieser Auswüchse wurde gefordert, der Presse eine öffentlichrechtliche Stellung zu geben, indem man sie in ein öffentliches[360] Amt kleide[361].

1924 legte die Journalistenorganisation „Reichsverband der deutschen Presse" einen Entwurf für ein Journalistengesetz vor, das Pressekammern mit einer Zwangsmitgliedschaft vorsah, die öffentlich-rechtlich strukturiert sein sollten und deren direkte Unterstellung unter den Staat diskutiert wurde[362]. § 3 dieses Gesetzesentwurfs definierte den Dienst am „öffentlichen Wohl" als Berufspflicht. Diese Berufspflicht sollte von den Pressekammern überwacht werden. Die Urheber des Entwurfes wollten mit dem Gesetz verhindern, dass die Presse nicht zu persönlichen oder zu unlauteren Zwecken wie bei der „Sensationspresse" missbraucht werden dürfe[363]. Der Entwurf scheiterte am Widerstand der Verleger.

Seine praktische Verwirklichung erfuhr der „Entwurf" bei den Nationalsozialisten. Für die Nationalsozialisten war es ein Leichtes die mehr von Ordnungswerten als von Freiheitsbewusstsein geprägten Vorstellungen für ihre eigenen Absichten zu missbrauchen. Am 04. Oktober 1933 erließen sie das Schriftleitergesetz[364]. Die Mitwirkung an der Gestaltung des geistigen Inhalts der im Reichsgebiet herausgegebenen Zeitungen und politischen Zeitschriften in Wort, Nachricht oder Bild war von diesem Zeitpunkt an gemäß §1 Schriftleitergesetz eine „in ihren beruflichen Pflichten und Rechten vom Staat geregelte (...) öffentliche Aufgabe".
Die Juristen ließen an der völligen Unterwerfung der Presse unter die Staatsmacht keinen Zweifel. So wurde die Aufgabe der Presse folgendermaßen definiert: „auf den Grundlagen der nationalsozialistischen Weltanschauung den Staatsbürger in Fortführung der Schule und der sonstigen Erziehungsfaktoren gestellten Aufgaben zum Nationalsozialisten zu erziehen."[365]

356 Vgl. Czajka, D., Pressefreiheit und öffentliche Aufgabe der Presse, 58.
357 Vgl. Koszyk, K., Deutsche Presse im 19. Jahrhundert, Geschichte der deutschen Presse, Teil II, 267ff; siehe oben 1. Teil 1. Abschnitt 2. Kapitel 2.
358 Ricker, R., a.a.O., 15 m.w.N.
359 Ebenda.
360 „Öffentlich" ist hier im Sinne von staatlich zu interpretieren.
361 Posse, E., Wesen und Aufgabe der Presse, 24, vgl. Czajka, D., a.a O. 58.
362 Vgl. Heinrichsbauer, J., Die Pressekontrolle, 58.
363 Ricker, R., a.a.O., 17 m.w.N.
364 RGBl. I S. 713.
365 Ricker, R., a.a.O., 15 m.w.N.

Nach dem Zusammenbruch des Dritten Reichs wurde teilweise die Ansicht vertreten, dass die Presse wieder ein „öffentliches Amt"[366] sein müsse, um durch die staatliche Bindung eine Wiederholung des Geschehenen zu verhindern[367]. Die Forderung wurde damit begründet, dass gerade die liberale Presse der zwanziger Jahre aus marktwirtschaftlichen Gründen die Bevölkerung nicht vor dem Nationalsozialismus gewarnt habe[368].

Die Gefahr einer Staatsbezogenheit der Presse durch staatliche Bevormundung wird mit dem Argument verneint, dass nach den durch das Dritte Reich erlittenen Erfahrungen Übergriffe nun nicht mehr zu erwarten seien[369].

Anfangs wurden staatliche Eingriffe abgelehnt[370].
1952 wurde der Referentenentwurf des Bundesinnenministeriums für ein „Gesetz über das Pressewesen[371] nicht angenommen, der vor allem die Etablierung von paritätisch besetzten Presseausschüssen unter dem Vorsitz eines Richters vorsah, die bei einem Verstoß gegen die Pflichten der Presse eine Verwarnung aussprechen und bei mehrmaligem Verstoß die Erteilung eines Berufsverbots bei Gericht beantragen können sollten.

Aber auch nach neuerer Auffassung ist die Staatsbezogenheit der Presse erforderlich. Die Pressefreiheit entspreche nicht mehr den Anforderungen der modernen Massengesellschaft, sondern müsse als status activus oder status politicus erkannt und im Rahmen der „öffentlichen Meinungsfreiheit" begriffen werden[372]. Das subjektive Recht sei in unserer Gesellschaft zu einer „von der Verfassung gestellten Aufgabe" und zu einer „staatsbezogenen Tätigkeit"[373] geworden. Damit könne die politische Presse nicht mehr durch Art. 5 Abs. 1 Satz 2 GG erfasst werden, sondern müsse ebenso wie die politischen Parteien unter die institutionelle Garantie des Art. 21 GG gestellt werden[374]. Die innere Ordnung der Presse müsse gemäß Art. 21 Abs. 1 Satz 3 GG demokratischen Grundsätzen entsprechen und die Presseunternehmen müssten gemäß Art. 21 Abs. 1 Satz 4 GG über die Herkunft ihrer Mittel öffentlich Rechenschaft ablegen.
Gegen diese Ansicht spricht, dass sich aus der Verpflichtung des Staates, das Gemeinwohl zu fördern und zu pflegen (Art. 1 Abs. 3, Art 20 Abs.1 GG), nicht der Anspruch herleiten lässt, dass die Pflege des Gemeinwohls ausschließlich dem Staat zustehe[375]. Das BVerfG geht vielmehr von einer „Aktivbürgerschaft" des Einzelnen

---

366 „Öffentlich" ist hier im Sinne von „staatlich" zu verstehen.
367 Smend, R., Staatsrechtliche Abhandlungen, 389f.
368 Ebenda; Heinrichsbauer, J., a.a.O., 92ff.
369 Vgl. Smend, R., a.aO., 389f.
370 Vgl. Heinrichsbauer, J., a.a.O., 92ff.
371 Lüders, C.-H., Presse- und Rundfunkrecht, 266ff.
372 Vgl. Ridder, H., Zur verfassungsrechtlichen Stellung der Gewerkschaften im Sozialstaat nach dem Grundgesetz für die Bundesrepublik Deutschland, 14ff.
373 Ebenda.
374 Vgl. Ridder, H., Meinungsfreiheit, 257.
375 Vgl. Löffler, M., Die Haftung der Pressegesellschaften für betriebliche und körperschaftliche Organisationsmängel, in: NJW 1965, 2392 (2393).

aus[376], die dieser in „Freiheit vom Staat"[377] wahrnehme. Zu dieser Stellung gehört auch die Sorge um Probleme des Allgemeinwohls[378]. Im Wege der teleologischen Interpretation der Pressefreiheit ist dem einzelnen Menschen dabei der Handlungsvorrang vor Rechtsinstitutionen des Staates einzuräumen, soweit er zur Aufgabenerfüllung allein oder als Mitglied einer Gruppe in der Lage ist[379]. Im Gegensatz zu totalitären Systemen ist es ein Wesensmerkmal des demokratischen Staates, dass der Prozess der Willensbildung vom Volk her zu den Staatsorganen und nicht in umgekehrter Richtung verläuft[380]. Der Presse fällt in diesem Prozess eine essentielle Aufgabe zu, da sich in ihr Meinungen artikulieren. Um die Aufmerksamkeit des Publikums und damit Einfluss zu erlangen, muss sie sich dem Zuschauergeschmack anpassen[381]. Die Presse wird damit zum Korrektiv staatlicher Herrschaft. Es wäre gefährlich, wenn die Presse durch ihre Verstaatlichung kein Kontrollorgan der staatlichen Herrschaft mehr wäre[382].

b) Werteorientierte Interpretation

Eine andere Ansicht[383] geht ebenfalls vom Merkmal „öffentlich" aus. Sie leitet aus der „öffentlichen Aufgabe" der Presse aber eine werteorientierte Interpretation ab. Dabei wird zwischen den „Öffentlichkeitsinteressen" und dem „öffentlichen Interesse" unterschieden.

Unter den Schutz der Pressefreiheit falle nur das „öffentliche Interesse". Bei der Interpretation des „öffentlichen Interesses" lehnt sich diese Ansicht an Strömungen in der politischen Publizistik des Frühliberalismus an[384]. Die Presse habe eine „moralische Anstalt" zu sein, die die „Aufgabe einer ethisch verstandenen Aufklärung und Volkserziehung" wahrnehmen müsse[385].

Die Presse, die nur der Unterhaltung der Leser dient, entspreche diesem Anspruch nicht. Das „Öffentlichkeitsinteresse", worunter alles zu verstehen sei, was den Leser interessiere – also auch Klatsch und Tratsch – lasse sich somit nicht unter das Grundrecht der Pressefreiheit subsumieren. Diesbezügliche Presse falle unter den Schutz des Art. 12 GG (Gewerbefreiheit) [386].

Die wertebezogene Auffassung von der „öffentlichen Aufgabe" der Presse geht auf Teile der politischen Publizistik des Frühliberalismus zurück. Nach Welcker[387] dient

---

376 BVerfGE 20, 162 – Spiegel.

377 Vgl. Schneider, P., Recht und Macht, 121ff., 131.

378 Ricker, R., Freiheit und Aufgabe der Presse, individualrechtliche und institutionelle Aspekte, 20.

379 Vgl. Münch, I. v., Staatliche Wirtschaftshilfe und Subsidiaritätsprinzip, in: JZ 1960, 303ff.

380 Ricker, R., Freiheit und Aufgabe der Presse, individualrechtliche und institutionelle Aspekte, 20f. m.w.N.

381 Vgl. oben 1. Teil 1. Abschnitt 2. Kapitel 4.

382 Ebenda.

383 Schüle, A./Huber, H., Persönlichkeitsschutz und Pressefreiheit, 23; Scheer, B., Deutsches Presserecht, 185ff.

384 Vgl. Ricker, R., a.a.O., 21 m.w.N.

385 Coing, H., Ehrschutz und Presserecht, 15.

386 Schüle, A./Huber, H., a.a.O., 23.

387 Welcker, C.-Th., Die vollkommene und ganze Pressfreiheit, 5.

die Presse „zur Verbreitung und Nutzbarmachung der guten Früchte bewährter Forschungen, ihrer Gedanken und Entdeckungen". Hierbei stehe an erster Stelle „die Entwicklung und Aussprache eines wahren sittlichen vaterländischen Gemeingeistes". Gerade der politische Aspekt führte im Verlauf des sich immer stärker abzeichnenden Gegensatzes zwischen dem für eine freiheitliche Staatsordnung kämpfenden Volk und der absoluten Herrschaft in der Vormärz-Epoche dazu, dass die Zeitungen als „der Mund des Volkes in das Ohr des Fürsten" gewertet wurden[388]. Aufgrund dieses Gesichtspunktes wird deutlich, dass die Presse mit ihrer Aufgabe als Wortführer des Volkes zwar ein Amt[389] inne hatte, dieses aber frei von staatlichen Interventionen auszuführen war. Nach dieser Ansicht ist die Unterhaltungspresse nicht von der Pressefreiheit geschützt.

Das ist bedenklich. Gerade der Aspekt, dass Beiträge, die einen sensationellen Anstrich haben, geeignet sind, die Bereitschaft vor allem sozial schwacher Schichten zu wecken, eine Information zur Kenntnis zu nehmen und somit eine, wenn auch schmale Basis für eine geistige Verarbeitung zu schaffen, zeigt, dass auch die Unterhaltungspresse der Erfüllung der Aufgabe dient, die Bevölkerung zu informieren und auf diese Weise die staatliche Herrschaft zu kontrollieren[390]. „Die Masse, so heißt es, habe einen kleinen Verstand, aber ein großes Herz."[391]

Gegen die werteorientierte Interpretation spricht ferner, dass nach dieser Meinung, die Presse bei Missachtung der ihr aufgegebenen Bestimmung, ihren grundrechtlichen Schutz verliert, was auf mittelbaren staatlichen Zwang hinausläuft. Mittelbaren Zwang auf die Presse hat das BVerfG[392] aber als verfassungswidrig abgelehnt.

Weiterhin verstößt diese Ansicht auch gegen die in Art. 5 Abs. 2 GG niedergelegte Regelung. Die Grenzen der Verfassungsvorschrift hat der Verfassungsgeber in den Voraussetzungen des Art. 5 Abs. 2 GG selbst zusammengefasst und abschließend geregelt.

Danach darf die Pressefreiheit nur durch die gesetzlichen Bestimmungen zum Schutze der Jugend, dem Recht der persönlichen Ehre und durch die Vorschriften der allgemeinen Gesetze eingeschränkt werden.
Diese Schranken bieten keine Rechtfertigung für eine Einschränkung der Pressefreiheit durch wertbezogene Interpretationen, sondern die Grenzen der Pressefreiheit sind durch die Legislative zu bestimmen.

Weitere Zweifel hinsichtlich der Richtigkeit der Ansicht ergeben sich in Anbetracht von Art. 18 GG. In Art. 18 GG heißt es, dass die Pressefreiheit nur dann verwirkt ist, wenn sie zum Kampf gegen die freiheitliche demokratische Grundordnung miss-

---

388 Ricker, R., a.a.O., 22 m.w.N; Görres, J., Die teutschen Zeitungen, in: Rheinischer Merkur Nr.80 u.81.

389 Ricker, R., a.a.O., 21. m.w.N.

390 Ähnlich auch BVerfGE 101, 361 (390) – Caroline von Monaco.

391 Dovifat, E. (Hrsg.), Handbuch der Publizistik, Bd.1, Allgemeine Publizistik, 121; vgl. Nass, O., Staatsberedsamkeit, 187ff.

392 BVerfGE 12, 205 (260) – 1. Rundfunkurteil.

braucht wird. Durch die wertebezogene Interpretation der öffentlichen Aufgabe wird einem Teil der Presse das Grundrecht aus Art. 5 Abs. 1 Satz 2 GG ausdrücklich genommen und unter den leichter einschränkbaren Schutz der Gewerbefreiheit nach Art. 12 GG gestellt.
Das kann aber nur als eine Verwirkung des Grundrechts angesehen werden.

Problematisch ist die wertebezogenen Interpretation der „öffentlichen Aufgabe" mit der Folge einer restriktiven Auslegung der Pressefreiheit auch im Hinblick auf Art. 20 Abs. 3 GG .

In Art. 20 Abs. 3 GG ist das Rechtsstaatsprinzip verbürgt, das unter anderem besagt, dass der Rechtsunterworfene ohne Zuhilfenahme spezieller Kenntnisse die in Bezug genommenen Rechtssätze und deren Inhalte mit hinreichender Sicherheit feststellen können muss[393].

Eine Zerlegung der Zeitungspublikationen in spezifisch geschützte und solche, die von der Pressefreiheit ausgeschlossen sind, ist praktisch unmöglich, da hierfür geeignete Abgrenzungskriterien fehlen. Das wird selbst durch die Vertreter einer wertebezogenen Auffassung von der „öffentlichen Aufgabe" der Presse bestätigt, die sich damit begnügen, bei der Differenzierung auf die Lage des Einzelfalls zu verweisen[394]. Die Gewährung der Pressefreiheit von einer werteorientierten Einzelfallentscheidung abhängig zu machen, berge – insbesondere bei einem so grundlegenden Recht wie der Pressefreiheit – die Gefahr der Rechtsunsicherheit in sich und liefe somit auf einen Verstoß gegen das Rechtsstaatsprinzip hinaus. Das BVerfG[395] hat daher festgestellt: „Das Grundrecht der Pressefreiheit enthält deshalb ein absolutes Differenzierungsverbot hinsichtlich der Schutzfähigkeit des Inhalts."

c) Funktionelle Interpretation:

Eine weitere Meinung[396] interpretiert die „öffentliche Aufgabe" ausgehend von ihrer wesentlichen Funktion und lehnt die Staatsbezogenheit der Presse und eine werteorientierte Interpretation der „öffentlichen Aufgabe" ab. Sie sieht als „öffentliche Aufgabe" der Presse vielmehr die für den Staat notwendige Publizitätsentfaltung[397]. Grundlage dieser Ansicht ist, dass auch der Einzelne aufgrund seiner vom BVerfG[398] anerkannten Aktivbürgerschaft aufgerufen ist, sich alleine oder in einer gesellschaftlichen Gruppe für das Gemeinwohl einzusetzen. Somit kommt es zwischen dem staatlichen Einsatz und der privaten Initiative zu einer Funktionsverteilung, deren Grundlage das Subsidaritätsprinzip ist. Da nach dem Subsidiaritätsprinzip der Staat erst eingreifen soll, wenn der Bürger mit eigenem Handeln überfordert ist, kommt der

393 Schnapp, F.E., in: Münch, I. V. /Kunig, Ph. (Hrsg.), Grundgesetz- Kommentar, Bd.1, Rn. 29 zu Art.20.

394 Schüle, A., „Pressefreiheit", in: Veröffentlichungen der Vereinigung der deutschen Staatsrechtslehrer 1965, 160 (166).

395 BVerfGE 34, 269 (283) -Soraya-Interview.

396 Schneider, P., Pressefreiheit und Staatssicherheit, 93ff.; Mallmann, W., Pressepflichten und öffentliche Aufgabe der Presse, in : JZ 1966, 625 (629).

397 Ebenda.

398 BVerfGE 12, 205ff.

Presse im demokratischen Staatswesen wegen des notwendigen Prozesses der Willensbildung vom Volke her die Funktion des Motors und Sprachrohrs der öffentlichen Meinung zu. Der Begriff „öffentlich" wird nach dieser Ansicht nicht staatsbezogen interpretiert, sondern im Sinne von „Allgemeinzugänglichkeit"[399]. Aufgabe der Presse ist es danach, Kommunikation zu schaffen, unabhängig ob diese Kommunikation dem Vergnügungs- und Unterhaltungsinteresse oder dem Geschäftsinteresse dient[400]. Desweiteren ist es Aufgabe der Presse, Bildung zu vermitteln, wobei – im Unterschied zur werteorientierten Interpretation – der freien publizistischen Entscheidung vorbehalten bleibt, wie und in welchem Umfang die Presse einen Bildungsbeitrag leisten will[401]. Schließlich ist es „öffentliche Aufgabe" der Presse, die politischen Auffassungen vorzuformen und die Kommunikation mit den Repräsentanten der Bevölkerung zu ermöglichen und somit einen Schwerpunkt der öffentlichen Kritik und Kontrolle zu schaffen[402].

Diese Auffassung sieht die „öffentliche Aufgabe" in der Konstituierung eines öffentlichen Meinungsmarktes. Gleichzeitig vermeidet sie es, die Pressefreiheit durch eine wertebezogene Interpretation der „öffentlichen Aufgabe" einzuschränken, sondern stellt die gesamte publizistische Tätigkeit innerhalb der verfassungsrechtlichen Grenzen unter den Schutz des Art. 5 GG. Damit gewährleistet diese Ansicht die notwendige Rechtssicherheit und stimmt mit den kommunikationswissenschaftlichen Untersuchungen[403] sowie der Rechtsprechung des BVerfG[404] überein.

Somit ist dieser zuletzt dargestellten Auffassung zu folgen. Eine weitere praktische Folge, die sich aus den unterschiedlichen Deutungen ergibt, ist die – wie oben bereits angedeutet – unterschiedliche Definition des Schutzbereiches. Bei der werteorientierten Deutung wird die reine Sensationspresse beispielsweise aus dem Schutzbereich der Pressefreiheit herausgefiltert. Da eine umfassende Definition des Schutzbereiches entsprechend sämtlicher Meinungen nicht Aufgabe dieser Arbeit ist, wird der Schutzbereich nur entsprechend der funktionellen Interpretation der „öffentlichen Aufgabe" definiert, da dieser Auffassung hier gefolgt wird.

3. Pressefreiheit als Individualgrundrecht

a) Die Begriffe „Presse", „Rundfunk", „Film"

Der Begriff Presse im Sinne des Art. 5 Abs. 1 S. 2 Halbs.1 GG umfasst alle zur Verbreitung geeigneten und bestimmten Druckerzeugnisse und Informationsträger, die nicht unter den Film- und den Rundfunkbegriff fallen[405]. Eine ähnliche Definition ist einfachgesetzlich in den meisten Landespressegesetzen zu finden.

---

399 Vgl. oben 1. Teil 1. Abschnitt 2. Kapitel 2.
400 Ricker, R., a.a.O., 29; vgl. auch BVerfGE 25, 202 ff. = NJW 1973, 1226 (1228f.) -Lebach.
401 Ebenda.
402 BVerfGE 20, 162 (174f.) – Spiegel.
403 Klier, P., Im Dreieck von Demokratie, Öffentlichkeit und Massenmedien, 30f.
404 BVerfGE 12, 205 (260) – 1. Rundfunkurteil.
405 Statt vieler: Wendt, R., in: Münch I. V. /Kunig, Ph., a.a.O., Rn. 30 zu Art.5 m.w.N.

Um den weiten Pressebegriff besser zu erfassen, ist es sinnvoll, die Begriffe Film und Rundfunk zu definieren, da Sachverhalte, die von der Film- bzw. Rundfunkfreiheit erfasst werden, nicht in den Schutzbereich der Pressefreiheit fallen.
Der Begriff Film ist entsprechend dem allgemeinen Sprachgebrauch (projizierbare belichtete Streifen aus Zelluloid oder ähnlichem Material) in Verbindung mit dem Merkmal des Verbreitens in der Öffentlichkeit zu verstehen[406], wobei Öffentlichkeit im Sinne von Allgemeinzugänglichkeit zu interpretieren ist.
Bedeutsam ist die Abgrenzung zum Fernsehen (Rundfunk), die angesichts der nahezu vollständigen Austauschbarkeit beider Medien in funktioneller Hinsicht nach der Übertragungstechnik vorzunehmen ist. Der mittels Fernmeldetechnik im Fernsehen ausgestrahlte Film ist dem Rundfunk zuzuordnen[407]. Vom Filmbegriff erfasst werden die herkömmlich projizierbaren belichteten Bildträger und gemäß verbreitetem entwicklungsoffenen Verständnis auch Videobänder und Bildplatten[408].
Wegen fehlender Allgemeinzugänglichkeit ist der im häuslichen Bereich abgespielte Spielfilm auf Videokassette oder Bildplatte nicht von der Filmfreiheit, sondern von der Pressefreiheit geschützt[409].

Der Begriff des Rundfunks und damit die sachliche Reichweite des verfassungsrechtlichen Schutzes der Rundfunkfreiheit wird vom Grundgesetz nicht definiert, sondern vorausgesetzt[410]. Ein Rückgriff auf einfachgesetzliche Definitionen ist nicht möglich, weil diese mit dem verfassungsrechtlichen Rundfunkbegriff nicht übereinstimmen müssen.

Die Rundfunkfreiheit umfasst – über den allgemeinen Sprachgebrauch hinaus – jede an eine Vielzahl von Personen gerichtete Übermittlung von Gedankeninhalten im weitesten Sinn durch physikalische, insbesondere elektromagnetische Wellen, ohne Rücksicht darauf, ob dies drahtlos oder über Leitungen erfolgt[411]. Geschützt sind von der Rundfunkfreiheit demnach neben Hörfunk, und Fernsehen auch neue Medien wie Btx, Videotext et cetera[412]. Der Rundfunkbegriff lässt sich nicht in einer ein für allemal gültigen Definition erfassen[413]. Der Rundfunkbegriff ist dynamisch und entwicklungsoffen[414]. Über das Internet zugängliche Online-Dienste sind nach umstrittener Auffassung nicht als Rundfunk zu charakterisieren, weil sie sich in zentralen grundrechtlich relevanten Aspekten vom Rundfunk unterscheiden[415].

---

406 Wendt, R., a.a.O., Rn. 61 m.w.N.
407 Vgl. Starck, Ch., Zur notwendigen Neuordnung des Rundfunks, in : NJW 1980, 1359 (1363).
408 Degenhart, Ch., in: Dolzer, R./Vogel, K., Bonner Kommentar zum Grundgesetz, Art. 5 Rn 732.
409 Wendt, R., a.a.O., Rn. 61, a.A. Herzog, R., a.a.O., Rn. 198, der Videoband und Bildplatte per analogiam unter den Filmbegriff subsumiert.
410 Paschke, M., a.a.O., 93.
411 Pieroth, B./Schlink, B., Grundrechte, Staatsrecht II, Rn. 573.
412 BVerfG NJW 1991, 899.
413 BVerfGE 74, 297, (350).
414 Paschke, M., a.a.O., 94.
415 Degenhart, Ch., Rundfunk und Internet, in: ZUM 1998, 333, (349).

Von der Pressefreiheit umfasst sind also Druckerzeugnisse jeder Art wie Zeitungen und Zeitschriften, sonstige periodisch erscheinende Druckwerke, im Handel erhältliche Privatdrucke, Bücher, Plakate, Flugblätter oder Handzettel, aber auch formunabhängige vervielfältigte Mitteilungen, mit denen beispielsweise Nachrichtenagenturen oder Pressedienste die Presse versorgen[416]. Außerdem fallen auch audiovisuelle Speichermedien wie Tonbänder, Ton- und u.U. Bildplatten, d.h. Schallplatten als gepresste Musikerzeugnisse unter den Pressebegriff[417]. Zu beachten ist, dass der Pressebegriff entwicklungsoffen ist[418].

Zur Verbreitung sind die Druckerzeugnisse und Informationsträger geeignet, wenn sie sich an einen individuell unbestimmten Personenkreis richten, ohne dass es auf die Größe des Adressatenkreises ankommt[419].

Art. 5 Abs. 1 Satz 2 GG lässt eine Unterscheidung zwischen geschützten und ungeschützten Teilen eines Presseerzeugnisses nicht erkennen.
Auf den Inhalt des Presseerzeugnisses kommt es demnach tatbestandlich nicht an[420]. Dass Art. 5 Abs. 1 Satz 2 GG den gesamten Inhalt eines Presseorgans schützt, leitet das BVerfG[421] daraus ab, dass zur Pressefreiheit nicht nur die Bestimmung des Inhalts einer einzelnen Ausgabe oder des Themas eines einzelnen Artikels, sondern auch die Grundentscheidung über Ausrichtung und Gestaltung des Publikationsorgans insgesamt gehört. Geschützt sind neben der Verbreitung von Meinungen z.B. auch reine Tatsachenmeldungen[422] wie etwa Sporttabellen. Auch Skandal- und Sensationsberichte sind von der Pressefreiheit umfasst, da für eine Abwägung nach dem Kriterium wertvoll/wertlos im Rahmen der Pressefreiheit kein Raum ist[423]. Die Verbreitung falscher Informationen wird ebenso wie bei der Meinungsfreiheit erfasst, soweit es nicht um bewusst oder offenkundig unwahre Tatsachenbehauptungen geht[424]. Da die Befürchtung wegen einer wertenden Äußerung gerichtlichen Sanktionen ausgesetzt zu werden, die Gefahr in sich trüge, öffentliche Kritik und öffentliche Diskussion zu lähmen oder einzuengen, ist auch die Form der Äußerung geschützt[425].

---

416 Schulze-Fielitz, H., in: Dreier, H., (Hrsg.), Grundgesetz, Kommentar, Bd. 1, Rn. 68 zu Art. 5.

417 Schulze-Fielitz, H., a.a.O., Rn. 69 m.w.N.

418 Jarass, H. D., in: Jarass, H.D./Pieroth, B., Grundgesetz für die Bundesrepublik Deutschland, Rn.25 zu Art. 5 m.w.N.

419 Jarass, H.D., a.a.O., Rn 20 zu Art. 5; BVerfGE 95, 28 (35) – Werkszeitung – hat auch eine Werkszeitung, die intern verteilt wurde, dem Schutz der Pressefreiheit zugeordnet.

420 BVerfGE 25, 296 (307).

421 BVerfGE 95, 28(35f.).

422 BVerfGE 62, 230 (243).

423 BVerfGE 34, 269 (283) – Soraya- Interview; BVerfGE 66, 116 (134) – Springer/Wallraff; Wendt, R., a.a.O., Rn. 31 zu Art.5 m.w.N.; kritisch zum Grundrechtsschutz der reinen Unterhaltungspresse: Ossenbühl, F., Medien zwischen Macht und Recht, in: JZ1995, 633 (636).

424 Jarass, H. D., a.a.O., Rn 26 zu Art. 5, Starck, Ch., in: Mangold, H. v./Klein, F./Starck, C., Bonner Grundgesetz, Bd.1, Rn. 66 zu Art.5.

425 BVerfGE 60, 234 (241).

b) Geschütztes Verhalten

Der Umfang der Gewährleistung der Pressefreiheit deckt alle wesensmäßig mit der Pressearbeit zusammenhängenden Tätigkeiten ab[426].

Ob das Verbreiten einer Äußerung in der Presse unter die Meinungsfreiheit des Art. 5 Abs. 1 Satz 1, 1. Alt. GG oder die Pressefreiheit aus Art. 5 Abs. 1 Satz 2, 1. Alt. GG fällt, ist streitig.

Teilweise wird vertreten, dass die Pressefreiheit des Art. 5 Abs. 1 Satz 2 1. Alt. GG lex specialis gegenüber der allgemeinen Freiheit der Meinungsäußerung und Meinungsverbreitung ist[427].

Nach Meinung des BVerfG ist die Pressefreiheit kein Unterfall der Meinungsfreiheit[428]. Eine in einem Presseerzeugnis enthaltene Meinungsäußerung ist hiernach bereits durch Art. 5 Abs. 1 Satz 1, 1. Alt. GG geschützt[429]. Die Freiheit der Presse ist nach Ansicht des Gerichts berührt, wenn die Presse in ihrer „institutionellen Eigenständigkeit" betroffen ist[430]. Es muss die über einzelnen Meinungsäußerungen hinausreichende Bedeutung der Presse für die individuelle und öffentliche Meinungsbildung in Rede stehen[431].

Der Auffassung des Bunderverfassungsgerichts ist zu folgen. Die schriftlich fixierte Meinungsäußerung ist bereits im Tatbestandsmerkmal „Schrift" im Rahmen des Art. 5 Abs.1 Satz 1 GG enthalten. Bereits in der Paulskirchen-Verfassung[432] und der Weimarer Verfassung[433] wurde neben Wort, Schrift und Bild das Medium des „Drucks" garantiert. Ausweislich der Debatten im Parlamentarischen Rat lag der Streichung des Wortes „Druck" die Überzeugung zugrunde, dass dieser bereits im Tatbestandsmerkmal „Schrift" enthalten sei[434]. Durch die Streichung von „Druck" und dem Anfügen einer eigenen Garantie der Pressefreiheit sollte die gedruckte Äußerung folglich nicht aus dem Schutzbereich der Meinungsfreiheit ausgeschlossen und der Pressefreiheit zugewiesen werden[435].

Der Streit um die Zuordnung eines Verhaltens zur Meinungs- oder Pressefreiheit ist im Endeffekt lediglich theoretischer Natur, da beide Grundrechte den gleichen Schranken unterliegen[436].

---

426 Wendt, R., a.a.O., Rn. 33 m.w.N.
427 Herzog, R., in: Maunz, Th./Dürig, G./Herzog, R., GG Kommentar, Rn. 153, 154 zu Art. 5 Abs. 1, 2.
428 BVerfGE 10, 118 (121); 20, 162 (175f); 85, 1 (12ff.) – Bayer-Aktionäre; 86, 122 (128); 97, 391 (400).
429 Ebenda.
430 BVerfGE 10, 118 (121); 12, 205 (260) – 1. Rundfunkurteil.
431 BVerfGE 97, 391 (400); 95, 28 (34) – Werkszeitung.
432 Vgl. Art. 143 Abs. 1 Satz 1 Paulskirchen-Verfassung.
433 Vgl. Art. 118 Abs.1 WRV.
434 Vgl. BVerfGE 85, 1 (129 – Bayer-Aktionäre.
435 Gronau, K., a.a.O., 159.
436 Ebenda.

Geschützt werden lückenlos alle mit der Herstellung und Verbreitung von Druckerzeugnissen besonders verbundenen Tätigkeiten wie etwa der Zugang zum Pressberuf[437], die rechtmäßige Beschaffung von Informationen, das Vertrauensverhältnis zwischen Informanten und Presse[438], Zeitpunkt, Ort und Modalitäten der Verbreitung[439] sowie alle technischen, wirtschaftlichen und organisatorischen Voraussetzungen wie Anschaffung und Bestand von Maschinen, Ausstattung von Personal, Gestaltung der Arbeitsverhältnisse, Buchhaltung u.a.[440]. Das heißt, es können sich alle Mitarbeiter eines Presseverlages gegenüber staatlichen Eingriffen in ihre Berufstätigkeit auf das Grundrecht der Pressefreiheit berufen – also nicht nur der Verleger und redaktionelle Mitarbeiter, sondern auch der kaufmännische und technische Mitarbeiter, beispielsweise der Verlagsbuchhalter[441].

Presseexterne Hilfstätigkeiten fallen nur ausnahmsweise in den Schutzbereich der Pressefreiheit, wenn sie typischerweise pressebezogen sind, in enger organisatorischer Bindung an die Presse erfolgen, für das Funktionieren einer freien Presse notwendig sind und sich ihre Beschränkung zugleich auf die Meinungsverbreitung auswirkt wie zum Beispiel die Tätigkeit der Presse-Grossisten[442], das Betreiben einer Presseagentur[443], auch die inhaltsfernen pressetechnischen Hilfstätigkeiten als notwendige Voraussetzungen einer freien Presse[444] oder die Auslieferung der Presseerzeugnisse[445].

Unter Art. 5 Abs. 1 Satz 2 GG fällt es auch, dass die Presse grundsätzlich frei ist, Anzeigen[446], Bücher oder Artikel, die der Tendenzautonomie des Verlegers widersprechen, abzulehnen[447] (sogenannte negative Pressefreiheit). Nur ausnahmsweise können übergeordnete Interessen wie das Gegendarstellungsrecht und unter Umständen die politische Parteienwerbung die negative Pressefreiheit verdrängen[448].

c) Träger des Grundrechtes

In Art. 5 Abs. 1 Satz 2 GG heißt es lediglich, dass die Pressefreiheit gewährleistet wird. Damit ist der Kreis der Grundrechtsberechtigten nicht eingeschränkt. Träger des Grundrechts der Pressefreiheit sind demnach alle Personen und Unternehmen, die die geschützten Tätigkeiten vornehmen, auch juristische Personen, sonstige Vereinigungen, Minderjährige und Ausländer[449].

---

437 BVerfGE 20, 162 (175f.) – Spiegel.
438 BVerfGE 64, 108 (114).
439 Ausf. Degenhardt, Ch., a.a.O., Rn. 469ff. zu Art. 5 Abs.1, 2.
440 BGH, in: NJW 1972, 1366 (1368); Degenhardt, Ch., a.a.O., Rn. 469ff zu Art. 5 Abs. 1, 2.
441 BVerfGE 15, 223ff.
442 BVerfGE 77, 346 (354).
443 Selmer, P./Brodersen, C., Grundrechtskonforme Verwaltung des Mangels und Gebührenrecht, in: NJW 1983, 1088 (1090) m.w.N.
444 BVerfGE 64, 108 (114f); 25, 296 (304).
445 Wendt, R., a.a.O., Rn. 33 zu Art.5.
446 Degenhart, Ch., in: Dolzer, R./Vogel, K., Bonner Kommentar zum Grundgesetz, , Rn. 462ff. zu Art. 5 Abs. 1, 2. Zu Ausnahmen: Schulze-Fielitz, H., in: Dreier, H. (Hrsg.), GGK, Bd. 1, 1996, Rn. 227 zu Art. 5 Abs. 1, 2.
447 Schulze-Fielitz, H., a.a.O., Rn. 75 zu Art. 5.
448 Ebenda.
449 Jarass, H. D., a.a.O., Rn 28 zu Art. 5 m.w. N.

Art. 5 Abs. 1 Satz 2 GG fordert auch keine hauptberufliche Pressetätigkeit[450]. Da es für den Schutz nach Art. 5 Abs.1 Satz 2 nur auf die Pressetätigkeit ankommt, werden auch andersartige Unternehmen geschützt, soweit sie Presseprodukte erstellen[451].

4. Pressefreiheit als institutionelle Garantie

Fraglich ist, wie sich der institutionelle Charakter der Presse auf den Schutzbereich der Pressefreiheit auswirkt.
Das BVerfG beschreibt die Auswirkungen wie folgt: „Der Staat ist unabhängig von der subjektiven Berechtigung Einzelner verpflichtet, in seiner Rechtsordnung überall, wo der Geltungsbereich einer Norm die Presse berührt, dem Postulat ihrer Freiheit Rechnung zu tragen."[452]

Für das einzelne Presseorgan ergeben sich aus der institutionellen Garantie keine Ansprüche[453]. Geschützt ist durch die institutionelle Garantie lediglich der Wesensgehalt der freien Presse[454].
Dadurch, dass die Presse zu den zentralen Institutionen demokratischer Verfassungsstaaten gehört[455], ist der Gesetzgeber verpflichtet, sie aktiv zu stützen, zu sichern und zu festigen[456]. Der objektive Gehalt kann in Verbindung mit dem Demokratieprinzip, den Staat im Ausnahmefall dazu verpflichten, die Pressefreiheit rechtlich auszugestalten und z. B. Maßnahmen gegen die Herausbildung von Meinungs- oder auch nur Pressemonopolen zu ergreifen[457].

4. Kapitel: Die Freiheit der Berichterstattung durch Rundfunk

1. Rechtscharakter und „öffentliche Aufgabe"

Die zweite Alternative des Art. 5 Abs. 1 Satz 2 GG betrifft das neben der Presse verbreitetste und wichtigste Massenkommunikationsmittel, nämlich die Berichterstattung durch Rundfunk[458]. Ebenso wie der Presse wird auch der Rundfunkfreiheit eine überragende Bedeutung in Staat und Gesellschaft beigemessen[459]. Der Rundfunk hat eine integrierende Funktion für das Staatsganze, er erfüllt eine „öffentliche Aufgabe"[460] und ist Medium und Faktor der öffentlichen Meinungsbildung[461]. Ihm kommt „wegen seiner Breitenwirkung, Aktualität und Suggestivkraft besondere Bedeutung

---

450 Jarass, H. D., a.a.O., Rn 28 zu Art. 5 m.w. N.
451 BVerfGE 95, 28 (34f.) – Werkszeitung.
452 BVerfGE 20, 162 (175)-Spiegel.
453 Model, O./Müller, K., Grundgesetz für die Bundesrepublik Deutschland, Rdnr. 12 zu Art. 5.
454 Ebenda.
455 BVerfGE 52, 283 (296); BVerfGE 66, 116 (133) – Springer/Wallraff; BVerfGE 20, 162 (175) – Spiegel.
456 Schulze-Fielitz, H., a.a.O., Rdnr. 166 zu Art.5.
457 BVerfGE 57, 295 (322f.) – FRAG; BVerfGE 20, 162 (175) – Spiegel.
458 Siehe zum Rundfunkbegriff oben 1. Teil 2. Abschnitt 3. Kapitel 3a.
459 Vgl. BVerfGE 35, 202 (219).
460 Siehe zur Interpretation der „öffentlichen Aufgabe" oben 1. Teil 2. Abschnitt 3. Kapitel 2.
461 BVerfGE 47, 198 (225); BVerfGE 12, 205 (260) – 1. Rundfunkurteil.

zu"[462]. Die kennzeichnende Besonderheit der Rundfunkfreiheit liegt darin, dass die rundfunkrechtlichen Gewährleistungen den Grundrechtsträgern nicht zum Zwecke der Persönlichkeitsentwicklung oder Interessenverfolgung eingeräumt sind[463], sondern eine dienende Funktion haben.[464] Die Rundfunkfreiheit wird genau wie die Pressefreiheit als „institutionelle Garantie" verstanden[465] .

2. Geschütztes Verhalten

Die Rundfunkfreiheit schützt alle wesensmäßig mit der Rundfunkveranstaltung zusammenhängenden Tätigkeiten, von der Beschaffung der Information respektive der Meinung über die Produktion der Sendung bis hin zu ihrer Verbreitung[466], sowie die dazu erforderlichen Hilfstätigkeiten[467]. Die jeweiligen Inhalte der Sendungen spielen für den Grundrechtsschutz keine Rolle[468]. Auch außerhalb der Programmveranstaltung im engeren Sinn liegende „Randnutzungen" wie die Finanzierung und Organisation des Rundfunks unterfallen dem Grundrechtsschutz, da sie regelmäßig Rückwirkungen auf die Programminhalte haben[469].

3. Träger des Grundrechts

Als Träger kommen – genau wie bei der Pressefreiheit[470] – nicht nur alle natürlichen, sondern gemäß Art. 19 Abs. 3 GG auch alle juristischen Personen sowie Personenvereinigungen in Betracht, die eigenverantwortlich Rundfunk veranstalten und verbreiten[471].

Ungeklärt ist die Grundrechtsträgerschaft der Landesmedienanstalten[472]. Im Interesse der Vermeidung von Gefährdungslagen für die Verwirklichung der Rundfunkfreiheit sollte neben den Rundfunkanstalten auch den Landesmedienanstalten – zumindest gegenüber Maßnahmen, die die Aufgaben der Landesmedienanstalten nach der Rundfunkordnung betreffen – die Grundrechtsträgerschaft zugestanden werden[473].

Entsprechend dem zur Pressefreiheit Ausgeführten ist auch hier der inhaltliche Schutz der Meinungsäußerung an sich in Art. 5 Abs. 1 Satz 1 1.Alt. GG zu verorten[474].

Für die sich im Rundfunk äußernden Personen sowie für die Empfänger von Rundfunksendungen sind hingegen allein die Grundrechte aus Art. 5 Abs. 1 Satz 1 GG

---

462 BVerfGE 90, 60 (87) – Gebührenurteil.
463 BVerfGE 87, 181 (197), – Hessen 3.
464 BVerfGE 57, 295 (320) – FRAG.
465 BVerfGE 87, 181 (197) – Hessen 3.
466 BVerfGE 77, 65 (74); 91, 125 (135); 57, 295 (319) – FRAG; 60, 53 (63); BVerwGE 75, 67 (70); BGHZ 110, 371 (375).
467 BVerfGE 78, 101 (103).
468 BVerfGE 59, 231 (258).
469 BVerfGE 83, 238, (303) – WDR; 74, 297 (342) – Ba Wü; 59, 231 (259).
470 Siehe oben 1. Teil 2. Abschnitt 3. Kapitel 3c.
471 Vgl. Jarass, H.D., a.a.O., Art. 5, Rdnr. 34.
472 Offen gelassen in BVerfG, in: ZUM 1997, 202ff und AfP 1993, 730.
473 Paschke, M., a.a.O., 97f.
474 Gronau, K., a.a.O., 161.

einschlägig. Art. 5 Abs. 1 Satz 2 GG gewährt keine Leistungs- und Teilhaberechte zu Gunsten der Rezipienten[475].

5. Kapitel: Die Freiheit der Berichterstattung durch Film

1. Rechtscharakter und „öffentliche Aufgabe"

Die Medienfreiheit des Art. 5 Abs. 1 Satz 2 GG gewährleistet außerdem die Freiheit filmischer Berichterstattung. Das Grundrecht gründet auf dem Umstand, dass auch Filme Meinungen und Informationen enthalten und somit wie die Presse und der Rundfunk zur individuellen öffentlichen Meinungsbildung beitragen und diese beeinflussen[476]. Die praktische Bedeutung der Filmfreiheit erscheint allerdings weniger ausgeprägt als die Presse- und Rundfunkfreiheit, wohl auch deswegen, weil für Filme vielfach die weiterreichende Kunstfreiheit des Art. 5 Abs. 3 GG einschlägig ist[477].

2. Geschütztes Verhalten und Träger des Grundrechts

Das geschützte Verhalten wird durch den Begriff „Berichterstattung" bezeichnet, der weit auszulegen ist. Über den gewöhnlichen Sprachgebrauch hinaus umfasst er das Zugänglichmachen nicht nur von Tatsachenmeldungen, sondern auch Meinungsäußerungen sowie alle mit dem filmischen Geschehen zusammenhängenden Tätigkeiten von der Herstellung bis zur Verbreitung der Filme[478]. Träger der Filmfreiheit sind alle diejenigen Personen, die die geschützten Tätigkeit ausüben[479].

6. Kapitel: Die Schranken gemäß Art. 5 Abs. 2 GG

1. Allgemeines

Wegen der Möglichkeit des Massenmedienanbieters zur einseitigen Auswahl und Steuerung der übermittelten Informationen besteht ein spezifischer Bedarf für eine rechtliche Ordnung des Massenkommunikationswesens.
Aus diesem Grunde sind nicht nur die Freiheiten der Medien in Art. 5 GG geregelt sondern auch ihre Grenzen.
Nach Art. 5 Abs. 2 GG finden die Kommunikationsgrundrechte des Abs. 1 GG „ihre Schranken in den Vorschriften der allgemeinen Gesetze, den gesetzlichen Bestimmungen zum Schutze der Jugend und in dem Recht der persönlichen Ehre." Art. 5 Abs. 2 GG enthält somit einen qualifizierten Gesetzesvorbehalt[480]. Die drei von Art. 5 Abs. 2 GG aufgeführten Schranken können völlig selbständig nebeneinander ange-

---

475 BVerwG, in: AfP 1992, 205. Vgl. dazu die Kritik von Ricker, R., Rechte und Pflichten der Medien unter Berücksichtigung des Rechtsschutzes des Einzelnen, in: NJW 1990, 2097.
476 Paschke, M., a.a.O., 98.
477 Vgl. BVerwGE 1, 303 (305) – Die Sünderin.
478 Jarass, H.D., a.a.O., Art. 5 Rdnr. 42.
479 Jarass, H.D., a.a.O., Art. 5 Rdnr. 43.
480 Pieroth, B./Schlink, B., Grundrechte, Staatsrecht II, Rn. 586.

wendet werden[481]. Folglich ist es nicht notwendig, jeden der drei Begriffe so auszulegen, dass er sich mit keinem der anderen Begriffe überschneidet[482].
Da die vorliegende Arbeit das allgemeine Persönlichkeit der „öffentlichen Person" untersucht, ist hier lediglich die Möglichkeit der Einschränkung des Art. 5 Abs. 2 GG durch das allgemeinen Persönlichkeitsrecht und durch §§ 22, 23 KUG interessant. Fraglich ist, ob es sich bei diesen Rechtsgrundlagen um „allgemeine Gesetze" im Sinne des Art. 5 Abs. 2 GG handelt. Es wird daher lediglich die Schranke der „allgemeinen Gesetze" näher betrachtet.

2. Allgemeine Gesetze

Der Schlüsselbegriff des Art. 5 Abs. 2 ist der Begriff der „allgemeinen Gesetze". Der Begriff ist strittig[483].

Gesetze in diesem Sinne sind alle Erscheinungsformen staatlicher Rechtssetzung mit Außenwirkung im formellen und materiellen Sinn[484]. Die „Allgemeinheit" dieser Gesetze kann sich nicht in dem Erfordernis einer generellabstrakten Formulierung erschöpfen. Dann wäre dieses Erfordernis nämlich identisch mit denen in Art. 19 Abs. 1 Satz 1 GG und damit überflüssig[485]. Hinsichtlich der Auslegung des Begriffs gibt es verschiednene Ansätze.
Die nachfolgenden Lehren sind zwar anhand der „Meinungsfreiheit" entwickelt worden, sie gelten aber auch für die „Pressefreiheit"[486].
Nach der Sonderrechtslehre sind „allgemeine Gesetze" solche Gesetze, die nicht Sonderrecht gegen die Meinungsfreiheit enthalten[487] .
Diese Lehre ist aber zu formal und trägt dem Einzelfall nicht ausreichend Rechnung, wonach – beispielsweise bei volksverhetzenden Parolen – ein Eingriff durchaus möglich sein muss.
Die auch vertretene Abwägungslehre[488], wonach solche Gesetze allgemeine sind, die ein Rechtsgut schützen, weil dies bei einer Abwägung höher zu gewichten sei, als die Meinungsfreiheit, greift ebenfalls zu kurz, weil sie auch solche Gesetze als „allgemein" definiert, die nur darauf abzielen, die Meinungsfreiheit einzuschränken. Damit wird aber nicht der außerordentlichen Bedeutung der Meinungsfreiheit Genüge getan.
Das BVerfG[489] sieht als „allgemeine Gesetze" alle Gesetze an, die nicht eine Meinung als solche verbieten und sich nicht nur im Schutzbereich eines der in Art. 5 Abs. 1 und 2 GG genannten Grundrechte auswirken.
Diese Auffassung überzeugt, da sie gewissermaßen eine Synthese der beiden anderen Ansätze darstellt und einerseits der besonderen Bedeutung des Art. 5 Abs. 1 GG Rechnung trägt und anderseits flexibel genug ist, auf den Einzelfall abzustellen.

---

481 Herzog, R., a.a.O., Rdnr. 244.
482 Ebenda.
483 Vgl. zum Ganzen: Wendt, R., a.a.O., Art.5 Rdnr. 69f.
484 BVerwGE 72, 183 (186); Wendt, R., a.a.O., Art. 5 Rn. 73.
485 Gronau, K., a.a.O., 163.
486 Herzog, R., a.a.O., Rdnr. 153.
487 Häntzschel, in AöR 10, 228 (232).
488 Smend, R., Das Recht der freien Meinungsäußerung, in: Veröffentlichung der Deutschen Staatsrechtslehrer 1928, 209 (209f.).
489 BVerfGE 7, 198 (209/210) – Lüth.

Als eine besondere Ausprägung des Verhältnismäßigkeitsgrundsatzes[490] hat das BVerfG[491] die sogenannte Wechselwirkungslehre entwickelt, wonach das beschränkende Gesetz seinerseits wieder im Lichte des Grundrechts des Art. 5 Abs. 1 GG auszulegen ist[492].
Dennoch sind Einschränkungen der Rechte aus Art. 1 Abs.1 GG hinzunehmen. So hat das BVerfG[493] es für keine übermäßige Beschränkung der Pressefreiheit gehalten, wenn die Gerichte nach einer Verdachtsberichterstattung den erforderlichen Ausgleich zwischen Pressefreiheit und Persönlichkeitsrecht dadurch herbeiführen, dass sie dem Betroffenen grundsätzlich das Recht zubilligen, eine ergänzende Mitteilung über den für ihn günstigen Ausgang des Strafverfahrens zu verlangen[494].

Um zu einem möglichst genauen Ergebnis im Einzelfall zu gelangen, wird außerdem das Gebot der Abwägung im Einzelfall beachtet[495]. Danach müssen die Rechte aus Art. 5 Abs. 1 GG zurücktreten, wenn schutzwürdige Interessen eines anderen von höherem Rang durch die Betätigung des Grundrechts aus Art. 5 Abs. 1 GG verletzt würden. Ob solche überwiegenden Interessen anderer vorliegen, ist aufgrund aller Umstände des Einzelfalles zu ermitteln[496]. Dabei ist beispielsweise der Schutz der Pressefreiheit immer dann besonders hochrangig, wenn es um die Pressefreiheit in ihrem Kern geht. Daraus folgt, dass der Schutz der Pressefreiheit sehr hoch ist, wenn es um den Inhalt bzw. das Programm geht[497]. Die Einschränkungsmöglichkeiten sind größer, wenn es nur um die Form geht[498].

Die Rechtsgüterabwägung im Einzelfall kann ausnahmsweise dazu führen, dass auch solche Gesetze verfassungsmäßig sind, die Grundrechte des Art. 5 Abs. 1 GG einschränken, ohne den Begriff des „allgemeinen Gesetzes" zu erfüllen[499]. So richtet sich zum Beispiel § 86 Abs. 1 Nr.4 StGB (Verbot der Verbreitung, Herstellung und Einführung von nationalsozialistischen Propagandamitteln) gegen die Pressefreiheit und ist demnach wegen des Vorranges des Schutzes der freiheitlich demokratischen Grundordnung und des Gedanken der Völkerverständigung verfassungsgemäß[500].
Bei den „allgemeinen Gesetzen" ist zu beachten, dass das einschränkende Gesetz nicht gegen eine andere Verfassungsnorm verstößt[501]. „Allgemeine Gesetze" sind unter anderem § 823 BGB[502] und §§ 22, 23 KUG[503].

---

490 Jarass, H., D., in: Jarass/Pieroth, GG, Rdnr. 47 zu Art. 5 Abs. 1, 2.
491 BVerfGE 35 202 (219ff.); 7, 198 (207ff.) – Lüth.
492 BVerfGE 66, 116 (150) – Springer/Walraff.
493 BVerfGE NJW 1997, 2589.
494 Siehe zu dieser Problematik unten 2. Teil 1. Abschnitt 8. Kapitel 4.
495 Wendt, R., a.a.O., Art.5 Abs.1, 2 Rdnr. 75.
496 BVerfGE 7, 198 (220f.) – Lüth.
497 Jarass, H.D., a.a.O., Rdnr.. 59.
498 BVerfGE 42, 143 (149f.).
499 Wendt, R., a.a.O., Art. 5 Abs.1, 2 Rdnr. 78.
500 Ebenda.
501 BVerfGE 10, 118 (122).
502 Abeltshauser, Th., Redaktionelle Presseäußerungen im Lichte von § 1 UWG, in: WRP 1997, 1143.
503 Engau, H., Straftäter und Tatverdächtige als Personen der Zeitgeschichte, 83.

7. Kapitel: Die Freiheiten von Kunst, Wissenschaft, Forschung und Lehre

Gemäß Art. 5 Abs. 3 Satz 1 GG sind Kunst, Wissenschaft, Forschung und Lehre frei.

Künstlerische oder wissenschaftliche Äußerungen in der Presse fallen unter Art. 5 Abs. 3 GG, da Art. 5 Abs. 3 GG als lex specialis Art. 5 Abs. 1 GG verdrängt[504]. Die richtige Einordnung einer Verhaltensweise ist – anders als in den Kollisionsfällen des Art. 5 Abs. 1 GG – insbesondere deshalb von Bedeutung, weil die Absätze verschiedenen Schranken unterliegen. Die Freiheiten des Art. 5 Abs. 3 GG werden grundsätzlich schrankenlos gewährleistet[505]. Sie erfahren nur durch kollidierende Rechte Dritter und sonstige Rechte von Verfassungsrang eine Einschränkung[506]. Die Freiheit der Lehre muss zusätzlich nach Art. 5 Abs. 3 Satz 2 GG die Verfassungstreue beachten.

1. Der Begriff „Kunst"

Insgesamt ist Kunstfreiheit offen zu betrachten, so dass auch ungewöhnliche Ausdrucksformen wie Happenings oder Spraybilder umfasst werden[507]. Liegt ein klassischer Werktyp wie zum Beispiel Malen, Bildhauen oder Dichten vor, handelt es sich um Kunst im Sinne des Art. 5 Abs. 3 Satz 1 1. Alt. GG[508]. Daneben sind zur Beurteilung die schöpferische Gestaltung, die Formgebung und die Deutungsvielfalt heranzuziehen[509]. Handelt es sich um ein Buch, dem eine real existierende Person als Vorlage dient, kommt es bei der Abwägung von Kunstfreiheit und allgemeinem Persönlichkeitsrecht darauf an „ ob und inwieweit das ‚Abbild' gegenüber dem ‚Urbild' durch die künstlerische Gestaltung des Stoffs und seine Ein- und Unterordnung in den Gesamtorganismus des Kunstwerks so verselbständigt erscheint, dass das Individuelle, Persönlich-Intime zugunsten des Allgemeinen, Zeichenhaften der ‚Figur' objektiviert ist. Wenn eine solche das Kunstspezifische berücksichtigende Betrachtung jedoch ergibt, dass der Künstler ein ‚Portrait' des ‚Urbildes' gezeichnet hat oder gar zeichnen wollte, kommt es auf das Ausmaß der künstlerischen Verfremdung oder den Umfang und die Bedeutung der Verfälschung für den Ruf des Betroffenen oder sein Andenken an"[510]. Die Grenze zu einem rechtswidrigen Eingriff in das Persönlichkeitsrecht durch ein Kunstwerk ist jedenfalls dann überschritten, „wenn das Lebensbild einer Person, die derart deutlich erkennbar als Vorbild gedient hat wie im vorliegenden Falle, durch frei erfundene Zutaten grundlegend negativ entstellt wird, ohne dass dies als satirische oder sonstige Übertreibung erkennbar ist. Nimmt der Künstler im Falle der Charakterisierung einer Person bewusst derartige Veränderungen des wirklichen Geschehens vor, dann kann und muss von ihm erwartet werden,

---

504 BVerfGE 81, 278 (291); 75, 369 (377); 30, 173 (200) = NJW 1971, 1645 (1647) – Mephisto.

505 Gronau, K., a.a.O., 169 m.w.N.

506 Ebenda.

507 Gronau, K., a.a.O., 171.

508 Knies, W., Schranken der Kunstfreiheit als verfassungsrechtliches Problem, 219.

509 BVerfGE 30, 173 (188, 189) = BVerfG NJW 1971, 1645 (1646) – Mephisto.

510 BVerfGE 30 173 (175) = BVerfG NJW 1971, 1645 – Mephisto; LG Berlin AfP 2004, 287 – Alban Nikolai Herbst; Becker, B. v., Verbotene Bücher. Eine Anmerkung zum Urteil des LG München – Maxim Biller, in: ZUM 2003, 675 (677).

dass er im Interesse des verfassungsrechtlich garantierten Persönlichkeitsrechts die Anknüpfung an das Vorbild unerkennbar macht"[511].

2. Die Begriffe „Wissenschaft, Forschung und Lehre"

Art. 5 Abs. 3 Satz 1 2. Alt. GG schützt die Wissenschaftsfreiheit, die nach überwiegender Ansicht den gemeinsamen Oberbegriff zu Forschung und Lehre darstellt[512]. Wissenschaft ist jede Tätigkeit, die „nach Inhalt und Form als ernsthafter und planmäßiger Versuch zur Ermittlung der Wahrheit anzusehen ist"[513]. Kennzeichnend ist die prinzipielle Unabgeschlossenheit des Erkenntnisprozesses[514].
Hinsichtlich Persönlichkeitsrechtsverletzungen ist die Wissenschaftsfreiheit selten einschlägig, da bei den relevanten Äußerungen häufig ein wissenschaftlicher Bezug fehlt[515].

8. Kapitel: Zusammenfassung:

Die Medien sind konstitutiv für den gesellschaftlichen und politischen Prozess. Das Medienwesen in Deutschland wird daher von der Konzeption der Kommunikations- und Medienfreiheit des Grundgesetzes geprägt. Nur wenn der Äußernde sich auf Art. 5 Abs. 1 oder 3 GG berufen kann, bedarf es einer Abwägung mit dem Persönlichkeitsrecht der „öffentlichen Person". Es ist zu beachten, dass die Einordnung einer Verhaltensweise in den richtigen Schutzbereich sehr wichtig ist, da die Absätze 1 und 3 GG verschiedenen Schranken unterliegen. Künstlerische oder wissenschaftliche Äußerungen in der Presse fallen unter Art. 5 Abs. 3 GG, da Art 5 Abs. 3 als lex specialis Art. 5 Abs. 1 GG verdrängt[516]. Bei der Satire ist es immer eine Entscheidung des Einzelfalles, ob es sich um Kunst handelt oder um die Äußerung einer Meinung[517].

In Art. 5 Abs. 1 GG sind die Freiheitsrechte normiert, die nach Ansicht des Bundesverfassungsgerichts für die freiheitlich demokratische Grundordnung „schlechthin konstituierend" sind[518].
Art. 5 Abs. 1 Satz 1 1. Alt. GG schützt die Meinungsfreiheit. Der Begriff „Meinung" ist grundsätzlich weit zu verstehen. Eine Meinungsäußerung unterscheidet sich von der Tatsachenbehauptung dadurch, dass sie nicht dem Beweis zugänglich ist. Sie ist durch die subjektive Beziehung des Einzelnen zum Inhalt der Aussage geprägt.
Tatsachenbehauptungen gelangen erst über die Brücke der Meinung in den Schutzbereich von Art. 5 Abs. 1 Satz 1 1. Alt. GG.
Wahre Tatsachenbehauptungen werden vom Schutzbereich der Meinungsfreiheit erfasst[519].

---

511 LG Berlin AfP 2004, 287 – Alban Nikolai Herbst; BGHZ 50, 133 (146f.).
512 BVerfGE 35, 79 (113) – Hochschulurteil.
513 Ebenda.
514 BVerfGE 90, 1 (11f.).
515 Vgl. Gronau, K., a.a.O., 172.
516 BVerfGE 81, 278 (291); 75, 369 (377); BVerfGE 30, 173 (200) – Mephisto.
517 Becker, B. v., Rechtsfragen der Satire, in: GRUR 2004, 908 (909).
518 BVerfGE 12, 113 (125) – Schmidt-Spiegel; BVerfGE 7, 198 (208) – Lüth.
519 Bethge, H., in: Sachs, M. (Hrsg.), Grundgesetz, Kommentar, Art.5, Rdnr. 27, 28.

Nach allgemeiner Grundrechtsdogmatik kann eine solche Tatsachenbehauptung dennoch unzulässig sein, wenn der Inhalt der Äußerung in Rechte eines anderen Grundrechtsträgers eingreift und dieser Eingriff nicht gerechtfertigt werden kann[520].
Bei den unwahren Tatsachenbehauptungen werden die bewusst oder erwiesen unwahren von den unbewusst oder nicht erwiesen falschen unterschieden.
Bewiesen oder bewusst unwahre Tatsachen sind aus dem Schutzbereich der Meinungsfreiheit auszugrenzen.
Bei den nicht bewusst oder erwiesen unwahren Tatsachen berücksichtigt das Gericht den Wahrheitsgehalt im Rahmen der Abwägung[521].
Da der Schutz durch Art. 5 Abs. 1 Satz 1 1. Alt. GG den Zweck hat, die Meinungsbildung zu fördern und den kommunikativen Austausch zu gewährleisten, richtet sich das Ausmaß seines Schutzes auch nach dem Zweck der Äußerung.[522]

Geschützt ist jede Art und Weise der Äußerung[523], auch die sogenannte „negative Meinungsfreiheit", sich nicht zu einer bestimmten Meinung zu bekennen[524].

Das Grundrecht des Art. 5 Abs. 1 Satz 1 1. Alt. GG steht jedem Menschen zu.

Art. 5 Abs. 1 Satz 1 2. Alt. GG schützt die Informationsfreiheit. Das ist der gesamte Prozess des Sich-Informierens, von der schlichten Entgegennahme einer Information bis hin zum aktiven Beschaffen einschließlich der Aufbereitung und Speicherung sowie der Beschaffung und Nutzung von Anlagen, die den Empfang von an die Allgemeinheit gerichteten Informationen erst erschließen[525].
Diese Alternative des Art. 5 Abs. 1 Satz 1 GG ist bei Persönlichkeitsrechtsverletzungen selten relevant, da es dort meist um die Verbreitung von Informationen geht.

Art. 5 Abs. 1 Satz 2 1. Alt. GG schützt die Pressefreiheit. Nach Meinung des BVerfG[526] ist die Pressefreiheit kein Unterfall der Meinungsfreiheit. Eine in einem Presseerzeugnis enthaltene Meinungsäußerung ist bereits durch Art. 5 Abs. 1 Satz 1 1. Alt. GG geschützt.

Neben dem Rechtscharakter als reines Abwehrrecht hat das BVerfG[527] der Pressefreiheit die Bedeutung der „institutionellen Garantie" zuerkannt. Nach dieser im Spiegel-Urteil[528] entwickelten Garantie für die Existenz einer freiheitlich verfassten Presse ist der Staat verpflichtet, in seiner gesamten Rechtsordnung dafür Sorge zu tragen, dass die Presse ihre „öffentliche Aufgabe" erfüllen kann. Nach der funktionellen In-

520 Gronau, K., a.a.O., 141.
521 BVerfGE 94, 1 (8) – DGHS.
522 BVerfGE 95 (96); 82, 272 = NJW 1991, 95 – Zwangsdemokrat; BVerfG NJW 1983, 1415 (1416)- „NPD von Europa".
523 Schulze-Fielitz, H., a.a.O., Art. 5 I, II, Rdnr. 48 m.w.N.
524 Wendt, R., a.a.O., Art. 5, Rdnr. 17.
525 Schulze-Fielitz, H., a.a.O., Art. 5 I, II, Rdnr. 64.
526 BVerfGE 122 (128); 86, ; 97, 391 (400); 85, 1 (12ff.) – Bayer-Aktionäre; 20, 162 (175f.) – Spiegel;10, 118 (121).
527 BVerfGE 20, 162ff. – Spiegel.
528 Ebenda.

terpretation[529] ist „öffentlich" im Sinne von „Allgemeinzugänglichkeit" zu verstehen. Aufgabe der Presse ist es danach, die für den Staat notwendige Publizitätsentfaltung zu schaffen und damit einen öffentlichen Meinungsmarkt zu konstituieren[530]. Für das einzelne Presseorgan ergeben sich aus der institutionellen Garantie keine Ansprüche[531]. Geschützt ist durch die institutionelle Garantie lediglich der Wesensgehalt der freien Presse[532]

Unter den Begriff „Presse" im Sinne des Art. 5 Abs. 1 Satz 2 1. Alt. GG fallen alle zur Verbreitung geeigneten und bestimmten Druckerzeugnisse und Informationsträger, die nicht unter den Film- und Rundfunkbegriff subsumiert werden[533].
Auf den Inhalt des Presseerzeugnisses kommt es demnach tatbestandlich nicht an[534]. Geschützt sind neben der Verbreitung von Meinungen beispielsweise auch reine Tatsachenmeldungen[535]. Die Verbreitung falscher Informationen wird ebenso wie bei der Meinungsfreiheit erfasst, soweit es nicht um bewusst oder offenkundig unwahre Tatsachenbehauptungen geht[536].
Der Umfang der Gewährung der Pressefreiheit deckt alle wesensmäßig mit der Pressearbeit zusammenhängenden Tätigkeiten ab[537]. Die Freiheit der Presse ist nach Ansicht des Gerichts berührt, wenn die Presse in ihrer „institutionellen Eigenständigkeit" betroffen ist[538]. Es muss die über einzelne Meinungsäußerungen hinausreichende Bedeutung der Presse für die individuelle und öffentliche Meinungsbildung in Rede stehen[539].

Unter Art. 5 Abs. 1 Satz 2 GG fällt auch die negative Pressefreiheit[540].

Träger des Grundrechts der Pressefreiheit sind alle Personen und Unternehmen, die die geschützten Tätigkeiten vornehmen.

Art. 5 Abs. 1 Satz 2, 2. Alt. GG schützt die Rundfunkfreiheit. Entsprechend dem zur Pressefreiheit Ausgeführten ist der inhaltliche Schutz der Meinungsäußerung in Art. 5 Abs. 1 Satz 1 1. Alt. GG zu verorten[541].

Rundfunk ist jede an eine Vielzahl von Personen gerichtete Übermittlung von Gedankeninhalten im weitesten Sinn durch physikalische, insbesondere elektromagnetische Wellen, ohne Rücksicht darauf, ob dies drahtlos oder über Leitungen erfolgt[542].

---

529 Schneider, P., Pressefreiheit und Staatssicherheit, 93ff.; Mallmann, W., Pressepflichten und öffentliche Aufgabe der Presse, in: JZ 1966, 625 (629).
530 Ebenda.
531 Model, O./Müller, K., Grundgesetz für die Bundesrepublik Deutschland, Rdnr. 12 zu Art. 5.
532 Ebenda.
533 Wendt, R, in Münch, I v./Kunig, Ph., a.a.O., Rdnr. 30 zu Art.5 m.w.N.
534 BVerfGE 25, 296 (307).
535 BVerfGE 62, 230 (243).
536 Jarass, H.D., a.a.O., Rdnr. 26 zu Art. 5.
537 Wendt, R., a.a.O., Rdnr.33 m.w.N.
538 BVerfGE 10, 118 (121); 12, 205 (260) – 1. Rundfunkurteil.
539 BVerfGE 97, 391 (400); 95, 28 (34) – Werkszeitung.
540 Schulze-Fielitz, H., a.a.O., Rdnr.75 zu Art. 5.
541 Gronau, K., a a.O., 161.

Der Rundfunkbegriff liegt nicht fest, sondern ist dynamisch und entwicklungsoffen[543]. Ebenso wie der Presse wird auch der Rundfunkfreiheit eine überragende Bedeutung in Staat und Gesellschaft beigemessen[544]. Die Rundfunkfreiheit schützt alle wesensmäßig mit der Rundfunkveranstaltung zusammenhängenden Tätigkeiten, von der Beschaffung der Information respektive der Meinung über die Produktion der Sendung bis hin zu ihrer Verbreitung[545], sowie die dazu erforderlichen Hilfstätigkeiten[546].
Als Träger kommen – genau wie bei der Pressefreiheit – nicht nur alle natürlichen, sondern gemäß Art. 19 Abs. 3 GG auch alle juristischen Personen sowie Personenvereinigungen in Betracht, die eigenverantwortlich Rundfunk veranstalten und verbreiten[547], sowie die Landesmedienanstalten.

Art. 5 Abs. 1 Satz 2, 3. Alt. GG schützt die Filmfreiheit. Unter Film versteht man projizierbare belichtete Streifen aus Zelluloid oder ähnlichem Material, deren Inhalt allgemein verbreitet wird[548].
Die praktische Bedeutung der Filmfreiheit ist weniger ausgeprägt als die Presse- und Rundfunkfreiheit, wohl auch deswegen, weil für Filme vielfach die weiterreichende Kunstfreiheit des Art. 5 Abs. 3 GG einschlägig ist[549].
Geschütztes Verhalten ist das Zugänglichmachen von Tatsachenmeldungen und Meinungsäußerungen sowie alle mit dem filmischen Geschehen zusammenhängenden Tätigkeiten von der Herstellung bis zur Verbreitung der Filme[550].
Träger der Filmfreiheit sind alle diejenigen Personen, die die geschützten Tätigkeiten ausüben[551].

Nach Art. 5 Abs. 2 GG finden die Kommunikationsgrundrechte des Abs. 1 GG „ihre Schranken in den Vorschriften der allgemeinen Gesetze, den gesetzlichen Bestimmungen zum Schutze der Jugend und in dem Recht der persönlichen Ehre". „Allgemeine Gesetze" sind unter anderem § 823 BGB[552] und §§ 22, 23 KUG[553]. Das beschränkende Gesetz ist dann seinerseits wieder im Lichte der Grundrechte des Art. 5 Abs. 1 GG auszulegen.
Um zu einem möglichst genauen Ergebnis im Einzelfall zu gelangen, wird außerdem das Gebot der Abwägung im Einzelfall beachtet[554].
Gemäß Art. 5 Abs. 3 Satz 1 GG sind Kunst, Wissenschaft, Forschung und Lehre frei.

---

542 Pieroth, B./Schlink, B., Grundrechte, Staatsrecht II, Rdnr. 573.
543 Paschke, M., a.a.O., 94.
544 Vgl. BVerfGE 35, 202 (219).
545 BVerfGE 91, 125 (135); 77, 65 (74); 60; 53 (63);57, 295 (319) – FRAG; BVerwGE 67 (70); BGHZ 110, 371 (375).
546 BVerfGE 78, 101 (103).
547 Vgl. Jarass, H.D., a.a.O., Art. 5, Rdnr. 34.
548 Wendt, R., a.a.O., Rdnr. 61 m.w.N.
549 Vgl. BVerwGE 1, 303 (305) – Die Sünderin.
550 Jarass, H.D., a.a.O., Art. 5, Rdnr. 42.
551 Jarass, H.D., a.a.O., Art. 5, Rdnr. 43.
552 Abeltshauser, Th., Redaktionelle Presseäußerungen im Lichte von § 1 UWG, in: WRP 1997, 1143.
553 Engau, H., Straftäter und Tatverdächtige als Personen der Zeitgeschichte, 83.
554 Wendt, R., a.a.O., Art. 5 Abs. 1, 2 Rdnr. 75.

Kunst umfasst Malen, Bildhauen oder Dichten und auch ungewöhnliche Ausdrucksformen wie Happenings oder Spraybilder[555].

Wissenschaftsfreiheit ist der Oberbegriff zu Forschung und Lehre[556]. Wissenschaft ist jede Tätigkeit, die „nach Inhalt und Form als ernsthafter und planmäßiger Versuch zur Ermittlung der Wahrheit anzusehen ist"[557]. Kennzeichnend ist die prinzipielle Unabgeschlossenheit des Erkenntnisprozesses[558].

Hinsichtlich Persönlichkeitsrechtsverletzungen ist die Wissenschaftsfreiheit selten einschlägig, da bei den relevanten Äußerungen häufig ein wissenschaftlicher Bezug fehlt[559].

---

555 Gronau, K., a.a.O., 171.
556 BVerfGE 35, 79 (113) – Hochschulurteil.
557 Ebenda.
558 BVerfGE 90, 1 (11f.).
559 Vgl. Gronau, K., a.a.O., 172.

3. Abschnitt: Gründe für den Schutz von Privatheit

1. Kapitel: Risiken der Massenkommunikation

Der konstruktive Beitrag, den die Massenmedien für die Grundrechtsverwirklichung zu leisten vermögen, stellt den Rechtfertigungsgrund für ihre rechtliche Sonderstellung im juridisch geordneten Kommunikationsprozess dar[560]. Als Kommunikationsform, die den Adressaten wesentlich zum Rezipienten der dargebotenen Information stempelt, über deren Inhalt und Tendenz hauptsächlich der sogenannte Kommunikator entscheidet[561], birgt Massenkommunikation aber auch Risiken für die Verwirklichung der Informationsfreiheit. Massenmedien können insbesondere das Orientierungs- und Qualifikationswissen, die gesellschaftlichen Stereotypen, die Plausibilitätsstrukturen sowie Inhalt und Umfang wahrgenommener Bedürfnisse und damit die soziale Wirklichkeitskonstruktion beeinflussen[562]. Vor allem das Eingreifen in den Wertehaushalt und das Wertebewusstsein kann den Einzelnen in seiner Persönlichkeitsentfaltung tangieren[563]. Für die „öffentliche Person" besteht vor allem die Gefahr, dass sie durch Reaktionen innerhalb der medialen Öffentlichkeit in ihrer Persönlichkeitsentfaltung beeinträchtigt wird.

Im Folgenden soll dargestellt werden, warum wir die Persönlichkeit von „öffentlichen Personen" schützen und auch schützen sollten. Der Schutzzweck kann sich nur aus dem Wesen der Persönlichkeit ableiten. Aus diesem Grunde wird auf den psychologischen Persönlichkeitsbegriff rekrurriert, da nur so die Wirkung der Medien auf die Persönlichkeitsentfaltung deutlich gemacht werden kann[564].

2. Kapitel: Persönlichkeitsentfaltung

Persönlichkeit kann definiert werden als das Gesamtbild der für ein Individuum charakteristischen Reaktions- und Interaktionsformen im Umgang mit anderen[565]. Nur auf einer kognitiven Grundlage kann menschliche Persönlichkeit entstehen[566]. Unter „Kognition" wird die Gesamtheit jener Prozesse verstanden, die der Informationsauf-

560 Paschke, M., a.a.O., 10.

561 Siehe oben 1. Teil 1. Abschnitt 2. Kapitel 4.

562 Paschke, M., a.a.O., 10.

563 Vgl. ebenda.

564 Ein Rückgriff auf den psychologischen Persönlichkeitsbegriff ist vor allem deshalb möglich, da sowohl im Juristischen wie auch in der Psychologie von einem individualistisch konzipierten Persönlichkeitsbegriff ausgegangen wird. Das ist auch nicht verwunderlich, da sie derselben historischen Tradition entstammen und im Wesentlichen ein Produkt des 18./19. Jahrhunderts – speziell des bürgerlichen Liberalismus – sind, vgl. Kruse, L., Personale und interpersonale Sphären und Grenzen der Person, in: Lampe, E.-J. (Hrsg.), Jahrbuch für Rechtssoziologie und Rechtstheorie: Grundrechte aus der Sicht der Sozial- und Verhaltenswissenschaften, Band XII, 62.

565 Zimbardo, Ph. G., Psychologie, 421. Insgesamt ist in der Psychologie der Persönlichkeitsbegriff stark umstritten, vgl. zu den Einzelheiten, Häcker, H., „Persönlichkeit", in: Asanger, R./Wenninger, G.. (Hrsg.), Handwörterbuch der Psychologie, 324f.

566 Lampe, E.-J., Persönlichkeit, Persönlichkeitssphäre, Persönlichkeitsrecht, in: Jahrbuch für Rechtssoziologie und Rechtstheorie: Grundrechte aus der Sicht der Sozial- und Verhaltenswissenschaften, Band XII, 76.

nahme und -verarbeitung dienen und zwar gleichgültig warum, wie und zu welchem Zweck[567]. Da die menschliche Persönlichkeit auch von Werten geleitet wird, sind – neben der Sinnerfahrung – auch Werterkenntnis und Normbewusstsein integrale Bestandteile ihrer Kognition. Alle kognitiven Prozesse spielen sich innerhalb der Persönlichkeit ab; deshalb kann die Persönlichkeit selbst unter kognitivem Aspekt als eine Informationsverarbeitungseinheit begriffen werden[568]. Als solche nimmt sie die von der Umwelt ausgehenden Signalzustände durch ihr peripheres Wahrnehmungssystem auf, verarbeitet sie nach internen Programmen, macht das Ergebnis zur Grundlage einer zweckhaften Reaktion und nimmt deren Folgen wiederum als Information in sich auf (Regelkreis). Die Informationsverarbeitungsprogramme der Persönlichkeit betreffen drei Dimensionen von Signalzuständen: faktische, werthafte und normative. Sie reagieren nicht nur auf fremdreferentielle Signale der Umwelt, sondern auch auf selbstreferentielle Signale des eigenen Systems, wie beispielsweise Schmerz (physisch) und Freude (psychisch). Sämtliche fremd- und selbstreferentielle Kognitionsprogramme arbeiten nicht isoliert, sondern miteinander verzahnt. Verhaltensentscheidungen sind in der Regel Resultate von Verrechnungsprozessen, die die Wirkung gerade dieser äußeren Situation auf gerade diesen inneren Zustand der Persönlichkeit betreffen[569]. Die kognitive Bestimmung der Persönlichkeit ergreift nur einen Teil von ihr. Die Gründe und Zwecke eines Verhaltens sowie das sogenannte „Ich"-Zentrum der Persönlichkeit als Entscheidungsinstanz über das Wirksamwerden der Gründe und Zwecke erfasst dagegen erst die aktionale Bestimmung[570]. Unter aktionaler Bestimmung werden die auf Handlungen bezogenen Eigenschaften der Persönlichkeit verstanden. Das menschliche Handeln wird intern begründet durch eine neurogene Lebensdynamik, deren einzelne Erscheinungsformen man als „Triebe" oder „Triebfedern" bezeichnen kann.

Lantermann hat folgendes sehr übersichtliches handlungspsychologisches Modell konzipiert[571]:

„ (1) Als Ergebnis ihrer bisherigen Auseinandersetzung mit konkreten Umgebungen oder Umgebungs-Segmenten verfügt die Person über ein internes Modell der Umgebung, welches sie in die Umgebung integriert, indem es ihr die Möglichkeit gibt, sich zielgerichtet darin zu bewegen.

(2) In jedem Augenblick sind ihre Ziele hierarchisch organisiert.

(3) Die „objektive" Situationen, in die sie eintritt, gliedern sich in Umgebungs-Segmente unterschiedlicher Zugänglichkeiten.

4) Mit ihrem Eintritt in eine objektive Situation transformiert die Person diese in ein subjektiv wahrgenommenes Handlungsfeld (Situations-Definition). Die „subjektive"

---

567 Lampe, E.-J., Persönlichkeit, Persönlichkeitssphäre, Persönlichkeitsrecht, in: Jahrbuch für Rechtssoziologie und Rechtstheorie: Grundrechte aus der Sicht der Sozial- und Verhaltenswissenschaften, Band XII, 76.

568 Ebenda.

569 Lampe, E.-J., a.a.O, 77.

570 Ebenda.

571 Lantermann, E.D., Interaktionen: Person, Situation, Handlung, 143.

Situation gliedert einzelne Momente der Person und der Umgebung aus und integriert sie in Handlungsentwürfen.

5) Aus einer Interdependenz ihrer aktuellen Zielhierarchie und der wahrgenommenen Aufforderungsgehalte der objektiven Situation kristallisiert sich eine situationsangemessene Zielhierarchie der Person heraus.

(6) Vor diesem Hintergrund entwirft sie ein Bild einer „Soll-Lage" und wird der Diskrepanz zur Ist-Lage gewahr; mit dieser Diskrepanz sind spezifische Gefühle und Prozesse der Energetisierung verbunden.

(7) Mit der Herausbildung von Handlungszielen ist eine zunehmende Sensibilsierung verbunden, die zu handlungsbezogenen Bedeutungs-Zuschreibungen wahrgenommener Ereignisse führt.

(8) Die Person bewertet die ihr verfügbaren Handlungsmöglichkeiten hinsichtlich ihrer Instrumentalitäten zur Erreichung angestrebter Ziele und Oberziele in Relation.

(9) Sie wird sich zu derjenigen Handlung am stärksten auffordern und diejenige Handlung ausführen, die der aktuellen Situation am angemessensten ist.

(10) Über Regulations- und Steuerungsmechanismen vergleicht sie die eingetretenen mit den antizipierten Handlungsfolgen.

(11) Handlungsfolgen wirken einerseits auf die Umgebung und andererseits zurück auf die handelnde Person sowie auf das subjektiv wahrgenommene Handlungsfeld."

Die Folgenbewertung trägt unter Umständen zu einer Veränderung des internen Modells der Umgebung der Person bei, auch ihres Kompetenzwissens, ihres Änderungswissens, ihrer Normstandards etc. sowie ihrer aktuellen – und eventuell ihrer generellen – Zielhierachie[572].

Aus dem Modell wird ersichtlich, dass Handlungen der öffentlichen Person, die im Bereich ihrer der medialen Öffentlichkeit zugewandten Seite erfolgen und bewertet werden, auch immer zu einer Veränderung des Kompetenzwissens der realen Person führen. Die Auffassung Ladeurs[573], dass es bei der grotesken Darstellung der Schauspielerin Susanne Stahnke lediglich um die Beschädigung ihres Medienimages ginge und nicht um eine Verletzung der Klägerin als Person, erscheint daher als wenig tragfähig. Die Beleidigung Susanne Stahnkes als öffentliche Person (Schauspielerin) erfasst sie auch als reale Person. Öffentliche und reale Person sind nicht trennbar, da es sich um ein psychologisches Gesamtbild handelt.

572 Lantermann, E.D., a.a.O., 142.

573 Ladeur, K.-H., Persönlichkeitsschutz und „"Comedy". Das Beispiel der Fälle SAT1/Stahnke und RTL 2/Schröder, in: NJW 2000, 1977 (1981). Die Schauspielerin Susanne Stahnke wurde in der von SAT1 ausgestrahlten „Harald-Schmidt-Show" bei angeblichen Aufnahmen zu einem Sexfilm gezeigt, die in einer wüsten Mordszene endeten.

Aus diesem Grunde gilt auch für „öffentliche Personen" der Grundsatz: Der Wert der Persönlichkeit, ihre „Würde", verlangt der Gemeinschaft Achtung ab[574].

Allerdings gilt umgekehrt die Gemeinschaft dem Einzelnen als Wert. Er sucht in ihr nach Vorbildern und nach sozialer Anerkennung für sein Handeln, er erachtet es als Wert, in der Gemeinschaft aufgenommen zu sein, in ihr Geborgenheit zu finden und an ihrem Leben teilzunehmen[575]. Auch die „öffentliche Person" ist in diesem Sinne von der Gemeinschaft abhängig.
Der Anreizwert erstrebter Folgen eines Handlungsergebnisses steigt, je stärker das Eintreten der antizipierten Ereignisse zu einer Annäherung an ein übergreifendes Oberziel führen kann[576]. Als „öffentliche Person" genießt man Wertschätzung[577].
Nach Maslow[578] sind die angeborenen Bedürfnisse des Menschen in einer Hierarchie der Vorrangigkeiten angeordnet. Sind die Bedürfnisse einer Stufe befriedigt, so wird die Befriedigung der auf der nächsten Stufe angestrebt.
Es gibt folgende Stufen:
1. Physiologische Bedürfnisse
2. Sicherheit
3. Liebe und Zugehörigkeit
4. Wertschätzung
5. Selbstverwirklichung
6. Transzendenz

Die Wertschätzung und Selbstverwirklichung durch Wertschätzung befinden sich dabei auch in der Skala und gelten damit als bedeutende Lebensziele.
Der Anreiz eine „öffentliche Person" zu sein und zu bleiben ist sehr hoch. Es wird angenommen, dass der Grad an Angst, den ein Umgebungssegment bei einer Person auslöst, auch von dem Anreizwert angesprochener Oberziele abhängt[579].
Das wird damit begründet, dass Handlungen und Handlungsziele nicht einfach aus der Fantasie des Handelnden entstehen, sondern Resultat und Voraussetzung sinnvoller Auseinandersetzungen mit der materiellen und gesellschaftlichen Umwelt sind. Die subjektive Angemessenheit einer Handlung in einem konkreten Umgebungsausschnitt wird dementsprechend auch als Niederschlag dieser Auseinandersetzungen aufgefasst. Die subjektive „Zweckrationalität" schließt stets auch gesellschaftliche Erfahrungen der Person ein[580].
Die Entwicklung der subjektiven Struktur verläuft in Richtung auf Herstellung von Isomorphie (Gleichheit zwischen Elementen der „objektiven" Struktur und der „subjektiven" Struktur) zur objektiven Struktur. Die Entwicklung wird durch den Situationsdruck bestimmt, der von der Gesellschaft ausgeht. Das Ausmaß an erreichter Isomorphie äußert sich in Handlungen und Handlungsergebnissen. Bei einer Diskrepanz zwischen subjektiver und gesellschaftlicher Bewertung einer Handlung als „an-

574 Lampe, E.-J., a.a.O., 81.
575 Ebenda.
576 Lantermann, E.D., a.a.O., 145.
577 Vgl. oben 1. Teil 1. Abschnitt 2. Kapitel 5.
578 Maslow, A., Toward a psychology of being; ders., The father reaches of human nature, 21ff.
579 Ebenda.
580 Lantermann, E.D., a.a.O., 162.

gemessen" sind Verhaltenskorrekturen, vermittelt über positive oder negative Rückmeldungen, anzunehmen[581]. Negative Reaktionen können beispielsweise in Kritik oder gesellschaftlicher Isolation bestehen. Für die „öffentliche Person" stellen sich die Sanktionen in der medialen Öffentlichkeit zusätzlich vor allem in Form von Imageverlusten und deren Konsequenzen dar.

Die „öffentliche Person" steht also, wenn sie sich in der medialen Öffentlichkeit befindet, unter starkem Situationsdruck, da sie sich zur Erhaltung ihres Oberziels „Erhaltung der Aufmerksamkeit der Öffentlichkeit durch Vermeidung von Imageverlusten" ständig um die Angemessenheit ihres Verhaltens kümmern muss. Hat eine Person keine Rückzugsmöglichkeiten mehr, löst sich die subjektive Struktur auf.
Das Handeln des Menschen ist dann nur noch fremdreflexiv und nicht mehr autonom.
Autonom ist eine Person dann, wenn sie sich die Frage stellen kann, welche Person sie sein will, wie sie leben will und wenn sie dann so leben kann[582]. Um eine Person als selbstbestimmt zu beschreiben, erwarten wir, dass ihre Wünsche und Handlungen authentisch die ihren sind, in dem Sinn, dass sie sich im Prinzip mit ihren Wünschen und Handlungen als ihren eigenen identifizieren kann[583]. Dies führt zu der Frage: Welches sind die Gründe, mit denen sich die Person mit bestimmten Wünschen als den eigenen identifiziert und andere verwirft, wenn sie autonom handeln, sich als autonome Person verstehen will? Prima facie würde man sagen, dass die einzigen überzeugenden Gründe solche sind, die die Person sich selbst und anderen gegenüber als rational erscheinen lässt. Was aber kann rational in diesem Zusammenhang bedeuten? Es wäre offensichtlich unangemessen, Autonomie an einen starken Begriff von Vernunft zu binden: hat man gute Gründe für sich selbst, sich mit diesem oder jenem Wunsch handlungswirksam zu identifizieren, so müssen diese nicht zugleich gegenüber allen Personen vernünftig und einleuchtend sein. Es genügt, wenn man (ex post) einen Wunsch oder eine Handlung für sich als gut begründet akzeptiert; das bedeutet jedoch nicht, dass dritte Personen dies in gleicher Weise als gut begründet begreifen müssen[584]. In den Prozess der Reflexion und Identifikation gehen immer auch Gefühle, eingegangene Verpflichtungen, Erinnerungen, biographische Prägungen ein, die als solche nicht für alle Personen in gleicher Weise vernünftig und überzeugend sein müssen[585].
Intersubjektivität ist dabei für den Prozess der Autonomie konstitutiv: wenn wir typischerweise in nahen Beziehungen oder unter Freunden auch grundsätzliche Fragen unseres Lebens deliberieren, uns über Konflikte und konflikthafte Siuationen auseinander setzen, dann interpretieren wir uns selbst auch im Lichte dieser Reaktionen und Interpretationen von diesen anderen[586]. Folglich interpretiert sich auch die „öffentliche Person" im intersubjektiven Prozess, insbesondere mittels der Reaktionen aus der medialen Öffentlichkeit.

---

581 Lantermann, E.D., a.a.O., 162.
582 Rössler, B., a.a.O., 39.
583 Rössler, B., a.a.O., 103.
584 Rössler, B., a.a.O., 105.
585 Ebenda.
586 Rössler, B., a.a.O., 108f.

Da die„öffentliche Person" ein Idealbild darstellen soll[587], ist sie dadurch gezwungen, auf sich und ihr Verhalten Perspektiven einzunehmen, die sie vielleicht ursprünglich gar nicht einnehmen wollte. Die „öffentliche Person" ist dann nicht mehr authentisch.

Da somit fehlende Rückzugsmöglichkeiten starke Wirkungen auf die Persönlichkeitsentfaltung besitzen, muss die öffentliche Person vor unerwünschtem Zugang zu ihrer Person seitens der medialen Öffentlichkeit geschützt werden[588]. Im Hinblick auf die Symbiose, die die „öffentliche Person" zur Erlangung anderer Güter[589] mit den Massenmedien eingeht, stellt sich die Frage, wie ein solcher Schutz aussehen sollte. Geht man grundsätzlich davon aus, dass Personen das Recht und die Freiheit haben, sich – neugierig – die Welt zu betrachten, wie und wann sie wollen, und anderen über diese Betrachtungen zu berichten, wie und wann sie es wollen, so muss eine Einschränkung dieses Rechts und dieser Freiheit begründet werden. Das Onus der Rechtfertigung und Begründung liegt also zunächst nicht bei denen, die beobachten wollen, sondern bei der „öffentlichen Person", wenn sie nicht beobachtet werden möchte. Privatheitsansprüche müssen in gleicher Weise – wie jene Freiheit – über grundsätzliche Werte begründet werden: nämlich ebenfalls über den der Freiheit oder Autonomie, des Respekts gegenüber Personen, da anders die restrained person keinen Grund hätte einzusehen, warum sie nicht tun darf oder tun sollte, was sie tun möchte, nämlich sich die Welt betrachten, wie sie es will[590]. Setzt man so grundsätzlich an, dann wird auch deutlich, dass es um den Konflikt zwischen einem „wissen wollen" und einem „verbergen wollen" geht. Das normative Prinzip zur Begründung jenes Schutzes muss dann ausgehen von der Idee der Autonomie von Personen, der des Respekts vor ihrer Identität.

Nur wenn das Interesse an Privatheit auf grundlegender Ebene begründet werden muss und werden kann, nur dann kann es gegebenenfalls die „Freiheit zur Betrachtung der Welt" ebenso wie die Freiheit der Meinungsäußerung für alle Personen einsichtig einschränken, übertrumpfen[591].

3. Kapitel: Zusammenfassung

Persönlichkeit wurde definiert als das Gesamtbild der für ein Individuum charakteristischen Reaktions- und Interaktionsformen im Umgang mit anderen[592]. Handlungen der öffentlichen Person, die im Bereich ihrer der medialen Öffentlichkeit zugewandten Seite erfolgen und bewertet werden, führen auch immer zu einer Veränderung des Kompetenzwissens der realen Person. Aus diesem Grund kann die Verletzung der Persönlichkeit der öffentlichen Person nicht von Rechtsbeeinträchtigungen der realen Person getrennt werden.

Die Reaktionen des Einzelnen sind Ergebnisse von Verrechnungsprozessen[593]. Die Person bewertet die ihr verfügbaren Handlungsmöglichkeiten hinsichtlich ihrer In-

587 Vgl. oben 1. Teil 1. Abschnitt 2. Kapitel 5.
588 Vgl. Rössler, B., a.a.O., 23.
589 Vgl. oben 1. Teil 1. Abschnitt 2. Kapitel 5.
590 Rössler, B., a.a.O., 228.
591 Ebenda.
592 Zimbardo, Ph. G., Psychologie, 421.
593 Lampe, E-J., a.a.O., 77.

strumentalitäten zur Erreichnung angestrebter Ziele und Oberziele in Relation. Die angeborenen Bedürfnisse des Menschen sind in einer Hierachie der Vorrangigkeiten angeordnet. Die Wertschätzung und Selbstverwirklichung durch Wertschätzung gelten als bedeutende Lebensziele. Als „öffentliche Person" genießt man Wertschätzung[594]. Der Anreizwert erstrebter Folgen eines Handlungsergebnisses steigt, je stärker das Eintreten der antizipierten Ergebnisse zu einer Annäherung an ein übergreifendes Oberziel führen kann[595]. Der Anreiz eine „öffentliche Person" zu sein oder zu bleiben ist sehr hoch, so dass der Anreizwert, diesen Status zu erhalten, ebenfalls sehr hoch ist. Es wird angenommen, dass der Grad an Angst, den ein Umgebungssegment bei einer Person auslöst, auch vom Anreizwert angesprochener Oberziele abhängt[596]. Das wird damit begründet, dass Handlungen und Handlungsziele nicht einfach aus der Fantasie des Handelnden entstehen, sondern Resultate und Voraussetzung sinnvoller Auseinandersetzungen mit der materiellen und gesellschaftlichen Umwelt sind. Da der Anreizwert, eine „öffentliche Person" zu sein, hoch ist, ist die Angst, diesen Status zu verlieren, entsprechend groß.

Die „öffentliche Person" steht in der medialen Öffentlichkeit unter starkem Situationsdruck, da sie sich zur Erhaltung ihres Oberzieles „Erhaltung der Aufmerksamkeit der Öffentlichkeit durch Vermeidung von Imageverlusten" ständig um die Angemessenheit ihres Verhaltens kümmern muss. In dem Moment, in dem sie keine Rückzugsmöglichkeiten mehr hat, handelt die „öffentliche Person" nur noch fremdreflexiv und nicht mehr autonom. Da die „öffentliche Person" ein Idealbild darstellen soll, ist sie gezwungen auf sich und ihr Verhalten Perspektiven einzunehmen, die sie vielleicht ursprünglich gar nicht einnehmen wollte. Da somit fehlende Rückzugsmöglichkeiten starke Wirkungen auf die Persönlichkeitsentfaltung besitzen, muss die „öffentliche Person" vor unerwünschtem Zugang zu ihrer Person seitens der medialen Öffentlichkeit geschützt werden[597].

---

594 Vgl. oben 1. Teil 1. Abschnitt 2. Kapitel 5.
595 Lantermann, E.D., a.a.O., 145.
596 Ebenda.
597 Vgl. Rössler, B., a.a.O., 23.

4. Abschnitt: Die Persönlichkeitssphäre

1. Kapitel: Begriffsbestimmung

Weit unbestimmter als der Begriff der Persönlichkeit ist bis heute der der Persönlichkeitssphäre geblieben[598]. Lampe[599] hat sich deshalb intensiv mit diesem Begriff auseinander gesetzt.
Er definiert Persönlichkeitssphäre als den Kontollbereich des Einzelnen[600]. Unter Kontrolle wird die Chance verstanden, intendierte Effekte innerhalb eines sozialen Bereichs hervorzubringen bzw. von der Intention abweichende Effekte zu verhindern[601]. Kontrolle kann körperlich, seelisch oder geistig ausgeübt werden. Faktisch gehört zur Persönlichkeitssphäre alles, was eine Persönlichkeit tatsächlich (aktuell oder potentiell) kontrolliert, unabhängig davon, ob sie die Kontrolle körperlich, psychisch oder geistig ausübt. Zur Persönlichkeitssphäre gehört also der Sachbesitz („tatsächliche Sachherrschaft"), der geistige Besitz („Wissen") und der psychische Besitz („Freunde").

Eine Bestimmung der Persönlichkeitssphäre lediglich durch das Merkmal der Kontrolle ist aber unzulänglich, weil sowohl das Interesse, aus dem heraus die Persönlichkeit eine Sphäre kontrolliert, als auch der Nutzen, den sie mit der Kontrolle verfolgt, außerhalb des Blickfeldes bleiben. Diese Faktoren sind aber insbesondere dann wichtig, wenn die Persönlichkeitssphäre mit Rechten anderer kollidiert und eingeschränkt werden soll. Die kognitive Betrachtung der Persönlichkeitssphäre ist daher zu ergänzen durch eine interaktionale, welche die Gründe und Zwecke mitberücksichtigt, weshalb die Kontrolle ausgeübt wird.

Die Grenze der Persönlichkeitssphäre ist identisch mit jenem Bereich, den das Individuum als individuales Handlungsfeld zu ihm gehörig beansprucht, und zwar unter normativer Begrenzung fremden Verhaltens.
Faktisch geschieht das durch Inbeschlagnahme von Dingen als „Eigentum", d.h. zum beliebigen Gebrauch unter Ausschluss jeder Einwirkung anderer Personen; durch Aufrichtung physischer und psychischer Barrieren („Individualdistanzen"), deren Verletzung durch artgleiche Individuen innerhalb der arttypischen Welt mit Aggressionen beantwortet wird; durch Errichtung intellektueller Herrschaftsbereiche, in die andere nicht oder nur mit Zustimmung Einblick nehmen dürfen („Geheimbereiche").
Bei der öffentlichen Person hängt die Grenze der Persönlichkeitssphäre davon ab, wieviel sie für die Konstruktion der Kunstfigur von der realen Person preisgibt. Die der medialen Öffentlichkeit zugewandte Seite entzieht sich dann ihrer alleinigen Kontrolle.
Individuelle Herrschaftssphären können innerhalb einer Sozietät nur dort entstehen, wo einerseits sich die Persönlichkeit aus der Gemeinschaft emanzipiert und einen Individualbereich als „ureigenes Recht" beansprucht, wo andererseits die Persönlichkeit bereit ist, den von ihr beanspruchten Bereich als Verantwortungsbereich zu begreifen,

598 Lampe, E.-J., a.a.O., 81.
599 Lampe, E.-J., a.a.O., 81f.
600 Lampe, E.-J., a.a.O., 82.
601 Ebenda.

ihn demnach so zu betreuen, dass seine individuale Inanspruchnahme mit dem sozialen Wohl harmoniert. Die auf das Eigentum beschränkte Sozialklausel des Art. 14 Abs. 2 GG lässt sich daher cum grano salis auf die Persönlichkeitssphäre insgesamt anwenden: „Eigentum verpflichtet. Sein Gebrauch soll zugleich dem Wohle der Allgemeinheit dienen."
Faktisch besteht eine Individualsphäre kaum je anders denn als „Privat"sphäre, d.h. als eine von der Gemeinschaftssphäre abgesonderte Sphäre, die ihr indes in vielerlei Hinsicht verbunden und verpflichtet bleibt. Kompliziert wird das Verhältnis dadurch, dass die Gemeinschaftssphäre sich nicht als eine einheitliche Sphäre darstellt, sondern als eine Vielzahl von miteinander konkurrierenden Sphären, die sich teils überlagern, teils verdrängen und im wesentlichen nur noch durch ein Normensystem zur Gesamtgestalt der Großgesellschaft verbunden werden.
Nicht so sehr das Wirkenkönnen im engsten Raum einer Intimsphäre, sondern das Sich-Entfaltenkönnen in den sozialen Raum hinein ist das, was einer Freiheit Wert verleiht und somit auch den Wert einer Persönlichkeitssphäre bestimmt. Es existiert entsprechend der Vielzahl sozialer Gemeinschaften und Verbände auch eine Vielzahl von Normensystemen, welche jeweils eine besondere Privatheit konstituieren und abgrenzen. Das Normensystem der Großgeselllschaft ist in allen wesentlichen Bereichen die Rechtsordnung, die einerseits die Freiheit des Einzelnen zur Begründung einer eigenen, gegenüber der sozialen Gemeinschaft abgehobenen Herrschaftssphäre anerkennt sowie die Teilnahme an sozialen Zusammenschlüssen mit eigenen Herrschaftssphären unterhalb der Großgesellschaft jedem eröffnet, andererseits aber sämtliche Sphären als letzthin dem Wohl der Großgesellschaft verpflichtet und damit nur beschränkt autonom erklärt[602].

2. Kapitel: Zusammenfassung

Die Grenze der Persönlichkeitssphäre ist identisch mit jenem Bereich, den das Individuum als individuales Handlungsfeld zu ihm gehörig beansprucht und zwar unter normativer Begrenzung fremden Verhaltens. Auch wenn es sich bei der Persönlichkeitssphäre um eine von der Gemeinschaftssphäre abgesonderte Sphäre handelt, ist sie der Gemeinschaftssphäre in vielerlei Hinsicht verbunden.

602 Lampe, E.-J., a.a.O., 87.

5. Abschnitt: Die „öffentliche Person" als Person der Zeitgeschichte

1. Kapitel: Entwicklung der Lehre von der „absoluten und relativen Person der Zeitgeschichte"

1. Die Entstehung der §§ 22 ff. KUG

Die Jurisprudenz hat sich weder mit dem Begriff der „öffentlichen Person" noch mit ihren Rechten beschäftigt. Deshalb soll ausgehend von der zuvor gefundenen Definition der „öffentlichen Person" ihr allgemeines Persönlichkeitsrecht in den Medien ermittelt werden.

Einen wichtigen Anhaltspunkt könnte die von Neumann-Duesberg[603] entwickelte Lehre von der absoluten und relativen Person der Zeitgeschichte geben, da sie sich – genau wie die „öffentliche Person" – an der Schnittstelle von „privat" und „öffentlich" befindet. Eventuell fällt die „öffentliche Person" unter den Begriff der „Person der Zeitgeschichte".

Aber auch diese Bezeichnung sucht man vergeblich im Gesetz. Stattdessen bestimmt § 23 Abs. 1 Nr.1 KUG, dass Bildnisse aus dem Bereich der Zeitgeschichte ohne die sonst nach § 22 S. 1 KUG erforderliche Einwilligung des Abgebildeten verbreitet und zur Schau gestellt werden dürfen. Um zu klären, ob die „öffentliche Person" unter den Schutz des §§ 22 S. 1 KUG fällt, ist es interessant zu rekonstruieren wie die Bestimmungen der § 22 ff KUG entstanden sind und ob sich der Begriff der „öffentlichen Person" mit dem der „absoluten und relativen Person der Zeitgeschichte" deckt. Für die vorliegende Arbeit haben die §§ 22ff. KUG eine besondere Bedeutung, weil sich die Untersuchung mit der Bewahrung des privaten Bereichs beschäftigt. Der Schutz der privaten Sphäre wird dann gefordert, wenn sich die Menschen im alltäglichen Selbstsein bedroht sehen. Das ist der Fall, wenn sie befürchten müssen, möglichen Voyeuren ausgeliefert zu sein. Mit dem Recht am Bild wird die Bedeutung des Schutzes von Privatheit im öffentlichen Raum veranschaulicht[604]. Der BGH[605] führt aus: „ Das Unzulässige der eigenmächtigen Bildnisveröffentlichung durch einen Dritten liegt darin, dass damit dem Abgebildeten die Freiheit entzogen wird, auf Grund eigener Entscheidung über dieses Gut seiner Individualsphäre zu verfügen."

Im deutschsprachigen Raum gab es schon sehr früh Bewegungen, die ein Recht am eigenen Bild anerkennen wollten. Bewier[606] weist darauf hin, dass es bereits in der Reformationszeit eine Diskussion um die Anerkennung des Rechts am eigenen Bild gab. Zu Gesetzesentwürfen kam es aber erst in der zweiten Hälfte des 19. Jahrhunderts mit der Erfindung und Verbreitung der Fotografie. Erst zu dieser Zeitpunkt entstand das gesellschaftliche Problem des Bildnisschutzes, das durch Ausdifferenzie-

603 Neumann-Duesberg, H., Bildberichterstattung über absolute und relative Personen der Zeitgeschichte, in: JZ 1960, 114ff.
604 Rössler, B., a.a.O., 35.
605 BGHZ 26, 349 (355) – Herrenreiter.
606 Vgl. Bewier, M., Über das Recht am eignen Bilde, 5.

rung spezifisch rechtliche Normen gelöst werden musste[607]. Der gesellschaftliche Wandel durch den technischen Fortschritt und die Verbreitung der Klatschpresse spiegelte sich nicht nur in einem veränderten Verständnis von Öffentlichkeit wider, sondern gefährdete den Schutz der Privatheit auf eine neue Weise[608]. Durch den technischen Fortschritt wie zum Beispiel die Entwicklung der Momentfotografie, die seit 1890 für die Massenauflagen der Rotation reproduzierfähig war, wurde in Zeitungen und Zeitschriften neben dem Wort immer mehr auf die Fotografie zurückgegriffen[609]. Die in Sekundenbruchteilen fixierte Aufnahme liefert Bilder, die das normale menschliche Auge niemals sieht, da es stets die Gesamtheit einer Bewegung wahrnimmt. Die mit der Momentfotografie festgehaltenen Einzelheiten können ein Zerrbild darstellen, das unnatürlich und lächerlich wirkt[610].
Es entstand deshalb ein theoretischer und juridischer Diskurs um den Bildnisschutz[611] und die Privatheit, insbesondere um den Schutz der Persönlichkeit[612]. Grundsätzlich sind rechtliche Lösungen für innovative Streitfälle nicht sehr schwierig, da das Recht Normierung und Kognition dergestalt kombiniert, dass sowohl seine Stabilität als auch seine Lernfähigkeit gewährleistet sind[613].

Da die Trennlinie zwischen dem, was als öffentlich[614] und dem, was als privat[615] zu gelten hat, konstruiert ist und nicht festliegt[616], erwies sich ein Schutz vor unzulässiger Beobachtung aber als kompliziert.

Die erste gesetzliche Regelung des Porträtschutzes in Deutschland stammt vom 28. Juni 1865 und findet sich in § 35 des Bayerischen Gesetzes zum Schutze des Urheberrechts an literarischen Erzeugnissen und Werken der Kunst, der bestimmte, dass das Vervielfältigungsrecht bei Bildnissen auf den Besteller übergehe[617].

Zuvor war auf Veranlassung des Börsenvereins der deutschen Buchhändler bereits 1857 der „Entwurf eines Gesetzes für Deutschland zum Schutze des Urheberrechts an Werken der Literatur und Kunst gegen Nachdruck, sowie gegen unbefugte Nachbildung und Aufführung" ausgearbeitet worden[618]. § 46 Abs. 5 des Entwurfs lautete: „Bei Bildnissen steht dem jeweiligen Eigentümer das Verbietungsrecht gegen Nachbildungen in jedem Falle zu". Zur Begründung hieß es: „ ... dass die ohne Zustimmung des Eigentümers geschehende Nachbildung und Vervielfältigung von Bildnissen von seiten des Künstlers die innersten und zartesten Beziehungen des Indivi-

607 Vgl. Luhmann, N., Das Recht der Gesellschaft, 124.
608 Vgl. Rössler, B., a.a.O., 13 m.w.N.
609 Vgl. Dovifat, E., Handbuch der Publizistik, Bd. 1, 247.
610 Dovifat, E., a.a.O., 249f.
611 Vgl. Engau, H., Straftäter und Tatverdächtige als Personen der Zeitgeschichte, 10.
612 Ebenda.
613 Vgl. Luhmann, N., a.a.O., 211ff., 567 ff.
614 Hier zu verstehen im Sinne von „für alle zugänglich".
615 Privat ist hier zu interpretieren im Sinne von „ vor unerwünschtem Zugang geschützt".
616 Rössler, B., a.a.O, 25.
617 Vgl. Osterrieth, A., Bemerkungen zum Entwurf eines Gesetzes, betreffend das Urheberrecht an Werken der Photographie, in :GRUR 1902, 343 (371).
618 Bewier, M., a.a.O., 5f.

duums verletzt würden"[619]. Man ging also davon aus, dass der Eigentümer des Bildes auch zugleich der Abgebildete sei. Nach der Erkenntnis, dass das nicht unbedingt der Fall sein muss, legte der Börsenverein dem Bundeskanzleramt 1869 einen neuen Entwurf eines Gesetzes für den Norddeutschen Bund betreffend das Urheberrecht (...) vor, der in § 46 für die Nachbildung die Genehmigung der porträtierten Personen oder bestimmten Erben vorsah[620]. „Mit Rücksicht auf die politischen, wissenschaftlichen, militärischen Größen der Nation, die jeder illustrierten Zeitung erst die Genehmigung für die Benutzung ihres Portraits erteilen müssten"[621] wurde die Formulierung jedoch gestrichen.

Dieser Vorgang macht deutlich, dass die angestrebte Regelung die Veröffentlichungsfreiheit nicht insoweit antasten sollte, soweit es darum ging, „öffentliche Personen" im Bilde darzustellen.

Auch das Reichsgesetz betreffend das Urheberrecht an Werken der bildenden Künste vom 9. Januar 1876 trug der grossen Bedeutung der Veröffentlichungsfreiheit Rechnung, indem es in § 6 den Fotografieschutz auf fünf Jahre befristete. § 5 i. V. m. §1 Abs. 1, §7 ließ den Fotografieschutz völlig entfallen, wenn nicht der Name und Wohnort des Fotografen oder Verlegers sowie das Kalenderjahr, in dem die Abbildung erstmals erschien, auf der Aufnahme vermerkt war[622]. Erfolgreich konnten in diesen Fällen bedeutende wie auch unbedeutende Personen gegen eine ungewollte Bildpublikation nur vorgehen, wenn die Bilder einen Beleidigungstatbestand erfüllten. Dass aber auch nicht beleidigende Bildpublikationen den sozialen Geltungsanspruch einer Person berühren können[623], wurde nicht berücksichtigt.

Diese Mängel des Bildnisschutzes wurden durch die §§ 7, 8 des Reichsgesetzes betreffend das Urheberrecht an Werken der bildenden Künste vom 9. Januar 1876 noch verstärkt:
§ 8 Abs. 1 lautete: „Wenn der Urheber eines Werkes der bildenden Künste das Eigentum am Werke einem anderen überlässt, so ist darin die Übertragung des Nachbildungsrechts fortan nicht enthalten; bei Porträts und Porträtbüsten geht dieses Recht jedoch auf den Besteller über."[624]
In § 7 S. 3 des Reichsgesetzes betreffend den Schutz der Photographien gegen unbefugte Nachbildungen vom 10. Januar 1876 hieß es: „Das im § 1 bezeichnete Recht des Verfertigers eines photographischen Werkes geht auf die Erben über. Auch kann dieses Recht von dem Verfertiger oder dessen Erben ganz oder teilweise durch Vertrag

---

619 Vgl. Bewier, M., a.a.O., 5f.

620 Vgl. Landwehr, W., Das Recht am eigenen Bild, 27; Bewier, M., a.a.O, 5f.; Dumont, K., Das Recht am eigenen Bilde, 5f.

621 Bericht der VI. Kommission über den Gesetzesentwurf, betreffend das Urheberrecht an Schriftwerken etc., RT-Drucksache. Nr. 78/1870 S. 31, Osterrieth, A., Bemerkungen zum Entwurf eines Gesetzes, betreffend das Urheberrecht an Werken der Photographie, in: GRUR 1902, 343(372).

622 Vgl. hierzu Keyßner, H., Das Recht am eigenen Bilde, 39f.

623 Vgl. für die Gegenwart zur Berechtigung des sozialen Geltungsanspruchs BGHZ 131, 332 (333) = NJW 1996, 1128(1129) – Caroline von Monaco III; BGH AfP 1997, 475 (476) – Bob-Dylan.

624 Zitiert nach Osterrieth, A., Bemerkungen, 73f.

oder durch Verfügung von Todes wegen auf andere übertragen werden. Bei photographischen Bildnissen (Porträts) geht das Recht auch ohne Vertrag von selbst auf den Besteller über."[625]
Bei der Formulierung dieser gesetzlichen Regelungen war die Erwägung leitend, dass der Besteller von Porträts ein Recht und ein persönliches Interesse daran habe, dass sein Bild nicht ohne oder sogar gegen seinen Willen allgemein zugänglich sei[626].
Die Vorschriften zeigen aber, dass man – ähnlich dem Börsenvereinsentwurf von 1857 – den Besteller regelmäßig für identisch mit dem Abgebildeten hielt und den Bildnisschutz durch Übertragung des Urheberrechts auf den Besteller für gewährleistet hielt. War der Abgebildete aber nicht der Besteller, stand er nahezu rechtlos da.

Diesen völlig unzureichenden Bildnisschutz suchten die Gerichte mit Hilfe von seltsamen rechtlichen Konstruktionen auszugleichen .
Ein Beispiel hierfür ist der oben bereits erwähnte Fall der Bismarck-Fotografie[627]: Die Hinterbliebenen beantragten, den Fotografen, die den Leichnam Bismarcks fotografiert hatten, die Vernichtung der Negative aufzuerlegen und ihnen zu verbieten, die Aufnahmen zu verbreiten oder die Verbreitung anderen zu ermöglichen.
Der Antrag stellte die Gerichte vor Schwierigkeiten, da weder § 7 S. 3 des Reichsgesetzes betreffend das Urheberrecht an Werken der bildenden Künste vom 9. Januar 1876 anwendbar noch die Aufnahme beleidigend war.

Das LG Hamburg[628] nahm eine Persönlichkeitsrechtsverletzung der Hinterbliebenen an, da gegen ihr Pietätsgefühl verstoßen werde. Die Angehörigen könnten deshalb gegen die Bildnisnahme des Toten vorgehen[629].
Die Berufungsinstanz[630] berief sich auf die §§ 168, 367 Abs. 1 Nr. 1[631] StGB und meinte, dass die nächsten Angehörigen berechtigt seien, jeden rechtswidrigen Angriff Dritter auf die Persönlichkeit des Verstorbenen abzuwehren und den Leichnam vor jeder unberechtigten Einwirkung zu schützen, also auch davor, dass seine Erscheinung ohne ihre Zustimmung an die Öffentlichkeit[632] gezogen werde.

---

625 Zitiert nach Osterrieth, A., a.a.O., 74.
626 Vgl. Nr. 24 der Drucksachen des Reichstages von 1875, 15; RGSt. Bd. 2, S. 246, 250. Interessante Erwägungen auch bei Keyßner, H., Das Recht am eigenen Bilde, S. 40.
627 Siehe oben 1. Teil 1. Abschnitt 2. Kapitel 3.
628 Wiedergegeben bei Kohler, J., Zum Autorerecht und Individualrecht. III. Der Fall der Bismarckphotographie, in: GRUR Bd. 5 (1900), 196 (199).
629 Keyßner, H., wies in : Das Recht am eigenen Bilde, in:DJZ 1898, 486 und in Gutachten, 76, darauf hin, dass nicht das Persönlichkeitsrecht der Angehörigen, sondern vielmehr das des Fürsten v. Bismarck verletzt sei.
630 Wiedergegeben bei Kohler, J., GRUR Bd. 5 (1900), 196ff. (202ff).
631 Der 1975 entfallende § 367 Abs.1 Nr.1 StGB i.d.F. vom 15. Mai 1871 (RGBl. S.127) sah eine Strafe für den vor, der ohne Vorwissen der Behörde einen Leichnam beerdigte oder beiseite schaffte.
632 Öffentlichkeit ist hier im Sinne von „für alle zugänglich" zu verstehen; vgl. auch oben Seite 19.

Auch nach dem Rechtsgefühl des RG[633] war es geboten, einen Anspruch der Angehörigen auf Vernichtung der fotografischen Erzeugnisse anzuerkennen. Das RG begründete das damit, dass den Erben des Verstorbenen in Analogie zur conditio ob iniustam causam ein Anspruch auf Erstattung dessen zustehe, was die Fotografen durch einen Hausfriedensbruch erworben hätten[634]. Zu den Auffassungen der Vorinstanzen nahm das RG keine Stellung[635].

Kohler[636] reduzierte die Gründe des Reichsgerichts auf etwas rechtswidrig Erlangtes, wobei als Rechtswidrigkeit nur eine Verletzung der Persönlichkeit in Frage käme. Diese Auslegung nahm Keyßner[637] zum Anlass, die Entscheidung des RG als stillschweigende Anerkennung des Persönlichkeitsrechts am eigenen Bild zu interpretieren.

Einige Monate später lehnte das RG[638] einen umfassenden Porträtschutz durch §7 des Reichsgesetzes betreffend das Urheberrecht an Werken der bildenden Künste vom 9. Januar 1876 mit der Begründung ab, der Gesetzgeber habe erkennbar nur dem Besteller, nicht aber dem Porträtierten selbständig Rechtsschutz gewähren wollen, und trotz der vielleicht unzureichenden Erwägungen des Gesetzgebers sei der Richter nicht befugt, im Einzelfall die Vorschrift gegen ihren klaren Wortlaut und die erkennbare Absicht des Gesetzgebers anzuwenden.

Das LG Berlin[639] wies dann zirka 20 Jahre später die Unterlassungsklage einer Sängerin, die sich gegen die reklamemäßige Verwendung ihrer Bilder wandte, mit der Begründung ab, dass Personen, die in die Öffentlichkeit[640] getreten seien und es sich gern gefallen ließen, dass jedermann ihre Bilder erhalte, kein Recht auf Achtung ihrer Persönlichkeit beanspruchen könnten. Dem widersprach das KG[641], indem es den Unterlassungsanspruch der Sängerin damit begründete, dass das Recht der Persönlichkeit ein rein individuelles sei. „ … und wenn andere Gesangskünstler es gern sehen mögen, wenn ihre Bilder zu Reklamezwecken benutzt werden, kann die Klägerin darin eine Verletzung ihres Rechts auf Achtung ihrer Persönlichkeit erblicken, und hieran wird nichts geändert, wenn sie es auch ganz gern sehen mag, dass ihre Bilder in anderer Form möglichst weit verbreitet werden."

---

633 RGZ 45, 170 (173). Zur Kritik an dieser Begründung, vgl. Keyßner, H., Das Recht am eigenen Bilde, in: DJZ 1898, 486ff. (488 ff); ders., Gutachten, 75 ff; Kohler, J., Zum Autorrecht und Individualrecht, in: GRUR Bd. 5 (1900), 196 (208 ff); Cohn, G., Neue Rechtsgüter. Das Recht am eigenen Namen. Das Recht am eigenen Bild, 53 ff.

634 Vgl. Bewier, M., a.a.O., 12-14; Dumont, K., Das Recht am eigenen Bilde, 12.

635 Keyßner, H., Gutachten, 78, sieht darin eine Anerkennung des Persönlichkeitsrechts am eigenen Bild.

636 Kohler, J., Abhandlungen und Gutachten, 105.

637 Keyßner, H., Gutachten, 78.

638 RGSt. 33, 295 (297f).

639 Vgl. Osterrieth, A., Bemerkungen, 83f.

640 Öffentlichkeit ist hier als „mediale Öffentlichkeit" zu verstehen.

641 KG, in: Unlauterer Wettbewerb 1902, 178, wiedergegeben auch bei Osterrieth, A., a.a.O., 83f. und Bewier, M., a.a.O., 31.

Bereits hier hatte das KG also ein Verfügungsrecht über die Darstellung der eigenen Person anerkannt[642]. Fast hundert Jahre später formulierte das BVerfG das Selbstbestimmungsrecht folgendermaßen:
„Der einzelne soll – ohne Beschränkung auf seine Privatsphäre – grundsätzlich selbst entscheiden können, wie er sich Dritten oder der Öffentlichkeit[643] gegenüber darstellen will, ob und inwieweit von Dritten über seine Persönlichkeit verfügt werden kann (...)"[644].
Keyßner[645] trug dem Autonomieanspruch des einzelnen Rechnung, indem er 1896 den Grundsatz aufstellte: „Jedweder ist seines Bildes Herr; ohne seine Genehmigung darf er nicht durch Abbilder veranschaulicht oder durch Illustrationen berühmt gemacht werden"[646]. Ausnahmen ließ er nur zugunsten der Polizei- und Strafrechtspflege[647] zu und bei Landschaftsbildnissen, sofern sich bei zufälliger Aufnahme die Fotografie nicht als Portrait darstellt oder sofern die Abgebildeten in der Erwartung auf dem Bilde zu erscheinen, Stellung genommen haben[648]. Bei Abbildungen im Rahmen eines öffentlichen, dass heißt allgemein zugänglichen, Ereignisses nahm Keyßner an, dass die betreffenden Personen im Rahmen des Ereignisses damit rechnen mussten, dass sie abgelichtet würden und somit konkludent ihr Einverständnis erklärt hätten[649].
Die Berühmtheit eines Zeitgenossen war für Keyßner kein Grund, den Bildnisschutz einzuschränken. Er führte diesbezüglich aus: „Bei Personen, welche verehrt, gerühmt, bewundert im öffentlichen Getriebe sich bewegen, der Tagesgeschichte oder selbst der Weltgeschichte angehören, fehlt es mir an erkennbaren Umständen, aus denen auf Willen und Wollen geschlossen werden könnte, dass sie mit ihrem öffentlichen[650] Wirken auch schrankenlos das Recht zur Abbildung freigegeben hätten"[651]. Er erklärte, dass aus der Tatsache der Verbreitung von Abbildungen von Kaiser und König etc. noch kein Recht auf einen Abdruck in den Medien abgeleitet werden könne. Es handle sich hierbei lediglich um eine Duldung[652].

Olshausen[653] erkannte das Recht am eigenen Bild nur insoweit an, als durch Abbildung und Verbreitung schutzwürdige Interessen verletzt sind.

Gareis[654] trat für ein bedingungsloses Veröffentlichungsverbot ein und war der Ansicht, dass der Bildnisschutz für bekannte Personen nicht eingeschränkt werden sollte. Die Unterscheidung von Privatperson und Person des öffentlichen Lebens lehnte

642 Näher zum Verfügungsrecht über die Darstellung der eigenen Person unten 2. Teil 1 Abschnitt 3. Kapitel 7.
643 Öffentlichkeit ist hier im Sinne von „medialer Öffentlichkeit" zu interpretieren.
644 BVerfG NJW 1980, 2070 (2071) – Eppler.
645 Keyßner, H., Das Recht am eigenen Bilde, 31f.
646 Keyßner, H., Das Recht am eigenen Bilde, 41f.
647 Keyßner, H., Das Recht am eigenen Bilde, 43ff.
648 Keyßner, H., Das Recht am eigenen Bilde, 46ff.
649 Keyßner, H., Das Recht am eigenen Bilde, 47ff.
650 Gemeint ist hier ein für alle sichtbares Wirken.
651 Keyßner, H., Das Recht am eigenen Bilde, 37. Vgl. auch ders., Gutachten, 84.
652 Keyßner, H. Das Recht am eigenen Bilde, 37.
653 Olshausen, Th., Das Recht am eigenen Bilde, Gruch. Beitr. 1902, 492 (497, 506).
654 Gareis, K., Gutachten, 11f.

er genau wie viele andere mit der Begründung ab, dass die Personenkreise nicht eindeutig abgrenzbar seien[655].

Dieser Einwand war zwar in der Hinsicht richtig, dass die Grenze zwischen „privat" und „öffentlich" nicht festliegt und somit die Einordnung als „Person des öffentlichen Lebens" immer eine Einzelfallentscheidung ist. Die Ansicht vernachlässigt aber die ein Informationsbedürfnis schaffende Interdependenz von „öffentlicher Person" und „medialer Öffentlichkeit". Kohler wandte sich daher gegen diese Meinung und wollte die Bildpublikation nur in Ausnahmefällen verbieten[656] und meinte: „Personen, die der Geschichte angehören, die sich im öffentlichen Getriebe bewegen oder sich Namen verschafft haben, die Ausstellung des Porträts sich gefallen lassen müssen", da ein allgemeines berechtigtes Interesse nach persönlicher Kenntnisnahme bestehe[657].

Aber auch ein Teil derer, die das Recht am eigenen Bild grundsätzlich befürworteten, dieses Recht aber an bestimmte Voraussetzungen, insbesondere an das Vorhandensein eines nachweisbaren Interesses knüpften[658], standen der „öffentlichen Person"[659] einen wesentlich geringeren Schutz zu.

Außerdem wurde der Schutz gegen Veröffentlichung teilweise von einem Interesse des Porträtierten abhängig gemacht[660].
Personen, die nach ihrer Lebensstellung daran gewöhnt seien, abgebildet zu werden, müssten sich dies gefallen lassen, sofern nicht ein besonderer Umstand ein besonderes Interesse an der Nichtveröffentlichung des Bildes in ihnen wecke[661].

Die Gegner[662] des Rechts am eigenen Bild lehnten es dagegen ab, dass jedes durch eine ungewollte Bildveröffentlichung verletzte Interesse des Porträtierten Schutz verdiene. Sie befürworteten ein Verbot im wesentlichen nur, sofern das Bildnis selbst oder die Art und Weise seiner Veröffentlichung beleidigend sei[663]. Da bereits am Fall der Bismarck-Fotografie[664] deutlich geworden war, dass dieser Schutz unzureichend war, erweiterten sie den Umfang des Beleidigungsbegriffes, um die Fälle der bewussten Verhöhnung, Kränkung, Demütigung und Verspottung und ließen unter den

655 Keyßner, H., Das Recht am eigenen Bilde, 36.
656 Kohler, J., Zum Autorrecht und Individualrecht. III. Fall der Bismarckphotographie, a.a.O., 196; ders., Eigenbild, 17.
657 Kohler, J., Das Individualrecht als Namensrecht, in: Archiv für bürgerliches Recht, Bd V (1891), 77 (88); vgl. auch ders., Eigenbild, 6, 10, 25.
658 So z.B. Rietschel, S., Das Recht am eigenen Bilde, in: AcP Bd. 94 (1903), 142 (159; 175f., 182f).
659 Im Folgenden zu interpretieren im Sinne der oben für die mediale Öffentlichkeit gefundenen Definition.
660 Rietschel, S., a.a.O., 142 (149, 177).
661 Rietschel, S., a.a.O., 142 (176, 182f).
662 Vgl. Cohn, G., a.a.O., 49, 52.
663 Ebenda.
664 Siehe oben 1. Teil 1. Abschnitt 2. Kapitel 3, 1. Teil 5. Abschnitt 1. Kapitel 1.

Ehrbegriff nicht nur die Achtung des Menschen, die äußere Würde, sondern auch sein Selbstgefühl, d.h. die innere Würde fallen[665].

Der Gesetzgeber hingegen stellte sich auf die Seite von Keyßner und Gareis, indem er am 21. Juli 1902 im Reichsanzeiger den Entwurf eines neuen Gesetzes, betreffend das Urheberrecht an Werken der Photographie veröffentlichte[666], dessen § 14 lautete: „Photographische Bildnisse (Porträts) dürfen nur mit Einwilligung des Abgebildeten verbreitet oder öffentlich zur Schau gestellt werden. Nach dem Tod des Abgebildeten bedarf es bis zum Ablauf von 10 Jahren der Einwilligung des überlebenden Ehegatten, der Eltern und der Kinder des Abgebildeten. Diese Vorschrift findet keine Anwendung auf solche Bilder, deren Zweck nicht in der Darstellung einzelner Personen besteht, insbesondere auf die Wiedergabe von Landschaften, Versammlungen, Aufzügen und ähnlichen Vorgängen"[667]. § 15 limitierte den Porträtschutz nicht für „öffentliche Personen" sondern nur für amtliche Zwecke.
In Stellungnahmen zum Entwurf wurde darauf hingewiesen, dass die Einwilligung zur Veröffentlichung einer Fotografie zwar konkludent erteilt werden könne, es aber unzulässig sei, aus der öffentlichen Stellung oder dem Beruf einer Person an sich eine allgemeine Vermutung für ihr Einverständnis mit einer beliebigen Veröffentlichung ihres Bildes zu folgern[668].

Gegen diesen Entwurf wurde eingewandt, dass er den Lebenserfordernissen widerspreche[669] und es falsch sei, „ein gegen jede Veröffentlichung unbedingt wirksames Recht am eigenen Bild zu statuieren und dann für einige bestimmte Fälle eine ebenso unbedingte Ausnahme aufzustellen, ohne, dass man dem richterlichen Ermessen einen gewissen Spielraum" lasse[670].

Wenig später entwarf man auch ein neuen Kunstschutzgesetz, das gleichartige Verhältnisse regelte und in der Mehrzahl der Vorschriften mit dem Entwurf eines neuen Gesetzes, betreffend das Urheberrecht an Werken der Photographie übereinstimmten. Die beiden sich berührenden Entwürfe wurden schließlich zusammengefasst und als ein einheitlicher Entwurf im Sommer 1904 veröffentlicht[671]. §16 regelte den Porträtschutz. In § 16 Abs. 2 hieß es: „Bildnisse aus dem Bereich der Zeitgeschichte dürfen ohne die nach Abs. 1 erforderliche Einwilligung verbreitet und zur Schau gestellt werden, sofern nicht dadurch ein berechtigtes Interesse des Abgebildeten verletzt wird"[672].

---

665 Cohn, G., a.a.O., 49, 52.
666 Vgl. vollständigen Text bei Schneickert, H., Schutz der Photographien und das Recht am eigenen Bilde, 151ff.
667 Mitgeteilt u.a. bei Bewier, M., a.a.O., 31f., Osterrieth, A., a.a.O., 88; Rietschel, S., a.a.O., 142, 181; Schneickert, H., a.a.O., 153.
668 Osterrieth, A., a.a.O., 97. A.A. Olshausen, Th., a.a.O., 492 (498).
669 Kohler, J., Eigenbild, 25.
670 Rietschel, S., a.a.O., 142 (183).
671 Abgedruckt im Reichsanzeiger Nr. 37/1904; Allfeld, Ph., KUG I, 12.
672 U.a. mitgeteilt bei Osterrieth, A., Bemerkungen zum Entwurf eines Gesetzes, betreffend das Urheberrecht an Werken der Photographie (Fortsetzung), in: GRUR 1904, 245 (254).

Erneut wurde von vielen Seiten Kritik laut[673]. Allfeld[674] wandte zum Beispiel ein, dass mit der Formulierung „Bildnisse aus dem Bereich der Zeitgeschichte" seien vom Bildnisschutz ausgenommen, der Kreis von Personen, die keinen Schutz genießen sollten, zu weit gezogen sei. Er verwies auf Osterrieth[675], der darauf aufmerksam gemacht hatte, dass der Umfang der Öffentlichkeit sich durch die Entwicklung des Nachrichtendienstes immer mehr erweiterte und kein Grund bestehe, die Bildnisse aller derjenigen, die das Opfer eines Unfalls, eines Verbrechens oder eines Familienskandals geworden seien und als solche in der Presse besprochen würden, der Öffentlichkeit preiszugeben. Allfeld[676] war der Meinung, dass das Sensationsbedürfnis eben nicht gleichbedeutend mit dem Interesse des Publikums sei, das Bild einer Persönlichkeit zu sehen, die von sich reden macht, weil sie selbst in die (mediale) Öffentlichkeit tritt. Er wollte die erste Ausnahme vom Bildnisschutz beschränken auf Bildnisse von Personen, die im öffentlichen Leben des Staates, der Kunst und der Wissenschaft stehen[677].

Allfeld übersah allerdings bei seinem Vorschlag, dass sich Öffentlichkeit nicht nur einfach erweitert, sondern einem ständigen strukturellen Wandel unterliegt. In der Gegenwart treten beispielsweise auch die so genannten webcammers[678] in die mediale Öffentlichkeit, das heißt, erlangen Aufmerksamkeit, während viele große Wissenschaftler bei der Bevölkerung gerade nicht bekannt sind und somit keinen Einfluss auf die Steuerung verhaltenswirksamer Kommunikationsflüsse nehmen können. Es wäre deshalb verfehlt gewesen, die „öffentliche Person" auf die Bereiche Staat, Kunst und Wissenschaft zu begrenzen. Allfelds Kritik am Begriff „Bildnisse aus dem Bereich der Zeitgeschichte" war ebensowenig überzeugend wie die vom 27. Deutschen Juristentag beschlossenen Empfehlung[679], den äußerst unbestimmten und unbestimmbaren Begriff „Bildnisse aus dem Bereich der Zeitgeschichte" zu streichen und

673 Vgl. Marcus, GRUR 1904, 240f.; Osterrieth, A., a.a.O., 256.

674 Allfeld, Ph., Der Entwurf eines Gesetzes betreffend das Urheberrecht an Werken der bildenden Künste und der Photographie, in: GRUR 1904, 258 (268); ders., Die Reform des Urheberrechts an Werken der bildenden Künste und der Photographie, in: DJZ 1904, Sp. 705 (711).

675 Osterrieth, A., Bemerkungen zum Entwurf eines Gesetzes, betreffend das Urheberrecht an Werken der Photographie, in: GRUR 1902, S. 343.

676 Allfeld, Ph., Der Entwurf eines Gesetzes betreffend das Urheberrecht an Werken der bildenden Künste und der Photographie, in: GRUR 1904, 258 (268); ders., Die Reform des Urheberrechts an Werken der bildenden Künste und der Photographie, in: DJZ 1904, Sp. 705 (711).

677 Allfeld, Der Entwurf eines Gesetzes betreffend das Urheberrecht an Werken der bildenden Künste und der Photographie, in: GRUR 1904, S. 258 (268), ders., Die Reform des Urheberrechts an Werken der bildenden Künste und der Photographie, in: DJZ 1904, Sp. 705 (711).

678 „Webcammers sind Personen, die sich in ihrer Wohnung oder in einem Zimmer ihrer Wohnung den ganzen Tag und die ganze Nacht lang von Videokameras, die ihre Bilder direkt ins Internet schicken, beobachten lassen und sich so vollkommen selbständig die Möglichkeit privater Rückzugsräume nehmen und verwehren", Rössler, B., a.a.O., 276.

679 Verhandlungen des 27. Deutschen Juristentages 1904, 5. Band, S. 621ff (624).

stattdessen Rechtsschutz nur bei Vorliegen eines berechtigten Interesses zu gewähren[680].

Der Begriff „Bildnisse aus dem Bereich der Zeitgeschichte" ist zwar unbestimmt, kann aber dadurch auch genügend Spielraum bieten, ihn dem Wandel der Öffentlichkeit und den veränderten Schutzbedürfnissen anzupassen. Der Begriff des „berechtigten Interesses" erscheint außerdem nicht wesentlich bestimmter und hätte für Unsicherheiten im Bildnisschutz von Privatpersonen geführt.

Allfelds Vorschlag wurde daher bei der anschließenden Überarbeitung des Entwurfs ebenso wenig übernommen wie die vom 27. Deutschen Juristentag beschlossenen Empfehlung[681].

Am 28. November 1905 legte die Reichsregierung schließlich den Entwurf eines Gesetzes, betreffend das Urheberrecht an Werken der bildenden Künste und der Photographie dem Reichstag vor, der im Gesetzgebungsverfahren[682] nicht mehr geändert wurde.

Damit sind die den Bildnisschutz betreffenden §§ 22, 23 des KUG seit dem 1. Juli 1907 bis heute in Kraft[683].

2. Das Recht am eigenen Bild und das allgemeine Persönlichkeitsrecht

Das Recht am eigenen Bild (§§ 22, 23 KUG) ist trotz seiner Stellung im KUG seinem Wesen nach kein Urheberrecht sondern eine besondere Ausprägung des allge-

---

680 Rietschel, S., Koreferat S. 52 ff., 60f. Diesen Vorschlag wiederholte der Reichstagsabgeordnete Lucs anlässlich der ersten Beratung des KUG-Entwurfs unter Hinweis auf den entsprechenden Beschluss des 27. Deutschen Juristentages. Vgl. Sten. Ber. über die Verhandlungen des Reichstages, 11. Legislaturperiode, II. Session 1905/1906, 28. Sitzung, 821f.

681 Verhandlungen des 27. Deutschen Juristentages 1904, 5. Band, S. 621ff (624).

682 Zu diesem Thema: Allfeld, Ph., KUG I, 12f.

683 § 22 KUG: „Bildnisse dürfen nur mit Einwilligung des Abgebildeten verbreitet oder öffentlich zur Schau gestellt werden. Die Einwilligung gilt im Zweifel als erteilt, wenn der Abgebildete dafür, dass er sich abbilden ließ, eine Entlohnung erhielt. Nach dem Tode des Abgebildeten bedarf es bis zum Ablaufe von 10 Jahren der Einwilligung der Angehörigen des Abgebildeten. Angehörige im Sinne dieses Gesetzes sind der überlebende Ehegatte oder Lebenspartner und die Kinder des Abgebildeten, und wenn weder ein Ehegatte oder Lebenspartner noch Kinder vorhanden sind, die Eltern des Abgebildeten." § 22 Satz 4 KUG geändert durch Art. 3 § 31 Gesetz vom 16.02.2001 (BGBl. I, 266.§23 KUG: „(1) Ohne die nach § 22 erforderliche Einwilligung dürfen verbreitet und zur Schau gestellt werden:

1. Bildnisse aus dem Bereich der Zeitgeschichte;
2. Bilder, auf denen Personen nur als Beiwerk neben einer Landschaft oder sonstigen Örtlichkeiten erscheinen;
3. Bilder von Versammlungen, Aufzügen und ähnlichen Vorgängen, an denen die dargestellten Personen teilgenommen haben;
4. Bildnisse, die nicht auf Bestellung angefertigt sind, sofern die Verbreitung oder Schaustellung einem höheren Interesse der Kunst dient.

(2) Die Befugnis erstreckt sich jedoch nicht auf eine Verbreitung und Schaustellung, durch die ein berechtigtes Interesse des Abgebildeten oder, falls dieser verstorben ist, seiner Angehörigen verletzt wird.

meinen Persönlichkeitsrechts[684]. Schutzgut ist das Selbstbestimmungsrecht des Abgebildeten[685]. Nur der Abgebildete soll darüber befinden dürfen, ob, wann und wie er sich gegenüber Dritten oder der Öffentlichkeit im Bild darstellen will[686].
Von Anfang an wurde auf die an sich systemwidrige Einfügung des Rechts in den Gesetzesentwurf hingewiesen, da es sich bei der Regelung nicht um den Schutz des Urhebers, sondern um ein Persönlichkeitsrecht des Abgebildeten handele[687]. Die Eingliederung ins KUG ersparte dem Gesetzgeber aber, das seit dem 1. Januar 1900 geltende BGB kurz nach seinem Inkrafttreten ändern zu müssen[688]. Außerdem konnte die Aufnahme des Rechts am eigenen Bild ins KUG damit erklärt werden, dass das Recht am eigenen Bild ähnlich wie das Urheberrecht am Bildnis die Veröffentlichung des Bildnisses zum Gegenstand hat und das Urheberrecht des Herstellers überlagert, indem es die Verwertung seines Rechts von der Einwilligung des Abgebildeten abhängig macht[689].

Der Einordnung des Rechts am Bild als besondere Ausprägung des allgemeinen Persönlichkeitsrechtes hat der Gesetzgeber nunmehr Rechnung getragen, indem er die §§ 22ff KUG nicht ins neue Urheberrechtsgesetz vom 9. September 1965 übernommen hat. Geplant war, die §§ 22ff KUG erst später im Zusammenhang mit der Kodifizierung des Persönlichkeitsrechts abzulösen. Dieses Vorhaben wurde bislang nicht umgesetzt[690].
Die Einordnung des Rechts am eigenen Bild als besondere Ausprägung des allgemeinen Persönlichkeitsrechts hat zur Folge, dass sich an diesen von den §§ 22ff. KUG geregelten Bereich der Schutz des Persönlichkeitsrechts lückenlos anschließt. Deshalb ist der Rückgriff auf das allgemeine Persönlichkeitsrecht stets möglich, wenn keine Verletzung des Rechts am eigenen Bild vorliegt[691].

Der Schutz durch das allgemeine Persönlichkeitsrecht reicht zwar weiter als der nach §§ 22ff. KUG, er ist jedoch schwächer:

Die Zulässigkeit der Herstellung eines Bildnisses – die nach allgemeiner Meinung nicht unter die §§22, 23 KUG fällt, sondern unter § 823 Abs. 1 BGB- erfordert eine umfassende Güter- und Interessenabwägung[692].

---

684 BVerfGE 25, 202 (220) – Lebach; BGHZ 20, 345 (347) – Paul Dahlke; BGH NJW 1996, 1128 (1129) -Caroline von Monaco III.; BGH NJW 1966, 2353 (2354) – Vor unserer eigenen Tür.

685 BVerfGE 25, 202 (220) – Lebach; BGH NJW 1996, 1128 (1129) -Caroline von Monaco III, BGH NJW 1996, 985 (986)-Wiederholungsveröffentlichung; BGH NJW 1992, 2084 - Talkmaster.

686 BGHZ 131, 332 (333) = BGH NJW 1996, 985 (986) – Caroline von Monaco III – m.w.N

687 Kommissionsbericht, über den Entwurf des KUG, RT-Verhandlung Nr. 448 der Drucksachen der 11. Legislaturperiode, II. Session 1905/06, 4677 4685.

688 Allfeld, Ph., Der Entwurf eines Gesetzes, betreffend das Urheberrecht an Werken der bildenden Künste und der Photographie, in: GRUR 1904, 258, 267.

689 Kommissionsbericht a.a.O., 4677, 4684; BGHZ 20, 345 (347f) – Paul Dahlke.

690 Hubmann, H. /Rehbinder, M., Urheber- und Verlagsrecht §56 I vor 1.

691 BGH ZUM 1995, 719 (720) – Videoaufzeichnung; KG NJW 1980, 894; VGH Baden – Württemberg AfP 1996, 193 (195).

692 BVerfGE 25, 202 = NJW 1973, 1226 (1227f.) – Lebach; BGH ZUM 1995, 719, 721 – Videoaufzeichnung; BGH NJW 1987, 2669 (2670) – Scientologen; BGH NJW 1981, 1366 –

Die Veröffentlichung eines Bildnisses – die unter den Schutz des KUG fällt – ist stets unzulässig und es erfolgt keine Güterabwägung, wenn keine Einwilligung nach § 22 KUG und auch keiner der Ausnahmetatbestände des § 23 Abs. 1 KUG vorliegen[693].

Auch beim postmortalen Schutz reicht das allgemeine Persönlichkeitsrecht weiter als das Recht am eigenen Bild: Ist die Zehn-Jahresfrist des § 22 Abs. 3 KUG verstrichen, bietet das KUG keinen Schutz mehr. Die Interessen des Verstorbenen können dann nur noch über den schwächeren Schutz des postmortalen Persönlichkeitsschutzes gewahrt werden[694].

3. Der Einfluss des Grundgesetzes auf die Auslegung der §§ 22, 23 KUG

Der § 141 Abs. 1 Nr. 5 UrhG hat die §§ 22, 23 KUG aufrechterhalten. Aus dieser Tatsache resultiert aber nicht, dass diese Vorschriften des KUG in der Gegenwart ebenso ausgelegt werden dürfen, wie im Jahre 1907. Durch das Bonner Grundgesetz des Jahres 1949 hat sich ein fundamentaler Wandel der rechtlichen Grundlagen vollzogen. Art. 5 GG bildet den Rechtsgrund, auf dem insgesamt die Rechtsordnung beruht und von dem her alle einfachen Gesetze auszulegen sind[695]. War es 1907 eine Ausnahme, dass jemand ohne seine Zustimmung abgebildet werden durfte, so ist in der Gegenwart aufgrund Art. 5 Abs. 1 GG die Freiheit der Bildberichterstattung die Regel[696]. Es widerspricht dem Grundgesetz, wenn für die Bildberichterstattung ein Informationsinteresse gefordert wird, das über Neugier und Sensationslust hinaus geht[697]. „Dass die Bildberichterstattung von Verfassungs wegen frei ist, heißt einerseits, dass der Berichterstatter überhaupt kein Interesse daran zu beweisen braucht, und andererseits, dass in der Regel nicht irgendeine staatliche Instanz, auch kein Gericht darüber zu befinden hat, ob an dem Bericht ein Interesse besteht"[698]. Nach Art. 5 Abs. 1 GG ist der Einzelne frei, sich die Welt zu betrachten und sich zu informieren (Informationsfreiheit). Jeder kann autonom entscheiden, ob er an einem Geschehen interessiert ist oder nicht. Eine staatliche Befugnis zur Entscheidung, namentlich durch ein richterliches Verbot oder eine richterliche Verurteilung kommt nur in Betracht, sobald es gilt, aus der Verfassung selber (Art. 5 Abs. 2 GG) die Schranken der Freiheit festzustellen. Das ist dann der Fall, wenn ein durch die Berichterstattung Betroffener geltend macht, dadurch in einem ihm zustehenden Recht verletzt zu sein, dem wegen der Allgemeinheit seiner gesetzlichen Grundlage ausnahmsweise der Vor-

---

Der Aufmacher II. Dass das Herstellen von Aufnahmen, die nach § 23 KUG veröffentlicht werden dürfen, erlaubt ist, umschließt prinzipiell auch, dass derartige Aufnahmen gemacht werden dürfen; vgl. auch Peters, B., Fernseh- und Filmproduktion. Rechtshandbuch, 396f. m.w.N.

693 Vgl. Helle, J., Besondere Persönlichkeitsrechte im Privatrecht, 65ff.

694 Prinz, M./Peters, B. Medienrecht. Die zivilrechtlichen Ansprüche, 520, Rdnr. 782.

695 Arndt, A., „Vor unserer eigenen Tür" – Eine Besprechung der Entscheidung des BGH vom 16.09.1966 zu dieser Fernsehsendung, in: NJW 1967, 1845.

696 Ebenda.

697 Ebenda. A.A. pars pro toto: BGH NJW 1957, 1315. Vgl. zur anderen Wertung des EuGMR unten, 2. Teil 1. Abschnitt 3. Kapitel 3b.

698 Arndt, A., „Vor unserer eigenen Tür" – Eine Besprechung der Entscheidung des BGH vom 16.09.1966 zu dieser Fernsehsendung, in: NJW 1967, 1846.

rang vor der Freiheit der Berichterstattung einzuräumen ist. Nur in dieser Situation gebietet es die Rechtsschutzpflicht des Staates zwischen den kollidierenden Rechten abzuwägen. Da die Freiheit nach Art. 5 Abs. 1 GG die Regel ist, spricht die Vermutung grundsätzlich zugunsten der Freiheit[699]. Die Freiheiten des Art. 5 Abs. 1 GG werden durch die Schranken des Art. 5 Abs. 2 GG eingeschränkt, zu denen auch die allgemeinen Gesetze gehören[700]. Die das Recht am eigenen Bild schützenden §§ 22, 23 KUG zählen zu den allgemeinen Gesetzen im Sinne des Art. 5 Abs. 2 GG[701]. Grundsätzlich hat also nach § 22 KUG jeder ein Recht am eigenen Bild, es sei denn, es liegt eine Ausnahme nach § 23 KUG vor[702].

Hinsichtlich des Rechts am eigenen Bild der „öffentlichen Person" kommt dabei hauptsächlich eine Ausnahme nach § 23 Abs. 1 Nr. 1 KUG in Betracht. Die „öffentliche Person" darf dann abgebildet werden, wenn ihr Abbild ein Bildnis aus dem Bereich der Zeitgeschichte darstellt. § 23 Abs. 1 Nr. 1 KUG stellt eine einfachgesetzliche Ausprägung des Art. 5 Abs. 1 GG dar[703]. Um Art. 5 Abs. 1 GG in seiner enormen Bedeutung für den demokratischen Rechtsstaat[704] Rechnung zu tragen, muss der Begriff „Zeitgeschichte" daher möglichst weit verstanden werden. Ein Abbild, das ein Bildnis aus dem Bereich der Zeitgeschichte im Sinne des § 23 Abs. 1 Nr. 1 KUG darstellt, darf jedoch nach § 23 Abs. 2 KUG dann nicht veröffentlicht werden, wenn ein berechtigtes Interesse des Betroffenen bzw. seiner Hinterbliebenen dadurch verletzt wird. § 23 Abs. 2 KUG stellt eine Ausprägung des allgemeinen Persönlichkeitsrechts dar, das ebenfalls Verfassungsrang genießt[705]. Folglich ist der Begriff des „berechtigten Interesses" ebenfalls weit zu interpretieren.

4. Der Begriff der „ Bildnisse aus dem Bereich der Zeitgeschichte"

a) Der Bildnisbegriff

In der amtlichen Begründung zu § 22 KUG heißt es, dass die Vorschrift nur „die Darstellung der Person in ihrer wirklichen, dem Leben entsprechenden Erscheinung" betrifft[706].

Diese Begründung stützt die Auffassung, die unter Bildnis nur Personenabbildungen versteht[707]. Der Meinung, ein Bildnis sei auch die Wiedergabe eines Vorganges,

699 Arndt, A., „Vor unserer eigenen Tür" – Eine Besprechung der Entscheidung des BGH vom 16.09.1966 zu dieser Fernsehsendung, in: NJW 1967, 1846

700 Siehe oben Seite 1. Teil 2. Abschnitt 6. Kapitel 1.

701 Engau, H., a.a O., 83.

702 Arndt, A., „Vor unserer eigenen Tür" – Eine Besprechung der Entscheidung des BGH vom 16.09.1966 zu dieser Fernsehsendung, in: NJW 1967, 1845.

703 Engau, H., a.a.O., 75.

704 Siehe oben 1. Teil 2. Abschnitt 3. Kapitel 1.

705 Engau, H., a.a.O., 84.

706 Vgl. amtliche Begründung zu §§ 22 ff. KUG, 1541.

707 LG Hamburg ZUM 2003, 577 (579) – Guildo Horns Ehe; OLG Nürnberg GRUR 1973, 40 (41) – Kunstflieger; Hubmann, H., Das Persönlichkeitsrecht, 297; Gass, in: Nicolini, K./Ahlberg, H. (Hrsg.), Urheberrechtsgesetz Kommentar, § 60 Anh. § 23 KUG, Rdnr. 4; Rixecker, R., in: Münchener Kommentar, Bürgerliches Gesetzbuch, Allgemeiner Teil, §§ 1-240, AGB Gesetz, § 12 Anh., Rdnr. 31.

an dem Personen nicht oder nur am Rande beteiligt sind[708], kann nicht gefolgt werden. Sie stimmt weder mit dem Sprachgebrauch[709] noch mit der Auffassung des Gesetzgebers überein[710]. Auch der Gesetzgeber hat den Begriff in §23 Abs. 1 Nr. 1 und 4 KUG nur im Zusammenhang mit Personenaufnahmen gebraucht. In § 23 Abs. 1 Nr. 2 und 3 verwendet er das Wort „Bilder", da hier Landschaften, Versammlungen et cetera gemeint sind.

Die anfangs herrschende Meinung[711] ging davon aus, dass von einem Bildnis im Sinne des Gesetzes lediglich dann die Rede sein könne, wenn die Darstellung den Zweck verfolge, eine Person in ihrer äußeren Erscheinung dem Publikum vor Augen zu führen. So war das RG[712] der Auffassung, dass Aufnahmen von einem Schauspieler, die ihn in einer Filmszenen zeigten, nicht unter den Bildnisbegriff fielen. Das RG begründete das damit, dass die Aufnahmen nicht den Zweck gehabt hätten, gerade die Person des Darstellers als solche mit den Besonderheiten seiner natürlichen Beschaffenheit im Bilde wiederzugeben, sondern der Schauspieler habe seine Person nur zur Abbildung hergegeben, um einer im Werke des Dichters handelnd gedachten Person körperliche Gestalt zu verleihen.

In der Folgezeit wurde dieser enge Bildnisbegriff aber aufgegeben, da er den Schutz des Abgebildeten zu sehr einschränkte[713]. Ein Argument war: Wenn nur die Veröffentlichung einer Aufnahme, die der Identifizierung dient, dem Bildnisschutz unterfiele, dann sei es demnach möglich einen Menschen dann zu Reklamezwecken abzubilden, wenn die Abbildung nur der Veranschaulichung und nicht der Identifizierung gelte[714]. Es wurde außerdem eingewandt, dass der Zweck nicht dem Bild so innewohne, als dass es nicht ebenso auch dieses ursprünglichen Zwecks entkleidet und zu einem anderen Zweck verwendet werden könne[715]. Es sei häufig nicht möglich, festzustellen, ob der Urheber bei der Schaffung des Bildes eine Identifizierungsabsicht verfolgt habe[716].

Die Argumentation ist überzeugend, da eine Beschränkung auf die Identifizierungsabsicht tatsächlich eine Abbildung zur Veranschaulichung ermöglichen würde. Wird ein Mensch beispielsweise zu Reklamezwecken unbewusst oder wider seinen Willen zur Veranschaulichung abgebildet, liegt ein Eingriff in seine Autonomie vor. Grund ist, dass der Abgebildete mit an Sicherheit grenzender Wahrscheinlichkeit mit dem

---

708 LG Düsseldorf AfP Übersicht 1966, 89.

709 Im allgemeinen Sprachgebrauch wird unter „Bildnis" die bildliche Darstellung eines Menschen verstanden, Duden, Deutsches Universalwörterbuch, 289; Wahrig, G., Deutsches Wörterbuch, 288.

710 Vgl. amtliche Begründung zu §§ 22 ff. KUG, 1541; Kommissionsbericht über den Entwurf des KUG, RT-Verhandlungen Nr. 448 der Drucksachen der 11. Legislaturperiode, II. Session 1905/06, 4677, 4685.

711 RGZ 103, 319 (320) = JW 1922, 389f. – Rausch mit zust. Anm. Allfeld, Ph..

712 Ebenda.

713 So frühzeitig schon Dumont, K., Das Recht am eigenen Bilde, 25f.; jetzt ausdrücklich BGH NJW 1979, 2205 (2206) – Torwart.

714 Dumont, K., a.a.O., 25f.

715 Ebenda.

716 Ebenda.

beworbenden Produkt in Verbindung gebracht wird. Die Begründung der Meinung, die das Vorliegen einer Identifizierungsabsicht ablehnt, ist auch in der Hinsicht überzeugend, dass der Zweck der Abbildung nicht immer eindeutig und leicht feststellbar ist. So kann ein Bild der Identifizierung und der Veranschaulichung dienen. Außerdem ist es möglich, dass ein Bild, das ursprünglich der Veranschaulichung dienen sollte, seines Zweckes entkleidet wird und plötzlich der Identifizierung dient. Das könnte der Fall sein, wenn der Abgebildete im Nachhinein berühmt wird.
Aus diesen Gründen kann es für die Annahme eines Bildnisses auf die Identifizierungsabsicht des Urhebers nicht ankommen, sondern nur auf die Erkennbarkeit der dargestellten Person[717]. Ein Bildnis des Abgebildeten liegt vor, sobald er begründeten Anlass zu der Annahme hat, er könne als abgebildet identifiziert werden[718]. Hinsichtlich der Erkennbarkeit besteht ein objektiver Maßstab. Maßgebend für die Erkennbarkeit ist der äußere Eindruck der Darstellung für den Bekanntenkreis des Abgebildeten[719]. Der Beweis, dass Außenstehende ihn tatsächlich erkannt haben, braucht nicht erbracht zu werden[720].

Sind die Gesichtszüge eines Menschen wiedergegeben, liegt immer ein Bildnis vor[721]. Ein Bildnis setzt aber kein Gesicht als Erkennungsmerkmal voraus[722]. Der Abgebildete muss nur irgendwie erkannt werden, sei es durch den beigefügten Text, durch den Zusammenhang mit früheren Veröffentlichungen oder durch Merkmale, die gerade dem Abgebildeten eigen sind[723]. Ein Bildnis kann daher auch vorliegen, wenn bei Pressefotos der Betroffene nur als Scherenschnitt abgebildet wird und dem Leser in dem dazugehörigen Artikel mitgeteilt wird, um wen es sich bei dem Scherenschnitt handelt[724]. Da nur Erkennbarkeit im Rahmen der §§ 22 ff. KUG gefordert ist, fallen auch Fotomontagen[725] und Karikaturen[726] unter den Bildnisbegriff.

---

717 BGH NJW 1979, 2205 (2206).-Torwart; Helle, J., Besondere Persönlichkeitsrechte im Privatrecht, 91 (93ff.).

718 BGH NJW 1979, 2205 – Torwart; BGH NJW 1971, 698 (700) – Pariser Liebestropfen, BGH GRUR 1962, 211 – Hochzeitsbild; Rixecker, R., in: Münchener Kommentar, Bürgerliches Gesetzbuch, Allgemeiner Teil, §§ 1-240, AGB Gesetz, § 12 Anh., Rdnr. 32.

719 BGH NJW 1979, 2205 – Torwart; OLG Düsseldorf GRUR 1970, 618 – Schlepperjagd; LG Stuttgart AfP 1983, 292 (293) – Heiratsschwindler.

720 BGH NJW 1971, 698 (700) – Pariser Liebestropfen. Auch bei der reinen Wortberichterstattung genügt es für die Erkennbarkeit, wenn die Person zumindest für einen Teil der Leser- oder Adressatenschaft auf Grund der mitgeteilten Umstände hinreichend erkennbar wird, BVerfG NJW 2004, 3619 (3620).

721 Engau, H., a.a.O., 21.

722 BGH NJW 1979, 2205 – Torwart; BGH NJW 1965, 2148 (2149) – Spielgefährtin; BGH GRUR 1962, 211 – Hochzeitsbild- mit zustimmender Anm. Bussmann; OLG Oldenburg NJW 1963, 920 (922) -Untersuchungsgefangener.

723 BGH NJW 1979, 2205 – Torwart.

724 LG Berlin Urteil vom 27.10. 1998 – 27. O. 568/98 (unveröffentlicht).

725 Vgl. LG Stuttgart AfP 1983, 292 (293) – Heiratsschwindler.

726 Hubmann, H., Das Persönlichkeitsrecht, 297; Wasserburg, K., Der Schutz der Persönlichkeit im Recht der Medien, 75; a.A. Rixecker, R., in: Münchener Kommentar, Bürgerliches Gesetzbuch, Allgemeiner Teil, §§ 1-240, AGB Gesetz, § 12 Anh., Rdnr. 33.

Die Absicht des Gesetzgeber war es den Abgebildeten nur gegen gegenständliche, leblose grafische oder plastische Darstellungen zu schützen[727]. Aber bereits Allfeld[728] war der Auffassung: „Die öffentliche Aufführung eines Bühnenwerkes, in dem gewisse Persönlichkeiten handelnd auftreten, bedeutet also stets eine öffentliche Schaustellung der Bildnisse dieser Persönlichkeiten". Dem folgten Rechtsprechung und Lehre und erweiterten den Bildnisbegriff auf das flüchtige, bewegte Personenbild auf der Bühne, im Film oder Fernsehen[729]. Die Ausweitung des Bildnisbegriffs wird mit Recht zunehmend kritisiert[730]: Grund ist die veränderte Rechtslage: Der Rückgriff auf §§ 22ff KUG war im Interesse des schutzwürdigen Abgebildeten anfänglich wegen des damals noch unzulänglichen Persönlichkeitsschutzes erforderlich. Mit Anerkennung des allgemeinen Persönlichkeitsrechts ist eine Dehnung des Bildnisschutzes über das Äußerer des Betroffnen hinaus, nicht mehr erforderlich. Nur bei einer reinen Wiedergabe des Erscheinungsbildes des Dargestellten handelt es sich demnach um ein Bildnis im Sinne der §§ 22ff KUG[731]. Das ist insbesondere bei schauspielerischen Darstellungen bedeutsam, die sich nicht nur auf das Aussehen des Betroffenen beschränken und sich damit nicht nach den §§ 22 KUG ff. beurteilen lassen[732]. Der Bildnisschutz kann aber gegenüber der Verwendung von Abbildungen eines Doubles bestehen, wenn die Ähnlichkeit – durch Retuschen oder Montagen – täuschend echt ist[733].

b) Das Erfordernis der zeitgeschichtlichen Bedeutung der Person

Nach § 22 KUG dürfen Bildnisse nur mit Einwilligung des Abgebildeten verbreitet oder öffentlich zur Schau gestellt werden. § 23 Abs. 1 KUG gestattet unter anderem eine Verbreitung oder öffentliche Zurschaustellung ohne Einwilligung, wenn es sich um „Bildnisse aus dem Bereich der Zeitgeschichte handelt" (§23 Abs. 1 Nr. 1KUG).

Aufgrund dieser gesetzlichen Formulierung wird teilweise die Auffassung vertreten, dass für die Einordnung eines Bildnisse unter § 23 Abs. 1 Nr. 1 KUG allein die zeitgeschichtliche Bedeutung des Bildnisses von Bedeutung sei und es auf die dargestellte Person gar nicht ankäme[734].

Dieser Ansicht ist entgegenzuhalten, dass § 23 Abs. 1 Nr. 1 KUG ausdrücklich auf „Bildnisse" abstellt, während § 23 Abs. 1 Nr. 3 KUG den Begriff „Bilder" verwendet. Das Wort „Bildnis" bezeichnet die Personenabbildung[735]. Daraus folgt, dass § 23

---

727 Vgl. OLG Kiel Ufita Band. 2 (1929), 559 (562) – Donner.

728 Allfeld, Ph., Benutzung lebender oder kürzlich verstorbener Personen als Gegenstand dramatischer Darstellung, in: DJZ Sp. 584 (586).

729 LG Hamburg Ufita Band 34 (1961), 363 (367) – Lido-Tanzpalast; Hubmann, H., Das Persönlichkeitsrecht, 298.

730 Pietzko, J., Die Werbung mit dem Doppelgänger eines Prominenten, in: AfP 1988, S. 209 (214f.).

731 Vgl. auch Engau, H., a.a.O., 24f.

732 Ebenda; Rixecker, R., in: Münchener Kommentar, Bürgerliches Gesetzbuch, Allgemeiner Teil, §§ 1-240, AGB Gesetz, § 12 Anh., Rdnr. 33.

733 Ebenda.

734 OLG Hamburg AfP 1976, 137 (138) – Banklady.

735 Siehe oben 1. Teil 5. Abschnitt 1. Kapitel 4a.

Abs. 1 Nr. 1 KUG Anwendung findet, wenn der Mensch wesentlicher Bildgegenstand ist und er aus dem Bereich der Zeitgeschichte stammt[736]. Wenn der einzelne lediglich als Bestandteil einer Menschenmenge oder nur gelegentlich eines Ereignisses als Randfigur abgebildet wird, ermöglicht bereits § 23 Abs. 1 Nr. 3 KUG eine zustimmungsfreie Veröffentlichung.

Dass Voraussetzung für „Bildnisse aus dem Bereich der Zeitgeschichte" ist, dass die abgebildeten Personen der Zeitgeschichte angehören[737], zeigt sich auch an der Entstehungsgeschichte des § 23 Abs. 1 Nr. 1 KUG. Aus der amtlichen Begründung zum KUG ergibt sich, dass „die Veröffentlichung der Bildnisse von Personen, die im öffentlichen Leben stehen oder in Kunst und Wissenschaft ein allgemeineres Interesse wachrufen (...) auch künftig nicht verwehrt" sei[738].
Geht man davon aus, dass sich § 23 Abs. 1 Nr. 1 KUG nur auf Personen bezieht, die der Zeitgeschichte angehören, hat das aber nicht zur Folge, dass die Vorschrift jedes Bild einer Person der Zeitgeschichte ohne weiteres zur Veröffentlichung freigibt und es nicht auf die Wiedergabe eines zeitgenössischen Vorganges ankommt. Es ist vielmehr so, dass ohne die Eigenschaft, Person der Zeitgeschichte zu sein, niemand dem Anwendungsbereich der Bestimmung unterfällt.

c) Der Personenbegriff

In der Rechtsprechung und in der Literatur wird neben dem Begriff der „Person der Zeitgeschichte" auch der der „Persönlichkeit der Zeitgeschichte" gebraucht[739] und in der amtliche Begründung zum KUG heißt es, dass das Recht am eigenen Bild eine Forderung der allgemeinen Rechtsordnung und der Achtung, die die Persönlichkeit beanspruchen dürfe, sei[740].
Persönlichkeit wurde definiert als das Gesamtbild der für ein Individuum charakteristischen Reaktions- und Interaktionsformen mit anderen[741]. Es ist das Ergebnis der Entwicklung der Person. Rohracher definiert in einer grundlegenden Abhandlung das Wesen der Persönlichkeit folgendermaßen: „ Die Persönlichkeit ist das jeweilige Erlebnis der triebhaften Anlagen und der bisherigen Entwicklung. Sie kann in einem Jahr ganz anders sein als jetzt – ja in ein paar Wochen sich von Grund auf verändern, wenn das Schicksal die bisherigen Lebensgrundlagen zusammenbrechenlässt und dadurch manche der abgelehnten eigenen Triebregungen zur Auswirkung bringt. Diese

---

736 LG Hamburg ZUM 2003, 577 (579) – Guildo Horns Ehe; vgl. auch Engau, H., a.a.O., 33.
737 BGH AfP 1983, 396 (397) – Humanbiologie; BGHZ 20, 345 (349, 351) – Paul Dahlke; RGZ 125, 80 (82) – Tull Harder; BGH NJW 1965, 2148 (2150) – Spielgefährtin; OLG Frankfurt/M. AfP 1976, 181; KG Ufita Band 54 (1969), 291 (294) – Der Fall Angelika; OLG München NJW 1963, 658 – Lebensmittelskandal; OLG Stuttgart GRUR 1956, 519, 521 – Prinzessin Cecilie; KG JW 1932, 891 – Ermordung des Schuhmachermeisters; Hubmann, H., Das Persönlichkeitsrecht, 299f.; Neumann-Duesberg, H., Bildberichterstattung über absolute und relative Personen der Zeitgeschichte, in: JZ 1960, 114.
738 Stenographische Berichte über die Verhandlungen des Reichstages, 11. Legislaturperiode II. Session 1905/1906, 2. Anlageband Nr. 30 der Drucksachen, 1541.
739 Vgl. OLG München Ufita Band 41 (1964), 322 (323) – Kanzlerkandidat.
740 Stenographische Berichte über die Verhandlungen des Reichstages, 11. Legislaturperiode, II. Session 1905/1906, 2. Anlageband Nr. 30 der Drucksachen, 1541.
741 Oben 1. Teil 3. Abschnitt 2. Kapitel.

Möglichkeiten – alle Möglichkeiten, die in der Anlage eines Menschen gegeben sind – fasst das Wort Charakter zusammen. Der Charakter umfasst alle Triebe und Interessen eines Menschen, die Persönlichkeit besteht nur aus denjenigen von ihnen, die sich in der bisherigen Entwicklung zu einer geschlossenen, das Fühlen und Wollen bestimmenden Einheit verbunden haben. In fast jedem Menschen liegen die Möglichkeiten zu verschiedenen Persönlichkeiten; welche von ihnen Wirklichkeit wird, hängt von der Umwelt ab."[742]
Für Engau[743] stellt sich nach dieser Definition die Frage, ob nicht nur ein Mensch, dessen Fühlen und Wollen sich im Hinblick auf seine bisherige Entwicklung zu einer geschlossenen Einheit verbunden hat, unter den Schutz der §§ 22, 23 KUG fallen soll. Das könnte nach Engaus Ansicht zur Folge haben, dass das Recht am eigenen Bild einem in seiner Entwicklung noch unfertigen Menschen nicht zustehe. Engau verkennt aber, dass nach den Ausführungen Rohrachers jede Persönlichkeit ständig im Wandel ist. Es gibt keine „ausgereifte" Persönlichkeit. Ein Merkmal der Persönlichkeit ist ihre ständige Entwicklung. Aus diesem Grunde ist eine Unterscheidung zwischen „fertigem" und „unfertigem" Menschen nicht möglich[744].

Wenn die §§ 22ff. KUG von „Personen" sprechen, meinen sie die natürliche Person. Die natürliche Person ist mit dem Zeitpunkt ihrer Geburt rechtsfähig, § 1 BGB. Somit fällt jeder Mensch unabhängig von Alter, geistiger und körperlicher Reife unter die Regelungen der §§ 22 ff. KUG, also auch das Kind.

Wird in Rechtsprechung und Lehre teilweise statt von „Person" von „Persönlichkeit" gesprochen, so liegt darin kein sachlicher Unterschied. Beide Begriffe werden synonym verwendet[745].

Allein entscheidend für die Anwendbarkeit des § 23 Abs. 1 Nr. 1 KUG ist der zeitgeschichtliche Bezug der Person (Persönlichkeit).

d) Der Begriff der Zeitgeschichte

In der amtlichen Begründung zum KUG[746] heißt es zum Begriff der Zeitgeschichte: „Es erscheint nicht angängig, die Verwertung des Bildnisses von Personen, die dem öffentlichen Leben[747] angehören, schlechthin an die Genehmigung des Abgebildeten zu knüpfen, vielmehr wird der Allgemeinheit ein gewisses publizistisches Anrecht an der freien Darstellung solcher Personen einzuräumen sein (...) Der Entwurf hat deshalb unter Wahrung des berechtigten Interesses des Abgebildeten, durch eine ent-

---

742 Rohracher, H., Einführung in die Psychologie, 496f.

743 Engau, H., a.a.O., 35f.

744 Auch angesichts der allgemeinen Fassung der §§ 22ff. KUG wird eine Einschränkung des Bildnisschutzes für den unreifen Menschen verneint, vgl. LG Berlin Ufita Band 74 (1975), 305 (352f) – Saat der Sünde.

745 Vgl. OLG München, Ufita Band. 41 (1964), 322 (323) – Kanzlerkandidat.

746 Stenographische Berichte über die Verhandlungen des Reichstages, 11. Legislaturperiode, II. Session 1905/1906, 2. Anlageband Nr. 30 der Drucksachen, 1541.

747 Öffentliches Leben ist im Sinne von dem Leben einer großen geordneten Gemeinschaft zu verstehen, das gemeinschaftlichen Zwecken dient. Es ist nicht mit dem staatlichen Leben gleichzusetzen, vgl. RGSt 67, 101f.

sprechende Ausnahmebestimmung vorgeschrieben, dass es der Einwilligung des Abgebildeten oder seiner Angehörigen nicht bedarf, wenn es sich um die Verbreitung oder Schaustellung von Bildnissen handelt, die dem Bereich der Zeitgeschichte angehören. Hierbei ist der letztere Ausdruck im weitesten Sinne zu verstehen, er umfasst nicht nur das eigentliche politische, sondern auch das soziale, wirtschaftliche und Kulturleben des Volkes. Die Veröffentlichung der Bildnisse von Personen, die im öffentlichen Leben stehen oder in Kunst und Wissenschaft ein allgemeines Interesse wachrufen, wird daher auch künftig nicht verwehrt sein."

Auf den subjektiven Willen des Gesetzgebers kommt es bei der Begriffsbestimmung jedoch nicht an[748], da sie durch die Änderung der Lebensverhältnisse überholt sein kann. Durch das Bonner Grundgesetz des Jahres 1949 hat sich ein Wandel der rechtlichen Grundlagen vollzogen.
Eine gültige Definition des Begriffes „Zeitgeschichte" liegt also nicht vor. Für die weitere Arbeit mit dem Begriff muss „Zeitgeschichte" ausgelegt werden.
Dabei ist davon auszugehen, dass der Gesetzgeber eine zweckmäßige, vernünftige und gerechte Regelung treffen wollte[749].

aa) Entbehrlichkeit des geschichtlichen Bezugs

Ausgangspunkt der Auslegung ist der Wortsinn[750]. Dafür wird der Sprachgebrauch der Juristen zugrunde gelegt.

Betrachtet man die Art und Weise der Verwendung von „Zeitgeschichte" über einen längeren Zeitraum, wird deutlich, dass sich der Begriff im Laufe der Zeit geändert hat: Am Anfang bemühten sich die Juristen, die geschichtliche Komponente einerseits durch ihre ausdrückliche Betonung nicht völlig außer Acht zu lassen[751], während andererseits zur Zeitgeschichte all das gerechnet wurde, was nicht auf das Privatleben beschränkte Bedeutung hat[752]. Wer in diesem Leben von sich reden macht und aus der Stille seines Privatlebens heraustritt, der gehörte nach dieser Auffassung zur Zeitgeschichte[753].

Wenig später meinte Allfeld[754], dass „Zeitgeschichte" nicht nur das eigentliche, politische, sondern auch das soziale, wirtschaftliche und Kulturleben des Volkes umfasse. Die Persönlichkeit müsse im Leben des Volkes eine bemerkenswerte Stellung einnehmen, es müsse jemand sein, der sich mit Bewusstsein irgendwie in die Öffentlichkeit[755] begebe und ihr damit ein Anrecht auf Kenntnis seiner Person und auch seiner äußeren Erscheinung gebe.

748 Vgl. BVerfGE 62, 45; 10, 244; 1, 312 – Die Sünderin; BGHZ 49, 223. A.A. die auf den historischen Willen des Gesetzgebers abstellende subjektive Theorie BGH NJW 1997, 1695.
749 RGZ 74, 72.
750 BGHZ 46, 76; Hamm OLGZ 82, 483.
751 Vgl. OLG Dresden DRiZ 1928, 44 (45) – Rouvel.
752 Finger, in: GRUR 1908, 48 (56).
753 Elstner, in: Börsenblatt des Deutschen Buchhandels 1928, 254 (255).
754 Allfeld, Ph., Rechtsanwälte im Bilde, in: DJZ 1926, Sp. 1467 (1468).
755 Öffentlichkeit ist hier im Sinne von „medialer Öffentlichkeit" zu interpretieren.

Goldbaum[756] bemerkte 1928, dass allein die öffentliche Meinung[757] bestimme, ob und wann jemand der Zeitgeschichte angehöre. Diese Auffassung wurde nur ein Jahr später durch eine Entscheidung des RG[758] gestützt, in der ausgeführt wurde, dass „Erscheinungen im Leben der Gegenwart, die vom Volk beachtet werden, bei ihm Aufmerksamkeit finden und Gegenstand der Teilnahme oder Wissbegier weiter Kreise sind" zur Zeitgeschichte zu zählen seien. Eine Dauer über den Tag hinaus in beträchtliche Zukunft brauche nicht wahrscheinlich zu sein.

Diese Auffassungen separierten den Begriff „Person der Zeitgeschichte" völlig vom Wortsinn von „Zeit" und „Geschichte"[759]. Allein entscheidend für die Zugehörigkeit zur Zeitgeschichte ist seitdem die Bedeutung der Person und das Informationsinteresse an ihr seitens des Volkes.

Die Abkehr vom historischen Element scheint auch nach dem Telos des Gesetzes richtig zu sein: § 23 Abs. 1 Nr. 1 KUG schränkt das Recht am eigenen Bild ein. Er soll den publizistischen Interessen dienen und der aktuellen Bildberichterstattung helfen[760]. Es kann daher nicht ausreichen, als „zeitgeschichtlich" im Sinne der Vorschrift nur das zu bezeichnen, was überzeitlich gültige und damit im strengen Sinne historische Bedeutung hat. Die Arbeit der Massenmedien, denen es zur angemessenen Erfüllung ihrer Aufgabe erlaubt sein soll, entsprechende Bilder zu veröffentlichen, würde erschwert, wenn sie die Abbildungen von Personen ohne deren Erlaubnis nur im Falle eines geschichtlichen Bezuges publizieren dürften. Außerdem könnte diese Beurteilung nur ex post erfolgen[761].
Ein historischer, das heißt überzeitlicher Bezug der Person, ist demnach nicht erforderlich[762].

Mit dieser Feststellung ist der Begriff „Zeitgeschichte" jedoch nicht geklärt. Erforderlich ist eine genauere Definition.

---

756 Goldbaum, W., Anmerkung zu AG München JW 1928, 376, in: JW 1928, 376.

757 „Öffentlich" ist hier im Sinne von „allgemein" zu verstehen.

758 RGZ 125, 80 (81f.) – Tull Harder.

759 Ursprünglich verstand man im allgemeinen Sprachgebrauch unter „Zeitgeschichte" „Geschichte einer Zeit, insbesondere der neusten, vgl. Grimm, J./Grimm, W., Deutsches Wörterbuch, 15. Band, Z-ZMasche, „Zeitgeschichte", 559.; Paul, H., Deutsches Wörterbuch, „Zeitgeschichte", 1071.Vgl auch zu den neueren Auffassungen von „Zeitgeschichte" : Steffen, E., in: Löffler, M., Presserecht. Kommentar zu den Landespressegesetzen der Bundesrepublik Deutschland mit einem besonderen Teil und Textanhang, LPG §6, Rdnr. 130; Soehring, J., Presserecht, Recherche, Darstellung und Haftung im Recht der Presse, des Rundfunks und der Neuen Medien, 429.

760 Marwitz, Ufita Bd. 6 (1933), 51 (55).

761 Franke, E., Bildberichterstattung über Demonstrationen und Persönlichkeitsschutz der Polizei, in: JR 1982, 48 (52).

762 BGHZ 20, 345 (349) – Paul Dahlke; LG Kleve MDR 1953, 107 – Siamesische Zwillinge; Gass, in: Nicolini, K./Ahlberg, H. (Hrsg.), Urheberrechtsgesetz Kommentar, § 60 Anh. § 23 KUG, Rdnr. 3; Rixecker, R., in: Münchener Kommentar, Bürgerliches Gesetzbuch, Allgemeiner Teil, §§ 1-240, AGB Gesetz, § 12 Anh., Rdnr. 46.

bb) Zeitgeschichte und berechtigtes Interesse

Die herrschende Meinung determiniert den Begriff „Zeitgeschichte" im weitesten Sinne[763]. Da § 23 Abs. 1 Nr.1 KUG nicht auf den zeitgeschichtlichen Rang eines Vorganges, sondern auf den einer Person abstellt[764], wird von der herrschenden Ansicht als Zeitgeschichte alles betrachtet, woran gegenwärtig ein berechtigtes allgemeines öffentliches Interesse besteht[765]. Unter Zeitgeschichte fallen demnach alle Ereignisse, die aus dem Tagesgeschehen herausgehoben sind[766]. Das sind Geschehen, die nicht nur Individuen betreffen, sondern die Gesellschaft als ganze oder eine ihrer Untergliederungen[767].

Diese Ansicht vertrat von Anfang an auch die Literatur, die jede Person zur Zeitgeschichte zählte, die von sich reden machte und aus der Stille ihres Privatlebens heraustrat[768].

Dem wird entgegengehalten, das berechtigte öffentliche Interesse an einer Person sei nicht Voraussetzung, sondern Folge seiner zunächst festzustellenden Zugehörigkeit zum Bereich der Zeitgeschichte[769]. Diese Ansicht verkennt aber, dass die Eigenschaft als „Person der Zeitgeschichte" nur solchen Menschen zugeschrieben werden soll, die wegen ihrer öffentlichen Bedeutung ihr Recht am eigenen Bild verloren haben. Um jemanden also als „Person der Zeitgeschichte" einzuordnen, muss seine Bedeutung innerhalb der Gesellschaft, also das öffentliche Interesse an ihm festgestellt werden. Die Meinung[770], die erst die Eigenschaft als Person der Zeitgeschichte feststellt und dann das berechtigte Interesse im Rahmen des § 23 Abs. 2 KUG durchführt, lässt außer Acht, dass §23 Abs. 2 KUG sich nur auf die Art und Weise der Veröffentlichung bezieht[771]. Bereits auf der Ebene des § 23 Abs. 1 Nr. 1 KUG entscheidet sich, ob eine Person überhaupt im Bilde vorgestellt werden darf[772].

---

763 BGHZ 24, 200 (208) – Spätheimkehrer; 20, 345 (349f.) – Paul Dahlke; OLG Frankfurt/M. NJW 2000, 594 – Katharina Witt; LG Hamburg ZUM 2003, 577 (578) – Guildo Horns Ehe; LG Köln AfP 1994, 166 (167) -Harald Schmidt.

764 BGH AfP 1983, 396 (397) – Humanbiologie; BGHZ 20, 345 (349, 351) – Paul Dahlke; BGH NJW 1965, 2148 (2150) – Spielgefährtin; RGZ Band125, 80 (82) – Tull Harder; OLG Frankfurt/M AfP 1976, 181; KG Ufita Bd. 54 (1969), 291 (294) – Der Fall Angelika; OLG München NJW 1963, 658 – Lebensmittelskandal; OLG Stuttgart GRUR 1956, 519, 521 – Prinzessin Cecilie; KG JW 1932, 891 – Ermordung des Schuhmachermeisters; Neumann-Duesberg, H., a.a.O., 114; Gass, in: Nicolini, K./Ahlberg, H. (Hrsg.), Urheberrechtsgesetz Kommentar, § 60 Anh. § 23 KUG, Rdnr. 3.

765 BGHZ 24, 200 (208) – Spätheimkehrer; 20, 345 (349f.) – Paul Dahlke; RGZ Band 125, 80 (82) – Tull Harder; OLG Hamburg NJW 1970, 1325 (1326) – Prinzessin von Preußen; OLG München NJW 1963, 658 – Lebensmittelskandal; LG Köln AfP 1994, 166 (167). Neumann-Duesberg, H., Bildberichterstattung über absolute und relative Personen der Zeitgeschichte, in: JZ 1960, 114; Helle, J., Besondere Persönlichkeitsrechte im Privatrecht, 1991, 131; Gronau, K., a.a.O., 26.

766 Franke, E., Bildberichterstattung über Demonstrationen und Persönlichkeitsschutz der Polizei, in: JR 1982, 48 (52).

767 Franke, E., a.a.O., 48 (52).

768 Coing, H., Ehrschutz im Presserecht, 14.

769 Helle, J., Besondere Persönlichkeitsrechte, 142f.

770 Ebenda.

771 Neumann-Duesberg, H., JZ 1971, 305 (307); ders., JZ 1973, 261 (263); vgl. auch OLG Nürnberg MDR 1963, 412 (413) – Notar .

772 Engau, H., a.a.O., 74.

Durch das Rekurrieren auf das „berechtigte öffentliche Interesse" im Rahmen des § 23 Abs. 1 Nr.1 KUG wird der Tatsache Rechnung getragen, dass das Leben in sozialen Kontexten immer mit einem gewissen Maß an sozialer Beobachtung und Kontrolle verbunden ist[773].

Um den zeitgeschichtliche Status einer Person zu bejahen, wird eine Abwägung auf abstrakter Ebene vorgenommen und ermittelt, ob dem in § 22 KUG grundsätzlich verbürgten Bildnisschutz ein Informationsinteresse der Allgemeinheit gegenüber steht[774]. Das setzt voraus, dass die Bildnisveröffentlichung Informationszwecken dient und von öffentlichem Interesse ist. Erst wenn dies zu bejahen ist, ist in einer weiteren Abwägung im Rahmen des § 23 Abs. 2 KUG zu prüfen, ob trotz des gegebenen öffentlichen Informationsinteresses berechtigte Belange des Abgebildeten einer Bildnisveröffentlichung entgegenstehen[775].
Allerdings diffundiert der zweistufige Abwägungsvorgang häufig, da sich die Frage, ob die Bildnisveröffentlichung einem legitimen Informationsinteresse der Öffentlichkeit dient, meist nicht abstrakt sondern nur auf den konkreten Einzelfall bezogen beantworten lässt[776]. Die Rechtsprechung lässt deshalb den Standort der Interessenabwägung ausdrücklich offen[777]. Gronau[778] übt mit Recht Kritik an diesem Vorgehen, da der Standort der Interessenabwägung Einfluss auf die Beweislastverteilung hat. Im Rahmen des § 23 Abs. 1 KUG trägt sie der Publizierende, bei § 23 Abs. 2 KUG hingegen liegt sie beim Abgebildeten. Gronau[779] entscheidet daher bei § 23 Abs. 1 KUG nur über das Informationsinteresse und verlagert die Abwägung in § 23 Abs. 2 KUG. Sie meint, durch diese Prüfungsreihenfolge, der Presse- und Informationsfreiheit besser gerecht zu werden.
Meiner Auffassung nach, ist das nicht der Fall. Der Aufbau Gronaus widerspricht zum einen der Gesetzessystematik[780], da sie außer Acht lässt, dass §23 Abs. 2 KUG sich nur auf die Art und Weise der Veröffentlichung bezieht[781]. Bereits auf der Ebene des § 23 Abs. 1 Nr. 1 KUG entscheidet sich, ob eine Person überhaupt im Bilde vorgestellt werden darf[782].
Die Ansicht der herrschenden Meinung, für die Einordnung eines Menschen als „Person der Zeitgeschichte" sei ein berechtigtes öffentliches Interesse erforderlich, entspricht außerdem der Verfassung: Nach Art. 5 Abs. 2 GG finden die Rechte des Art. 5 Abs. 1 GG ihre Schranke unter anderem in den Vorschriften der allgemeinen Geset-

---

773 Götting, H.-P. Persönlichkeitsrechte als Vermögensrechte, 31.

774 BVerfG AfP 2001, 212 (214) – Ernst August von Hannover; BGH NJW 2005, 594 (595) m.w.N. Götting, H.-P. Persönlichkeitsrechte als Vermögensrechte, 34; Dasch, N., Die Einwilligung zum Eingriff in das Recht am eigenen Bild, 16 f; Gronau, K., Das Persönlichkeitsrecht von Personen der Zeitgeschichte und die Medienfreiheit, 34.

775 Götting, H.-P. Persönlichkeitsrechte als Vermögensrechte, 34; Dasch, N., a.a.O., 16 f.

776 Götting, H.-P., a.a.O., 34; Gronau, K., a.a.O., 36.

777 Pars pro toto: OLG Frankfurt NJW 2000, 594 – Katharina Witt.

778 Gronau, K., a.a.O., 36.

779 Ebenda.

780 Oben 1. Teil 5. Abschnitt 1. Kapitel 3.

781 Neumann-Duesberg, H., Fernsehsendung „Aktenzeichen XY – ungelöst" und Persönlichkeitsrecht, in: JZ 1971, 305 (307); vgl. auch OLG Nürnberg MDR 1963, 412 (413) – Notar.

782 BGH NJW 2005, 594 (595) m.w.N; Engau, H., a.a.O., 74.

ze. §§ 22, 23 KUG zählen nicht nur zu den allgemeinen Gesetzen[783], sondern sind auch eine Ausprägung des allgemeinen Persönlichkeitsrechts[784]. Das allgemeine Persönlichkeitsrecht wurde aus Art. 2 Abs. 1 und Art. 1 Abs. 1 GG entwickelt. Der Ableitung aus dem Grundgesetz muss der Gesetzgeber bzw. der Richter in der Weise gerecht werden, dass er ein System des Persönlichkeitsschutzes bereitstellt, das dem Anspruch auf Wahrung der Menschenwürde und der freien Entfaltung der Persönlichkeit gerecht wird.[785] Keinem der beiden Verfassungswerte räumt das Grundgesetz einen absoluten Vorrang ein, da sowohl der Persönlichkeitsrechtsschutz unter dem Vorbehalt der Rechte anderer (Art. 2 Abs. 1 GG) als auch der Art. 5 Abs. 1 GG nach dessen Abs. 2 unter dem Vorbehalt der Persönlichkeitsrechte des einzelnen steht[786]. Daraus folgt, dass auch das Persönlichkeitsrecht eingeschränkt werden kann, wenn der Einzelne in Kommunikation mit anderen tritt, durch sein Sein oder Verhalten auf andere einwirkt und dadurch die persönliche Sphäre von Mitmenschen oder Belange des Gemeinschaftslebens berührt[787]. Andererseits macht das Verständnis des Begriffs der Zeitgeschichte „im weitesten Sinne" eine einschränkende Interpretation erforderlich, um nicht das in §§ 22, 23 Abs. 1 und 2 KUG angelegte Regel-Ausnahmeverhältnis in sein Gegenteil zu verkehren[788]. Das Vorliegen eines berechtigten öffentlichen Interesses als Voraussetzung für die zeitgeschichtliche Bedeutung einer Person entspricht daher dem Verfassungsgebot[789].

5. Die Zugehörigkeit einer Person zur Zeitgeschichte

Um also eine Person der Zeitgeschichte zuzuordnen, muss man sich mit der Bedeutung des „berechtigten öffentlichen Interesses" auseinandersetzen.

a) Das berechtigte öffentliche Interesse

aa) Der Begriff des „Interesses"

Der Interessenbegriff liegt nicht eindeutig fest[790]. Er hat in der Lexikographie fast von Anfang an unterschiedliche Bedeutungen. Die zentrale Verwendung ist die juristische des „id quod interest"[791].

---

783 Oben 1. Teil 5. Abschnitt 1. Kapitel 3.

784 Oben 1. Teil 5. Abschnitt 1. Kapitel 2.

785 Vgl. Engau, H., a.a.O., 84f.

786 Engau, H., a.a.O., 85.

787 BVerfGE 35, 202 (220) = NJW 1973, 1226 (1229) – Lebach.

788 Gronau, K., a.a.O., 26f.

789 Engau, H., a.a.O., 86. A.A. Gronau, K., die der Auffassung ist, dass die Legitimation des Informationsinteresses erst bei § 23 Abs. 2 KUG zu berücksichtigen sei, Gronau, K., a.a.O., 28. – Meines Erachtens ist im Rahmen des § 23 Abs. 2 KUG nicht zu prüfen, ob ein berechtigtes öffentliches Interesse an der Person besteht, sondern ob durch die Art und Weise der Veröffentlichung ein berechtigtes Interesse des Abgebildeten verletzt wird. Das könnte beispielsweise bei Nacktaufnahmen der Fall sein. Es handelt sich hierbei aber nur um einen Streit theoretischer Natur, da die Grenzen der Prüfung ohnehin verschwimmen, vgl. oben 1.Teil 5. Abschnitt 1. Kapitel 4.bb.

790 Hubmann, H., Grundsätze der Interessenabwägung, in : AcP 155 (1956), 85 (95).

791 Fisch, J., Öffentlichkeit, in: Brunner, Otto/Conze, Werner/Koselleck, Reinhart (Hrsg.), Geschichtliche Grundbegriffe, Historisches Lexikon zur politisch-sozialen Sprache in Deutsch-

Diese sogenannte „Römische Formel" hat unterschiedliche Bedeutungen, bezeichnet aber in den meisten Fällen den Schadensersatz[792].
Viele andere Bedeutungen schöpfen Möglichkeiten aus, die aus der ursprünglichen Bedeutung „Dazwischensein" entstanden, ohne dazu in Widerspruch zu treten. Aus „Dazwischensein" ergab sich die Stellung zwischen zwei Subjekten oder zwischen einem Subjekt und einem Objekt[793]. Das Verhältnis ist zunächst wertneutral, aber es hat Bedeutung, Gewicht, Wichtigkeit für die verbundenen Seiten. Die weiteren Bedeutungen entstanden durch die Einführung von Bewertungen. Noch relativ unspezifisch überwog das positive Element in der Bedeutung von „Vorteil", „Nutzen"[794].

Unmittelbar positiv ist die Bedeutung „Anteilnahme", „Sorge um das Wohl anderer". Mit ihr ist ein wertneutraler Aspekt verbunden: bloße „Teilhabe", „Besitz von Anteilen" und dergleichen, besonders in Geschäften. Bis zum späten 18. Jahrhundert war auch „Schädigung" als objektive Folge, ohne dass die subjektive Absicht betrachtet wird, eine häufig genannte Bedeutung. Es handelte sich hierbei im Grunde um die triviale Verwendung des „id quod interest".

Bereits Jakob und Wilhelm Grimm verwiesen im 19. Jahrhundert in ihrem Deutschen Wörterbuch bei der Erklärung von „Interesse" auf den Gebrauch dieses Begriffs innerhalb der Rechtssprache[795]. Sie definierten „Interesse" als den „antheil, der dem vermögen jemandes aus der handlung eines anderen entsteht, entgangener nutzen oder erwachsener schaden[796], wie denn ein mitteldeutsches glossar des 15.jahrh. interesse geradezu durch schaden verdeutscht"[797].
Desweiteren wiesen sie daraufhin, dass in der gewählteren Sprache „Interesse" „der antheil (ist), den wir an einer sache nehmen"[798].

bb) Der Begriff des „öffentlichen Interesses"

Eine Determination des „öffentlichen Interesses" ist problematisch, da die Begriffe „öffentlich" und „Interesse" jeweils vielfältige Bedeutungen haben[799]. Aus diesem Grund ist auch das „öffentliche Interesse" ein sehr komplexer Begriff.

---

land, H-ME, Band 3, 305 (311); vgl. auch Honsell, H., Herkunft und Kritik des Interessebegriffs im Schadensersatzrecht, JuS 1973, 69.

792 Orth, E. W., Öffentlichkeit, in: Brunner, Otto/Conze, Werner/Koselleck, Reinhart (Hrsg.), Geschichtliche Grundbegriffe, Historisches Lexikon zur politisch-sozialen Sprache in Deutschland, H-ME, Band 3, 305 (308).

793 Fisch, J., a.a.O., 311.

794 Ebenda.

795 Grimm, J./Grimm, W., Deutsches Wörterbuch, Band 10, H-Juzen, 2147 „Interesse".

796 Die Bedeutung von „Nutzen" und „Schaden" ist nicht an das mittellateinische Substantiv „interesse" geknüpft, sondern wird wohl erst im Französischen des 14. Jahrhunderts als „interest", das später zu „intérêt" wird, über die römisch-rechtliche Formel (id quod interest) eingeführt, vgl. Orth, E.W., „Interesse", in: Brunner, O./Conze, W./Kosseleck, R. (Hrsg.), Geschichtliche Grundbegriffe, Historisches Lexikon zur politisch-sozialen Sprache in Deutschland, Band 3, H-ME, 307.

797 Ebenda.

798 Grimm, J./Grimm, W. a.a.O., 2148.

799 Vgl. Bachof JZ 1966, 302 (306); Häberle, P., Öffentliches Interesse als juristisches Problem. Eine Analyse von Gesetzgebung und Rechtsprechung, 21. Vgl. allein schon zur Problematik

Im Allgemeinen verwendet man den Ausdruck „öffentliches Interesse" zur Umschreibung staatlicher Angelegenheiten[800]. Interesse hat in diesem Kontext häufig die Bedeutung von „Nutzen" und „Sorge um das Wohl anderer[801]. Der Begriff dient aber auch der Bezeichnung von „Interessen der Öffentlichkeit"[802]. „Öffentlich" ist dann im Sinne von „Allgemeinheit" zu verstehen[803].

Für die Zugehörigkeit zur Zeitgeschichte kommt es auf die Bedeutung der Person und das Interesse der Allgemeinheit an[804]. Folglich ist „öffentliches Interesse" im Kontext mit der Person der Zeitgeschichte nicht im staatlichen Sinne zu interpretieren. Es bezeichnet die Anteilnahme der Allgemeinheit an einer bestimmten Person[805].

cc) Erkennbarkeit des „öffentlichen Interesses"

Problematisch ist, wann von einer Anteilnahme der Allgemeinheit gesprochen werden kann, die als „öffentliches Interesse" zu bezeichnen ist. Ein Kriterium sollen mehrere Publikationen über dasselbe Ereignis sein[806]. Allerdings wird teilweise argumentiert, dass es allein eine Entscheidung der Medien sei, was den Rezipienten mitgeteilt wird und was nicht. Folglich fiele es dann in den Kompetenzbereich der Medien über eine Anteilnahme der Allgemeinheit und damit über das ‚öffentliche Interesse" zu bestimmen. Das würde nach einer Ansicht[807] dazu führen, dass sie den Anwendungsbereich des § 23 Abs. 1 Nr. 1 KUG einseitig festlegen dürften und damit über den Bildnisschutz autonom bestimmen könnten; zumindest soweit nicht § 23 Abs. 2 KUG eingreife. Es müsse jedoch unzulässig sein, dass eine der von der Regelung betroffenen Parteien endgültig darüber befindet, ob ihr Verhalten die Voraussetzung der Vorschrift erfülle. Andernfalls entließe man diese Seite aus ihrer Bindung an das Gesetz. Außerdem müsse berücksichtigt werden, dass keinesfalls alles, was die Öffentlichkeit interessiert, auch im öffentlichen Interesse liegt[808].
Die Tatsache, dass sich die Medien eines Themas annehmen, dürfe folglich nicht genügen, um das öffentliche Interesse zu bejahen[809].
Meines Erachtens nach ist diese Begründung nur bedingt tragfähig. Die Medien entscheiden zwar, was mitgeteilt wird, sie lassen sich dabei aber wesentlich vom Interesse der Rezipienten leiten. Publikationen über ein Ereignis sind daher ein wichtiger Anhaltspunkt für die Anteilnahme der Allgemeinheit an einer Person. Für die Medien hat es keinen Sinn, nur um die Vorraussetzungen des § 23 Absatz 1 Nr.1 KUG zu

---

des Interessenbegriffs: Honsell, H., Herkunft und Kritik des Interessebegriffs im Schadensersatzrecht, JuS 1973, 69.
800 Vgl. Engau, H., a.a.O., 90 m.w.N; Häberle, P., a.a.O., 19, 717.
801 Häberle, P., a.a.O., 19.
802 Vgl. Engau, H., a.a.O., 90 m.w.N.
803 Siehe oben 1. Teil 1. Abschnitt 2. Kapitel 2.; Engau, H., a.a.O., 90 m.w.N.
804 Siehe 1. Teil 5. Abschnitt 1. Kapitel 5.
805 Vgl. Engau, H., a.a.O., 94 m.w.N.
806 Engau, H., a.a.O., 95 m.w.N.
807 LG Köln AfP 1994, 166 – Harald Schmidt.
808 Brömmekamp, B., Anmerkungen zum Urteil vom 15.Dezember 1999 – BvR 653/96, in: ZUM 2000, 159 (160).
809 Vgl. auch Gronau, K., a.a.O., 28.

schaffen, über eine Person zu berichten, an der die Allgemeinheit keinen Anteil nimmt.

Angesichts der Schwierigkeit in vielen Fällen ein tatsächlich bestehendes Interesse der Öffentlichkeit an der geschilderten Person vor der Erstveröffentlichung zu erkennen, ist es notwendig, das öffentliche Interesse nicht faktisch, sondern normativ zu verstehen[810]. Je mehr sich frühere Erfahrungen verwerten lassen, die den Schluss auch auf gegenwärtige Anteilnahme der Öffentlichkeit an bestimmten Vorgängen und Personen nahelegen, desto eher ist eine Einschätzung möglich. Naheliegend wäre auch die Einholung einer repräsentativen Umfrage bezüglich der Frage des öffentlichen Interesses durch ein anerkanntes Meinungsforschungsinstitut. Dem hält das BVerfG entgegen, dass Meinungsumfragen nur einen Anhaltspunkt für die Beurteilung des Bekanntheitsgrades einer Person gegeben könnten[811]. Der Bekanntheitsgrad sei aber nur ein Kriterium unter mehreren möglichen für das Bestehen eines zeitgeschichtlichen Interesses. Anknüpfungspunkt für das Informationsinteresse müsste vielmehr die Bedeutung, die Stellung oder Leistung der betreffenden Person sein[812]. Die Berechtigung des „öffentlichen Interesses" ist anhand einer Wertung festzustellen[813].

dd) Berechtigung des „öffentlichen Interesses"

Berechtigt ist das „öffentliche Interesse", wenn es rechtlich anerkannt, schutzwürdig und so gewichtig ist, dass es das entgegenstehende Interesse am Bildnisschutz verdrängt[814].
Als schutzwürdiges öffentliches Interesse wird stets das an Information genannt[815]. Informationsinteresse bedeutet sprachlich der Wunsch nach einer Unterrichtung, Nachricht, Meldung, Mitteilung über bzw. von Tatsachen[816]. Interesse ist in diesem Zusammenhang als Streben nach Gütern und Werten und die Sorge um ihre Erhalung zu interpretieren[817].
Inhalt des Informationsinteresses ist nicht das Bild einer Person, sondern die Person selbst[818]. Das Bild dient als Hilfsmittel, um die äußere Erscheinung eines Meschen zur Kenntnis nehmen zu können, wenn andernfalls diese Möglichkeit mangels persönlichen Kontakts nicht besteht. Das Interesse am Bild beruht folglich auf dem Interesse an der Identität der Person. Damit unterscheidet sich § 23 Abs. 1 Nr. 1 KUG

---

810 Engau, H., a.a.O., 104 m.w.N.

811 BVerfG AfP 2001, 212 (214) – Ernst August von Hannover.

812 Ebenda.

813 BVerfG AfP 2001, 212 (214) – Ernst August von Hannover; Lampe, E.-J., Der Straftäter als Person der Zeitgeschichte, in: NJW 1973, 217 (220).

814 BVerGE 34, 238 (248ff.) = NJW 1973, 891 – Tonbandaufnahme; BVerfG 32, 373 (380) – Patientenkartei; 25, 202 (221, 225) – Lebach Neumann-Duesberg, H., Bildberichterstattung über absolute und relative Personen der Zeitgeschichte, in: JZ 1960, 114 (116).

815 BVerfGE 101, 361 (391) – Caroline von Monaco; BGHZ 24, 200 (208) – Spätheimkehrer; BGHZ 20, 345 (350) – Paul Dahlke; BGH NJW 1966, 2353 (2355) – Vor unserer eigenen Tür; Neumann-Duesberg, H., Fernsehsendung „Aktenzeichen XY – ungelöst" und Persönlichkeitsrecht, in: JZ 1971, 305 (306).Vgl. auch Gronau, K., Das Persönlichkeitsrecht von Personen der Zeitgeschichte und die Medienfreiheit, 26, 32 m.w.N.

816 Vgl. Dovifat, E., Handbuch der Publizistik, Bd. 1, Allgemeine Publizistik, 21ff.

817 Hubmann, H., Grundsätze der Interessenabwägung, in: AcP 155 (1956), 85 (96).

818 Engau, H., a.a.O., 112.

von § 23 Abs. 1 Nr. 2 und 3 KUG. Das Schutzbedürfnis des Informationsinteresses begründet sich darauf, dass das Individuum Informationen benötigt, um sie im Rahmen interner Programme zu verarbeiten und das Ergebnis zur Grundlage einer zweckhaften Reaktion zu machen[819]. Aus diesem Grunde entspricht es auch der gesetzgeberischen Intention, dass § 23 Abs. 1 Nr. 1 KUG Rücksicht auf das Informationsinteresse und die Pressefreiheit nimmt[820].

Die Anerkennung des Interesses an einer Person, das für deren Identifizierung durch Bildpublikation und Namensnennung erforderlich ist, setzt nicht das Bekanntsein der Person voraus, sondern, die Erkenntnis, dass die betreffenden Person für die Bevölkerung von Belang ist[821]. Dabei zeigt sich, dass das legitime Interesse an einer Person stets aus deren Verknüpfung mit einem informationswürdigen Ereignis resultiert[822]. Die immer wieder angeführten Beispiele für Personen mit zeitgeschichtlicher Bedeutung bestätigen dies. So sollen unter anderem Staatsoberhäupter, Politiker und leitende Beamte hierzu zählen – die Berufung in ihr Amt begründet ein Informationsinteresse der Öffentlichkeit an ihnen. Als informationswürdig sind solche Vorgänge zu bezeichnen, die die Allgemeinheit angehen und bedeutsam für sie sind[823], sei es dass sie die Öffentlichkeit betreffen, sich in ihr entwickelt haben, oder dass die Ereignisse für sie veranstaltet wurden. Ob ein Bedürfnis an Information gerade über eine bestimmte Person anzuerkennen ist, richtet sich nach deren Verknüpfung mit einer für die Allgemeinheit bedeutsame Begebenheit, nach der Art und dem Ausmaß ihrer Beteiligung und ihrer sachlichen Nähe zu dem Ereignis[824]. Je wichtiger eine Begebenheit für die Bevölkerung und je enger die Verknüpfung der Person mit diesem Geschehen ist, desto mehr erstreckt sich das Informationsinteresse auf die Person[825].

Dieses öffentliche Interesse ist dann berechtigt, wenn es das Anonymitätsinteresse des Betroffenen überwiegt[826]. Es ist eine Abwägung nach objektiven Gesichtspunkten vorzunehmen[827].

Dabei ist der vielfach geäußerten Behauptung, dass den Interessen der Allgemeinheit der Vorrang vor privaten Interessen gebühre, mit Vorsicht zu begegnen[828].

---

819 Oben 1. Teil 3. Abschnitt 2. Kapitel.

820 Stenographische Berichte der Reichstagsverhandlungen 11. Legislaturperiode II. Session, 2. Anlageband, Aktenstück Nr. 30, 1540f.

821 Engau, H., a.a.O., 120.

822 OLG Hamburg AfP 1976, 137 (138) – Banklady; Neumann-Duesberg, H., Bildberichterstattung über absolute und relative Personen der Zeitgeschichte, in: JZ 1960, 114; ders., Fernsehsendung „Aktenzeichen XY – ungelöst" und Persönlichkeitsrecht, in: JZ 1971, 305 (306).

823 Vgl. BVerfGE 7, 198 (212) – Lüth.

824 Steffen, E., in: Löffler, M., Presserecht, Kommentar zu den Landespressegesetzen der Bundesrepublik Deutschland mit besonderen Teil und einem Textanhang, LPG § 6, Rdnr. 129.

825 Engau, H., a.a.O., 123.

826 Ebenda.

827 Engau, H., a.a.O., 130.

828 Hubmann, H., Grundsätze der Interessenabwägung, in : AcP 155 (1956), 85 (93).

Auf den ersten Blick scheinen mehrere Interessen schwerer zu wiegen als ein einziges Interesse. Dennoch kann das persönliche Interesse ein solches Gewicht haben, dass es die Interessen vieler verdrängt. Vor allem kommt es auf den Inhalt, auf die Bedeutung, das heißt auf den Wert des allgemeinen und des persönlichen Interesses an[829]. Beim Anonymitäts- und Informationsinteresse ist ein eindeutiger Rangunterschied nicht zu bestimmen. Mit Rücksicht hierauf sind Bewertungsfaktoren, die sich aus der Sachgebundenheit der Interessen ergeben, besonders bedeutsam[830]. Der BGH[831] betont, dass bei der Interessenabwägung alle Umstände des Einzelfalls zu beachten sind, da jeder einzelne Umstand in der Regel eine Veränderung der Gesamtkonstellation der Vorzugstendenzen birgt[832]. Ein besonders wertvolles Einzelinteresse braucht einem zwar schützenswerten, aber nicht sonderlich dringlichem allgemeinem Interesse nicht zu weichen[833].

Ein hoch zu veranschlagendes öffentliches Interesse besteht an der Erörterung und Behandlung aller Vorgänge, die ihrer Natur nach ohne weiteres überindividuele Bedeutung haben, weil sie die Bevölkerung unmittelbar betreffen. Damit sind alle Bereiche des öffentlichen Lebens angesprochen, die sich in einer demokratischen Gesellschaft wesensgemäß in allgemeinen Diskursen entwickeln. Einhellig genannt wird insbesondere das gesamte Gebiet der Politik[834]. In gleicher Weise verdient auch das soziale, wirtschaftliche und kulturelle Geschehen allgemeines Interesse.[835] „Bloße" Neugier und Sensationslust sowie ein „bloßes" Interesse an Unterhaltung durch rein private Vorkommnisse aus dem Leben eines Prominenten erkennt weder der EuGMR noch der BGH als schützenswert an[836]. Die Formulierung des BGH erweist sich in der Hinsicht als schwierig, als dass sich die Frage stellt, was „bloße" Neugier und Sensationslust eigentlich bedeutet. Dabei ist zu beachten, dass nach Ansicht des BVerfG die Unterhaltung eine meinungsbildene Funktion nicht ausschließt, da Meinungsbildung und Unterhaltung nicht kontradiktorisch sein müssen[837]. In den Medien lasse sich eine wachsende Tendenz dahingehend beobachten, die Trennung von Information und Unterhaltung aufzuheben und beide als sogenanntes Infotainment zu vermengen[838]. Das BVerfG weist darauf hin, dass Unterhaltung auch Realitätsbilder vermitteln kann und Gesprächsgegenstände zur Verfügung stellt, an die sich Diskussionsprozesse und Integrationsvorgänge anschließen können, die sich auf Lebenseinstellungen, Wertvorstellungen und Verhaltensmuster beziehen[839]. Insofern erfülle die Unterhaltung eine wichtige gesellschaftliche Funktion[840].

---

829 Hubmann, H., Grundsätze der Interessenabwägung, in : AcP 155 (1956), 85 (94).
830 Hubmann, H., Grundsätze der Interessenabwägung, in : AcP 155 (1956), 85 (103).
831 BGHZ 8, 145.
832 Vgl. Albin, W., in: Klages, Ch., Grundzüge des Filmrechts. Grundlagen, Verträge, Rechte, 45.
833 Hubmann, H., Grundsätze der Interessenabwägung, in : AcP 155 (1956), 85 (108).
834 Coing, H., Ehrschutz und Presserecht, 14; BGHZ 31, 308 (314) – Burschenschaft.
835 Engau, H., a.a.O., 131.
836 BGHZ 131, 332 (342) – Caroline von Monaco III = NJW 1996, 1128 (1130).
837 BVerfGE 101, 361 (389) – Caroline von Monaco.
838 Ebenda; Dörner, A., Politainment: Politik in der medialen Erlebnisgesellschaft, 31.
839 BVerfGE 101, 361 (389) – Caroline von Monaco. Vgl. Paschke, M., Medienrecht, 10 und oben 1. Teil 2. Abschnitt 8. Kapitel.
840 BVerfGE 101, 361 (389) – Caroline von Monaco.

„Das gilt auch für die Berichterstattung über Personen. Personalisierung bildet ein wichtiges publizistisches Mittel zur Erregung von Aufmerksamkeit[841]. Sie weckt vielfach erst das Interesse an Problemen und begründet den Wunsch nach Sachinformation"[842]. Allerdings muss mit der Unterhaltung auch ein Informationszweck verfolgt werden, damit das Interesse schützenswert, das heißt, berechtigt ist[843].
Je stärker eine Person an gesellschaftlich bedeutsamen Ereignissen beteiligt ist und sie mitgestaltet, desto eher erstreckt sich das Interesse auf die Person selbst[844]. Je bedeutender ihre Stellung oder ihre Tätigkeit im öffentlichen Leben der Gegenwart, desto geringer ist gleichzeitig ihr Anonymitätsinteresse zu veranschlagen. Mit der Ausübung ihrer Tätigkeit verzichtet sie auf Anonymität. Derjenige aber, der selbst nicht auf seine Güter achtet und eine großzügige Selbstdefinition seiner Privatsphäre vornimmt, kann von anderen keine größere Rücksicht fordern[845]. Seit Inkrafttreten des § 23 Abs. 1 Nr. 1 KUG stand außer Zweifel, dass jeder, der im öffentlichen Leben stehe, öffentlich mit seiner Person hervortrete und sich öffentlich betätige, es sich gefallen lassen müsse, dass die Bevölkerung mit seinem Bildnis bekannt gemacht werde[846]. Daneben gibt es Vorgänge, die nicht schon ihrem Wesen nach überindividuelle Bedeutung haben und sich auch nicht im Scheinwerferlicht der Öffentlichkeit abspielen, so dass an ihnen nicht von vornherein ein öffentliches Informationsinteresse besteht. Trotzdem können sie infolge besonderer Umstände im Einzelfall allgemein bedeutsam werden. Zu denken ist beispielsweise an den weiten Bereich der Unglücksfälle. Da die hieran beteiligten Personen nicht ohnehin im öffentlichen Leben wirken, ist ihr Anonymitätsinteresse jedoch höher zu bewerten als das der oben genannten Personen. Das bedeutet, dass diese Geschehnisse eine außerordentliche Bedeutung für die Allgemeinheit haben müssen, damit das Informationsinteresse an ihnen und den maßgeblich in sie verwickelten Personen deren Anonymitätsinteresse übersteigt. So braucht es der 100.000 Besucher einer Ausstellung oder Passagier eines Ozeandampfers nicht hinzunehmen, in der Presse im Bild gezeigt zu werden[847].
Die Wichtigkeit, die ein Vorfalles bzw. ein Mensch hat, richtet sich nicht danach, ob er in kurzer Zeit wieder aus dem Gedächtnis der Zeitgenossen entschwindet oder nicht[848]. Maßgebend ist vielmehr seine objektive Bedeutung, die unabhängig von der Aufmerksamkeit der Allgemeinheit festzustellen ist, da es gerade darum geht zu klären, ob sie auf seine Person gelenkt werden darf. Da dies ein das Anonymitätsinteresse verdrängendes Informationsinteresse der Öffentlichkeit erfordert, kann jemand nur aufgrund gewichtiger Ereignisse zur Person mit zeitgeschichtlicher Bedeutung werden.

---

841 Oben 1. Teil 1 Abschnitt 2. Kapitel 5.
842 BVerfGE 101, 361 (390) – Caroline von Monaco.
843 Ebenda.
844 Engau, H., a.a.O., 131.
845 Hubmann, H., Grundsätze der Interessenabwägung, in : AcP 155 (1956), 85 (118); Götting, H-P-, Persönlichkeitsrechte als Vermögensrechte, 32.
846 Osterrieth, A., Bemerkungen zum Entwurf eines Gesetzes, betreffend das Urheberrecht an Werken der Photographie (Fortsetzung), in: GRUR 1904, 245 (255f.).
847 Engau, H., a.a.O., 133.
848 Engau, H., a.a.O., 144.

Der Status der zeitgeschichtlichen Bedeutung besteht nur solange und soweit das Interesse an der Person besteht[849]. Er hat daher seine temporäre, lokale und thematische Grenze[850].

ee) Zweifel an der zeitgeschichtlichen Bedeutung

Die Frage nach der Zugehörigkeit zur Zeitgeschichte lässt sich nicht abschließend beantworten[851]. Bleibt ungewiss, ob jemand zeitgeschichtliche Bedeutung hat, so ist zugunsten des Abgebildeten zu entscheiden und § 22 KUG anzuwenden[852]. Hierin liegt keine ungerechtfertigte Überbetonung des Persönlichkeitsschutzes, die dem Grundsatz seiner Gleichrangigkeit mit den Rechten des Art. 5 Abs. 1 GG widerspräche und zu einer restriktiven Auslegung des § 23 Abs. 1 Nr. 1 KUG führen würde. Vielmehr kommt hier die allgemeine Beweislastregel zum Tragen, wonach nicht zu behebende Unklarheiten hinsichtlich des Vorliegens der Normvoraussetzungen zu dessen Lasten gehen, der aus der Vorschrift Rechte herleitet[853].

ff) Zusammenfassung

Unter Bildnissen aus dem Bereich der Zeitgeschichte versteht man Personenabbildungen. Ein Bildnis setzt kein Gesicht als Erkennungsmerkmal voraus. Der Abgebildete muss nur irgendwie erkannt werden, sei es durch den beigefügten Text, durch den Zusammenhang mit früheren Veröffentlichungen oder durch Merkmale, die gerade dem Abgebildeten eigen sind. Das bewegte Personenbild auf der Bühne, im Film oder Fernsehen ist nur dann ein Bildnis im Sinne der §§ 22ff. KUG wenn es sich um die reine Wiedergabe eines Erscheinungsbildes handelt. Eine Person mit zeitgeschichtlicher Bedeutung kann jeder Mensch unabhängig von Alter, geistiger und körperlicher Reife sein.

Für die Einordnung als „Bildnis aus dem Bereich der Zeitgeschichte" (§ 23 Abs. 1 KUG) ist ein historischer bzw. überzeitlicher Bezug nicht erforderlich. Die herrschende Meinung determiniert den Begriff „Zeitgeschichte" im weitesten Sinne. Sie betrachtet alles als Zeitgeschichte, woran gegenwärtig ein berechtigtes öffentliches Interesse besteht. Das „öffentliche Interesse" bezeichnet in diesem Zusammenhang die Anteilnahme der Allgemeinheit an einer bestimmten Person. Es ist berechtigt, wenn das Informationsinteresse der Allgemeinheit das Anonymitätsinteresse des Betroffenen überwiegt. Das ist meist dann anzunehmen, wenn eine Person mit einem informationswürdigen Ereignis verknüpft ist. Ein hoch zu veranschlagendes öffentliches Interesse besteht an der Erörterung und Behandlung aller Vorgänge, die ihrer Natur nach ohne weiteres überindividuelle Bedeutung haben, weil sie die Bevölkerung unmittelbar betreffen. „Bloße" Neugier und Sensationslust sowie ein „bloßes" Interesse an Unterhaltung durch rein private Vorkommnisse aus dem Leben einer be-

---

849 BGHZ 53, 245 (250) – Anastacia; BGHZ 53, 269, 379.

850 Engau, H., a.a.O., 146.

851 Engau, H., a.a.O., 145.

852 Ebenda.

853 Hartmann, P., in: Baumbach, A./Lauterbach, W./Albers, J./Hartmann, P., Zivilprozessordnung mit Gerichtsverfassungsgesetz und anderen Nebengesetzen, Anh. § 286, Rdnr. 1.

kannten Person sind nicht schützenswert. Es ist aber zu beachten, dass in der gegenwärtigen Zeit beim sogenannten „Infotainment" Unterhaltung und Information häufig untrennbar miteinander verbunden sind. Der Status der zeitgeschichtlichen Bedeutung besteht nur solange und soweit das Interesse an der Person besteht.

b) Absolute und relative Person der Zeitgeschichte

aa) Neumann-Duesberg

Neumann-Duesberg hat 1960 in einem vielbeachteten Aufsatz[854] eine Unterscheidung zwischen „absoluten" und „relativen" Personen der Zeitgeschichte vorgenommen. Diese Unterscheidung ist für die Rechtsanwendung bedeutsam, da nach Ansicht von Neumann-Duesberg absolute Personen der Zeitgeschichte weitestgehend zum Gegenstand von Bildreportagen werden können, während relative Personen der Zeitgeschichte im Gegensatz dazu nur im Zusammenhang mit Berichten über das sie bekannt machende Ereignis in der Presse abgebildet werden[855].

„Absolut zeitgeschichtliche Personen sind solche, bei denen an allem, was nicht zu ihrem Privat- und Familienleben gehört, sondern ihre Teilnahme am öffentlichen Leben ausmacht, ein Informationsinteresse besteht"[856]. Als Beispiele für absolute Personen der Zeitgeschichte nannte er Monarchen und sonstige Personen hervorragender Stellung und Leistung wie Schauspielerberühmtheiten und Sportgrößen[857]. Abbildungen von absolute Personen der Zeitgeschichte durften nach Meinung von Neumann-Duesberg grundsätzlich ohne Einwilligung verbreitet werden, soweit sie nicht das Privat- und Familienleben betrafen[858]. Später modifizierte er seine Auffassung dahingehend, dass er hinsichtlich interessewürdiger Vorgänge des Privatlebens die Publikationsfreiheit bejahte[859].
Die Rechtsprechung hat den Anwendungsbereich der absoluten Person der Zeitgeschichte erheblich ausgeweitet und auch Schauspieler, Wissenschaftler, Sänger, Schriftsteller und Sportler als solche definiert[860]. Die zeitgeschichtliche Repräsentanz kann auch durch Untaten erworben werden. So können auch Straftäter der Kriminalgeschichte und NS-Größen absolute Personen der Zeitgeschichte sein[861].

Als relative Personen der Zeitgeschichte bezeichnet Neumann-Duesberg „solche Personen, die lediglich in bezug auf ein bestimmtes Geschehen – also nicht bezüglich

---

854 Neumann-Duesberg, H., Bildberichterstattung über absolute und relative Personen der Zeitgeschichte, in: JZ 1960, 114.
855 Neumann-Duesberg, H., Bildberichterstattung über absolute und relative Personen der Zeitgeschichte, in: JZ 1960, 114 (116).
856 Neumann-Duesberg, H., Bildberichterstattung über absolute und relative Personen der Zeitgeschichte, in: JZ 1960, 114 (115).
857 Ebenda.
858 Ebenda.
859 Neumann-Duesberg, H., in: Jur. Jahrbuch Band 7 (1966/67), 138 (150f.).
860 Prinz, M., Der Schutz der Persönlichkeitsrechte vor Verletzungen durch die Medien, 817 (820).
861 Steffen, E., in: Löffler, M., Presserecht. Kommentar zu den Landespressegestezen der Bundesrepublik Deutschland mit einem besonderen Teil und Textanhang, LPG §6, Rdnr. 132.

sämtlicher sie (außerhalb des Privatlebens) angehender Angelegenheiten – ein sachentsprechendes Informationsinteresse erregen, über dessen Vorliegen ebenfalls eine Interessenabwägung entscheidet"[862]. Dies seien zum Beispiel „der Hauptgewinner im Toto, Verbrecher und ihre Opfer, die Schuldigen eines schweren Unfalls und ein wegen Betruges verurteilter Richter"[863]. Eine solche Person brauche sich die Veröffentlichung ihres Bildnisses nur im Zusammenhang mit dem Bericht über das Geschehen gefallen zu lassen, das sie zur Person der Zeitgeschichte mache. In der Regel handele es sich dabei um ein vorübergehendes Bekanntwerden, das die Berichterstattung nur so lange auch ohne Einwilligung des Abgebildeten gestatte, als das Informationsinteresse anerkennenswert sei[864].

bb) Kritik an der Lehre von Neumann-Duesberg

An der Lehre der absoluten und relativen Person der Zeitgeschichte wird vielfach Kritik geübt.

Der EGMR führt in seinem Caroline von Hannover-Urteil[865] aus:
„Der Gerichtshof kann der Auslegung des § 23 I KUG durch die deutschen Gerichte mit ihrem Begriff der „absoluten" Person der Zeitgeschichte nur schwer folgen. Eine solche Einordnung mit ihrem sehr beschränkten Schutz des Privatlebens und des Rechts am eigenen Bild als Folge mag für Personen des politischen Lebens in Frage kommen, die amtliche Funktionen wahrnehmen. Für eine Privatperson aber wie die Bf., bei der das Interesse des breiten Publikums und der Presse einzig auf ihrer Zugehörigkeit zu einem regierenden Haus beruht, während sie selbst keine amtliche Funktion hat, lässt sich eine solche Einordnung nicht rechtfertigen. Jedenfalls ist unter diesen Voraussetzungen eine einschränkende Auslegung des Kunsturhebergesetzes erforderlich, damit der Staat seiner positiven Verpflichtung zum Schutz des Privatlebens und des Rechts am eigenen Bild, wie sie sich aus der Konvention ergibt, nachkommt.
Schließlich muss die Unterscheidung zwischen „absoluten" und „relativen" Personen der Zeitgeschichte klar und eindeutig sein, damit der Einzelne in einem Rechtsstaat genau weiß, wie er sich zu verhalten hat. Insbesondere muss er genau wissen, wo er sich in einem geschützten Raum bewegt und wo er mit einem Eindringen Dritter und dabei vor allem der Sensationspresse rechnen muss."

Für Steffen[866] ist die Klassifizierung in „absolute und relative Person der Zeitgeschichte" nur von begrenztem Nutzen, da auch absolute Personen der Zeitgeschichte wie Politiker unter Umständen schnell vergessen werden können. Sobald ihre Zeit vorbei ist, bestehe das Publiktionsinteresse regelmäßig nur noch in dem durch das

862 Neumann-Duesberg, H., Bildberichterstattung über absolute und relative Personen der Zeitgeschichte, in: JZ 1960, 114 (115).

863 Neumann-Duesberg, H., Bildberichterstattung über absolute und relative Personen der Zeitgeschichte, in: JZ 1960, 114(116).

864 Neumann-Duesberg, H., Bildberichterstattung über absolute und relative Personen der Zeitgeschichte, in: JZ 1960, 114(115, 118).

865 EGMR NJW 2004, 2647 (2650) = EuGRZ 2004, 404 (413) – Caroline von Hannover.

866 Steffen, E., in: Löffler, M., Presserecht. Kommentar zu den Landespressegestezen der Bundesrepublik Deutschland mit einem besonderen Teil und Textanhang, LPG §6, Rdnr. 131.

Bildnis dokumentierten Bezug zu „ihrer" Zeit, was sie einer „relativen" Person der Zeitgeschichte annähert[867].

Engau[868] sieht in der Klassifizierung „absolute und relative Personen der Zeitgeschichte" keine Vereinfachung, da die Begriffe nicht zu einer schematischen Anwendung führen dürften und damit weiterhin eine Einzelfallabwägung erforderlich sei.

Prinz/Peters[869] kritisieren zutreffend, dass sich die personenbezogene Betrachtungsweise auf der Basis der Lehre von Neumann-Duesberg in weiten Teilen der Praxis zu einem „Automatismus" entwickelt hat. Das berechtigte öffentliche Informationsinteresse werde häufig automatisch unterstellt, wenn eine Person, die zuvor einmal als sogenannte Person der Zeitgeschichte eingeordnet wurde, auf einem Bildnis zu sehen sei. Im konkreten Fall werde nicht geprüft werde, worin das berechtigtes Informationsinteresse bestehe. Eine sachgerechte Güterabwägung der kollidierenden grundrechtlich geschützten Interessen werde daher häufig verkürzt. Das durch § 22 KUG gewährte Recht am eigenen Bild und das vom BVerfG entwickelte Selbstbestimmungsrecht über die Darstellung der Person in der Öffentlichkeit werde damit für den Prominenten zur Ausnahme und die Abbildungsfreiheit zur Regel. Dass nicht jedes Foto, das eine sogenannte absolute Person der Zeitgeschichte zeigt, ein berechtigtes Informationsbedürfnis befriedigt, liege auf der Hand[870].
Soehring/Seelmann-Eggebrecht[871] sehen darin, dass der BGH in seinem Ehebruch-Urteil[872] und das BVerfG in der Caroline von Monaco-Entscheidung[873]die Frage der absoluten Person der Zeitgeschichte gar nicht behandelt haben, eine längst fällige Abkehr von der Kunstfigur der Person der Zeitgeschichte.
Soehring[874] hält die Frage, ob es sich bei der Persönlichkeit, die zum Zeitpunkt der Veröffentlichung im öffentlichen Leben oder aufgrund bestimmter Ereignisse im Blickpunkt der Öffentlichkeit steht für sachgerechter als deren Einordnung in die Bereiche „absolute" und „relative" Person der Zeitgeschichte. Allerdings wird in seiner Begründung nicht ersichtlich, worin die Verbesserung liegen soll. Vielmehr scheint er nur die Begriffe auszutauschen: Die Persönlichkeiten des öffentlichen Lebens entsprechen den absoluten Personen der Zeitgeschichte[875]. Die Personen im Blickpunkt der Öffentlichkeit stimmen mit den relativen Personen der Zeitgeschichte überein[876].

867 Steffen, E., in: Löffler, M., Presserecht. Kommentar zu den Landespressegestezen der Bundesrepublik Deutschland mit einem besonderen Teil und Textanhang, LPG §6, Rdnr. 131.

868 Engau, H., a.a.O., 173.

869 Prinz, M./Peters, B., a.a.O., 580f.

870 Prinz, M./Peters, B., a.a.O., 581.

871 Soehring, J./Seelmann-Eggebrecht, S., Die Entwicklung des Presse- und Äußerungsrechts 1997 bis 1999, in: NJW 2000, 2466 (2473).

872 BGH AfP 1999, 350 = NJW 1999, 2892 = GRUR 1999, 1034 = ZUM 1999, 734 – Ehebruch.

873 BVerfG AfP 2000, 78 = NJW 2000, 1021 = ZUM 2000, 149 – Caroline von Monaco.

874 Soehring, J., Presserecht, Recherche, Darstellung und Haftung im Recht der Presse, des Rundfunks und der Neuen Medien, 430.

875 Soehring, J., a.a.O., 431.

876 Soehring, J., a.a.O., 434f.

Überzeugender ist vielmehr Teßmer[877], für den die Lehre von der absoluten und relativen Person der Zeitgeschichte nicht mehr zeitgemäß ist. Für das neue mediale Verständnis von Prominenz sei weniger der Grad der Bekanntheit entscheidend als die Frage der Intensität der lenkbaren Aufmerksamkeit. Maßgeblich sei nicht mehr der schwer fassbare Grad der Bekanntheit sondern der Prozess ihrer Erzeugung.

2. Kapitel: „Öffentliche Person" und Person der Zeitgeschichte

1. Vergleich

Das Telos der vorstehenden Determination des Begriffes der Person der Zeitgeschichte war es, klären zu können, ob die öffentliche Person unter diesen Begriff subsumiert werden kann. Nachstehend soll nun der Versuch einer Subsumtion unternommen werden.

Als Person der Zeitgeschichte werden Individuen bezeichnet, an denen ein berechtigtes öffentliches Interesse besteht[878]. Das Interesse ist berechtigt, wenn es das Anonymitätsinteresse des Betroffenen überwiegt[879]. Ein hoch zu veranschlagendes öffentliches Interesse besteht an der Erörterung und Behandlung aller Vorgänge, die ihrer Natur nach ohne weiteres überindividuelle Bedeutung haben, weil sie die Bevölkerung unmittelbar betreffen[880]. Eine solche Bedeutung haben insbesondere Leitbilder, die der Identitätskonstruktion des Einzelnen dienen[881]. Die öffentliche Person stellt ein Idealbild dar[882] und dient damit der Persönlichkeitskonstruktion der Mitglieder der Gemeinschaft. Sie ist folglich eine Person der Zeitgeschichte.

Folgt man der Lehre von Neumann-Duesberg[883] stellt sich die Frage, ob die öffentliche Person als absolute oder relative Person der Zeitgeschichte zu klassifizieren ist[884].

Personen mit absolut zeitgeschichtlicher Bedeutung sind solche, bei denen an allem, was ihre Teilnahme am öffentlichen Leben ausmacht, ein Informationsinteresse besteht[885]. Einer Verbindung von informationswürdigen Ereignis und Person bedarf es nicht[886]. Das öffentliche Leben ist nicht mit dem Leben in der Öffentlichkeit gleichzusetzen[887]. Es ist im Sinne von dem Leben einer großen geordneten Gemeinschaft zu

877 Teßmer, D., Der privatrechtliche Persönlichkeitsschutz von Prominenten vor Verletzungen durch die Medien. – Mit rechtsvergleichenden Bezügen –, 26.
878 Oben 1. Teil 5. Abschnitt 1. Kapitel 5 a.
879 Oben 1. Teil 5. Abschnitt 1. Kapitel 5 a dd.
880 Ebenda.
881 Vgl. ebenda.
882 Oben 1. Teil 1. Abschnitt 2. Kapitel 5.
883 Neumann-Duesberg, H., Bildberichterstattung über absolute und relative Personen der Zeitgeschichte, in: JZ 1960, 114f.
884 Wenn man Neumann-Duesberg folgt, hat die Klassifizierungt Auswirkungen auf das Persönlichkeitsrecht der öffentlichen Person.
885 Neumann-Duesberg, H., Bildberichterstattung über absolute und relative Personen der Zeitgeschichte, in: JZ 1960, 114 (115).
886 Vgl. Teßmer, D., a.a.O., 18.
887 RGSt 67, 101f. 1. Teil 5. Abschnitt 1. Kapitel 4 d.

verstehen, das gemeinschaftlichen Zwecken dient.[888] Bei der absoluten Person der Zeitgeschichte besteht somit ein Informationsinteresse an allen Aktivitäten, die außerhalb ihres ganz privaten Bereichs stattfinden. Die öffentliche Person hingegen ist ein Kunstprodukt[889]. Es handelt sich bei ihr um die der medialen Öffentlichkeit zugewendete Seite der realen Person. Ein Informationsinteresse besteht nur hinsichtlich aller Elemente, die die reale Person zur Konstruktion der öffentlichen Person benutzt. Absolute Person der Zeitgeschichte und öffentliche Person sind also nicht deckungsgleich. Die öffentliche Person ist ein aliud. Das zeigt sich auch daran, dass es bei ihr um Aufmerksamkeit, Einflusschancen und Marktwert geht[890]. Faktoren, die für die absolute Person der Zeitgeschichte unerheblich sind.

Als relative Personen der Zeitgeschichte werden Individuen bezeichnet, die in Bezug auf ein bestimmtes Geschehen ein sachentsprechendes Informationsinteresse erregen[891]. Besondere Bedeutung kommt hierbei dem personalen Element zu, also der Verbindung von zeitgeschichtlichem Ereignis und Person[892]. Bei der öffentlichen Person geht es um das Idealbild, das sie verkörpert[893]. Von Interesse ist die Person und nicht das Ereignis. Somit fällt die öffentliche Person auch nicht unter den Begriff der relativen Person der Zeitgeschichte

2. Zwischenfazit

Die Lehre von der absoluten und relativen Person der Zeitgeschichte wird vom EGMR[894] und vielen Autoren[895] mit Recht kritisiert. Durch den Wandel unseres Verständnisses von Öffentlichkeit[896] kann diese Klassifizierung ihrer persönlichkeitsrechtsschützenden Funktion nicht mehr gerecht werden. In der medialen Öffentlichkeit geht es um Erlangung von Aufmerksamkeit und Einfluss durch die Konstruktion von hyperrealen Personen. Teßmer[897] ist zuzustimmen, wenn er Neumann-Duesbergs Lehre ablehnt mit der Begründung, sie sei nicht mehr zeitgemäß. Gegenwärtig ginge es in der medialen Öffentlichkeit nicht um Bekanntheit, sondern um Aufmerksamkeit. Ladeur[898] führt diese Erkenntnis einen Schritt weiter, indem er die Grenzen der Meinungs- und Pressefreiheit und des Persönlichkeitsschutzes unter den Bedingungen der Herausbildung einer Unterhaltungsöffentlichkeit neu justieren will[899].

---

888 RGSt 67, 101f. 1. Teil 5. Abschnitt 1. Kapitel 4 d.
889 Oben 1. Teil 1. Abschnitt 2. Kapitel 5.
890 Ebenda.
891 Oben 1. Teil 5 Abschnitt 1. Kapitel 5 b.
892 Vgl. Teßmer, D., a.a.O., 17 m.w.N.
893 Oben 1. Teil 1. Abschnitt 2. Kapitel 5 b, bb.
894 EGMR NJW 2004, 2647 (2650) = EuGRZ 2004, 404 (413) – Caroline von Hannover.
895 Vgl. 1. Teil 5. Abschnitt 1. Kapitel 5.
896 Oben 1. Teil 1 Abschnitt 1. Kapitel.
897 Teßmer, D., a.a.O., 26.
898 Ladeur, K.-H., Die Anpassung des privaten Medienrechts an die „Unterhaltungsöffentlichkeit", in: NJW 2004, 393.
899 Ladeur, K.H., verfolgt den interessanten Gedanken einer Veränderung der Abgrenzung von Tatsachen- und Meinungsäußerung innerhalb der Unterhaltungsöffentlichkeit, Ladeur, K.-H., Die Anpassung des privaten Medienrechts an die „Unterhaltungsöffentlichkeit", in: NJW 2004, 393. Da die vorliegende Arbeit sich mit den Rechten der „öffentlichen Person" und

Der Begriff der „Person der Zeitgeschichte" ist nicht im Gesetz verankert und ist aus sich selbst heraus nicht verständlich. Dem EGMR[900] ist hinsichtlich seiner diesbezüglichen Kritik zuzustimmen. Zur Determination der „Person der Zeitgeschichte" wird auf das „öffentliche Interesse" rekurriert. Aus diesem Grund ist Soehrings[901] Ansatz – von Persönlichkeiten des öffentlichen Lebens bzw. Personen im Blickpunkt der Öffentlichkeit zu sprechen – richtungsweisend. Soehring stellt mit seiner Begriffsbildung auf das Wesentliche ab, nämlich die Öffentlichkeit bzw. das öffentliche Interesse. Auch der EGMR bezieht sich in seiner Caroline von Hannover-Entscheidung auf die öffentliche Diskussion und das allgemeine Interesse[902]. Allerdings hätte Soehring seinen Gedanken konsequent weiterführen müssen. Erforderlich wäre es gewesen, sich von der Lehre von der absoluten und relativen Person der Zeitgeschichte zu trennen. Soehring tauscht lediglich die Begrifflichkeiten aus. Das führt nicht weiter. Sinnvoller ist es, insgesamt auf den Begriff der Person der Zeitgeschichte zu verzichten und stattdessen von „öffentlicher Person" zu sprechen. Diese Handhabung ist eine logische Konsequenz unseres veränderten Verständnisses von Öffentlichkeit. Mit dem neuen Begriff wird deutlich, dass auf die mediale Öffentlichkeit und ihre Standards abgestellt wird. Auch den Bedenken des EGMR[903] wird auf diese Weise Rechnung getragen, da der Einzelne genau weiß, dass über alle Bereiche, die der medialen Öffentlichkeit zugewandt sind, berichtet werden darf. Die Bereiche, die eine öffentliche Person nicht zur Konstruktion ihres Images benutzt, sind geschützt.

nicht mit den Standards der Unterhaltungsöffentlichkeit beschäftigt, wird der Ansatz Ladeurs innerhalb der vorliegenden Untersuchung nicht weiter verfolgt.

900 EGMR NJW 2004, 2647 (2650) = EuGRZ 2004, 404 (413) – Caroline von Hannover.

901 Soehring, J., Presserecht, Recherche, Darstellung und Haftung im Recht der Presse, des Rundfunks und der neuen Medien, 430.

902 EGMR NJW 2004, 2647 (2649) = EuGRZ 2004, 404 (412) – Caroline von Hannover.

903 Ebenda.

2. Teil: Das allgemeine Persönlichkeitsrecht

1. Abschnitt: Das Allgemeine Persönlichkeitsrecht

1. Kapitel: Geschichtliche Entwicklung

Der Schutz der Persönlichkeit ist wichtig, weil wir Autonomie und Selbstentfaltung für wichtig halten[904]. Aus diesem Grunde erstaunt es zunächst, dass es in der deutschen Zivilrechtsgesetzgebung erst 1954 durch den BGH in der Leserbrief-Entscheidung[905] zu einer Anerkennung des „allgemeinen Persönlichkeitsrechts" gekommen ist. Zuvor hatte es das Reichsgericht in ständiger Rechtsprechung[906] abgelehnt, ein „allgemeines Persönlichkeitsrecht" anzuerkennen. Begründet wurde das damit, dass die geltende Rechtsordnung keine positive Gesetzesbestimmung über ein allgemeines Persönlichkeitsrecht enthielt. Die Rechtslage änderte sich erst mit Geltung des Grundgesetzes. In der Leserbrief-Entscheidung[907] stellte der BGH fest, dass nach Art. 1 und 2 GG das Recht des Einzelnen auf Achtung seiner Menschenwürde und auf Entfaltung seiner individuellen Persönlichkeit nicht nur von den Staatsorganen, sondern von jedermann anzunehmen sei.
Die Änderung der Gesetzeslage und der Rechtsprechung waren einerseits eine Konsequenz eines veränderten Verständnisses von Öffentlichkeit[908] und andererseits eine Folge einer zunehmenden Entfremdung zwischen den Individuen untereinander und zwischen Individuum und Gesellschaft[909].
Das Bewusstsein von der Sonderstellung des Menschen war ursprünglich noch nicht das Bewusstsein vom Selbst der Einzelpersönlichkeit[910]. Erst das römische Volk ging vom Individuum und seiner Willenssphäre aus, was sich im Privatrecht widerspiegelte, als dessen Aufgabe es angesehen wurde, den Freiheitsraum des Einzelnen gegenüber der Allgemeinheit zu sichern[911]. Gemeinschaftsrecht blieb in diesem Rahmen ein Fremdkörper. Die Erkenntnis, dass jeder Mensch als solcher ein individuelles Rechtssubjekt sei, entwickelte sich im Laufe der Zeit immer weiter. 1776 erfolgte mit der Unabhängigkeitserklärung der Vereinigten Staaten von Amerika die erste für ein Staatswesen verbindliche Formulierung der Menschenrechte. Ihr folgten im August 1789 in Paris die Proklamation der Menschenrechte (droits de l'individu) und 1791 die Verkündung der neuen Verfassung, die als Vorbild aller bürgerlichen Verfassungen im 19. Jahrhundert als wesentlicher Kern die persönlichen Freiheiten garantierte. Im 19. Jahrhundert wurde diese Entwicklung fortgesetzt. Bedingt durch die technischen Entwicklungen und die damit einhergehende Gefährdung des Priva-

---

904 Vgl. oben 1. Teil 3. Abschnitt 2. Kapitel.
905 BGH NJW 1954, 1404 – Leserbrief.
906 RGZ 123, 320; 113, 414 ;107, 281; 102, 135; 94, 1; 82, 334; 79, 398. In Einzelfällen hat das Reichsgericht persönlichkeitsrechtlichen Schutz über §826 BGB zugebilligt (RGZ 162, 7; 115, 416 ; 85, 343; 72, 175).
907 BGH NJW 1954, 1404 (1405) – Leserbrief.
908 Vgl. oben 1.Teil 1. Abschnitt 2. Kapitel 4.
909 Lampe, E.J., a.a.O., 73.
910 Ebenda.
911 Seneca, Epistulae, 107, 11.

ten entstand ein nicht nur juridischer Diskurs um den Schutz der Persönlichkeit[912]. Es kam zur gesetzlichen Regelung des Rechts am eigenen Bild[913].

Auch wenn die reichsgerichtliche Rechtsprechung grundsätzlich die Anerkennung eines „allgemeinen Persönlichkeitsrechts" ablehnte[914], begegnete es schwerwiegenden Eingriffen in die Persönlichkeitssphäre mit der Annahme des § 826 BGB[915]. Diese Handhabung zeigt, dass der Ablehnung des „allgemeinen Persönlichkeitsrechts" als „sonstiges Recht" im Sinne von § 823 Abs. 1 BGB wohl das Streben nach möglichst festumrissenen Tatbeständen zugrunde lag und nicht die Tendenz Persönlichkeitsrechte rechtlich schutzlos zu lassen. Nach der Anerkennung der „allgemeinen Persönlichkeitsrechts" durch den BGH forderte der 42. Juristentag im Jahre 1957 eine umfassende gesetzliche Regelung, um die Rechtspflicht zur Achtung der Persönlichkeit der Allgemeinheit bewusst zu machen, da sie insbesondere durch sensationelle Berichte über das Privatleben und durch heimliche Tonbandaufnahmen sowie Abhören von Gesprächen torpediert werde[916]. Der Gesetzgeber versuchte dem durch den „Entwurf eines Gesetzes zur Neuordnung des zivilrechtlichen Persönlichkeits- und Ehrschutzes"[917] Rechnung zu tragen. § 12 BGB sollte durch folgende Fassung ersetzt werden[918]:
„Wer widerrechtlich einen anderen in seiner Persönlichkeit verletzt, ist ihm zur Beseitigung der Beeinträchtigung verpflichtet; dies gilt insbesondere in den Fällen der §§ 13 bis 19"[919].
In den §§ 13-19 BGB wurden besonders wichtige Fälle des Persönlichkeitsschutzes normiert.
Der Vorschlag zu § 823 Abs.1 BGB lautete:
„Wer vorsätzlich oder fahrlässig einen anderen in seiner Persönlichkeit oder wer vorsätzlich oder fahrlässig das Eigentum oder ein sonstiges Recht eines anderen widerrechtlich verletzt, ist ihm zum Ersatz des daraus entstehenden Schadens verpflichtet."
Auch §§ 824, 847 BGB sollten der Erweiterung des Persönlichkeitsschutzes angepasst werden.
Der Entwurf scheiterte am Widerstand der Presse, die sich in ihrem Recht aus Art. 5 GG und der Erfüllung ihrer öffentlichen Aufgabe tangiert sah[920].

Im Jahre 1967 veröffentlichte das Bundesministerium der Justiz den Referentenentwurf eines „Gesetzes zur Änderung und Ergänzung schadensersatzrechtlicher Vorschriften"[921].

---

912 Vgl. Rössler, B., a.a.O., 15.
913 Siehe oben 1. Teil 5. Abschnitt 1. Kapitel 1.
914 Vgl. RGZ 113, 413; 79, 397; 69, 401; siehe auch Bar, Ch. v., Schmerzensgeld und gesellschaftliche Stellung des Opfers bei Verletzungen des allgemeinen Persönlichkeitsrechts, in: NJW 1980, 1724.
915 RGZ 162, 7;115, 416; 85, 343; 72, 175.
916 Vgl. Beschluss des 42. Juristentages Band 2, Erste Abteilung, D 154.
917 BT-Drucksache 1959 III/1237.
918 BT-Drucksache 1959 III, 1237, 7.
919 In den §§ 13-19 wurden besonders wichtige Fälle des Persönlichkeitsschutzes normiert.
920 Vgl. Hubmann, H., Das Persönlichkeitsrecht, 4f.
921 Vgl. dazu Kübler, W., Der Referentenentwurf für ein neues Schadensersatzrecht, in: JZ 1968, 542.

§ 823 Abs. 1BGB lautete wie folgt: „Wer vorsätzlich oder fahrlässig das Leben, den Körper, die Gesundheit, die Freiheit oder die Ehre eines anderen oder in sonstiger Weise einen anderen in seiner Persönlichkeit widerrechtlich verletzt, ist dem anderen zum Ersatz des daraus entstehenden Schadens verpflichtet. Das gleiche gilt für den, der vorsätzlich oder fahrlässig das Eigentum oder ein sonstiges Recht eines anderen widerrechtlich verletzt."
Auch dieser Entwurf wurde nicht verabschiedet.

Der bislang letzte Vorschlag wurde auf dem 58. Deutschen Juristentag 1990 von der Abteilung Medienrecht diskutiert[922]. In einem vorbereitenden Gutachten schlug Stürner vor, einen persönlichkeitsrechtlichen Grundtatbestand im Rahmen des § 12 BGB einzufügen und den Interessenkonflikt zwischen Persönlichkeit und Medien durch einen Abwägungsvorrang, bei gleichzeitiger Nennung der Abwägungskriterien, positivrechtlich zu normieren. § 13 Abs. 2 BGB formulierte er wie folgt:
„Die Persönlichkeitsbeeinträchtigung ist nur widerrechtlich, wenn eine Güter- und Interessenabwägung dies ergibt. Bei der Abwägung sind Art, Anlass und Beweggrund des Eingriffs sowie das Verhältnis zwischen dem mit ihm verfolgten Zweck und der Schwere des Eingriffs zu berücksichtigen. Dabei sind berechtigte Interessen, wie sie sich aus den verfassungsmäßigen Freiheitsrechten ergeben können, angemessen zu würdigen, insbesondere auch die öffentlichen Aufgaben von Presse, Funk und Film, die Öffentlichkeit zu unterrichten und Kritik zu üben."[923]
Auch dieser Entwurf konnte sich nicht durchsetzen[924]. Der Grund, dass sämtliche Gesetzesvorschläge scheiterten, liegt in der Besonderheit, dass der Schutz der Persönlichkeit und die Freiheiten aus Art. 5 Abs. 1 GG in einem Spannungsverhältnis stehen. Die in diesem Zusammenhang möglichen Fallkonstellationen sind zu unterschiedlich, um detailliert normierte Entscheidungsmechanismen vorzugeben[925]. Da es an einer gesetzlichen Regelung fehlt, bleibt es der Rechtsprechung überlassen, den Persönlichkeitsrechtsschutz auszugestalten[926].

2. Kapitel: Grundlagen des allgemeinen Persönlichkeitsrechts

Das privatrechtliche allgemeine Persönlichkeitsrecht ist nicht mit dem erst später vom BVerfG entwickelten Grundrecht des allgemeinen Persönlichkeitsrecht identisch[927]. Vielmehr handelt es sich um ein Institut des einfachen Rechts[928].
Das allgemeine Persönlichkeitsrecht des Grundgesetzes besitzt verfassungsrechtlichen Rang. Es kann daher vom Gesetzgeber nur in begrenztem Umfang beschränkt werden. Demgegenüber ist das privatrechtliche Persönlichkeitsrecht dem Zugriff des Gesetzgebers in vollem Umfang ausgesetzt. Dieser Unterschied wird allerdings dadurch erheblich reduziert, dass die Verkürzung des privatrechtlichen Persönlichkeits-

---

922 Vgl. 58. Deutscher Juristentag: Der Tagungsverlauf, in: NJW 1990, 2985 (2986).
923 Stürner, R., in: 58. DJT, 67 (68).
924 Vgl.Ricker, R., Rechte und Pflichten der Medien unter Berücksichtigung des Rechtsschutzes des Einzelnen, in: NJW 1990, 2097 (2100).
925 Ebenda.
926 Vgl. Teßmer, D., a.a.O. ; Hubmann, H., in: Festschrift für Schwab, 3 (4).
927 Jarass, H.D., Das allgemeine Persönlichkeitsrecht im Grundgesetz, in: NJW 1989, 857 (858).
928 BVerfGE 34, 269 (281) = NJW 1973, 1221- Soraya-Interview.

rechts nicht gegen Verfassungsrecht verstoßen darf und andererseits das Grundrecht des Persönlichkeitsrechts gesetzlichen Beschränkungen zugänglich ist. Das verfassungsrechtliche Persönlichkeitsrecht überlässt es dem Gesetzgeber, wie der Persönlichkeitsschutz realisiert wird, etwa durch Maßnahmen im Bereich des Zivilrechts oder des Strafrechts. Die konkrete Ausgestaltung des privatrechtlichen Persönlichkeitsrechts ist daher nur eine der verfassungsrechtlich zulässigen Möglichkeiten.

Das privatrechtliche allgemeine Persönlichkeitsrechts wird auch aus dem Grundrecht des Art. 2 Abs. 1 GG abgeleitet, das durch Art. 1 Abs. 1 GG beeinflusst wird[929]. Es weist eine enge Verbindung zu Art. 2 Abs. 1 GG auf, dessen Wortlaut bereits die freie Entfaltung der Persönlichkeit gewährleistet. Art. 2 Abs. 1 GG reicht jedoch als alleiniger Anknüpfungspunkt für das allgemeine Persönlichkeitsrecht nicht aus, da der Persönlichkeitsschutz gerade aufgrund der Würde des Einzelnen gewährt wird[930]. Würde man aber das allgemeine Persönlichkeitsrecht hauptsächlich aus Art. 1 GG herleiten, könnte es nicht eingeschränkt werden[931]. Das würde zu einer starken Verkürzung des Grundrechts aus Art. 5 Abs. 1 GG führen, der die Medienfreiheit schützt[932]. Durch die hauptsächliche Ableitung des Persönlichkeitsrechts aus Art. 2 Abs. 1 GG werden Persönlichkeitsschutz und Medienfreiheit von der Verfassung mit gleichem Rang gewährleistet[933]. Das allgemeine Persönlichkeitsrecht gilt in verfassungskonformer Auslegung als „sonstiges Recht" des § 823 Abs. 1 BGB und genießt den Schutz der absoluten Rechte, der teilweise auch durch spezielle Normen wie § 12 BGB gewährt wird[934]. Anspruchsgrundlage ist grundsätzlich § 823 Abs. 1 BGB bzw. § 823 Abs. 2 BGB in Verbindung mit §§ 185 ff. StGB, soweit nicht speziellere Normen eingreifen.

Dadurch, dass mehrere Grundrechte in entgegengesetzter Richtung auf die Anwendung einfachen Rechts einwirken, entsteht eine Spannungslage[935]. Diese Spannungslage ist nur durch Einschränkungen zu lösen. Da die Fallkonstellationen sehr unterschiedlich sind, muss auch die Art und Weise der Limitierung in jedem Fall neu fest-

---

929 Jarass, H.D., a.a.O., 857 m.w.N.; Arnauld, A.v., Strukturelle Fragen des allgemeinen Persönlichkeitsrechts. Überlegungen zu Schutzbereich und Schranken des grundrechtlichen Persönlichkeitsschutzes, in: ZUM 1996, 286.

930 Arnauld, A.v., a.a.O., 286 m.w.N.

931 Ebenda.

932 Zu den Einzelheiten der Freiheiten aus Art. 5 Abs. 1 GG, siehe oben 1. Teil 2. Abschnitt.

933 BGH NJW 1981, 1366 – Der Aufmacher II.

934 BVerfGE 7, 198 – Lüth.

935 Vgl. BVerfGE 25, 202 (203) = NJW 1973, 1226 (1227) – Lebach. Durch die Grundrechtskollision ergab sich eine unverhältnismäßig starke Einflussnahme der Rechtsprechung des BVerfG unmittelbar in den bürgerlichrechtlichen Bereich; die Grenzen dieser Einflussnahme sind bis heute selbst innerhalb des BVerfG umstritten, wie die Minderheitsvoten in der Mephisto-Entscheidung (vgl. BVerfGE 30, 173 = NJW 1971, 1645 (1647, 1648, 1653)) und in der Deutschland-Magazin-Entscheidung (vgl. BVerfGE 42, 143 = NJW 1976, 1677 (1678ff.)) zeigen. Gleichwohl konnte diese Rechtsprechung nicht ohne Einfluss auf die revisionsrechtliche Beurteilung der primär tatrichterlichen Güter- und Interessenabwägung bleiben: Der BGH musste sich eingehender mit der Güter- und Interessenabwägung auseinandersetzen, wenn seine Entscheidungen dieser weitgehenden verfassungsrechtlichen Überprüfung Stand halten sollten, vgl. Gamm, O.-F. Frhr. v., Persönlichkeitsschutz und Massenmedien. Neuere Entwicklungen der Rechtsprechung, in: NJW 1979, 513.

gelegt werden. Wegen dieser Eigenart des allgemeinen Persönlichkeitsrechts hat die Rechtsprechung des BVerfG, ebenso wie die des BGH, auf jede tatbestandsmässige Umgrenzung verzichtet und sich stattdessen mit allgemeinen Umschreibungen, die der notwendigen Konkretisierung einen weiten Spielraum lassen, begnügt[936]. Der Inhalt des geschützten Rechts wird jeweils am Einzelfall herausgearbeitet[937]. Der BGH[938] nimmt eine Güterabwägung an den konkret betroffenen personalen Belangen und den schutzwürdigen Interessen der Presse an der Veröffentlichung im Einzelfall vor, um so unter Wahrung des Gleichrangs zu bestimmen, welchem Interesse der Vorrang gebührt[939]. Das BVerfG spricht in seiner Lebach-Entscheidung insoweit von einem Sozialbezug des Persönlichkeitsschutzes, womit die Einbettung des Rechts in die gesamten Lebensumstände und -verhältnisse gemeint ist, die dazu führt, dass je nach der Intensität der Ausstrahlung aus der einen oder anderen Richtung die Reichweite – also der Schutzumfang – des Persönlichkeitsrechts verschieden weit ist[940]. Da die Persönlichkeitssphäre dem Kontrollbereich des Individuums entspricht[941] und sich das individuale Handlungsfeld faktisch im Eigentum niederschlägt, wird der Grundsatz „Eigentum verpflichtet" cum grano salis auch auf das Persönlichkeitsrecht angewandt. Je weiter sich der sogenannte private Bereich der Persönlichkeit „nach außen", das heißt in jenen Bereich hinein erstreckt, der zur Gemeinschaft hin geöffnet ist oder von ihr in Anspruch genommen wird, desto mehr wird er zum verpflichtenden Bereich[942]. Für die öffentliche Person bedeutet das, dass die der medialen Öffentlichkeit zugewandte Seite für die Gesellschaft eine dienende Funktion hat. Die von ihr erstrebte Aufmerksamkeit hat den Preis, dass sie anderen Zutritt zu dem ursprünglich nur von ihr kontrollierten Bereich gewähren muss. Die Grenze des Zugangs findet sich da, wo grundsätzliche Werte wie Freiheit und Autonomie[943] gefährdet sind. Nur weil das Recht auf Privatheit auf solch grundlegender Ebene begründet werden muss und werden kann, nur deshalb kann es gegebenenfalls die „Freiheit zur Betrachtung der Welt" ebenso wie die Freiheit der Meinungsäußerung für alle Personen einsichtig einschränken und übertrumpfen.

Die Güter- und Interessenabwägung wird seit der Höllenfeuer-Entscheidung des BGH vom 21.06.1966[944] bereits zur tabestandsmäßigen Abgrenzung, also zur Feststellung, ob ein Verletzungstatbestand vorliegt, vorgenommen. Vorher erfolgte sie

---

936 BGHZ 24, 72 (78) = NJW 1957, 1146 – Krankenpapiere.

937 Ebenda; Albin, W., Persönlichkeitsrecht der Abgebildeten, in: Klage, Ch., Grundzüge des Filmrechts. Grundlagen, Verträge, Rechte, 45.

938 Vgl. für viele andere BGH NJW 1997, 2513 (2514); BGHZ 131, 332 = NJW 1996, 1128 – Caroline von Monaco III; BGH NJW 1991, 1532 (1533) – Notfalldienstarzt; BGH NJW 1985, 1617 – Nacktaufnahme; BGH NJW 1979, 647 – Kohl/Biedenkopf.

939 Larenz, K., Methodenlehre der Rechtswissenschaft, 404; BGH NJW 1995, 861 (863).

940 Vgl. BGHZ 35, 202 = NJW 1973, 1226 (1228) – Lebach.

941 Siehe oben 1. Teil 4. Abschnitt 1. Kapitel.

942 Lampe, H.-J., a.a.O., 92.

943 Bleckmann, A., Das Allgemeine Persönlichkeitsrecht in der Europäischen Menschenrechtskonvention. Zur Interpretation des Art. 8 Abs. 1 EMRK, in: Erichsen, H.-U./Kollhosser, H./Welp, J. (Hrsg.), Recht der Persönlichkeit, 9 (21).

944 BGHZ 45, 296 (307) = NJW 1966, 1617 – Höllenfeuerentscheidung (unter Einschränkung von BGHZ 3, 270 (280) = NJW 1952, 660 – Constanze I); vgl. auch BGHZ 50, 133 (143) = NJW 1968 1773 – Mephisto.

erst unter dem Gesichtspunkt eines besonderen Rechtfertigungsgrundes[945]. Diese Auffassung hatte dazu geführt, dass bei jedem irgendwie gearteten Eingriff in das Persönlichkeitsrecht die Rechtswidrigkeit indiziert war und ein Rechtfertigungsgrund als Ausnahmetatbestand vom Verletzer darzulegen und zu beweisen war[946]. Diese methodische Behandlung ließ sich jedoch nicht mehr mit dem zwischenzeitlich anerkannten Sozialbezug des Persönlichkeitsrechts vereinbaren, der erfordert, Medienfreiheit und Persönlichkeitsrecht auf einer gleichrangigen Stufe abzuwägen[947].

Bei der Güter- und Interessenabwägung müssen auch die Handlungen beurteilt werden, mit denen die geschützten Interessen verfolgt und die, mit denen die Privatsphäre geschützt, verteidigt oder (Unterlassung) mit denen sie nicht verteidigt, gar angeboten oder die Verletzungen provoziert werden[948]. Wer einem anderen das ihm geschuldete Geld heimlich oder mit Gewalt wegnimmt, ist auch ein Dieb oder Räuber, obwohl er damit nach seinem Empfinden nur berechtigte Interessen befriedigt, es sei denn, dass obrigkeitliche Hilfe nicht rechtzeitig zu erlangen ist (§ 229 BGB) [949]. Entsprechend handelt grundsätzlich tatbestandsmäßig, wer unter Überwindung eines deutlichen Hindernisses heimlich oder schlau gegen den objektiv erkennbaren Willen des Betroffenen sich Informationen aus dessen Privatsphäre verschafft, selbst wenn er einen Rechtsanspruch auf diese Informationen hat[950].

Auch kann das Interesse desjenigen nicht überwiegen der ehrenrührige Tatsachen über einen anderen anonym verbreitet und so den Meinungskampf „aus dem Hinterhalt" führt[951].

Mit der kasuistisch geprägten Konzeption des allgemeinen Persönlichkeitsrechts hat sich der BGH darüber hinweggesetzt, dass ein solches generalklauselartiges Recht das System der fest umrissenen Unrechtstatbestände, das dem § 823 BGB zu Grunde liegt, notwendigerweise sprengt[952].

Die gesetzesübersteigende Rechtsfortbildung rechtfertigt sich aber aus dem von der Verfassung anerkannten hohen ethischen Rang der menschlichen Persönlichkeit sowie daraus, dass die gesetzlichen Einzelbestimmungen, zum Beispiel über den Schutz der Ehre oder das Namensrecht, wie die Erfahrung gezeigt hat, nicht dazu ausreichen, den Schutz des Persönlichkeitsrechts in dem erforderlichen Maße zu gewährleisten[953].

945 Vgl. Gamm, O.-F. Frhr. v., a.a.O., 514.
946 Ebenda.
947 Ebenda. A.A. Guha, H.A., Der Schutz der absoluten Person der Zeitgeschichte vor indiskreter Wort- und Bildberichterstattung, 35 m.w.N.
948 Ehmann, H., in: Westermann, H.P., Erman, BGB. Handkommentar mit AGBG, EGBGB, ErbbauVO, HausratsVO, HausTWG, ProduktHaftG, SachenRBeG, SchuR, VerbrKrG, Anh §12 Rdnr. 69.
949 Ebenda.
950 Ebenda.
951 BGH NJW 1966, 1213 (1215)- Luxemburger Wort.
952 Larenz, K., a.a.O., 425.
953 Ebenda.

Grund hierfür ist die Universalität und Dynamik der Persönlichkeit sowie die Entstehung immer neuer Schädigungsmöglichkeiten[954].

Es würde der Forderung der Gerechtigkeit, gleiche Fälle gleich zu behandeln, wie auch der vom Gesetz erstrebten Rechtssicherheit zuwiderlaufen, wenn die Gerichte die gleiche Bestimmung in gleichartigen Fällen bald so, bald anders auslegen würden. Daher liegt es im Interesse der Rechtssicherheit, dass Einzeltatbestände gebildet werden, bei denen die gleichen Gesichtspunkte beachtet werden, wenn auch mit Rücksicht auf die Verschiedenheit des Einzelfalles jedes Mal erneut abgewogen werden muss[955].

Bereits in der Wallraff-Entscheidung[956] fordert das BVerfG „die Öffnung offener Haftungstatbestände konkretisierend zu schließen, indem unter Berücksichtigung der Besonderheiten der zu beurteilenden Sachverhalte und der Bedeutung der Grundrechte Grundsätze entwickelt werden, die die Entscheidung des Einzelfalls normativ zu leiten imstande sind."

Da die Diskussion bezüglich des allgemeinen Persönlichkeitsrechts noch nicht abgeschlossen ist, erfolgt die Typisierung in unterschiedlicher Art und Weise.
Es wird zwischen verschiedenen Sphären und Ausprägungen unterschieden. Bei der Unterscheidung herrscht Uneinigkeit, was auch daran liegt, dass die Zahl der geschützten Rechtsgüter nicht begrenzt ist[957]. Das wird auch als Vorteil dieses Rechts gesehen, da weder eine Neuentdeckung persönlicher Werte einhergehend mit dem sich ständig ändernden Persönlichkeitsbewusstsein noch neuartige Einbrüche durch moderne technische Errungenschaften eine Gesetzesänderung notwendig machen[958].

3. Kapitel: Darstellung der einzelnen Sphären

Die Darstellung der einzelnen Sphären unter besonderer Berücksichtigung der „öffentlichen Person" erfolgt unter Anlehnung an die sehr übersichtliche Darstellung von Prinz/Peters[959] und die Systematisierung des BVerfG, da sie alle Fallgruppen umfasst, die in der Literatur erwähnt werden[960]. Allerdings herrscht in der Literatur über die verwendete Terminologie und damit über die Bedeutung der einzelnen Sphä-

954 Wenzel, K.E., Das Recht der Wort- und Bildberichterstattung, 125 m.w.N.
955 Larenz, K., a.a.O., 425.
956 BVerfG NJW 1984, 1741 (1743) – Wallraff.
957 Hubmann, H., Der zivilrechtliche Schutz der Persönlichkeit gegen Indiskretion, in: JZ 1957, 521 (522).
958 Ebenda.
959 Prinz, M./Peters, B., a.a.O., 68ff.
960 Vgl. zu den unterschiedlichen Systematisierungen: Soehring, J., Presserecht. Recherche, Darstellung und Haftung im Recht der Presse, des Rundfunks und der Neuen Medien, 378ff.; Steffen, E., in: Löffler, M.Presserecht. Kommentar zu den Landespressegesetzen der Bundesrepublik Deutschland mit einem besonderen Teil und einem Textanhang, § 6 LPG, Rdnr. 55.; Wenzel, K.E., Das Recht der Wort- und Bildberichterstattung, 130ff; BVerfG NJW 1980, 2070 (2071) – Eppler – i. V. m. BVerfG NJW 1984, 419 – Volkszählungsgesetz – i. V. m. BVerfG AfP 1994, 126 – Judenverfolgung; BVerfG NJW 1993, 1845; BVerfG NJW 1991, 2074 (2075) – Gebührenerschleichung; BVerfG NJW 1983, 1415 – „NPD von Europa".

ren keine Einigkeit[961]. Einige Autoren unterscheiden beispielsweise zwischen Intim- und Geheimsphäre, andere verwenden dieselben Begriffe synonym[962]. Abweichend wird unter Bezugnahme auf die Sphärentheorie[963] zusätzlich die Öffentlichkeits- und Sozialsphäre von der Privatsphäre unterschieden[964]. Der Sphärenschutz von „öffentlichen Personen" ist im Vergleich zu „sonstigen Personen" notwendigerweise geringer. Gesetzlich ist dies für den Bereich des Bildnisschutzes in § 23 Abs.1 Nr. 1 KUG geregelt[965]. Die Rechtfertigung dieser gesetzlichen Ausnahmebestimmung liegt auf der Hand. Gerade die Person mit zeitgeschichtlicher Bedeutung muss den Tribut zahlen, den die Sozialgebundenheit von ihr fordert[966].

1. Intimsphäre

„Intim" sollte man zunächst von „privat" abgrenzen. Was „intim" ist, ist auch „privat", aber nicht umgekehrt. „Intim" hat im trivialen Sinne zumeist erotische oder sexuelle Konnotationen, Konnotationen von Nähe und Verletzlichkeit, die auch aber nicht nur mit der Entblößung des eigenen Körpers zu tun haben[967]. Die Intimsphäre bildet einen Kernbereich dessen, was man „privat" nennt und halten will, ist aber gerade deshalb nicht identisch mit der Bedeutung von „privat", die mehr umfasst als den Bereich der Intimität[968]. Die Intimsphäre stellt den engsten Persönlichkeitsbereich dar. Sie umfasst Lebensvorgänge, die zur Wahrung und Entwicklung der Individualität vor Einblicken der Öffentlichkeit abgeschirmt bleiben müssen[969]. Zur Intimsphäre gehören grundsätzlich alle Vorgänge der inneren Gefühls- und Gedankenwelt und des Sexualbereichs[970]. So zählen zu ihr zum Beispiel Nacktaufnahmen[971] und Äußerungen über das Sexualleben[972], soweit Belange der Gemeinschaft dadurch nicht unmittelbar betroffen sind[973].

---

961 Schmidt, W., Die bedrohte Entscheidungsfreiheit, in: JZ 1974, 241 (243).; Guha, H.A., a.a.O., 42ff.

962 Ausführlich zur gesamten Problematik der Sphärenterminologie: Guha, H.A., a.a.O., 42ff.

963 Hubmann, H., Das Persönlichkeitsrecht, 320.

964 Vgl. Arnauld, A. v., Strukturelle Fragen des allgemeinen Persönlichkeitsrechts. Überlegungen zu Schutzbereich und Schranken des grundrechtlichen Persönlichkeitsschutzes, in: ZUM 1996, 286 (290).

965 Siehe oben 1. Teil 5. Abschnitt 1. Kapitel.

966 Guha, H.A., a.a.O., 59 m.w.N.

967 Rössler, B., a.a.O., 223.

968 Rössler, B., a.a.O., 17.

969 BGH NJW 1981, 1366 – Der Aufmacher II, BVerfGE 34, 238 (241)= NJW 1973, 891 (892) – Tonbandaufnahme.

970 Ricker, R., Rechte und Pflichten der Medien unter Berücksichtigung des Rechtsschutzes des Einzelnen, in: NJW 1990, 2097 (2099).

971 BGH NJW 1985, 1617 – Nacktaufnahme; BGH NJW 1974, 1947 (1949f.) – Nacktfoto, OLG Oldenburg NJW 1989, 400 (401) – Frau oben ohne; OLG Düsseldorf AfP 1984, 229 (230) – Rückenansicht eines nackten Körpers.

972 BGH AfP 1988, 34 (35) – Intime Beziehungen; KG ZUM RD 1998, 554, 555 – „Schärfere Slips"; LG Berlin AfP 2004, 287.

973 Guha, H.A., Der Schutz der absoluten Person der Zeitgeschichte vor indiskreter Wort- und Bildberichterstattung, 51.

Die Intimsphäre genießt den stärksten Schutz. Ihr Schutz ist absolut[974]. Eine Berichterstattung hat daher zu unterbleiben, solange der Betroffenen nicht einwilligt. Eine Ausnahme von der Definition des Schutzbereiches der Intimsphäre hat das Oberlandesgericht Hamburg in der Vater-Graf-Entscheidung[975] angenommen:
Eine Zeitschrift informierte über eine angebliche heimliche Beziehung zwischen dem Vater der Tennisspielerin Steffi Graf und einer jungen Frau. Es wurde in dem Artikel auch über Vermutungen Dritter berichtet, dass Steffi Grafs Vater auch der Vater eines im Jahr 1990 geborenen Kindes seiner angeblichen Geliebten sei und dass Dritte behaupteten, Vater Graf sei von der jungen Frau erpresst worden.
Das Oberlandesgericht Hamburg sah in der Berichterstattung keine Persönlichkeitsrechtsverletzung. Die Frage, ob der Vater der Tennisspielerin eine Geliebte habe und ob aus dieser Beziehung ein Kind hervorgegangen sei, falle nicht in den Bereich der Intimsphäre, sondern in die Privatsphäre des Betroffenen. Die Beziehung unterfiele damit nicht dem absoluten Schutz des Persönlichkeitsrechts. Der Weg zur Güterabwägung war frei. Das Gericht kam dabei zu dem Ergebnis: „Über einen solchen Vorgang unterrichtet zu werden, ist aber ein anzuerkennendes Anliegen der Allgemeinheit ... , und dieses schließt die Aufklärung über die eingesetzte Drohung selbstverständlich ein."

Obwohl es fraglich ist, ob der Vater der Tennisspielerin Steffi Graf eine „öffentliche Person" ist, lässt dieses Urteil Rückschlüsse auf den Persönlichkeitsrechtsschutz der „öffentlichen Person" zu. Die angebliche sexuelle Beziehung Peter Grafs fällt nach der sonstigen Rechtsprechung in die Intimsphäre[976], deren Schutz absolut ist. Hintergrund des Schutzes ist die enorme Wichtigkeit dieses Kernbereiches der Persönlichkeit für die Persönlichkeitsentfaltung[977]. Der Betroffene hätte also für eine Berichterstattung einwilligen müssen, was er nicht getan hat. „Vater Graf" hatte sein Intimleben nicht in die mediale Öffentlichkeit getragen, so dass es nicht nachvollziehbar ist, warum das Gericht eine Sphärenverschiebung annimmt[978]. Eine solche Handhabung der im Interesse der Rechtssicherheit erfolgten Systematisierung durch Festlegung von Sphären widerspricht der Forderung der Gerechtigkeit, gleiche Fälle gleich zu behandeln. Wenn auch mit Rücksicht auf die Verschiedenheit des Einzelfalles jedesmal erneut abgewogen werden muss[979], so sollten doch die Grundkriterien eingehalten werden. „Öffentlichen Personen" muss genau wie allen anderen eine Intimsphäre zugestanden werden, in der sie absoluten Schutz genießen. Wird das nicht ermöglicht, läuft die „öffentliche Person" Gefahr, dass sich die subjektive Struktur ihres Handeln auflöst. Eine Persönlichkeitsentfaltung wäre dann kaum noch möglich.
Eine „öffentliche Person" kann aber die autonome Entscheidung treffen und selbst ihr Intimleben in die mediale Öffentlichkeit tragen, indem sie beispielsweise als Porno-

974 BVerGE 34, 238 = NJW 1973, 891 (892) – Tonbandaufnahme; BGH NJW 1991, 1552, (1553) – Notfalldienstarzt; BGH NJW 1988, 1016 (1017); BGH NJW 1979, 647 (648) – Kohl/Biedenkopf I.

975 OLG Hamburg AfP 1991, 533f.

976 BVerG, in NJW 1973, 891 (892) = NJW 1973, 891 – Tonbandaufnahme; BGH NJW 1991, 1552, (1553) – Notfalldienstarzt; BGH NJW 1988, 1016 (1017); BGH NJW 1988, 1016 (1017); BGH NJW 1979, 647 (648) – Kohl/Biedenkopf I.

977 Siehe oben 2. Teil 1. Abschnitt 3. Kapitel 1.

978 OLG Hamburg, AfP 1974, 128.

979 Larenz, K., a.a.O., 425.

darstellerin arbeitet[980]. Die Tätigkeit als Pornodarsteller ist eine Tätigkeit, von der jedermann Kenntnis nehmen kann und eventuell sogar Kenntnis nehmen soll. Es ist die der medialen Öffentlichkeit zugewandte Seite der öffentlichen Person[981]. Die „öffentliche Person" vermarktet bei der Tätigkeit als Pornodarsteller diesen Teil ihrer Persönlichkeit, um Einfluss- und Verdienstmöglichkeiten zu erhalten. Dieser Teil der Person ist dann nicht mehr der absoluten Intimsphäre zuzurechnen[982]. Die „öffentliche Person" hat dann entschieden, dass sie diesen Teil ihrer Rückzugsmöglichkeiten nicht benötigt[983].

Für die Entwicklung der Persönlichkeit ist der Schutz eines Kernbereichs vor Einblicken seitens der medialen Öffentlichkeit von großer Wichtigkeit[984]. Aus diesem Grunde muss jedem das Recht zugestanden werden, selbst darüber zu entscheiden, inwieweit er seine Rückzugsmöglichkeiten aufgibt und Einblicke in die Intimsphäre gewährt[985]. Wer beispielsweise als Pornodarsteller auftritt, darf daher nicht auch sonst nackt abgebildet werden[986], da die Einwilligung in diese Veröffentlichung nicht anderweitige Darstellungen deckt[987].
Es ist umstritten, ob es für den Schutz der Intimsphäre darauf ankommt, ob der Betroffene „Geheimhaltungsvorkehrungen" trifft[988]. Für die „öffentliche Person" geht der Schutz der Intimsphäre verloren, wenn ihr Auftreten im öffentlichen Raum einer Darstellung in der medialen Öffentlichkeit gleichkommt. Das wäre beispielsweise der Fall, wenn sie sich in einem Park nackt sonnt. Da die „öffentliche Person" durch die Aufmerksamkeit der Rezipienten Einflusschancen und Verdienstmöglichkeiten erwirbt, ist es ihr zuzumuten für den Schutz ihrer Intimsphäre Vorkehrungen zu schaffen und insbesondere besonders provokante Situationen zu meiden.

2. Privatsphäre

„Privat" werden einerseits Handlungs- und Verhaltensweisen, zum Zweiten ein bestimmtes Wissen und drittens Räume genannt[989]. Der Begriff „Privatsphäre" ist als Hypostatisierung verschiedener Aspekte dieser Grundbedeutungen zu sehen.

Die Privatsphäre schützt demzufolge hauptsächlich das Leben im häuslichen Bereich oder im Familienkreis, zu dem andere Menschen nach der sozialen Anschauung nur insoweit Zugang haben, als ihnen der Betroffene Einblicke gewährt[990]. Allgemein

---

980 Vgl. LG Berlin, NJW 1997, 1155 – Pornodarsteller.
981 Vgl. oben 1. Teil 1. Abschnitt 2. Kapitel 5.
982 Vgl. LG Berlin, NJW 1997, 1155 – Pornodarsteller; Hubmann, H., a.a.O., 526.
983 Vgl. BGH NJW 2005, 594 (595) m.w.N.
984 Siehe oben 1. Teil 3. Abschnitt 2. Kapitel.
985 So auch Prinz, M./Peters, B., a.a.O., 71; a.A.: Steffen, in: Löffler, Presserecht, §6 LPG, Rz. 67.
986 Vgl. LG Berlin, NJW 1997, 1155 – Pornodarsteller.
987 BGH, NJW 1985, 1617 – Nacktaufnahme.
988 Prinz, M./Peters, B., a.a.O., 72; a.A. Wenzel, a.a.O., Rz. 5.43.
989 Rössler, B., a.a.O., 19.
990 Vgl. BGH AfP 1979, 304 (305) = NJW 1979, 647 – Kohl/Biedenkopf I.

wird vertreten, dass die Privatsphäre nicht absolut geschützt sei[991], da der Mensch als soziales Wesen und gemeinschaftsbezogener Bürger nur im Zusammenhang mit anderen betrachtet werden könne[992]. Der Schutz der Privatsphäre steht den mit gleichem Rang gewährleisteten Freiheiten des Art. 5 Abs. 1 GG gegenüber. Die Reichweite des Persönlichkeitsrechtes wird aufgrund einer Güter- und Interessenabwägung ermittelt, die unter Einbeziehung aller Umstände des konkreten Falles sich an den einzelnen Belangen des Betroffenen und den schutzwürdigen Interessen der Medien an einer Veröffentlichung zu orientieren hat. Angesichts des vom BVerfG und BGH aufgestellten Grundsatzes[993], dass es dem Betroffenen vorbehalten bleibt, darüber zu entscheiden, welcher Öffentlichkeit er sich darstellt, müssen im Einzelfall überwiegende Gründe für eine Veröffentlichung vorliegen, die die Waagschale zugunsten der Veröffentlichung nach unten ziehen[994]. Unterscheidet man – wie nach der hier vorgenommenen Systematisierung – von der Privatsphäre zusätzlich die Öffentlichkeits- und Sozialsphäre[995], ergibt sich im Rahmen der Abwägung praktisch ein absoluter Schutz der Privatsphäre.
Die Rechtsprechung misst der Achtung der Privatsphäre im Lichte von Art. 2 Abs. 1 GG eine besondere Bedeutung zu[996]. Danach steht jedem ein autonomer Bereich der eigenen Lebensgestaltung zu, in dem er seine Individualität unter Ausschluss anderer entwickeln und wahrnehmen kann[997].

Grundsätzlich kann daher jeder selbst entscheiden, ob persönliche Lebenssachverhalte an die Öffentlichkeit gebracht werden[998]. Das gilt nach dem Bundesverfassungsgericht auch für Personen, die „aufgrund ihres Rangs oder Ansehens, ihres Amts oder Einflusses, ihrer Fähigkeiten oder Taten besondere öffentliche Beachtung finden"[999]. Folglich gilt der Schutz der Privatsphäre auch für „öffentlich Personen"[1000].

---

991 BGH NJW 1991, 1532 (1533) – Notfalldienstarzt; BGH NJW 1981, 1366 – Der Aufmacher I I; BGH NJW 1964, 1471; OLG Celle NJW-RR 1999, 1477.

992 Vgl. auch Gronau, K., a.a.O., 78.

993 BVerfGE 25, 202 = NJW 1973, 1226 (1227) – Lebach; BGHZ 131, 332 (333)= NJW 1996, 1128 (1129) – Caroline von Monaco III.

994 Prinz, M./Peters, B., a.a.O., 73.

995 Vgl. Arnauld, A.v., Strukturelle Fragen des allgemeinen Persönlichkeitsrechts. Überlegungen zu Schutzbereich und Schranken des grundrechtlichen Persönlichkeitsschutzes, in: ZUM 1996, 286 (290). Der EGMR trifft eine solche Unterscheidung nicht und geht nur von der Existenz der Privatsphäre aus, vgl.EGMR NJW 2004, 2647 (2648) = EuGRZ 2004, 404 (411) – Caroline von Hannover.

996 BVerfGE 34, 269 (282) – Soraya-Interview; BVerfGE 25, 202 = NJW 1973, 1226 – Lebach; BGHZ 131, 332 = NJW 1996, 1128 (1129) – Caroline von Monaco III; BGH AfP 1979, 304 = NJW 1979, 647 – Kohl/Biedenkopf I; BGH NJW 1958, 1344 (1345).

997 BVerfG NJW 1990, 1980 – Opus Dei; BVerfGE 25, 202 = NJW 1973, 1226 (1227) – Lebach; BGHZ 131, 332 (333)= NJW 1996, 1128 (1129) – Caroline von Monaco III.

998 BVerfGE 65, 1ff.- Volkszählungsurteil; BVerfGE 25, 202 = NJW 1973, 1126 (1127f.) – Lebach; BGH NJW 1981, 1366 – Der Aufmacher II.

999 BVerfGE 101, 361 (383) – Caroline von Monaco.

1000 Vgl. BGHZ 131, 332 = NJW 1996, 1128 – Caroline von Monaco III. Die Entscheidung bezog sich zwar nicht ausdrücklich auf die"öffentliche Person", sie kann aber auf die „öffentliche Person" übertragen werden.

Bei ihnen ist aber ihrem besonderen Verhältnis zu den Medien Rechnung zu tragen[1001]. Wer das Interesse anderer zunächst auf sich ziehen möchte, muss auch damit leben, dass dieses Interesse fortwährend bedient werden will[1002].
Trotzdem kann es auch für die „öffentliche Person" privat sein, wie sie mit ihrer Lebensgeschichte umgeht: wie sie etwa zu Brüchen in ihrer Biographie steht, wie zu ihren Erinnerungen, zu vergangenen Abschnitten ihres Lebens, kann – einmal abgesehen von dem mehr oder minder starken Konzept personaler Identität – ihre Privatsache sein. Privat heißt hier, dass sie den (früheren) Weg, auf dem sie zu der geworden ist, die sie ist, dem kritischen Urteil anderer nicht mehr aussetzen möchte.

Es „wiegt der Schutz des Persönlichkeitsrechts des Betroffenen umso schwerer, je geringer der Informationswert für die Allgemeinheit ist"[1003]. Überwiegt das bloße Unterhaltungsinteresse – reine Neugier, Sensationslust oder ein alleiniges Interesse an Unterhaltung –, werden diese Interessen von der Rechtsprechung[1004] nicht als schützenswert anerkannt[1005]. Der EGMR hat in seinem Caroline von Hannover-Urteil[1006] ausgeführt, dass das Gewicht der Meinungsfreiheit entscheidend davon abhänge, welchen Beitrag ein Bild oder ein Artikel zur politischen oder öffentlichen Dabatte leiste[1007].

Wertet man insgesamt die Rechtsprechung aus, so wird deutlich, dass es nach der in dieser Arbeit vorgenommenen Sphäreneinteilung ein den Schutz der Privatsphäre übersteigendes Informationsinteresse grundsätzlich nicht gibt[1008].
In den Fällen, in denen ein überwiegendes Informationsinteresse angenommen wurde, handelte es sich nach der hier vorgenommenen Abgrenzung von Privat- und Öffentlichkeitssphäre nämlich nicht um den Bereich der Privatsphäre, sondern um den der Öffentlichkeitssphäre[1009].

Ein überwiegendes Informationsinteresse der Öffentlichkeit, das für eine Veröffentlichung spricht, hat der BGH beispielsweise in dem Sittenrichterfall[1010] angenommen: Ein Mann hatte als sogenannter „Sittenrichter" über andere geschrieben und ihre moralischen Verfehlungen kritisiert. Als über seine eigenen Verfehlungen berichtet wurde, hielt der BGH das für zulässig. Wer in der Öffentlichkeit mit dem Finger auf

---

1001 Vgl. oben 1. Teil 1. Abschnitt 2. Kapitel 5.
1002 Vgl. BVerfGE 25, 202 = NJW 1973, 1226 (1228) – Lebach; Eggert, Ch., Anmerkungen zu LG Berlin AfP 2003, 174 – Kanzlerehe, 176 (177); BGH NJW 2005, 594 (595) m.w.N.
1003 BGHZ 131, 332 (335) = BGH NJW 1996, 1129 (1130) – Caroline von Monaco III. Vgl. auch EGMR NJW 2004, 2647 (2650) = EuGRZ 2004, 404 (413) – Caroline von Hannover.
1004 BVerfGE 34, 269 (283) – Soraya-Interview; BGHZ 131, 332 (333) = NJW 1996, 1129 (1130) – Caroline von Monaco III; NJW 1965, 2148 (2149) – Spielgefährtin, GRUR 1965, 256 (258) – Gretna Green; BGHZ 24, 200 (208) – Spätheimkehrer; OLG Hamburg AfP 1992, 376 (377).
1005 BGHZ 131, 332 (333) =NJW 1996, 1129 (1130) – Caroline von Monaco III.
1006 EGMR NJW 2004, 2647 = EuGRZ 2004, 404 – Caroline von Hannover.
1007 EGMR NJW 2004, 2647 (2649f.) = EuGRZ 2004, 404 (413) – Caroline von Hannover.
1008 Vgl. insbesondere zum Schutz der Privatsphäre von Politikern: BGHSt 18, 186; BGHZ 73, 120.
1009 Siehe zu der Definition von „Öffentlichkeitssphäre" unten 2. Teil 1. Abschnitt 3. Kapitel 4.
1010 BGH NJW 1964, 1471 – Sittenrichter.

andere zeigt, muss es hinnehmen, dass auch auf ihn gezeigt wird, wenn er selbst den von ihm propagierten Maßstäben nicht gerecht wird.
Bei dem Mann ist es durch seine Kritik am amoralischen Verhalten anderer zu einer Sphärenverschiebung gekommen: Er hat sich dadurch als sittlicher Vorzeigebürger etabliert, dessen moralisches bzw. amoralisches Verhalten den der Öffentlichkeit zugewandten Bereich betrifft. Sein moralisches Leben ist daher der Öffentlichkeitssphäre zuzurechnen, über die grundsätzlich berichtet werden darf. Er kann sich nicht darauf berufen, dass diese Vorgänge zu seiner dezisionalen Privatheit gehören, bei der verschiedene Formen der Zurückhaltung oder Indifferenz angezeigt sind. Wenn er andere in diesem Bereich zu einer Rechtfertigung ihrer Entscheidungen, Handlungen und Lebensweisen drängte, muss er es als Ausfluss des Lebens in sozialen Kontexten akzeptieren, dass auch sein Leben von anderen kommentiert, interpretiert und beeinflusst wird[1011]. Daran ändert auch die Rechtsprechung des EGMR nichts. Der EGMR geht davon aus, dass sich in einer demokratischen Gesellschaft das Informationsrecht der Öffentlichkeit unter bestimmten Umständen auch auf Aspekte des Privatlebens erstrecken könne[1012]. Solche Umstände sind gegeben, wenn jemand als Sittenrichter auftritt und die Privatsphäre anderer nicht achtet, indem er deren Privatleben an die Öffentlichkeit zerrt.

Ebenfalls um die Öffentlichkeitssphäre handelte es sich bei einem Brief, den ein Chefarzt, um dessen Persönlichkeitsrecht es ging, an den Bürgermeister der Gemeinde geschrieben hatte. Das BVerfG[1013] entschied zugunsten des Veröffentlichungsrechts, da der Chefarzt den Brief nicht in der Eigenschaft als Privatmann sondern in amtlicher Funktion geschrieben, und auch nicht an einen privaten Empfänger gerichtet hatte, sondern an einen Amtsinhaber, von dem er rechtliche Schritte erwartete. In derartigen Fällen handelt es sich nicht um persönliche und private Mitteilungen, sondern um Vorgänge, die von öffentlichem Interesse sind. Bei der Abwägung wiegt daher das Persönlichkeitsrecht nicht so schwer wie bei Mitteilungen über Umstände, die zur Privatsphäre des Verfassers gehören[1014].

Der Betroffene verliert den Schutz nicht deshalb, weil die Berichterstattung inhaltlich zutrifft und nicht rufschädigend ist[1015]. Denn beim Schutz der Privatsphäre geht es gerade nicht um den Schutz vor Unwahrheiten und vor ehrenrührigen Behauptungen, sondern darum, dass der Betroffene sich nicht gegen seinen Willen ins öffentliche Rampenlicht zerren lassen muss[1016]. Ebensowenig spricht gegen den Schutz des Betroffenen, dass die Behauptung schon einmal anderweitig verbreitet wurde und der Betroffene nichts dagegen unternommen hat. Der Schutz bestimmter Vertraulichkeitssphären kommt nicht dadurch zum Erliegen, dass Dritte bereits rechtswidrig in diese eingedrungen sind[1017] oder der Betroffene einen bebilderten Exklusivbericht in einem anderen Blatt zugelassen und für eine Berichterstattung über eine Veranstal-

1011 Vgl. Rössler, B., a.a.O., 153, 169.
1012 EGMR NJW 2004, 2647 (2650) = EuGRZ 2004, 404 (413) – Caroline von Hannover.
1013 BVerfG NJW 1991, 2339 – Chefarztbrief.
1014 Vgl. Prinz, M./Peters, B., a.a.O., 87.
1015 LG Hamburg, Urteil vom 15.05.1998 – 324 O 42/98.
1016 Vgl. BGHZ 131, 332 (335)= NJW 1996, 1128 (1130) – Caroline von Monaco III.
1017 LG Hamburg, NJW 1989, 1160 (1161) – Aktenvermerk.

tung posiert hat[1018]. Die Interessen des Betroffenen am Schutz seiner Privatsphäre reduzieren sich auch nicht dadurch, dass er die Zeitschrift, in der die Behauptungen verbreitet wurden, nicht liest[1019]. Die Veröffentlichung lesen andere, die sich aufgrund des Berichtes dann ein „Bild" vom Betroffenen machen. Damit ist das Recht des Betreffenden auf die selbstbestimmte Darstellung in der medialen Öffentlichkeit verletzt[1020].

Über die Güter- und Interessenabwägung hinaus können Medien kein besonderes Interesse geltend machen, „exemplarisch" zu arbeiten, also anhand des Schicksals einer namentlich benannten Person aufzuzeigen, worum es geht. Ein solcher Wunsch wiegt nicht so schwer, dass die persönlichen Lebensumstände des Betroffenen beispielhaft herausgegriffen und ohne oder gegen seinen Willen der Öffentlichkeit mitgeteilt werden[1021]. Der Fall darf nur geschildert werden, wenn der Betroffene nicht identifiziert werden kann[1022].
Ergibt die Abwägung, dass eine Berichterstattung unzulässig ist, ist es den Medien unbenommen, so zu berichten, dass der Betreffende für Dritte nicht identifizierbar ist. Dann müssen sie beispielsweise auf die Nennung des Namens verzichten oder mit einem geänderten Namen arbeiten[1023].

Es gibt drei verschiedene Schutzbereiche der Privatsphäre: a) den häuslichen, b) den räumlich-gegenständlichen Schutz außerhalb des häuslichen Bereichs und c) die informationelle Privatsphäre außerhalb des räumlich-gegenständlichen Bereichs:

a) Schutz im häuslichen Bereich

Die Wohnung bildet den klassischen Bereich der räumlich-gegenständlichen Privatsphäre[1024]. Auch der Garten[1025] und der Balkon[1026] zählen zur Privatsphäre. Ebenso sind Büros, Geschäftsräume und Ladenlokale Teile der Privatsphäre[1027]. Für Pflegeheimbewohner stellt das gesamte Pflegeheim und nicht nur das Zimmer des Patienten „einen häuslichen Bereich dar, in dem er ungestört vom Einblick der Öffentlichkeit leben kann"[1028]. Das gilt auch für die „öffentliche Person". So sind Bilder und Berichte über eine kranke „öffentliche Person" im Jogginganzug in einem Pflegeheim

---

1018 LG Berlin Urteil vom 05.03.2002 – 27.O. 75/02 (unveröffentlicht).
1019 Vgl. Prinz, M./Peters, B., a.a.O., 85.
1020 Vgl. ebenda.
1021 BGH NJW 1981, 1366 (1367) – Der Aufmacher II; BGH GRUR 1965, 256 (258).
1022 Vgl. Prinz, M./Peters, B., a.a.O., 86.
1023 Vgl. Prinz, M./Peters, B., a.a.O., 87.
1024 BGHZ 131, 332 (333)= NJW 1996, 1128 (1129) – Caroline von Monaco III; BGH NJW 1981, 1366 (1367) – Der Aufmacher II; BGHZ 24, 200 (202) = NJW 1957, 1315 (1316)- Spätheimkehrer; OLG Düsseldorf NJW 1994, 1971 (1972).
1025 KG ZUM 2001, 236 (237).
1026 Schricker-Gerstenberg/Götting, § 23 KUG, Rz. 35.
1027 BGHZ 24, 200 (202) = NJW 1957 1315 (1316) – Spätheimkehrer; OLG München, AfP 1992, 78 (80).
1028 KG Urteil vom 14.02.2003 – 9U 273/02 (unveröffentlicht).

unzulässig und können sich bei einem dramatischen Krankheitszustand schon am Rande der Intimsphäre bewegen[1029].

Der besondere Schutz besteht deshalb, damit jeder Mensch einen Freiraum hat, in dem er sich entfalten kann, ohne der Kritik der Öffentlichkeit ausgesetzt zu sein[1030]. Wie bereits oben[1031] gezeigt wurde, bedarf auch die „öffentliche Person" dieses Freiraums, da sie in der medialen Öffentlichkeit aufgrund der Gefahr von Imageverlusten und anderem unter besonders hohem sozialen Druck steht. Außerdem wirkt auch Kritik der Öffentlichkeit auf ihre Persönlichkeitsentfaltung ein[1032]. Wenn man einerseits sagt, die „öffentliche Person" muss Einblicke der medialen Öffentlichkeit um den Preis der Aufmerksamkeit in Form von Verdienst- und Einflussmöglichkeiten hinnehmen, so muss man andererseits auch sehen, dass sich die „öffentliche Person" aus der realen Person ableitet und es ihr nicht immer möglich ist, ein Idealbild ihrerselbst darzustellen. Folglich sollte der häusliche Bereich der „öffentlichen Person" genauso wie der der Privatperson geschützt werden. Weder den Medien noch der Gesellschaft ist mit der Demontage ihrer Idealbilder gedient[1033].

b) Räumlich-gegenständlicher Schutz außerhalb des häuslichen Bereichs

Grundsätzlich müssen es sich nach der bisherigen deutschen Rechtsprechung Personen der Zeitgeschichte, zu denen auch die „öffentliche Person" gehört[1034], gefallen lassen, dass über ihr Erscheinen außerhalb ihrer vier Wände mit Bildern oder Worten berichtet wird[1035], da sie sich bewusst der schützenden Sphäre ihrer Privaträume begeben und sie aufgrund ihres hohen Bekanntheitsgrades ohnehin damit rechnen müssen, von anderen beobachtet zu werden.

Es kann aber auch für solche Personen einen Schutz des räumlich-gegenständlichen Bereichs außerhalb des eigenen Hauses oder der eigenen Wohnung geben[1036]. Voraussetzungen sind nach deutscher Rechtsprechung[1037]:

- Zurückgezogenheit in eine örtliche Abgeschiedenheit
- objektiv erkennbarer Wunsch für sich allein zu sein
- Verhalten im Vertrauen auf die Abgeschiedenheit.

„Der Achtungsanspruch gegenüber Dritten setzt ferner voraus, dass der Situation, in der sich der Betreffende befindet, ein typisch privater Charakter anhaftet: Das ist dann der Fall, wenn sich jemand im Vertrauen auf die Abgeschiedenheit des Ortes in einer Weise verhält, wie er es vor der breiten Öffentlichkeit nicht täte, indem er sich etwa persönlichen Regungen hingibt, die erkennbar für die Augen Dritter nicht be-

---

1029 KG Urteil vom 14.02.2003 – 9U 273/02 (unveröffentlicht).

1030 Vgl. BGH NJW 1981, 1366 (1367) – Der Aufmacher II.

1031 Oben 1. Teil 3. Abschnitt 2. Kapitel.

1032 Ebenda.

1033 A.A. Ladeur, K.-H., Persönlichkeitsschutz und „"Comedy". Das Beispiel der Fälle SAT1/-Stahnke und RTL 2/Schröder, in: NJW 2000, 1977 (1980), der beschreibt, wie die Medien an der Demontage ihrer Stars noch verdienen. – Meines Erachtens ist das aber nur ein Strohfeuer, dass keine langfristige Aufmerksamkeit erregen kann. Im Endeffekt verdienen auch die Medien an unangefochtenen Stars am meisten.

1034 Siehe oben 1. Teil 5. Abschnitt 2. Kapitel 1.

1035 BGHZ 131, 332 (334) = NJW 1996, 1128 (1130) – Caroline von Monaco III.

1036 Ebenda.

1037 Ebenda.

stimmt sind, oder sich gehen lässt. Nur in einer solchen Situation kann angenommen werden, dass der Betreffende – objektiv erkennbar – andere nicht daran teilnehmen lassen will und von ihnen die Respektierung seiner Zurückgezogenheit erwarten kann."[1038]

Außerdem muss die Arglosigkeit des Betroffenen ausgenutzt werden, der sich unbeobachtet wähnt, bzw. der Betroffene muss überrumpelt werden. Diese Eingrenzung rechtfertigt sich nach Ansicht des BGH aus der Erwägung, dass der Schutz der Privatsphäre an einer Örtlichkeit in Anspruch genommen wird, deren Zutritt an sich jedermann offen steht und der Betroffene daher nur durch Heimlichkeit und Überrumpelung in unzulässiger Weise in seiner Privatheit getroffen werden kann[1039].

Teilweise wird diese Rechtsprechung kritisiert, weil sie den Schutzbereich der Privatsphäre zu sehr verkürze und zu sehr darauf abstelle, dass der Situation ein typisch privater Charakter anhafte, während alltägliche Ereignisse nicht geschützt seien[1040]. Auch der EGMR hat in dem Caroline von Hannover-Urteil[1041] das Kriterium der „örtlichen Abgeschiedenheit" als zu unbestimmt kritisiert[1042]. Liegt aber eine „örtliche Abgeschiedenheit" vor, geht auch nach deutscher Rechtsprechung der Schutz des Persönlichkeitsrechts dem Informationsinteresse der Allgemeinheit ohnehin vor. Es handelt sich dann um eine Verletzung im Bereich der Privatsphäre. Der EGMR unterscheidet nicht zwischen Privat- und Sozialsphäre[1043]. Seine Kritik betrifft nach der hier vorgenommenen Unterscheidung den Bereich der Sozialsphäre. Auf die Ausführungen des EGMR wird deshalb in diesem Zusammenhang näher eingegangen[1044].

c) Schutz der informationelle Privatsphäre

Auch außerhalb des räumlichgegenständlichen Bereich gibt es grundsätzlich eine geschützte Privatsphäre[1045]. Sie umfasst neben Vorgängen und Lebensäußerungen innerhalb des familiären Bereichs[1046] Angelegenheiten, die wegen ihres Informationsinhalts typischerweise als „privat" eingestuft werden, weil ihre öffentliche Erörterung oder Zurschaustellung als unschicklich gilt, das Bekanntwerden als peinlich empfunden wird oder nachteilige Reaktionen der Umwelt auslöst, wie es etwa bei Auseinandersetzungen mit sich selbst in Tagebüchern[1047], bei vertraulicher Kommunikation unter Eheleuten[1048] und bei sozial abweichendem Verhalten[1049] der Fall ist[1050].

1038 BGHZ 131, 332 (334) = NJW 1996, 1128, 1130 – Caroline von Monaco III.
1039 Ebenda.
1040 Prinz, M./Peters, B., a.a.O., 76.
1041 EGMR NJW 2004, 2647 = EuGRZ 2004, 404 – Caroline von Hannover.
1042 EGMR NJW 2004, 2647 (2650) = EuGRZ 2004, 404 (414) – Caroline von Hannover.
1043 EGMR NJW 2004, 2647 (2648) = EuGRZ 2004, 404 (411) – Caroline von Hannover.
1044 Unten 2. Teil 1. Abschnitt 3. Kapitel 3. b).
1045 BVerfG NJW 1990, 1980 – Opus Dei; BGH NJW 1996, 984 (985) = AfP 1996, 137 – Caroline von Monaco II; BGH NJW 1991, 1532 (1533) – Notfalldienstarzt; BGH AfP 1979, 304 (305) = NJW 1979, 647 – Kohl/Biedenkopf; LG Berlin NJW 1995, 881 (882) – Botho Strauß-Brief; BGH in NJW 1964, 1471 (1472) – Sittenrichter.
1046 BGH GRUR 1965, 256 (258) – Gretna Green.
1047 BVerfGE 80, 367 = NJW 1990, 563.
1048 BVerfGE 27, 344 = NJW 1970, 555.
1049 BVerfGE 44, 353 = NJW 1977, 1489.
1050 BVerfG NJW 2000, 1021 (1022); Wenzel, K.E., a.a.O., 144.

Wenn sich beispielsweise ein Ehepartner an die Medien wendet und über den Eheall-tag erzählt, so stellt dies grundsätzlich eine Verletzung der Privat- und Ehesphäre des anderen dar, über die nicht berichtet werden darf, solange der andere nicht eingewilligt hat[1051]. Das Informationsinteresse kann allerdings dann bei einer „öffentlichen Person" überwiegen, wenn sie selbst ihre Partnerschaft oder einzelne Bereiche davon an die Öffentlichkeit getragen hat und dadurch das Informationsinteresse selbst geweckt oder genährt hat und der Ehepartner dann darüber berichtet[1052]. In diesem Falle gehört die Partnerschaft zu der der Öffentlichkeit zugewandten Seite der „öffentlichen Person". Allerdings schwindet das Informationsinteresse mit zunehmend zeitlichem Abstand zur Äußerung[1053].

Zur informationellen Privatsphäre gehören auch die Einkommens- und Vermögensverhältnisse einer Person[1054]. Hintergrund ist, dass grundsätzlich dem Einzelnen die Befugnis zusteht, darüber zu entscheiden, ob, wann und innerhalb welcher Grenzen persönliche Lebenssachverhalte an die Öffentlichkeit gebracht werden. Dem widerspricht auch nicht der Umstand, dass bei einem Verfahren zur Abgabe der eidesstattlichen Versicherung der Terminzettel mit dem Namen des geladenen Schuldners im Gericht aushängt und jemand auf diese Weise davon erfahren könnte. Denn ein solcher Terminzettel dient nicht der Information der Öffentlichkeit darüber, wer den sogenannten „Offenbarungseid" abzugeben hat[1055]. Vor allem ist eine auf diese Art erlangte Kenntnis eines Dritten von der eidesstattlichen Versicherung nicht mit der breiten Wirkung einer Medienveröffentlichung vergleichbar[1056]. Etwas anderes gilt nur, wenn eine Person gerade im Hinblick auf ihre finanzielle Potenz an die Öffentlichkeit tritt, beispielsweise als (angeblicher) Sponsor für ein Großprojekt wie etwa ein Fußballstadion. In diesem Fall gehören die Vermögensverhältnisse einer Person zur Öffentlichkeitssphäre über die grundsätzlich berichtet werden darf[1057].

Krankheiten[1058] zählen grundsätzlich zur Privatsphäre, obwohl die Übergänge hier fließend sind und die Intimsphäre tangiert ist, wenn es um Krankheiten mit sexuellem Bezug geht, wie beispielsweise die Frage, wer mit wem verkehrt und sich dabei mit einer Geschlechtskrankheit angesteckt hat[1059].

Die Beeinträchtigungen der Gesundheit oder gar lebensgefährliche Erkrankungen bei Angehörigen regierender Fürstenhäuser können einen legitimen Gegenstand des öffentlichen Interesses bilden, so dass über sie berichtet werden darf[1060]. Diese Auffassung wird gelegentlich kritisiert[1061], sie ist aber konsequent, wenn man Krankheiten als Angelegenheiten der Privatsphäre sieht. Dann ist nämlich der Weg zur Güterab-

---

1051 KG Urteil vom 27.06.2000 – 9 U 8609/99 (unveröffentlicht); LG Berlin AfP 2004, 287 – Alban Nikolai Herbst.

1052 KG Urteil vom 27.06.2000 – 9 U 8609/99 (unveröffentlicht); A.A. wohl LG Berlin AfP 2003, 174 (176) – Kanzlerehe.

1053 KG Urteil vom 27.06.2000 – 9 U 8609/99 (unveröffentlicht).

1054 OLG Hamburg AfP1992, 376 – Deutschlands ärmster Prinz.

1055 Prinz, M./Peters, B., a.a.O., 81.

1056 Ebenda.

1057 Vgl. LG Berlin, Urteil vom 25.09.1997 – 27 O 268/97 (unveröffentlicht).

1058 BVerfG NJW 1972, 1123; 1124; BGH AfP 1996, 137 (138) = NJW 1996, 984 (985) – Caroline von Monaco II.

1059 Prinz, M./Peters, B., a.a.O., 72, 79.

1060 OLG Hamburg UFITA Bd. 78, 252 (257).

1061 Vgl. Guha, H.A., a.a.O., 65.

wägung frei. Der Gesundheitszustand eines Fürsten lässt für das Volk Rückschlüsse darauf zu, wie sein Land vertreten wird, so dass den Regierten ein Informationsinteresse zuzubilligen ist.

Auch private Briefe und deren Inhalt rechnen fast immer zur Privatsphäre[1062], denn es handelt sich hier um eine innere (gedankliche) Auseinandersetzung mit bestimmten Themen[1063].

Die Zugehörigkeit zu einer bestimmten Religion sowie religiöse Überzeugungen und Bekenntnisse zählen ebenfalls zur Privatsphäre[1064], da das religiöse Bekenntnis und entsprechende Praktiken nicht nur den engsten Kreis der Persönlichkeit betreffen, sondern Wirkungen zu anderen Menschen entfaltet. Geht es um eine Äußerung, die das religiöse Bekenntnis oder das Praktizieren einer Religion betrifft, tritt neben das allgemeine Persönlichkeitsrecht das Grundrecht der negativen Bekenntnisfreiheit. Der negativen Bekenntnisfreiheit kommt ein hoher Stellenwert zu, so dass regelmäßig kein überwiegendes Interesse der Öffentlichkeit an Informationen aus diesem Bereich besteht[1065]. Die Zugehörigkeit zu einer Gemeinschaft, die jedenfalls nach dem eigenen Verständnis der betroffenen Person weltanschaulich oder religiös geprägt ist, rechnet ebenso wie die finanzielle Unterstützung einer solchen Organisation prinzipiell zur privaten Lebensgestaltung, also zu dem der Öffentlichkeit abgewandten Bereich. Anders kann es sein, wenn die Person mit ihren Überzeugungen bewusst, etwa in missionarischer Zielsetzung an die Öffentlichkeit tritt oder diese Überzeugung in ihrem Verhalten anderen gegenüber bestätigt. Bei der „öffentlichen Person" kommt es also darauf an, ob sie sich auf ihrer der medialen Öffentlichkeit zugewandten Seite religiös betätigt. Ist das der Fall, dann ist diese Betätigung nicht mehr der Privatsphäre sondern der Öffentlichkeitssphäre zuzurechnen. Es darf darüber grundsätzlich berichtet werden[1066].

Auch Trauerfeierlichkeiten zählen zur Privatsphäre. Die Trauernden haben einen Anspruch darauf, dass ihre Gefühle respektiert werden[1067]. Auch andere Umstände aus dem privaten Lebensbereich können Schutz unter dem Gesichtspunkt der Privatsphäre genießen. Das gilt beispielsweise für die private Adresse[1068] und die private Telefonnummer[1069] eines Menschen[1070]. Unzulässig ist die Veröffentlichung derartiger Angaben nicht nur, wenn dadurch für den Betroffenen eine konkrete Gefährdung ent-

---

1062 Vgl. BVerfG NJW 1991, 2339-Chefarztbrief. Zu beachten ist aber, dass Briefe mit intimen Inhalt den Schutz der Intimsphäre tangieren, siehe oben 2. Teil 1. Abschnitt 3. Kapitel 1.

1063 Vgl. LG Berlin NJW 1995, 881 (883) – Botho Strauß-Brief.

1064 BVerfG NJW 1997, 2669 (2670) – Scientologen; BVerfG NJW 1990, 1980 – Opus Dei; OLG München AfP 1993, 762 (763); OLG Köln AfP 1993, 759; LG Baden-Baden AfP 1994, 59 (60).

1065 BVerfG NJW 1990, 1980 – Opus Dei; OLG München NJW 1986, 1260.

1066 Vgl. LG Berlin, Urteil vom 25.09.1997 – 27O 268/97 (unveröffentlicht).

1067 OLG Köln AfP 1991, 757 (758).

1068 Vgl. LG Hamburg AfP 1996, 185. Anders, wenn die Rufnummer veröffentlicht wurde, unter der ein Arzt, der zum Notfalldienst eingeteilt wird, zu erreichen ist, BGH NJW 1991, 1532 (1533f.); siehe auch BGH NJW 1960, 1614 – Nitribitt.

1069 Prinz, M./Peters, B., a.a.O., 81.

1070 Die Veröffentlichung von Namen und Adresse kann auch unter die informationelle Selbstbestimmung fallen.

steht[1071], sondern grundsätzlich, weil jeder selbst darüber entscheiden kann, welche persönlichen Daten er an die Öffentlichkeit bringt[1072]. Hinzu kommt, dass bei „öffentlichen Personen" wie beispielsweise Politikern, Unternehmern, Schauspielern und Sängern eine Gefährdung durch psychisch Kranke oder Kriminelle aufgrund der Veröffentlichung ihrer Adresse möglich ist.
Äußerungen in privaten Gesprächen zählen ebenso zur Privatsphäre[1073].
Solange sich jemand nicht öffentlich oder bewusst gegenüber den Medien äußert, muss er es nicht hinnehmen, in den Medien zitiert zu werden. Das folgt aus dem Grundsatz der Rechtsprechung[1074], dass jeder selbst darüber zu entscheiden hat, welche persönlichen Sachverhalte er an die Öffentlichkeit bringt.
Ohne Bedeutung ist es für den Schutz der Privatsphäre grundsätzlich, ob die Umstände, um die es geht, in einer öffentlichen Gerichtsverhandlung erörtert wurden[1075]. Denn die Erörterung in der Gerichtsverhandlung dient einzig und allein der Rechtsfindung und nicht dem Zweck, die Vorgänge aus dem Privatbereich der Öffentlichkeit bekannt zu machen[1076].

3. Sozialsphäre

Die Sozialsphäre[1077] unterscheidet sich von der Privatsphäre in der Hinsicht, dass es sich nicht um einen autonomen Bereich der eigenen Lebensgestaltung handelt, sondern um ein Wirkungsfeld, das dem Einzelnen nicht allein gehört[1078]. Es geht um den Menschen – im Straßenverkehr, am Arbeitsplatz, im Bereich seiner gewerblichen oder politischen Betätigung. In der Rechtsprechung ist unumstritten, dass das unmittelbar aus der verfassungsrechtlichen Grundordnung herzuleitende allgemeine Persönlichkeitsrecht nicht nur den privaten Bereich der Person umschließt, sondern unter anderem auch die sich im Beruf verwirklichende Persönlichkeitsentfaltung[1079]. Der ausschließliche Schutz des Privatbereichs würde nämlich außer acht lassen, dass ein ganz wesentlicher Teil der Entwicklung und Entfaltung der Persönlichkeit in der Regel in der beruflichen Sphäre stattfindet. In dieser Sphäre kann aber dem Informationsinteresse der Öffentlichkeit ein erheblicher Rang zukommen: Wer hier bewusst in den Vordergrund tritt, beispielsweise indem er sich geschäftlich oder politisch betätigt, muss sich auch der Kritik aussetzen[1080]. Bei der „öffentliche Person" fällt der Bereich der beruflichen Tätigkeit nicht in die Sozialsphäre, sondern in die Öffent-

1071 So das OLG München AfP 1991, 435 (436) – Mauss, in einem Fall, in dem es um die mögliche Gefährung eines Privatdetektives ging.
1072 Prinz, M./Peters, B., a.a.O., 81.
1073 Vgl. BGH NJW 1987, 2667 (2668) – Langemann.
1074 BVerfGE 65, 1 (43ff.)- Volkszählungsurteil; BVerfGE 25, 202 (203) = NJW 1973, 1126 (1127) – Lebach; BGHZ 131, 332 = NJW 1996, 1128 (1129) – Caroline von Monaco III; BGH NJW 1991, 1552 (1553) – Notfalldienstarzt; BGH NJW 1981, 1366 – Der Aufmacher II.
1075 Vgl. BGH NJW 1988, 1984 (1985) – Telefonsex im Büro; OLG Hamburg AfP 1998, 643 (644).
1076 Vgl. Prinz, M./Peters, B., a.a.O., 82.
1077 Vgl. BGH NJW 1981, 1089 (1091) – Der Aufmacher I.
1078 Prinz, M./Peters, B., a.a.O., 83.
1079 LG Hamburg NJW 1989, 1160 (1161) – Aktenvermerk.
1080 BGH AfP 1995, 404 (407) = GRUR 1995, 270 (272) – Dubioses Geschäftsgebahren.

lichkeitssphäre. Ihr beruflicher Erfolg hängt unmittelbar von dem Erlangen von Aufmerksamkeit ab[1081]. Die „öffentliche Person" tritt dabei nicht nur jenseits der Privatsphäre nach außen so in Erscheinung, dass sie auch von Dritten wahrgenommen werden kann, sondern der berufliche Bereich ist ganz bewusst der Öffentlichkeit zugewandt[1082].

Grundsätzlich gilt auch innerhalb der Sozialsphäre der Grundsatz, dass dem Einzelnen vorbehalten ist, welche Öffentlichkeit er für seine Persönlichkeit herstellt.

Der BGH macht hinsichtlich dieser Regel aber eine Ausnahme: Tritt der Betroffene in einem Wirkungsfeld auf, das ihm nicht allein gehört, so können Bedürfnisse der Allgemeinheit bestehen, das Wirkungsfeld als solches zur Erörterung und Kritik zu stellen. Die Allgemeinheit kann ein Interesse daran haben, dass auch über die in dem öffentlichen Wirkungsfeld tätigen Personen berichtet wird. Der Persönlichkeitsschutz kann dann im Rahmen der Güterabwägung hinter dem allgemeinen Informationsinteresse zurücktreten[1083].

Grundsätzlich gehören auch strafrechtliche Ermittlungs- und Strafverfahren zur Sozialsphäre[1084]. Bei reinen Ordnungswidrigkeiten und Bagatelldelikten überwiegt das Veröffentlichungsinteresse das Persönlichkeitsrecht im Allgemeinen nicht[1085]. Es gibt aber auch Ausnahmen von dieser Regel, beispielsweise darf über eine Geschwindigkeitsübertretung einer „öffentlichen Person" sogar unter Namensnennung berichtet werden, wenn sie durch Herkunft und Heirat und durch ihr Verhalten das Interesse der Öffentlichkeit an der Frage geweckt hat, ob es weiterhin auffällige Verhaltensweisen oder sogar Gesetzesverstöße in der Öffentlichkeit von ihr gibt[1086]. Auch muss es ein Vorstandvorsitzender eines bekannten Unternehmens hinnehmen, dass die Einleitung eines Ermittlungsverfahrens unter Nennung seines Namens in den Medien mitgeteilt wird, wenn über die Umstände, die zu dem Ermittlungsverfahren führten, bereits heftig in der medialen Öffentlichkeit diskutiert wurde[1087]. Jedoch darf der Generalstaatsanwalt die entsprechenden Informationen nicht an die Presse weitergeben, bevor nicht der Betroffene als Beschuldigter des Ermittlungsverfahrens bzw. sein Verteidiger über die bevorstehende Weisung und Eröffnung des Ermittlungsverfahrens informiert wurde[1088]. Begründet wird das mit den erheblichen Auswirkungen im persönlichen Bereich des Betroffenen, die ein Ermittlungsverfahren auslöst. Es muss dem Beschuldigten die Möglichkeit gegeben werden, sich auf diese Folgen vorzubereiten[1089]. Außerdem ist zu bedenken, dass bei jeder Erfüllung des

1081 Siehe oben 1. Teil 1. Abschnitt 2. Kapitel 5.

1082 Ebenda. Vgl. zur Öffentlichkeitssphäre unten 2. Teil 1. Abschnitt 3. Kapitel 4.

1083 BGH NJW 1991, 1366 – Der Aufmacher II.

1084 Prinz, M./Peters, B., a.a.O., 83. Über strafrechtliche Ermittlungs- und Strafverfahren darf bei „öffentlichen Personen" berichtet werden, vgl. LG Düsseldorf NJW 2003, 2536 (2538).

1085 Prinz, M./Peters, B., a.a.O., 83.

1086 KG NJW 2004, 3637 (3638) – Raserei (nicht rechtskräftig). Der 9. Zivilsenat des KG stellt auf die Aufmerksamkeitserregung seitens des Betroffenen ab. Er weicht mit dieser Entscheidung in seinem rechtlichen Ansatz von der im Verfahren 10 U 412/03 vom 01.03.2004 sowie in den Hinweisbeschlüssen zu den Verfahren 10 U 410/03 und 10 U 411/03 vom 05.02.2004des 10. Senats des KG geäußerten Rechtsansicht ab. Der 10. Zivilsenat des KG will eine Berichterstattung unter Namensnennung nur bei einer entsprechend schweren Straftat zulassen oder wenn der Täter eine so genannte „absolute Person der Zeitgeschichte" ist.

1087 LG Düsseldorf NJW 2003, 2536 (2538).

1088 Ebenda; Loock, A., Persönlichkeitsrecht versus Medienfreiheit, NJ 2005, 157(159).

1089 LG Düsseldorf NJW 2003, 2536 (2538).

Auskunftsanspruchs der Medien auch mit einer Veröffentlichung der Information gerechnet werden muss, auch wenn die Presse verpflichtet ist, die Rechtmäßigkeit einer Veröffentlichung eigenständig zu überprüfen[1090]. Wird der Beschuldigte von einer solchen Veröffentlichung überrumpelt, ist es möglich, dass er den Medien gegenüber Aussagen macht, die ihm später im Verfahren zum Nachteil gereichen[1091]. Dem Aktualitätsdruck der Medien kommt bei der vorzunehmenden Güterabwägung ein geringerer Stellenwert als dem Persönlichkeitsrecht des Betroffenen zu, da die Vorab-Information des Betroffenen bzw. seines Verteidigers höchstens der Authentizität, nicht aber der Aktualität der Meldung schaden kann. Grund ist, dass der „Zeitverlust", der sich durch die vorherige Information des Betroffenen und der Verteidigung ergibt, eher gering ist. Ein Verlust des Informationswertes ist ebenfalls nicht zu befürchten. Die Information gelangt zwar ein wenig später an die Medien, ist aber trotzdem noch neu, da sie zuvor noch nicht gemeldet wurde[1092]. Bei gravierenden Straftaten ist eine Berichterstattung, bei der der Betroffene zu identifizieren ist, zulässig, wenn es um Fälle herausragender Kriminalität geht[1093]. Das Informationsbedürfnis tritt gegenüber dem Persönlichkeitsschutz mit zunehmender zeitlicher Distanz zur Verurteilung immer weiter zurück[1094]. So nahm das Oberlandesgericht Hamburg bei einer identifizierbaren Berichterstattung über den Frauenmörder Fritz Honka 17 Jahre nach der Tat ein Überwiegen seines Persönlichkeitsschutzes gegenüber dem öffentlichen Interesse an, da der Betroffene aufgrund der verstrichenen Zeit ein Interesse daran habe, „allein gelassen zu werden"[1095].

a) Rechtslage nach der bisherigen deutschen Rechtsprechung

Grundsätzlich besitzt die „öffentliche Person" im Bereich der Sozialsphäre nach der bisherigen deutschen Rechtsprechung kein Recht auf Anonymität. Sie muss es danach als Person mit zeitgeschichtlicher Bedeutung[1096] hinnehmen, dass die Allgemeinheit ein berechtigtes Interesse daran hat, zu erfahren, wo sie sich aufhält und wie sie sich in der Öffentlichkeit gibt, sei es beim Einkaufen auf dem Marktplatz, in einem Café, bei sportlicher Betätigung oder sonstigen Tätigkeiten des täglichen Lebens[1097].

„Ein Bezug zu einer irgendwie gearteten öffentlichen Funktion einer solchen Person ist dabei nicht erforderlich. Dementsprechend wird im Rahmen des § 23 Abs. 1 Nr. 1 KUG ein schützenswertes Informationsinteresse der Öffentlichkeit schon dann anzuerkennen sein, wenn es lediglich darum geht, wie sich der Betreffende als einfacher Mensch, also auch außerhalb seiner öffentlichen Funktionen, in der Öffentlichkeit

1090 KG Urteil vom 04.06.2004 – 9 U 26/04 (unveröffentlicht).

1091 Loock, A., a.a.O., 159.

1092 Loock, A., a.a.O., 158.

1093 BVerfG AfP 1998, 386 – Eigener Name; BVerfGE 25, 202 (207) = NJW 1973, 1226 (1230) – Lebach.

1094 BVerfGE 25, 202 = NJW 1973, 1226 – Lebach; BGH NJW 1993, 1463 (1464) – Kriminaldirektor; OLG Dresden, ZUM – RD 1998, 568 (569); OLG Nürnberg NJW 1996, 530 (531); OLG Hamburg ZUM 1995, 336 (338) – Honka II; OLG Hamburg AfP 1991, 537 – Honka I.

1095 OLG Hamburg ZUM 1995, 336 – Honka II.

1096 Siehe oben 1. Teil 5. Abschnitt 2. Kapitel 1.

1097 BGHZ 131, 332 (334) = NJW 1996, 1128 (1130) – Caroline von Monaco III.

bewegt. (...)"[1098]. Gegen diese Argumentation wird zutreffend eingewendet, dass der BGH nicht darüber aufklärt, worin das berechtigte Interesse der Allgemeinheit besteht[1099].

Diese deutsche Rechtspraxis führt dazu, dass der „öffentlichen Person" jegliche Anonymität außerhalb des häuslichen Bereichs versagt wird – wenn sie sich nicht ausdrücklich in eine örtliche Abgeschiedenheit zurückgezogen hat, in der sie erkennbar für sich allein sein will[1100]. Diese Beurteilung hat Auswirkungen auf die Persönlichkeitsentfaltung, da „öffentliche Personen" bei so familiären Tätigkeiten wie dem Abholen der Kinder von der Schule zum Freiwild der Fotografen werden und ihr Verhalten dementsprechend ausrichten[1101].

b) Rechtslage nach der Rechtsprechung des EGMR (Caroline von Hannover-Urteil)

Wie bereits oben ausgeführt[1102] hat der EGMR[1103] in dem Caroline von Hannover-Urteil[1104] das Kriterium der „örtlichen Abgeschiedenheit" als zu unbestimmt kritisiert[1105]. Nach dem EGMR soll grundsätzlich unterschieden werden zwischen der Berichterstattung über Tatsachen, die einen Beitrag zu einer Diskussion in einer demokratischen Gesellschaft leisten und Personen des politischen Lebens beispielsweise bei der Wahrnehmung ihrer Amtsgeschäfte betreffen und einer Berichterstattung über Einzelheiten des Privatlebens einer Person[1106]. Einzelheiten des Privatlebens entziehen sich nach Ansicht des EGMR in den meisten Fällen jeder politischen und öffentlichen Diskussion, es sei denn, es handelt sich um Politiker[1107]. Dem hält der Richter Cabral Barreto in seinem zustimmenden Votum entgegen, dass bei Personen des öffentlichen[1108] Lebens – zu denen die öffentliche Person zählt – auch bestimmte Aspekte des Privatlebens von Interesse sein können[1109]. Der hohe Bekanntheitsgrad von Personen des öffentlichen Lebens und das Interesse der Öffentlichkeit[1110] machten es notwendig, zwischen dem Privatleben eines normalen Bürgers und dem einer Person des öffentlichen Lebens zu unterscheiden[1111]. Er verweist auf das BVerfG, das festgestellt hat, die Öffentlichkeit habe „ein berechtigtes Interesse daran zu erfahren, ob solche Personen, die oft als Idol oder Vorbild gelten, funktionales und persönliches Ver-

---

1098 BGHZ131, 332 (336) = NJW 1996, 1128 (1131) – Caroline von Monaco III.

1099 Prinz, M., Der Schutz der Persönlichkeitsrechte vor Verletzung durch die Medien, in: NJW 1995, 817 (821); Guha, H.A., a.a.O., 63.

1100 Vgl. BGHZ 131, 332 = NJW 1996, 1128ff. – Caroline von Monaco III.

1101 Vgl. Prinz, M., a.a.O., 820.

1102 Oben 2. Teil 1. Abschnitt 3. Kapitel 2. b.

1103 Der EGMR unterscheidet nicht Privat- und Sozialsphäre, sondern subsumiert auch den Bereich der Sozialsphäre unter die Privatsphäre, vgl. EGMR NJW 2004, 2647 (2648) = EuGRZ 2004, 404 (411) – Caroline von Hannover.

1104 EGMR NJW 2004, 2647 = EuGRZ 2004, 404 (411) – Caroline von Hannover.

1105 EGMR NJW 2004, 2647 (2650) = EuGRZ 2004, 404 (414) – Caroline von Hannover.

1106 EGMR NJW 2004, 2647 (2649) = EuGRZ 2004, 404 (414) – Caroline von Hannover.

1107 EGMR NJW 2004, 2647 (2650) = EuGRZ 2004, 404 (414) – Caroline von Hannover.

1108 „Öffentlich" ist in diesem Zusammenhang im Sinne von „von allen wahrnehmbar" zu verstehen.

1109 EGMR NJW 2004, 2647 (2651) = EuGRZ 2004, 404(415) – Caroline von Hannover.

1110 „Öffentlichkeit" ist hier als „Allgemeinheit" zu interpretieren.

1111 EGMR NJW 2004, 2647 (2651) = EuGRZ 2004, 404(415) – Caroline von Hannover.

halten überzeugend in Übereinstimmung bringen."[1112] Das Recht auf Privatleben hat nach Barreto der Freiheit der Meinungsäußerung oder dem Recht auf Information dann vorzugehen, wenn eine Person des öffentlichen Lebens die berechtigte Erwartung haben darf, vor den Medien geschützt zu sein[1113]. „Es wird nie einfach sein, allgemein festzulegen, wann eine ‚berechtigte Erwartung' vorliegt. Daher ist ein Vorgehen von Fall zu Fall gerechtfertigt."[1114]
Auch der Richter Zupancic unterstützt in seinem zustimmenden Votum die Auffassung seines Kollegen Barreto und stellt ebenfalls auf die „berechtigte Erwartung" ab. Jemand, der sich freiwillig in die Öffentlichkeit begibt, kann nach Meinung Zupancic nicht behaupten, eine Privatperson mit dem Recht auf Anonymität zu sein[1115].

„Das Privatleben lässt sich vom öffentlichen Auftreten unmöglich durch einen eisernen Vorhang trennen. Kriterium ist, ob eine Person die berechtigte Erwartung hat, sich im privaten Bereich aufzuhalten."[1116]

Meines Erachtens ist den Voten von Barreto und Zupancic nicht zuzustimmen Das Abstellen auf die „berechtigte Erwartung vor den Medien geschützt zu sein" greift zu kurz. Käme es auf dieses Kriterium an, könnte über jeden Lebensmittelkauf der „öffentlichen Person" berichtet werden, da die „öffentliche Person" nicht erwarten kann, im Supermarkt vor den Medien geschützt zu sein. Der Informationswert hinsichtlich eines Lebensmittelkaufes ist aber grundsätzlich als gering einzuschätzen, so dass bei der Güterabwägung der Persönlichkeitsrechtsschutz überwiegt. Etwas anderes gilt nur, wenn beispielsweise eine „öffentliche Person", die sich öffentlich gegen den Walfischfang ausspricht, plötzlich Walfischfleisch kauft. In diesem Fall stimmt funktionales und persönliches Verhalten nicht überein. Ein Bericht über den Kauf würde zur öffentlichen Debatte beitragen. Er wäre auch nach der Rechtsprechung des EGMR erlaubt, da der EGMR unter besonderen Umständen ein Informationsrecht an bestimmten Aspekten des Privatlebens von „öffentlichen Personen" anerkennt[1117].

Das LG Berlin[1118] führt zu diesem Problem aus: „Eine Begrenzung der Bildnisveröffentlichung auf die Funktion einer Person von zeitgeschichtlicher Bedeutung würde demgegenüber das öffentliche Interesse, welches solche Personen berechtigterweise wecken, unzureichend berücksichtigen und zudem eine selektive Darstellung begünstigen, die dem Publikum Beurteilungsmöglichkeiten vorenthielte, die es für Personen des gesellschaftlichpolitischen Lebens wegen ihrer Leitbildfunktion und ihres Einflusses benötigt (vgl. BVerfG NJW 2000, 1021, 1025)".
Das LG Berlin stellt damit ebenfalls darauf ab, dass ein (Bild-) Bericht das Telos haben muss, Beurteilungsmöglichkeiten im Rahmen des gesellschaftlich-politischen Kontextes der Person zu schaffen. Ein überwiegendes Informationsinteresse der All-

1112 BVerfG NJW 2000, 1021 (1025).
1113 EGMR NJW 2004, 2647 (2652) = EuGRZ 2004, 404 (415) – Caroline von Hannover.
1114 Ebenda.
1115 Ebenda.
1116 Ebenda.
1117 Vgl. EGMR NJW 2004, 2647 (2650) = EuGRZ 2004, 404 (414) – Caroline von Hannover.
1118 LG Berlin Urteil vom 05.03.2002 – 27.O. 75/02 (unveröffentlicht).

gemeinheit daran, wie Prinzessin Caroline von Hannover im Schwimmbad stolpert, kann es nicht geben.

Der Vorschlag Ladeurs[1119], in der Öffentlichkeit und zwar auch im Bereich der „Abgeschiedenheit" ein Recht auf Berichterstattung und Fotografieren anzuerkennen, soweit es sich um „neutrale" (oder positive) Berichte handelt, ist abzulehnen. Neutrale Berichte gibt es kaum, denn allein die Auswahl eines Restaurants oder eines Urlaubsortes lässt Rückschlüsse auf die Persönlichkeit des Betroffenen zu und kann Einfluss auf das Persönlichkeitsbild (Image) nehmen, das die Rezipienten von einer „öffentlichen Person" haben[1120]. Stellt man auf die positive Wirkung eines Berichts ab, so ist die „öffentliche Person" jeglicher Willkür ausgesetzt, da die Einschätzung, ob ein Bericht positiv ist oder nicht, subjektiv ist.

Es ist der Auffassung des EGMR zu folgen[1121].

Hinsichtlich der Bindung deutscher Gerichte an Urteile des EGMR stellt sich die Rechtslage folgendermaßen dar:
Der EGMR kann weder Gestaltungsurteile erlassen noch Urteile staatlicher Gerichte oder Gesetze aufheben[1122]. Die Entscheidung des EGMR hat dennoch entscheidende Auswirkungen auf die deutsche Rechtssprechung. Die Bundesrepublik Deutschland ist vertragsvölkerrechtlich verpflichtet, die Rechtsprechung des EGMR zu beachten[1123]. Der Bundesgesetzgeber hat der Europäischen Menschenrechtskonvention mit förmlichen Gesetz gemäß Art. 59 Abs. 2 GG zugestimmt[1124]. Damit stehen die Europäischen Menschenrechtskonvention und ihre Zusatzprotokolle – soweit sie für die Bundesrepublik Deutschland in Kraft getreten sind – im Range eine Bundesgesetzes[1125]. Auch wenn diese Rangzuweisung nicht dazu führt, dass die Europäische Menschenrechtskonvention und ihre Zusatzprotokolle in der Bundesrepublik Deutschland einen unmittelbaren verfassungsrechtlichen Prüfungsmaßstab bilden, haben die deutschen Gerichte die Konvention wie anderes Gesetzesrecht des Bundes im Rahmen methodisch vertretbarer Auslegung zu beachten und anzuwenden[1126]. Mit der Ratifikation hat sich die Bundesrepublik Deutschland gemäß Art. 1 EMRK dazu verpflichtet, sicherzustellen, dass ihre innerstaatliche Rechtsordnung mit der Konvention übereinstimmt. Das ist in einem durch den Grundsatz der Gewaltenteilung beherrsch-

1119 Ladeur, K.-H., Schutz von Prominenz als Eigentum. Zur Kritik der Caroline-Rechtsprechung des BVerfG, in: ZUM 2000, 879 (886).
1120 Siehe oben 1. Teil 1. Abschnitt 2. Kapitel 5.
1121 A.A. beispielsweise Soehring, J./Seelmann-Eggebert, S., Die Entwicklung des Presse- und Äußerungsrechts in den Jahren 2000 bis 2004, NJW 2005, 571 (576).
1122 Meyer-Ladewig, J./Petzold, H., Die Bindung deutscher Gerichte an Urteile des EGMR. Neues aus Straßburg und Karlsruhe, NJW 2005, 15 (16).
1123 BVerfG NJW 2004, 3407 (3408).
1124 Vgl. Gesetz über die Konvention zum Schutze der Menschenrechte und Grundfreiheiten v. 07.08.1952, BGBl II 685; die Konvention ist gemäß der Bekanntmachung v. 15.12.1953, BGBl. II 1954, 14, am 03.09.1953 für die Bundesrepublik Deutschland in Kraft getreten; Neubekanntmachung der Konvention in der Fassung des 11. Zusatzprot. in BGBl. II 2002, 1954.
1125 BVerfG NJW 2004, 3407 (3408) m.w.N.; Meyer-Ladewig, J./Petzold, H., a.a.O., 17.
1126 Ebenda.

ten demokratischen Rechtsstaat nur möglich, wenn alle Träger hoheitlicher Gewalt an die Gewährleistungen der Konvention gebunden werden[1127]. Danach unterliegen auch die deutschen Gerichte einer Pflicht zur Berücksichtigung der Entscheidungen des Gerichtshofs[1128]. Die Rechtsprechung des EGMR muss somit als Auslegungshilfe für die Bestimmung von Inhalt und Reichweite von Grundrechten dienen, sofern das nicht zu einer Einschränkung oder Minderung des Grundrechtsschutzes nach dem Grundgesetz führt[1129]. Sind für die Beurteilung eines Sachverhalts Entscheidungen des Gerichtshofes einschlägig, so sind grundsätzlich die vom Gerichtshof in seiner Abwägung berücksichtigten Aspekte auch in die verfassungsrechtliche Würdigung einzubeziehen[1130]. Es hat eine Auseinandersetzung mit den vom Gerichtshof gefundenen Abwägungsergebnissen stattzufinden[1131]. Das BVerfG hält eine Einpassung der Entscheidungen des EGMR in durch eine differenzierte Kasuistik geformte nationale Teilrechtssysteme – wie das allgemeine Persönlichkeitsrecht – für unabdingbar[1132]. Das BVerfG begründet seine Auffassung damit, dass es weder der völkervertraglich Grundlage noch dem Willen des Gerichtshofes entsprechen kann, mit seinen Entscheidungen gegebenenfalls notwendige Anpassungen innerhalb einer nationalen Teilrechtsordnung unmittelbar selbst vorzunehmen.[1133] Die deutschen Gerichte müssen bei der Abwägung zwischen Persönlichkeitsschutz und Pressefreiheit die vom EGMR entwickelten Maßstäbe künftig als Interpretationshilfe heranziehen. Zu beachten ist dabei, dass die Rechtsprechung des EGMR nicht Verfassungsrecht außer Kraft setzt. An bestehenden verfassungsrechtlichen Grundsätzen ist festzuhalten, auch soweit sie im Urteil des EGMR keinen oder kaum Niederschlag gefunden haben[1134]. „Dazu zählt, dass sich auch die Unterhaltungspresse auf die Meinungsfreiheit berufen kann, dass der Schutz des Persönlichkeitsrechts eingeschränkt wird, wenn es vom Betroffenen selbst kommerzialisiert wird und dass der Betroffene seine Privatsphäre nicht dadurch ausweiten kann, dass er in der Öffentlichkeit intime Verhaltensweisen an den Tag legt"[1135]. Die Bindungswirkung von Urteilen des BVerfG ist gelockert, wenn es der Völkerrechtsfreundlichkeit dient[1136] Insgesamt aber wird es zu einer Angleichung der deutschen Rechtslage an die neue Auslegung von Art. 8 EMRK kommen, was einen intensiveren Schutz der Privatsphäre bzw. Sozialsphäre zur Folge hat[1137]. Sollten die deutschen Gerichte die EGMR-Rechtsprechung zu Art. 8 EMRK nicht bei der Grundrechtsauslegung beachten, ist die Bundesrepublik Deutschland vertragsvölkerrechtlich verpflichtet, durch Gesetzgebungsmaßnahmen

---

1127 BVerfG NJW 2004, 3407 (3410) m.w.N.
1128 Ebenda.
1129 BVerfGE 74, 358 = NJW 1987, 2427; BVerfGE 82, 106 = NJW 1990, 2741 (2742).
1130 BVerfG NJW 2004, 3407 (3410) m.w.N.
1131 Ebenda.
1132 BVerfG NJW 2004, 3407 (3411).
1133 Ebenda.
1134 KG NJW 2005, 605 (606) = ZUM 2005, 73 (75).
1135 Ebenda.
1136 KG NJW 2005, 605 (607) = ZUM 2005, 73 (75).
1137 Heldrich, A., Persönlichkeitsschutz und Pressefreiheit nach der Europäischen Menschenrechtskonvention, NJW 2004, 2634 (2636); vgl. im Endeffekt auch KG 2005, 605 = ZUM 2005, 73.

einen den Anforderungen der Europäischen Menschenrechtskonvention entsprechenden Rechtszustand zu schaffen[1138].

4. Öffentlichkeitssphäre

Die Öffentlichkeitssphäre erfasst den Bereich des menschlichen Verhaltens, der ganz bewusst der Öffentlichkeit zugekehrt ist[1139].Nimmt beispielsweise ein Sportler an der Olympiade teil oder gibt ein Sänger ein Konzert, dann handelt es sich um die Öffentlichkeitssphäre. Auftritte in Fernsehtalkshows oder als Schauspieler in einem Film sind ebenfalls diesem Bereich zuzuordnen[1140].
Eingriffe in die Öffentlichkeitssphäre sind im Rahmen einer Güterabwägung zu beurteilen. In die Abwägung fließt die Ansicht ein, dass derjenige, der sich ins Rampenlicht begibt, regelmäßig kein schützenswertes Interesse daran hat, dass darüber in den Medien nicht berichtet wird[1141].
Für die „öffentliche Person" heißt das, dass alles, was sie zur Konstruktion ihres öffentlichen Images benutzt, zur Öffentlichkeitssphäre rechnet und nur in Ausnahmefällen geschützt ist.

5. Geheimsphäre

„Privat" und „geheim" sind zwei nicht identische Begriffe. Privates kann geheim sein, muss es aber nicht. Geheimes kann privat sein, muss es aber nicht, wenn man etwa von Staatsgeheimnissen spricht[1142].
Unter Geheimsphäre versteht man den Bereich von Kommunikation und Dokumentation, für den die Rechtsordnung ein Geheimhaltungsinteresse akzeptiert.[1143] Zu ihr zählen unter anderem Telefonate[1144], heimliche Tonbandaufnahmen[1145], Notizen und persönliche Aufzeichnungen eines Menschen[1146], ärztliche Zeugnisse über den Gesundheitszustand[1147] und Tagebuchaufzeichnungen[1148]. Ebenso fallen hierunter Geheimnisse, die nach § 203 StGB einem Amtsträger oder einer beruflichen Vertrau-

---

1138 Ebenda; BVerfG NJW 2004, 3407 (3410) m.w.N. Missverständlich BVerfG NJW 2004, 3410, da der Vorrang des GG nur gilt, solange die zur Durchführung eines Straßburger Urteils erforderliche Vertragsänderung noch nicht erfolgt ist. Die EMRK kann aber durchaus Verfassungsänderungen nötig machen, vgl. Meyer-Ladewig, J./Petzold, H., a.a.O., 19.

1139 Prinz, M./Peters, B., a.a.O., 84 m.w.N.

1140 LG Berlin NJW 1997, 1155 – Pornodarsteller.

1141 Etwas anderes gilt nur, wenn beispielsweise die Tätigkeit als Pornodarsteller 20 Jahre zurückliegt und darüber bereits mehrfach berichtet wurde, LG Berlin NJW 1997, 1155 – Pornodarsteller.

1142 Rössler, B., a.a.O., 17.

1143 BGH NJW 1991, 1532 (1533) – Notfalldienstarzt; BGH AfP 1979, 304 (305) – Kohl/Biedenkopf I, BGHZ 24, 72 = NJW 1957, 1146 (1147) – Krankenpapiere; BGH NJW 1954, 1404 (1405) – Leserbrief; LG Hamburg NJW 1989, 1160 (1161) – Aktenvermerk.

1144 BGH NJW 1979, 647 – Kohl/Biedenkopf I.

1145 BGH NJW 1987, 2667 (2668).

1146 LG Berlin, Urteil vom 25.09.1997- 27 U 268/97 (nicht veröffentlich).

1147 BGH NJW 1957, 1146 (1147) – Krankenpapiere.

1148 BGHZ 15, 249, 257.

ensperson anvertraut wurden, sowie geschäftliche Notizen und Aufstellungen zu internen Zwecken im Geschäftsleben[1149].
Grundsätzlich findet im Rahmen der Geheimsphäre eine Güterabwägung statt[1150], es sei denn es kommt zu einer Überschneidung mit der absolut geschützten Intimsphäre.
Bei der Abwägung ist zu beachten, dass eine freie Entfaltung der Persönlichkeit nur möglich ist, wenn dem Betroffenen eine Sphäre bleibt, die Dritten grundsätzlich verschlossen ist. Insbesondere der Entwurf von Handlungszielen, die Überprüfung von Handlungsmöglichkeiten und die Bewertung von Handlungsfolgen sollten nicht immer für andere zugänglich sein[1151]. Die Bedeutung dieser „Vertrauenssphäre"[1152] ist Voraussetzung für jedes Individuum, sich frei zu entfalten[1153].
Die Geheimsphäre einer „öffentlichen Person" ist ebenso wie bei jedem anderen schützenswert, da sie für die Entfaltung ihrer Persönlichkeit Rückzugsmöglichkeiten benötigt[1154].

6. Persönliche Ehre

Das Recht der persönlichen Ehre schützt vor Herabsetzung und Kränkung[1155]. Es ist eine Ausprägung des allgemeinen Persönlichkeitsrechts[1156].

Der Mensch hat eine Doppelnatur: Er ist Individuum und soziales Wesen, ist Intim- und Sozialperson. Als Intimperson braucht er die Anerkennung anderer, als Sozialperson friedens- und freiheitsgewährleistende Umgangsformen mit den anderen. Daher kann man die Ehre definieren als das die Selbständigkeit der Intimperson gewährleistende Anerkennungsverhältnis mit den anderen Mitgliedern der Gesellschaft. Ehrverletzungen können durch Äußerungen von ehrenrührigen Tatsachen oder durch Meinungsäußerungen begangen werden, bei denen die Kritik dermaßen heftig ist, dass sie von Artikel 5 GG nicht mehr gedeckt wird.
Meinungen können richtig oder falsch sein, aber jedermann steht grundsätzlich die Freiheit zu, auch unrichtige Meinungen zu äußern, Art. 5 Abs. 1 GG. Die Meinungsäußerungsfreiheit des Art. 5 Abs. 1 GG erfasst zwar auch Tatsachenbehauptungen, nicht aber die Behauptung oder Verbreitung bewusst unrichtiger Tatsachen[1157]. Wird die Unwahrheit ehrenrühriger Tatsachenbehauptungen bewiesen, so kann Widerruf, im Falle von Presseveröffentlichungen auch Berichtigung oder Gegendarstellung verlangt werden. Im Falle beleidigender Meinungsäußerungen besteht jedoch

---

1149 Prinz, M./Peters, B., a.a.O., 87.
1150 BGH NJW 1991, 1532 (1533) – Notfalldienstarzt; BGH AfP 1979, 304 (305) = NJW 1979, 647, 648 – Kohl/Biedenkopf I; LG Hamburg NJW 1989, 1160 (1161) – Aktenvermerk.
1151 Siehe oben 1. Teil 3. Abschnitt 2. Kapitel.
1152 BGH NJW 1987, 2667 (2669) – Langemann.
1153 Vgl. oben 1. Teil 3. Abschnitt 2. Kapitel.
1154 Ebenda.
1155 BVerfGE 82, 272= NJW 1991, 95 (96) – Zwangsdemokrat.
1156 BVerfG NJW 1993, 1463 – Poller; BVerfG NJW 1980, 2070 (2071) – Eppler.
1157 Siehe oben 1. Teil 2. Abschnitt 1. cc.

kein Widerrufsrecht. Wegen der verschiedenen Rechtsfolgen ist die Abgrenzung von Tatsachenbehauptungen und Werturteilen erforderlich[1158].
Schutzgut sind die innere und äußere Ehre. „Innere" Ehre ist die dem Einzelnen aufgrund seines Menschseins zukommende statisch-konstante personale Würde[1159]. Als „äußerer" Ehre wird der sogenannte „gute Ruf" eines Menschen innerhalb der Gemeinschaft bezeichnet[1160].

Im Falle der Kollision des allgemeinen Persönlichkeitsrechts in Form der persönlichen Ehre mit der Meinungsäußerungsfreiheit haben BVerfG und BGH Grundsätze entwickelt. Der BGH hat in der FCKW-Entscheidung[1161] dazu folgendes ausgeführt: „Da es de r Sinn jeder zur Meinungsbildung beitragenden öffentlichen Äußerung ist, Aufmerksamkeit zu erregen, sind angesichts der heutigen Reizüberflutung aller Art einprägsame, auch starke Formulierungen hinzunehmen (BVerfGE 24, 278 (286) NJW 1969, 227). Das gilt auch für Äußerungen, die in scharfer und abwertender Kritik bestehen, mit übersteigerter Polemik vorgetragen werden oder in ironischer Weise formuliert sind (Senat, NJW 1987, 1398 = VersR 1986, 992). Der Kritiker darf seine Meinung grundsätzlich auch dann äußern, wenn sie andere für „falsch" oder für „ungerecht" halten (Senat NJW 1987, 1398 = VersR 1986, 992). Auch die Form der Meinungsäußerung unterliegt der durch Art. 5 Abs. 1 GG geschützten Selbstbestimmung des Äußernden (BVerfGE 60, 234 (241) = NJW 1982, 2655). Verfolgt der Äußernde nicht eigennützige Ziele, sondern dient sein Beitrag dem geistigen Meinungskampf in einer die Öffentlichkeit wesentlich berührenden Frage, dann spricht die Vermutung für die Zulässigkeit der Äußerung; eine Auslegung der die Meinungsfreiheit beschränkenden Gesetze, die an die Zulässigkeit öffentlicher Kritik überhöhte Anforderungen stellt, ist mit Art. 5 Abs.. 1 GG nicht vereinbar (BVerfGE 42, 163 (170) = NJW 1976, 1680; BVerfGE 66, 116 (139) = NJW 1984, 1741; BVerfGE 68, 226 (232) = NJW 1985, 787). Für die Beurteilung der Reichweite des Grundrechtsschutzes aus Art. 5 Abs. 1 GG kommt es ferner maßgeblich darauf an, ob und in welchem Ausmaß der von den Äußerungen Betroffene seinerseits an dem von Art. 5 Abs. 1 GG geschützten Prozess öffentlicher Meinungsbildung teilgenommen, sich damit aus eigenem Entschluss den Bedingungen des Meinungskampfes unterworfen und sich durch dieses Verhalten eines Teils seiner schützenden Privatsphäre begeben hat (BVerfGE 54, 129 (138) = NJW 1980, 2069). Erst wenn bei einer Äußerung nicht mehr die Auseinandersetzung in der Sache, sondern die Herabsetzung der Person im Vordergrund steht, hat die Äußerung – auch wenn sie eine die Öffentlichkeit wesentlich berührende Frage betrifft – als Schmähung regelmäßig hinter dem Persönlichkeitsrecht des Betroffenen zurückzutreten (BVerfGE 82, 272 (283f.) = NJW 1991, 95; BVerfGE 85, 1 (16) = NJW 1992, 1439)."
Nach der FCKWEntscheidung[1162] des BGH ist demnach die Ehre des Einzelnen gegenüber der Meinungsfreiheit nur gering geschützt. Allerdings kommt es bei der Abwägung entscheidend darauf an, ob der Betroffene hinsichtlich der streitbefangenen Debatte die Öffentlichkeit gesucht hat. Bei einem Arzt, der in der Öffentlichkeit

---

1158 Vgl. Ehmann, H., a.a.O., Anh § 12 Rdnr. 241.
1159 Gronau, K., a.a.O., 67.
1160 Vgl. BGHSt. 1, 288 (289); 11, 67, 79f.; 36, 145, 147.
1161 BGH NJW 1994, 124 (126) – FCKW.
1162 BGH NJW 1994, 124 – FCKW.

nie zu dem Thema „Abtreibung" Stellung genommen hatte und dessen Abtreibungsvornahmen öffentlich angeprangert wurden, ließ der BGH das Recht auf Meinungsäußerung hinter dem allgemeinen Persönlichkeitsrecht zurücktreten[1163]. Begründet wurde das damit, dass der Betroffene willkürlich aus einer Vielzahl von Abtreibungsmedizinern ausgewählt und als Privatperson in eine von ihm ungewollte und nicht herausgeforderte Öffentlichkeit gedrängt wurde[1164].

In der Regel können ehrkränkende Äußerungen, die der Rechtsverfolgung oder der Verteidigung in einem Gerichtsverfahren dienen, nicht mit Ehrenschutzklagen abgewiesen werden[1165]. Äußerungen außerhalb der prozessualen Rechtsverfolgung in Rundschreiben oder ähnlichen an die Öffentlichkeit gerichteten Aktionen werden von diesem Schutz nicht erfasst[1166]. Das allgemeine Persönlichkeitsrecht eines Dritten verletzende Behauptungen, die nach diesen Grundsätzen zur Wahrung der Rechtsverfolgung in einem laufenden Gerichtsverfahren zulässig sind, werden mithin unzulässig, wenn sie außerhalb dieses Verfahrens aufgestellt oder verbreitet werden, sofern sich ihre Zulässigkeit nicht aus weiteren Umständen ergibt[1167].
In Fällen, in denen zweifelhaft ist, welchen Inhalt die Erklärung hat, ist auf das Verständnis desjenigen abzustellen, an den die Erklärung gerichtet war und der dadurch in seiner Ehre verletzt sein könnte[1168]. Ist die Erklärung einem Dritten gegenüber abgegeben worden, so ist darauf abzustellen, wie dieser Dritte sie verstanden hat[1169]. Auch wenn die Rezipienten die Meinungsäußerung anders als der Betroffene oder anders als ein Dritter nicht als beleidigend verstanden haben, der Äußernde den Betroffenen aber schuldhaft in der inneren und/oder äußeren Ehre verletzen wollte, ist ein Ehrverletzung anzunehmen.
Ehrverletzungen sind Äußerungsdelikte, die in der Regel verbal erfolgen, aber auch durch Körpersprache wie das Tippen an die Stirn begangen werden können[1170].

Werden in den Medien durch Berichte, Interviewpartner oder Studiogäste ehrverletzende Äußerungen verbreitet, so haften die Verbreiter jedenfalls dann, wenn sie sich die fremde Beleidigung ohne hinreichende Beachtung der Recherchierungspflicht zu eigen machen[1171]. Das kann durch die Gestaltung der Sendung geschehen[1172], auch durch bloße „Anmoderation"[1173] oder dadurch, dass die Äußerung in den Mittelpunkt des Berichts gestellt wird[1174]. Ob die Fernsehanstalten sich eine ehrverletzende Äußerung zu eigen gemacht haben, wird aus der Sicht des Durchschnittsempfängers entschieden[1175]. Inwieweit sich der Moderator bei Livesendungen von Äußerungen seiner

1163 BGH NJW 2005, 592.
1164 Ebenda.
1165 BGH NJW 1992, 1314 (1315).
1166 Ebenda.
1167 KG Urteil vom 27.06.2000 – 9 U 8609/99 (unveröffentlicht).
1168 Ehrman, H., a.a.O., Anh. § 12 Rdnr. 255.
1169 Ehmann, H., a.a.O., Anh: § 12 Rdnr. 257.
1170 Ehmann, H., a.a.O., Anh: § 12 Rdnr. 265.
1171 RGZ 148, 154 – Tod infolge Falschmeldung.
1172 BGHZ 66, 182, 190 – Panorama.
1173 BGH NJW 1985, 1621 – Türkenflug.
1174 OLG München AfP 72, 280.
1175 BGH NJW 1964, 1144.

„Gäste" distanzieren oder diese unterbrechen muss, ist eine Frage des Einzelfalls[1176]. Für Zeitungsinterviews gilt Entsprechendes[1177]. Leserbriefe mit ehrverletzendem Inhalt müssen entweder nachgeprüft oder sie dürfen nicht veröffentlicht werden.

Die anonyme Verbreitung eines verleumderischen ausländischen Zeitungsartikels kann grundsätzlich nicht durch die Wahrnehmung berechtigter Interessen gerechtfertigt werden[1178]. Bei der „öffentlichen Person" kann die Verbreitung durch das Informationsinteresse daran, dass eine solche Äußerung über den Betroffenen aufgestellt wurde oder als Gerücht herumerzählt wird, gerechtfertigt werden. In solchen Fällen muss sich der Verbreiter jedoch von der Äußerung distanzieren[1179]. Die Distanzierung darf aber nicht nur zum Schein geschehen[1180].

Eine Ehrverletzung kann sich durch Schmähkritik, eine Formalbeleidigung oder durch Erwähnung im ehrverletzenden Zusammenhang ergeben. Im Nachfolgenden sollen die genannten Alternativen der Ehrverletzung näher dargestellt werden.

a) Schmähkritik

Unter Schmähkritik versteht man eine herabsetzende Äußerung, bei der nicht die Auseinandersetzung in der Sache, sondern die Diffamierung der Person im Vordergrund steht. „Sie muss jenseits auch polemischer und überspitzter Kritik in der Herabsetzung der Person bestehen."[1181] So hat das BVerfG[1182] beispielsweise eine Schmähkritik bei folgender Besprechung von Heinrich Bölls Roman „Und sagte kein einziges Wort" bejaht:
„ Es ist schon schlechthin phantastisch, was für ein steindummer, kenntnisloser und talentfreier Autor schon der junge Böll war, vom alten fast zu schweigen – und mehr noch: Er war, gegen's allzeit und bis heute kurrente Klischee und mit Sicherheit gegen seine eigene Selbsteinschätzung, auch einer der verlogensten, ja korruptesten. Dass ein derartiger z.T. pathologischer, z.T. ganz harmloser Knallkopf den Nobelpreis erringen durfte, dass Hunderttausende lebenslang katholisch belämmerte und verheuchelte Idioten jahrzehntelang den häufig widerwärtigen Dreck weglasen; dass heute noch die Grünen auf eben ihm Stiftungshäuser erbauen – ist das nicht alles wunderbar? (...)"

Bei einem 24jährigem Reserveoffizier, der trotz einer Querschnittslähmung im Rollstuhl an einer Reserveübung teilnehmen wollte und daraufhin als geborener Mörder bezeichnet wurde, wurde die Annahme einer Schmähkritik verneint[1183]. Beleidigungen unter der Bezeichnung eines Kollektivs („Soldaten sind Mörder") stellen grundsätzlich keine Schmähkritik eines Einzelnen dar, da es sich um keine überschaubare

---

1176 Ehmann, H., a.a.O., Anh § 12 Rdnr. 268.
1177 OLG Hamburg AfP 83, 412.
1178 BGH NJW 1966, 1213 – Luxemburger Wort.
1179 BGH NJW 1966, 2010 – Teppichkehrmaschine, BGH NJW 1970, 187 – Hormoncreme; BGHZ 31, 308 – Abgeordnetenbestechung.
1180 Vgl. BGHZ 39, 125.
1181 BVerfG NJW 1993, 1462 – Heinrich Böll m.w.N.
1182 Ebenda.
1183 BVerfGE 86, 1 (11) = NJW 1992 (2073).

Gruppe handelt[1184]. Anders fällt die Beurteilung aus, wenn alle Soldaten der Bundeswehr beleidigt werden, da es sich hier um eine überschaubare Gruppe handelt[1185]. Zu beachten ist bei der Beurteilung einer Kollektivbeleidigung als Schmähkritik eines Einzelnen, dass die Betroffenheit des Einzelnen desto schwächer wird, je größer das Kollektiv ist, auf das sich die Beleidigung bezieht. Je größer das Kollektiv, desto mehr verwandelt sich die Beleidigung der einzelnen Mitglieder in eine Beleidigung des Kollektivs (der Institution). Eine solche „Sammelbeleidigung" kann in der Regel keine persönliche Diffamierung, das heißt keine Schmähkritik, darstellen[1186].
Liegt eine Schmähkritik vor, dann tritt die Meinungsfreiheit aus Art. 5 Abs. 1 GG regelmäßig hinter dem grundrechtlich geschützten Ehrschutz des Einzelnen zurück[1187]. Das Ausmaß des Schutzes der Meinungsfreiheit nach Art. 5 Abs. 1 GG hängt nach Auffassung des BVerfG[1188] vom Telos der Meinungsäußerung ab. Beiträge zur Auseinandersetzung in einer die Öffentlichkeit wesentlich berührenden Frage genießen danach stärkeren Schutz als Äußerungen, die lediglich der Verfolgung privater Interessen dienen[1189]. So wurde aufgrund des öffentlichen Interesses an der Meinungsfreiheit eine Schmähkritik bei der Bezeichnung eines Profifußballers als „Abkassierer" verneint[1190]. In der öffentlichen Auseinandersetzung, insbesondere im politischen Meinungskampf, muss auch Kritik hingenommen werden, die in überspitzter und polemischer Form geäußert wird, weil andernfalls die Gefahr einer Lähmung oder Verengung des Meinungsbildungsprozesses droht[1191].
Allerdings gibt es auch hier Grenzen: Franz Josef Strauß als Schwein mit anderen Schweinen in Richterroben ging der Justiz zu weit: „Der Rechtsstaat ist geknickt, Strauß hat die Justiz ge ..."[1192].

Auch derjenige, der sich im Wirtschaftsleben betätigt, muss es hinnehmen, dass er in weitem Umfang kritisiert wird[1193]. Für die „öffentliche Person", deren Wirken sich vor den Augen der Allgemeinheit abspielt, gilt daher, dass sie Kritik in weitem Maße hinnehmen muss.
Im Endeffekt ist es nach wie vor eine Entscheidung des Einzelfalls, ob eine Schmähkritik vorliegt[1194]. So wurde im Falle einer Fernsehansagerin, die als „ausgemolkene Ziege" bezeichnet wurde, eine Schmähkritik angenommen[1195] und bei der Bezeich-

1184 Vgl. Ehmann, H., a.a.O., Anh § 12, Rdnr. 312.
1185 BVerfG NJW 1995, 3306 – Mörder IV.
1186 Ehmann, H., a.a.O., Anh § 12, Rdnr. 239.
1187 BVerfG NJW 1993, 1462 – Heinrich Böll m.w.N.
1188 BVerfGE 82, 272 = NJW 1991, 95 (96) – Zwangsdemokrat.
1189 BVerfGE 82, 272 = NJW 1991, 95 (96) – Zwangsdemokrat; BVerfGE 66, 116 (139) – Der Aufmacher; BVerfGE 61, 1 (11) = NJW 1983, 1415 (1417)- NPD von Europa; BVerfGE 51, 129 (137) – Kunstkritiker.
1190 OLG Celle AfP 1997, 819.
1191 BVerfGE 82, 272 = NJW 1991, 95 (96) – Zwangsdemokrat; BVerfGE 60, 234 (241) – Kredithaie; BVerfGE 51, 129 (139) – Kunstkritiker.
1192 Zitiert nach: Ehmann, H., a.a.O., Anh § 12, Rdnr. 187.
1193 BGH AfP 1995, 404 (408) = GRUR 1995, 270 (274ff.) – Dubioses Geschäftsgebahren; BGHZ 78, 9 (14) – Medizin-Syndikat III; BGH NJW 1976, 620 (621) – Warentest II; BGH NJW 1962, 32 (33) – Waffenhandel.
1194 Vgl. Prinz, M./Peters, B., a.a.O., 91.
1195 BGHZ 39, 124 – Fernsehansagerin.

nung des Fernsehjournalisten Werner Höfer als „Schreibtischtäter" im Hinblick auf einen von ihm 1943 verfassten Artikels über die Hinrichtung eines Pianisten verneint[1196].

b) Formalbeleidigung

Die Formalbeleidigung ist in § 192 StGB definiert. Dort heißt es: „Der Beweis der Wahrheit der behaupteten oder verbreiteten Tatsache schließt die Bestrafung nach § 185 nicht aus, wenn das Vorhandensein einer Beleidigung aus der Form der Behauptung oder Verbreitung oder aus den Umständen, unter welchen sie geschah hervorgeht."

Grundsätzlich geht bei der Formalbeleidigung der Persönlichkeitsschutz der Meinungsfreiheit vor[1197]. Ist man – wie das BVerfG[1198] in ständiger Rechtsprechung – der Auffassung, dass im geistigen Meinungskampf auch „überzogene und ausfällige Kritik" hingenommen werden müsse, bleibt für den Schutz vor Formalbeleidigungen bei der „öffentlichen Person" kein Raum, solange sie nicht die Qualität der Schmähkritik erreichen. Sie spielen also bei Äußerungen über Prominente in den Medien in der Praxis keine Rolle[1199].

c) Erwähnung in ehrverletzendem Zusammenhang

Eine Ehrverletzung kann auch daduch erfolgen, dass jemand in einem ehrverletzendem Zusammenhang genannt wird. Das kann bei Spekulationen der Fall sein. Eine Ehrverletzung ist beispielsweise bei einer Schauspielerin angenommen worden, bei der in einer Zeitschrift unter der Überschrift „Wer war es?" spekuliert wurde, wer von sechs namentlich genannten Männern der Vater sein könnte[1200]. Auch in einer fiktionalen Darstellung einer Person kann eine Erwähnung in ehrverletzendem Zusammenhang liegen, so beispielsweise, wenn über jemanden wahrheitswidrig in einem Roman behauptet wird, er besuche Bordelle, gebe sich der Prostitution hin, verprügele seine Ehefrau, besteche andere oder betrüge die Steuer[1201].
Eine Ehrverletzung kann sich auch durch eine Abbildung ergeben, so beispielsweise, wenn das Foto einer Frau ohne ihr Wissen zur Bebilderung von Partnerschaftsanzeigen in einer Zeitung veröffentlicht wird[1202].
Eine Abwägung der betroffenen Interessen führt regelmäßig dazu, dass der Betroffene, auch wenn er eine „öffentliche Person" ist, Erwähnungen in einem ehrverletzenden Zusammenhang nicht hinnehmen muss.

1196 LG Köln AfP 1988, 376 (380).
1197 BVerfG AfP 1994, 126 (127) – Judenverfolgung; BVerfGE 82, 272 = NJW 1991, 95 (96) – Zwangsdemokrat;BVerfGE 60, 234 (237) = NJW 1982, 2655 (2656) – Kredithaie.
1198 Zuletzt in BVerfG NJW 1995, 3304 – Mörder IV.
1199 Vgl. BVerfG ZUM 1999, 236 (239) – Helnwein; BVerfGE 60, 234 (237) = NJW 1982, 2655 (2656) – Kredithaie.
1200 Vgl. LG Hamburg, Urteil vom 25.02.1997 – 324 O 80/97 (unveröffentlicht).
1201 Prinz, M./Peters, B., a.a.O., 94.
1202 BGH GRUR 1962, 211 – Hochzeitsbild.

7. Das Verfügungsrecht über die Darstellung der eigenen Person

Das allgemeine Persönlichkeitsrecht umfasst auch das Verfügungsrecht des Einzelnen über die Darstellung der eigenen Person[1203].
Es ist dann betroffen, wenn der Einzelne geltend macht, dass es sein Recht sei, selbst darüber zu entscheiden „wie er sich gegenüber Dritten oder der Öffentlichkeit darstellen will, was seinen sozialen Geltungsanspruch ausmachen soll und ob oder inwieweit Dritte über seine Persönlichkeit verfügen können, indem sie diese zum Gegenstand öffentlicher Erörterung machen"[1204].

Ausschlaggebend für das Verfügungsrecht über die Darstellung der eigenen Person waren das Lebach-Urteil[1205] und die Eppler-Entscheidung[1206]. Das BVerfG stellte im Lebach-Urteil den Schutz der Persönlichkeit und der Resozialisierung über die Freiheit der Medien und des Publikums, sich zu erinnern[1207].

Der Lebach-Entscheidung liegt folgender Sachverhalt zugrunde:
Der Beschwerdeführer war an einer schweren Straftat beteiligt. Gemeinsam mit zwei Freunden, den beiden Haupttätern, plante er 1969 ein Munitionsdepot der Bundeswehr zu überfallen, um Waffen zu erbeuten. Im Januar 1969 führten die beiden Haupttäter den Überfall aus; sie töteten hierbei vier schlafende Soldaten, verletzten einen weiteren schwer und entwendeten Waffen und Munition. Später versuchten sie unter Hinweis auf diese Tat einen Finanzmakler zu erpressen. Der Beschwerdeführer hatte die Tat mitgeplant und hatte einem der Haupttäter die Handhabung der Pistole erklärt. Bei der Tatausführung war er nicht dabei.
Die Fahndung nach den Tätern zog sich mehrere Monate hin. Das Schwurgericht verurteilte am 07. August 1970 die beiden Haupttäter zu lebenslangen Freiheitsstrafen, den Beschwerdeführer wegen Beihilfe zu einer Gesamtfreiheitsstrafe von sechs Jahren. Über die Tat, die umfangreichen Fahndungsmaßnahmen und das Strafverfahren wurde in Presse, Hörfunk und Fernsehen eingehend berichtet.
Noch vor dem rechtskräftigen Abschluss des Strafverfahrens erschien ein von dem Leiter der Hauptabteilung Dokumentarspiel des ZDF Jürgen Nevendu Mont und dem Leitenden Kriminaldirektor beim Bundeskriminalamt Karl Schütz unter Mitarbeit von Rainer Söhnlein verfasstes Buch über den Fall. Nevendu Mont schrieb mit Söhnlein außerdem für das ZDF das Drehbuch für ein Dokumentar-Fernsehspiel „Der Soldatenmord von Lebach", das unter der Regie von Söhnlein produziert und im Frühjahr 1972 fertiggestellt wurde. Das Fernsehspiel sollte im ZDF an einem Freitagabend als zweiteilige, von den Kurznachrichten unterbrochene Sendung in einer Gesamtdauer von zwei Stunden und 40 Minuten ausgestrahlt werden.
Der erste Teil des Spiels stellte die Beziehungen innerhalb der Freundesgruppe, die Planung des Überfalls und seine Ausführung dar. Der zweite Teil behandelte vor allem Fahndung und Ermittlung der Täter, ferner den Erpressungsversuch. Der Be-

1203 BAG NJW 1990, 2272.
1204 BVerfGE 63, 131 (142) – Gegendarstellung.
1205 BVerfGE 25, 202 = NJW 1973, 1226 – Lebach.
1206 BVerfG NJW 1980, 2070 (2071) – Eppler.
1207 Sehr eindrucksvoll zu den Hintergründen und Folgen der Entscheidung, Lilienthal, V., Sendefertig abgesetzt. ZDF, SAT 1 und der Soldatenmord von Lebach.

schwerdeführer wurde ebenso wie die Haupttäter eingangs im Bilde vorgeführt, sodann von einem Schauspieler dargestellt. Sein Name wurde während des ganzen Spiels immer wieder genannt.

Der Beschwerdeführer wollte die Ausstrahlung des Fernsehspiels untersagen lassen. Das BVerfG gab dem Beschwerdeführer Recht und sah seine Verfassungsbeschwerde als begründet an[1208]. Das Recht auf freie Entfaltung der Persönlichkeit und die Menschenwürde sicherten jedem Einzelnen einen autonomen Bereich privater Lebensgestaltung, in dem er seine Individualität entwickeln und wahren könne. Hierzu gehöre auch das Recht, in diesem Bereich „für sich zu sein", „sich selbst zu gehören", ein Eindringen oder einen Einblick durch andere auszuschließen. „Dies umfasst das Recht am eigenen Bild und gesprochenen Wort (vgl. 2 BvR 454/71 a.a.O.), erst recht aber das Verfügungsrecht über Darstellungen der Person. Jeder darf grundsätzlich selbst und allein bestimmen, ob und inwieweit andere sein Lebensbild im ganzen oder bestimmte Vorgänge aus seinem Leben öffentlich darstellen dürfen."[1209] Allerdings steht nicht der gesamte Bereich des privaten Lebens unter dem absoluten Schutz der genannten Grundrechte. „Wenn der Einzelne als ein in der Gemeinschaft lebender Bürger in Kommunikation mit anderen tritt, durch seine Existenz oder sein Verhalten auf andere einwirkt und dadurch die persönliche Sphäre von Mitmenschen oder Belange des Gemeinschaftslebens berührt, können sich Einschränkungen seines ausschließlichen Bestimmungsrechts über seinen Privatbereich ergeben, soweit dieser nicht zum unantastbaren innersten Lebensbereich gehört."[1210] Es ist immer dem hohen Verfassungsrang des allgemeinen Persönlichkeitsrechts Rechnung zu tragen.
Im Kollisionsfall dieses Rechts mit den Freiheiten aus Art. 5 Abs. 1 GG „ist durch Güterabwägung im konkreten Fall zu ermitteln, ob das verfolgte öffentliche Interesse generell und nach der Gestaltung des Einzelfalls den Vorrang verdient, ob der beabsichtigte Eingriff in die Privatsphäre nach Art und Reichweite durch dieses Interesse gefordert wird und im angemessenen Verhältnis zur Bedeutung der Sache steht (vgl. BVerfGE 27, 344 (353f.); 32, 373 (381); 2 BvR 454/71 B II 5)."[1211]

In der ebenfalls grundlegenden Eppler-Entscheidung[1212] führte das BVerfG aus:
„Der Einzelne soll – ohne Beschränkung auf seine Privatsphäre – grundsätzlich selbst entscheiden können, wie er sich Dritten oder der Öffentlichkeit gegenüber darstellen will, ob und inwieweit von Dritten über seine Persönlichkeit verfügt werden kann; dazu gehört im Besonderen auch die Entscheidung, ob und wie er mit seiner eigenen Äußerung hervortreten will. Insofern gilt das gleiche wie für das Recht am gesprochenen Wort, das die Befugnis des Menschen schützt, selbst zu bestimmen, ob seine Worte einzig dem Gesprächspartner, einem bestimmten Kreis oder der Öffentlichkeit zugänglich sein sollen (BGHZ 27, 284, 286 = NJW 1958, 1344) oder ob und von wem seine auf Tonträger aufgenommenen Worte wieder abgespielt werden dürfen (BVerfGE 34, 238, 246f. = NJW 1973, 891). Im Zusammenhang hiermit kann es nur Sache der einzelnen Person selbst sein, über das zu bestimmen, was ihren sozia-

1208 BVerfGE 25, 202 = NJW 1973, 1226 – Lebach.
1209 Ebenda.
1210 Ebenda.
1211 BVerfGE 25, 202 (207)= NJW 1973, 1226 (1229) – Lebach.
1212 BVerfG NJW 1980, 2070 (2071) – Eppler.

len Geltungsanspruch ausmachen soll, insoweit wird der Inhalt des allgemeinen Persönlichkeitsrechts maßgeblich durch das Selbstverständnis seines Trägers geprägt (vgl. für die Kultusfreiheit – BVerfGE 24, 236, 247 f. = NJW 1969, 31)."
Der Einzelne kann zwar die Grenzen seines allgemeinen Persönlichkeitsrechts bestimmen, er hat aber nicht den Anspruch nur so von anderen dargestellt zu werden, wie er sich selber sieht oder gesehen werden möchte[1213]. Das ist die Konsequenz daraus, dass das Grundgesetz nicht das Menschenbild eines isolierten souveränen Individuums zugrundelegt, sondern das eines Wesens, das im Spannungsfeld Individuum/Gesellschaft lebt[1214]. Aus diesem Grunde ist die Rechtsstellung der Persönlichkeit auch vom sozialen Standpunkt aus zu bestimmen. Dem Verfügungsrecht über die Darstellung der eigenen Person steht das Recht der anderen gegenüber, sich die Welt frei zu betrachten und über diese Betrachtungen dann auch zu berichten. An dieser rechtlichen Situation ändert auch die Caroline-von-Hannover-Entscheidung[1215] nichts. Soweit ein Bericht wahr ist und der öffentlichen Debatte dient, kann die öffentliche Person wenig dagegen unternehmen[1216].

Die vom Betroffenen unerwünschte Darstellung seiner Person in den Medien kann das von der Verfassung geschützte Verfügungsrecht über die Darstellung der eigenen Person verletzen.
Bei Bildnisveröffentlichungen ist § 23 KUG Maßstab für die Zulässigkeit von Veröffentlichungen.
Bei Textberichterstattungen ist umstritten, wie diese Grenze zwischen der zulässigen und unzulässigen Darstellung zu ziehen ist:
Nach einer Ansicht[1217] ist die Nennung und Darstellung einer Person in den Medien ohne ihre Einwilligung grundsätzlich eine Verletzung des Persönlichkeitsrechts. Eine andere Auffassung[1218] wendet §§ 22, 23 KUG analog auf die Berichterstattung an. Nach einer weiteren Meinung[1219] sind bei der Wortberichterstattung gegenüber einer Bildberichterstattung die Grenzen des Zulässigen weniger eng zu ziehen, da eine Bildberichterstattung einen stärkeren Eingriff in die Persönlichkeitssphäre des Betroffenen bedeute.
Prinz/Peters [1220] kritisieren mit Recht diese drei Ansichten. Sie begründen das damit, dass das BVerfG[1221] den Grundsatz aufgestellt hat, dass jedermann grundsätzlich selbst und allein bestimmen darf, ob und inwieweit Andere Vorgänge aus seinem Leben öffentlich schildern dürfen. Da es sich bei dem allgemeinen Persönlichkeitsrecht um ein Rahmenrecht handele[1222], müsse immer eine auf den Einzelfall bezogenen Abwägung zwischen der Medienfreiheit des Art. 5 Abs. 1 GG und des Rechtes aus Art. 2 Abs.1 in Verbindung mit Art. 1 Abs. 1 GG vorgenommen werden. Eine grundsätzli-

1213 BVerfG NJW 2000, 1021 (1022).
1214 Lampe, E.-J., a.a.O., 95.
1215 EGMR NJW 2004, 2647 = EuGRZ 2004, 404 – Caroline von Hannover.
1216 EGMR NJW 2004, 2647 (2649) = EuGRZ 2004, 404 (414) – Caroline von Hannover.
1217 KG NJW 1989, 397; LG Berlin AfP 1997, 938; LG Berlin AfP 1994, 324.
1218 OLG Celle AfP 1989, 397; LG Köln, NJW 1992, 443 (444).
1219 BGH NJW 1966, 2353 (2354) – „Vor unserer eigenen Tür".
1220 Prinz, M./Peters, B., a.a.O., 96f.
1221 BVerfGE 35, 202 (205) = NJW 1973, 1226 (1228) – Lebach; BVerfG NJW 1980, 2070 (2071) – Eppler.
1222 Siehe oben 2. Teil 1. Abschnitt 2. Kapitel.

che Unterscheidung zwischen Wort- und Bildberichterstattung sei daher nicht sinnvoll[1223]. Sicherlich könne man aufgrund der erhöhten Suggestivwirkung von Bildern die Ansicht vertreten, eine Bildberichterstattung greife grundsätzlich stärker in das allgemein Persönlichkeitsrecht des Dargestellten ein als eine Wortberichterstattung. Es seien aber auch Fallgestaltungen möglich, in denen auch Wortberichterstattungen eine hohe Suggestivwirkung aufweisen, beispielsweise, wenn jemand als „griesgrämig", „albern" oder „hochnäsig" beschrieben werde. Es sei nicht ersichtlich, warum bei der Wortberichterstattung mit anderem Maßstab gemessen werden solle als bei der Bildberichterstattung. Die §§ 22, 23 KUG seien daher analog auf die Wortberichterstattung anzuwenden[1224], denn ein völliges Verbot der Wortberichterstattung ohne Einwilligung des Betroffenen verstieße gegen das Informationsrecht der anderen Grundrechtsträger.
Die Ansicht von Prinz/Peters[1225] überzeugt. Eine Entscheidung im Einzelfall ermöglicht eine Interessenabwägung, die den Besonderheiten jedes Falles am besten Rechnung tragen kann. Tatsächlich kann nicht gesagt werden, dass eine Bildberichterstattung grundsätzlich eine stärkere Persönlichkeitsverletzung darstellt als ein Wortbericht. Eine unterschiedliche Wertung bei Bild- und Wortberichterstattung ist nicht nachvollziehbar. Konsequenterweise sind daher §§ 22, 23 KUG analog auf die Wortberichterstattung anzuwenden.

Die Verletzung des Verfügungsrechts über die Darstellung der eigenen Person ist immer eine Frage des Einzelfalles. Es gibt jedoch typische Fallgestaltungen, in denen die Entscheidung von vornherein klar ist:
Nicht schutzwürdig ist das Interesse eines Journalisten daran, den Namen eines Beteiligten zu nennen, um „exemplarisch" ein Beispiel schildern zu können[1226]. Genannt werden darf der Name nur, wenn gerade an ihm ein besonderes Informationsinteresse besteht. Das ist meistens bei der „öffentlichen Person" der Fall. Der Vorstandvorsitzende eines bekannten Unternehmens muss es beispielsweise hinnehmen, dass über die Einleitung eines Ermittlungsverfahrens unter Nennung seines Namens in den Medien berichtet wird, wenn über die Umstände, die zu dem Ermittlungsverfahren führten, bereits heftig in der medialen Öffentlichkeit diskutiert wurde[1227].

Ebenso muss es aufgrund seines Verfügungsrechts über die Darstellung der eigenen Person niemand akzeptieren, dass er von Dritten für deren Werbung eingespannt wird[1228]. Die Beurteilung, ob ein Eingriff in das Persönlichkeitsrecht vorliegt, hängt nicht davon ab, ob die unbefugte Ausnutzung für fremde Geschäftsinteressen zu einer Minderung von Ruf und Ansehen des Betroffenen führt[1229].
Während Prinz/Peters aber davon ausgehen, dass praktisch jede ungenehmigte Veröffentlichung zu Werbezwecken eine schwere Verletzung des allgemeinen Persönlich-

1223 Vgl. Prinz, M./Peters, B., a.a.O., 97.
1224 Vgl. Prinz, M./Peters, B., a.a.O., 98.
1225 Prinz, M./Peters, B., a.a.O., 96f.
1226 Prinz, M./Peters, B., a.a.O., 98.
1227 LG Düsseldorf NJW 2003, 2536 (2538).
1228 BGH NJW 1959, 1269 (1270) – Catarina Valente; Fricke, Michael, Personenbildnisse in der Werbung für Medienprodukte, GRUR 2003, 406.
1229 BGH NJW 1981, 2402 (2403) – Rennsportgemeinschaft; BGH NJW 1956, 1554 (1555) – Dahlke; OLG Bremen AfP 1987, 514.

keitsrechts darstellt[1230], stellte das LG Berlin bei der Abbildung einer öffentlichen Person (eines bekannten Sängers) im Rahmen der Imagekampagne einer Zeitung darauf ab, ob die Abbildung beispielsweise durch das Zeigen einer nicht alltäglichen Gefühlsregung über eine gewöhnliche ungenehmigte Bildnisveröffentlichung weit hinaus gehe[1231].
Es ist wohl der Meinung von Prinz/Peters zu folgen, da die Abbildung im Zusammenhang mit einer Werbekampagne den Eindruck erweckt, der Abgebildete stehe dem beworbenen Produkt nahe und arbeite mit der werbenden Firma zusammen. Der im Rahmen von Werbung mitfließende Informationseffekt wird von diesem Eindruck überlagert.
Das gilt auch, wenn ein Double in einem Fernsehwerbespot auftritt und dabei den Eindruck erweckt, es handle sich um einen Auftritt der bekannten Person[1232]. Durch den auf diese Weise erfolgten Imagetransfer wird das Persönlichkeitsrecht des Imitierten verletzt.

Auch die ungenehmigte Verwendung von Sachen zu Werbezwecken, die mit einer identifizierbaren Person in Zusammenhang stehen, verletzt das allgemeine Persönlichkeitsrecht. Der BGH hat es beispielsweise als persönlichkeitsrechtsverletzend angesehen, in einem Werbeprospekt ein in fremdem Eigentum stehendes Haus so abzubilden, dass der Anschein erweckt wird, der Werbende sei der Erbauer, wenn das aber tatsächlich der Eigentümer war[1233]. Wird die Beziehung des Eigentümers zum Abbildungsgegenstand nicht erkennbar, kann er die gewerbliche Verwertung der Abbildung nicht verhindern[1234].

Auch wenn grundsätzlich die Verwendung von Personenbildnissen in der Werbung ohne Einwilligung des Betroffenen eine Persönlichkeitsrechtsverletzung darstellt, so gibt es doch Konstellationen, in denen andere Regeln gelten. Eine Ausnahme sind Personenbildnisse in der Werbung für Medienprodukte[1235]. Wird ein Foto von einer „öffentlichen Person" auf der Titelseite einer Illustrierten gezeigt, darf in der Werbung für die Illustrierte die Titelseite und damit zugleich auch das Bildnis der Person abgebildet werden[1236]. Grund ist, dass die Äußerungsfreiheit des werbenden Mediums Vorrang vor dem Persönlichkeitsrecht des Betroffenen genießt, soweit der in der Werbung mit dem beworbenen Produkt verfolgte Informationszweck fortgeführt wird und hierdurch das Persönlichkeitsrecht des Betroffenen keine zusätzlichen Beeinträchtigungen erfährt[1237]. Die Grenze des Zulässigen ist erst überschritten, wenn der (unzutreffende) Eindruck entsteht, die „öffentliche Person" stehe dem beworbenen Produkt nahe und empfehle es[1238].

1230 Prinz, M./Peters, B., a.a.O., 99.
1231 LG Berlin Urteil vom 27.09.2001- 27.O. 302/01 (unveröffentlicht).
1232 Vgl. OLG Karlsruhe AfP 1996, 282 (283) -Ivan Rebroff; für Stimmimitationen: OLG Hamburg GRUR 1989, 666; OLG Hamburg AfP 1993, 582 – Vorsprung durch Tomate.
1233 BGH NJW 1971, 1359 – Haus auf Teneriffa.
1234 BGH GRUR 1990, 390 – Friesenhaus.
1235 Fricke, Michael, Personenbildnisse in der Werbung für Medienprodukte, GRUR 2003, 406.
1236 Ebenda.
1237 Fricke, M., a.a.O., 409; BGH GRUR 2002, 690 (691) – Marlene Bildnis.
1238 BGH GRUR 2002, 690 (692) – Marlene Bildnis.

Das Verfügungsrecht über die Darstellung der eigenen Person gilt auch für die Darstellung des eigenen Lebens- und Charakterbildes[1239]. Begründet wird das damit, dass die moderne Psychologie Methoden entwickelt hat, aus äußeren Ausdrucksmitteln ein Bild der inneren Persönlichkeitsstruktur zu zeichnen, das zum Gegenstand von Missbrauch werden kann[1240]. Der Einzelne wäre in seiner Persönlichkeitsentfaltung stark beeinträchtigt, wenn beispielsweise die Regenbogenpresse darüber spekulieren dürfte, ob der Freitod eines Angehörigen Wirkungen auf die Psyche des Betroffenen gehabt hätte und ursächlich dafür sei, dass er sich in einer bestimmten Weise verhalte[1241]. Ebenfalls ist eine Verletzung des Verfügungsrechts über die Darstellung der eigenen Person anzunehmen, wenn der Betroffene erkennbar die Vorlage für einen Roman geliefert hat[1242]. Der bloße Hinweis „Die Handlung ist frei erfunden". Ähnlichkeiten mit lebenden Personen wären rein zufällig, genügt nicht[1243]. Entscheidend ist vielmehr, ob die beschriebene Person identifizierbar ist. Bei der Identifizierbarkeit kommt es nicht darauf an, dass der Betroffene von einem zahlenmäßig „nicht unbedeutenden Leserkreis" wiedererkannt wird[1244]. Grundsätzlich stellt es neben einer Ehrverletzung eine Verletzung des Verfügungsrechts über die Darstellung der eigenen Person dar, wenn „öffentliche Personen" in einer fiktionalen Darstellung in einer Weise auftreten, in der sie tatsächlich nicht aufgetreten sind[1245].

Bei Auftragsbiographien kann sich eine Verletzung des Verfügungsrechts über die Darstellung der eigenen Person dann ergeben, wenn der Auftraggeber sich ausdrücklich vorbehalten hat, über die Veröffentlichung zu entscheiden und das Werk gegen seinen Willen veröffentlicht wird[1246]. Hat der Betroffene sich nicht dieses Entscheidungsrecht gesichert, kann der Biograph den Text auch ohne Einverständnis des Auftraggeber veröffentlichen[1247].

Unter das Verfügungsrecht über die Darstellung der eigenen Person fallen auch vom Betroffenen verfasste Briefe[1248] und Tagebücher[1249].

Wird ein Brief in amtlicher Funktion an einen anderen Amtsinhaber geschrieben, kann dies die schutzwürdigen Belange des Betroffenen hinter dem allgemeinen Informationsinteresse zurücktreten lassen, da es kein privates Schreiben ist[1250]. Auch muss der Verfasser eines Rundschreibens, das eine bereits öffentlich diskutierte Angelegenheit betrifft, sich an eine Vielzahl von Personen wendet und die vertrauliche Behandlung in keiner Weise sicherstellt, damit rechnen, dass das Schreiben über den Kreis der Adressaten hinaus bekannt wird. Er kann daher nicht verlangen, dass in ei-

---

1239 BGHZ 50, 133 = NJW 1968, 1773 – Mephisto; OLG Hamburg AfP 1990, 128 (129); OLG Hamburg NJW 1975, 649 (650) – Aus nichtigem Anlass.

1240 Hubmann, H., a.a.O., 306.

1241 Wenzel, K.E., a.a.O. 133.

1242 Vgl. BVerfGE 30, 173 (177) = NJW 1971, 1645 (1648) – Mephisto; LG Berlin AfP 2004, 287 – Alban Nikolai Herbst.

1243 Vgl. BVerfGE 30, 173 (177) = NJW 1971, 1645 (1648) – Mephisto; BGHZ 50, 133 = NJW 1968 1773 – Mephisto.

1244 LG Berlin AfP 2004, 287 – Alban Nikolai Herbst.

1245 Vgl. Prinz, M./Peters, B., a.a.O., 101.

1246 KG NJW 1997, 1164 – Unerwünschte Auftragsbiographie.

1247 Ebenda.

1248 Vgl. Prinz, M./Peters, B., a.a.O., 101.

1249 Wenzel, K.E., a.a.O., 135.

1250 Vgl. BVerfG NJW 1991, 2339 (2340) – Chefarztbrief.

nem Pressebericht, der sich mit den Gesamtvorgängen befasst, aus Gründen des persönlichkeitsrechtlichen Vertrauensschutz eine volle oder teilweise Zitierung seines Schreibens unterbleibt[1251].

Für die „öffentliche Person" ergeben sich bezüglich des Verfügungsrechts über die Darstellung der eigenen Person kaum Einschränkungen: Hinsichtlich jenes Teils ihrer Persönlichkeit, der der Öffentlichkeit zugewandt ist, ist ein großes öffentliches Interesse anzunehmen, so dass die Freiheiten aus Art. 5 Abs. 1 GG bei der vorzunehmenden Güterabwägung zumeist überwiegen. Niemand hat Anspruch darauf, nur so von anderen dargestellt zu werden, wie er sich selbst sieht oder gesehen werden möchte[1252]. Im Rahmen der Caroline-von-Hannover-Entscheidung[1253] ist aber der besondere Schutz der Privatsphäre zu beachten. Berichte, die nicht nur das Verfügungsrecht über die Darstellung der eigenen Person sondern auch die Privatsphäre erfassen, müssen der öffentlichen Debatte dienen[1254].

8. Das Recht am eigenen Bild

Der Bereich der unbefugten Bildaufnahme gewinnt vor dem Hintergrund der neuesten technischen Entwicklungen immer mehr an Bedeutung. Inzwischen existieren preiswerte Kugelschreiber-Fotoapparate, die sowohl als Stift als auch als Kamera nutzbar sind. Sie ermöglichen gegenwärtig digitale Aufnahmen zwischen 320x240 und 640x480 Bildpunkten[1255]. Das entspricht einer einfachen Passbildqualität.[1256]

Wann ein Bildnis veröffentlicht werden darf, ergibt sich aus den §§ 22, 23 KUG. Bei diesen Vorschriften handelt es sich um eine besondere Ausprägung des allgemeinen Persönlichkeitsrechts[1257].
Im Gegensatz zur Veröffentlichung fällt die Aufnahme eines Bildnisses nach ganz herrschender Meinung nicht unter §§ 22, 23 KUG, sondern unter den Schutz von § 823 Abs. 1 BGB.
Um eine Verletzung des allgemeinen Persönlichkeitsrechts nach § 823 Abs. 1 BGB kann es sich bereits dann handeln, wenn von dem Betroffenen ohne sein Wissen und gegen seinen Willen eine Bildaufnahme angefertigt wird. Eine derartige Rechtsverletzung ist namentlich anzunehmen, wenn es sich um eine zur Veröffentlichung bestimmten Aufnahme in der Privatsphäre handelt. Das Interesse der Allgemeinheit an einer bildhaften Darstellung von „öffentlichen Personen", wird dabei für sich allein nicht als ausreichend angesehen, um eine solche heimliche Aufnahme zu rechtfertigen[1258].

1251 BGHZ 31, 308 (314f.).
1252 BVerfG NJW 1980, 2070 (2071).
1253 EGMR EuGRZ 2004, 404 = NJW 2004, 2647 – Caroline von Hannover.
1254 EGMR EuGRZ 2004, 404 (414) = NJW 2004, 2647 (2650) – Caroline von Hannover.
1255 DB Mobil 3/2004, 49.
1256 Zu den strafrechtlichen Problemen dieser Entwicklung, vgl. Ernst, St., Gleichklang des Persönlichkeitsschutzes im Bild- und Tonbereich?, NJW 20004, 1277 (1278f.).
1257 Siehe oben 1. Teil 5. Abschnitt 1. Kapitel 2.
1258 BGH NJW 1966, 2353; BGHZ 24, 200, 208f. = JZ 1957, 751 m. Anm. Hubmann, H. Zu den Einzelheiten siehe oben 2. Teil 1. Abschnitt 3. Kapitel 2.

§ 22 KUG schützt den Betroffenen vor der Verbreitung und öffentlichen Zurschaustellung seines Bildnisses. Verbreitet wird ein Bildnis, wenn es in Verkehr gebracht wird[1259]. Dem Schutzzweck des § 22 KUG und seinem Wortlaut entsprechend ist es nicht erforderlich, dass die Verbreitung öffentlich, dass heißt, für die Allgemeinheit zugänglich geschieht. Das Tatbestandsmerkmal ist bereits dann erfüllt, wenn das Bildnis an eine beliebige andere Person weitergegeben wird[1260]. Demgegenüber erfordert das „öffentliche Zurschaustellen", eine Bildnisveröffentlichung gegenüber einer unbestimmten Zahl von Betrachtern[1261]. Wird eine Abbildung einem anderen nur gezeigt, ohne dass sie ihm überlassen wird, ist § 22 KUG nicht einschlägig[1262]. Zulässig ist die Verbreitung oder öffentliche Zurschaustellung eines Bildnisses, wenn der Abgebildete einwilligt. Sie kann unbeschränkt oder auf eine bestimmte Art der Publikation begrenzt sein[1263]. Ihre Reichweite ist nach den jeweiligen Umständen des Einzelfalls durch Auslegung zu ermitteln. Für die Abbildung der „öffentliche Person" ist eine Einwilligung häufig nicht erforderlich, da es sich dabei in der Regel um Bildnisse aus dem Bereich der Zeitgeschichte nach § 23 Abs. 1 Nr. 1 KUG handelt, die auch ohne Einwilligung verbreitet und zur Schau gestellt werden dürfen[1264]. Allerdings ist die Abbildung auch bei „öffentlichen Personen" nach § 23 Abs. 2 KUG unzulässig, wenn ein berechtigtes Interesse entgegensteht. Das heißt, wenn das allgemeine Persönlichkeitsrecht das Publikationsinteresse überwiegt, darf das Bild nicht veröffentlicht werden. Das ist insbesondere bei der Verfälschung und Manipulation von Fotos der Fall[1265].

9. Das Recht am gesprochenen Wort

Der Schutz des gesprochenen Wortes umfasst das Recht des Einzelnen, selbst und allein zu bestimmen, wer sein Wort aufnehmen soll, sowie ob und vor wem seine auf einen Tonträger aufgenommene Stimme wieder abgespielt werden darf[1266]. Es handelt sich um eine Ausprägung des Persönlichkeitsrechts[1267].
Das BVerfG[1268] begründet den Schutz des gesprochenen Wortes wie folgt:
„Wort und Stimme des Menschen sind auf dem Tonband von ihm losgelöst und in einer verfügbaren Gestalt verselbständigt. Die Unantastbarkeit der Persönlichkeit würde erheblich geschmälert, dürften andere ohne oder gar gegen den Willen des Betroffenen über sein nicht öffentliches Wort nach Belieben verfügen."

1259 Rixecker, R., in: Münchener Kommentar, Bürgerliches Gesetzbuch, Allgemeiner Teil, §§ 1-240, AGB Gesetz, § 12 Anh., Rdnr. 34 m.w.N.
1260 Ebenda.
1261 Ebenda.
1262 Ebenda.
1263 Rixecker, R., a.a.O., § 12 Anh., Rdnr. 36.
1264 Zu den Einzelheiten oben 1. Teil 5. Abschnitt 1. Kapitel.
1265 Gronau, K., a.a.O., 67.
1266 BVerfGE 34, 238 (240) = NJW 1973, 891 (892) – Tonbandaufnahme.
1267 BVerfG NJW 1980, 2070 (2071) – Eppler; BVerfGE 34, 238 (240) = NJW 1973, 891 (892) – Tonbandaufnahme; BGH NJW 1988 1016 (1017); BGH NJW 1987, 2667 (2668) – Langemann; BGH NJW 1982, 277 – Tonbandaufnahme II, BGH NJW 1958, 1344 – Tonbandaufnahme I; OLG Celle AfP 1986, 57.
1268 BVerfGE 34, 238 (240) = NJW 1973, 891 (892) – Tonbandaufnahme.

Für das Anfertigen[1269] und Abspielen[1270] einer Tonbandaufnahme ist bei privaten wie geschäftlichen[1271] Gesprächen die Einwilligung des Betroffenen erforderlich[1272].
Eine Ausnahme bilden Konstellationen, in denen von einem Recht am eigenen Wort nicht mehr die Rede sein kann. Ein solcher Fall liegt vor, wenn im geschäftlichen Verkehr fernmündliche Durchsagen, Bestellungen oder Börsennachrichten mittels eines Tonabnehmers festgehalten werden. „Bei derartigen Mitteilungen steht der objektive Gehalt des Gesagten so sehr im Vordergrund, dass die Persönlichkeit des Sprechenden nahezu vollends dahinter zurücktritt und das gesprochene Wort damit seinen privaten Charakter einbüßt"[1273].
In diesem Fall fällt die Tonbandaufnahme aus dem Schutzbereich des Art. 2 Abs. 1 i. V. m. Art. 1 Abs. 1 GG heraus.

Auch beim Recht am gesprochenen Wort gilt, dass das Persönlichkeitsrecht keinen absoluten Schutz vor Eingriffen gewährt, sofern nicht die Intimsphäre und damit der Kernbereich des privaten Lebens betroffen ist[1274]. Da aber die Unbefangenheit der menschlichen Kommunikation gestört werden würde, wenn jeder damit rechnen müsste, dass jedes seiner Worte bei anderer Gelegenheit oder im anderen Zusammenhang hervorgeholt werden könnte, reicht für eine heimliche Tonbandaufnahme nach der Rechtsprechung des BGH[1275] keinesfalls das allgemeine Interesse aus, sich über den Inhalt eines Gesprächs einen Beweis zu verschaffen, beispielsweise für einen Zivilprozess.
Im Zivilprozess kann nach Auffassung des BGH[1276] die Verwertung einer heimlich gemachten Tonbandaufnahme zulässig sein, wenn eine „notwehrähnliche Lage" gegeben ist und aufgrund einer Güterabwägung das Interesse an der Wahrheitsfindung das Interesse am Schutz des gesprochenen Wortes deutlich übersteigt[1277].

Für Strafverfahren gilt, dass es im allgemeinen keinen verfassungsrechtlichen Bedenken unterliegt, wenn die Strafverfolgungsbehörden „in Fällen schwerer Kriminalität – sei es gegen Leib und Leben anderer, sei es gegen die existentiellen Grundlagen der freiheitlichdemokratischen Grundordnung oder gegen sonstige Rechtsgüter vergleichbaren Ranges – zur Feststellung der Identität von Straftätern wie zur Entlastung zu Unrecht Beschuldigter notfalls auf heimlich hergestellte Tonbandaufnahmen Dritter zurückgreifen."[1278] In einer solchen Konstellation überwiegt regelmäßig das

1269 BVerfGE 34, 238 = NJW 1973, 891 – Tonbandaufnahme, BGH NJW 1987, 2667 – Langemann.
1270 BGH NJW 1988, 1016 (1017).
1271 BVerfG NJW 1973, 891(893) – Tonbandaufnahme; BGH NJW 1982, 277 – Tonbandaufnahme II.
1272 Das entspricht auch der strafrechtlichen Wertung, vgl. § 201 StGB.
1273 BVerfG NJW 1973, 891 (892) – Tonbandaufnahme.
1274 BVerfGE 34, 238 = NJW 1973, 891 (892) – Tonbandaufnahme; BGH NJW 1988, 1016 (1017).
1275 BGH NJW 1988, 1016 (1018); BGH NJW 1958, 1344 (1345) – Tonbandaufnahme I.
1276 BGH NJW 1982, 277 (278) – Tonbandaufnahme II.
1277 Ebenda.
1278 BVerfGE 34, 238 = NJW 1973, 891 (893) – Tonbandaufnahme.

Allgemeininteresse. Bei Bagatelldelikten ist die Verwertung einer heimlichen Tonbandaufnahme nicht zulässig[1279].

Aus den vorstehenden Ausführungen ergibt sich, dass ein allgemeines Interesse an der Veröffentlichung des gesprochenen Wortes ohne Einwilligung des Betroffenen in den Medien grundsätzlich zu verneinen ist. Das gilt auch für die „öffentliche Person". Es ist aber zu beachten, dass die Einwilligung konkludent erfolgen kann, was der Fall sein kann, wenn das Wort öffentlich gesprochen wurde[1280].

10. Das Recht, von der Unterschiebung nicht getaner Äußerungen verschont zu bleiben

Das Recht, von der Unterschiebung nicht getaner Äußerungen verschont zu bleiben, ist eine eigenständige Ausprägung des Persönlichkeitsrechts[1281]. Es schützt den von dem Einzelnen selbst definierten sozialen Geltungsanspruch.[1282] Wird jemand unrichtig zitiert, so handelt es sich um eine falsche Tatsachenbehauptung, nämlich die, dass sich der Betroffene wie behauptet geäußert habe[1283]. An falschen Behauptungen kann es kein Informationsinteresse geben. Aus diesem Grund wird die bewusst falsche Zitierung nicht durch Art. 5 Abs. 1 Satz 1 GG geschützt. Ein nicht bewusst unwahres falsches Zitat unterliegt im Rahmen der Abwägung dem allgemeine Persönlichkeitsrecht. Aus diesem Grunde kommt es auch nicht darauf an, ob es sich um eine Äußerung handelt, deren Zuschreibung den Betroffenen herabwürdigt oder sein Persönlichkeitsbild verfälscht[1284].
Grundlegend für das Recht, von der Unterschiebung nicht getaner Äußerungen verschont zu bleiben, sind die Entscheidungen des BGH[1285] und des BVerfG[1286] in der Sache Böll gegen Walden:
Am 21.11.1974 berichtete die Spätausgabe der Tagesschau der ARD über den Staatsakt aus Anlass der Beisetzung des am 10.11.1974 ermordeten Präsidenten des Kammergerichts Günter von Drenkmann. Im Anschluss an den Bericht sprach der Chefkommentator des Senders Freies Berlin, Mathias Walden, einen Kommentar, in dem es unter anderem hieß: „Der Boden der Gewalt wurde durch den Ungeist der Sympathie mit den Gewalttätern gedüngt. Jahrelang warfen renommierte Verlage revolutionäre Druckerzeugnisse auf den Büchermarkt. Heinrich Böll bezeichnete den Rechtsstaat, gegen den die Gewalt sich richtet, als „Misthaufen" und sagte, er sehe nur „Reste verfaulender Macht, die mit rattenhafter Wut verteidigt würden". Er beschuldigte diesen Staat, die Terroristen „in gnadenloser Jagd" zu verfolgen."

1279 BVerfGE 34, 238 = NJW 1973, 891 (893) – Tonbandaufnahme.
1280 Vgl. OLG Celle afP 1986, 57.
1281 BVerfG NJW 1980, 2070 (2071) – Eppler; BVerfGE 54, 208 = BVerfG NJW 1980, 2072 – Böll/Walden; OLG München AfP 1981, 297 (298).
1282 BVerfG NJW 1980, 2070 (2071) – Eppler; BVerfGE 54, 208 = NJW 1980, 2072 – Böll/Walden; BGH NJW 1998, 1391 (1392) – „Rechte Professoren"; BGHZ 128, 1 = NJW 1995, 861 (862) – Caroline von Monaco I; BGH NJW 1982 635 – Böll/Walden.
1283 BVerfGE 54, 208 = BVerfG NJW 1980, 2072 – Böll/Walden; BGH NJW 1978, 1797 (1798) – Böll/Walden I.
1284 BVerfGE 54, 148 (155f.).
1285 BGH NJW 1978, 1797 – Böll/Walden I; BGH NJW 1982, 635 – Böll/Walden II.
1286 BVerfGE 54, 208 (210) =NJW 1980, 2072 (2073) – Böll/Walden.

Böll erhob Klage und machte geltend, dass er von Walden falsch zitiert worden sei. Das Landgericht wies die Klage ab, das Oberlandesgericht gab ihr in Höhe von DM 40.000 statt. Der BGH[1287] hob die Entscheidung des Oberlandesgerichts auf und stellte das klageabweisende Urteil des Landgerichts wieder her. Der BGH begründete seine Entscheidung damit, dass die Äußerungen Waldens nicht in unzulässiger Weise in das Persönlichkeitsrecht Bölls eingriffen, da sie weitgehend durch ein vertretbares Verständnis seiner Veröffentlichungen gedeckt seien.

Das BVerfG[1288] hob die Entscheidung des BGH unter anderem mit folgender Begründung wieder auf:
„Die in dem Kommentar ausgesprochene Ansicht, der Bf. gehöre zu denjenigen, die den Boden der Gewalt durch den Ungeist der Sympathie mit den Gewalttätigen gedüngt hätten, enthält eine Herabsetzung des Bf. in der Öffentlichkeit und damit einen Angriff auf seine persönliche Ehre. Dieser muss um so größeres Gewicht erhalten, als er durch Zitate belegt wurde. Wenn der Bekl. zu 1 insoweit unrichtig behauptet hat, der Bf. habe den Rechtsstaat als „Misthaufen" bezeichnet, so liegt darin neben dem Angriff auf die Ehre eine weitere Verletzung des allgemeinen Persönlichkeitsrechts. Das gleiche muss für eine veränderte Wiedergabe von Äußerungen des Bf. gelten. Zu Recht hebt der BGH in der angegriffenen Entscheidung hervor, dass derjenige, der zitiere, seine Kritik nicht derart in das Zitat einfließen lassen dürfe, dass es den Inhalt des Gesagten entstellt wiedergebe. Dies verstoße gegen das Recht der zitierten Person am eigenen Wort, zu dem es gehört, selbst zu bestimmen, wie sie sich Dritten oder der Öffentlichkeit gegenüber darstellen will (vgl. BGHZ 13, 334 (338f.) = NJW 1954, 1404 – Schacht-Brief)."
Wird also nicht deutlich, ob es sich bei den Äußerungen um eine Deutung des Äußernden oder um Zitate des Betroffenen handelt, muss der Äußernde darauf hinweisen, wenn es sich nicht um ein Zitat handelt.
Fehlt ein diesbezüglicher Hinweis, beurteilt sich die Frage, ob der Betroffene durch das Zitat in seinem Persönlichkeitsrecht verletzt worden ist, danach, ob und inwieweit der Äußernde den zitierten Äußerungen einen anderen Inhalt, eine andere Färbung gegeben hat, wobei die Sicht des Betroffenen maßgeblich ist[1289].

An die Zitattreue werden strenge Anforderungen gestellt[1290]. Zitate müssen stimmen. Ein unrichtiges, verfälschtes oder entstelltes Zitat verletzt das Persönlichkeitsrecht des Betroffenen[1291]. Als Tatsachenbehauptung ist das Zitat eine besonders scharfe Waffe im Meinungskampf[1292]. Ein Zitat darf nicht aus dem Gesamtzusammenhang gelöst und ihm dadurch ein anderer Sinn untergeschoben werden[1293]. Soll etwas verkürzt wiedergegeben werden, so muss auf die Verknappung hingewiesen werden[1294].

1287 BGH NJW 1978, 1797 – Böll/Walden I.
1288 BVerfGE 54, 208 = NJW 1980, 2072 – Böll/Walden.
1289 Ebenda.
1290 Vgl. Steffen, E., in: Löffler, §6 LPG, Rz. 200.
1291 BVerfG AfP 1993, 563 (564) – Verdatung; BVerfGE 54, 208 (217) = NJW 1980, 2072 (2074) -Böll/Walden.
1292 BVerfGE 54, 208 (217) = NJW 1980, 2072 (2074) – Böll/Walden.
1293 BVerfG AfP 1989, 532 (533) – Rasterfahndung.
1294 Vgl. BGH NJW 1982, 635 (636) – Böll/Walden.

Auch erfundene Interviews oder veränderte Interviews sowie die Nennung des Betroffenen ohne oder gegen seinen Willen als Autor in einem Artikel, den er gar nicht verfasst hat, verletzen das Recht, keine Äußerungen untergeschoben zu bekommen[1295].

Für die „öffentliche Person" ergeben sich hinsichtlich dieser Ausprägung des allgemeinen Persönlichkeitsrechts keine Besonderheiten, da es an nicht getätigten Aussagen auch hinsichtlich ihrer der medialen Öffentlichkeit zugewandten Seite kein überwiegendes Interesse der Rezipienten geben kann.

11. Das Recht auf informationelle Selbstbestimmung

Aufgrund der neuen Informationstechnologien ist es möglich, mehr über den Einzelnen zu wissen, als man nach den üblichen, traditionellen Konventionen und Vorstellungen erwarten würde. Wenn man mit diesem Hintergrundwissen lebt, dann richtet sich auch das Verhalten des Einzelnen danach. Insbesondere die „öffentliche Person", die ihr Image pflegen muss, um ihre Einflusschancen aufrechtzuerhalten, aber auch der Durchschnittsbürger wird die Handlungen entsprechend Lantermanns handlungspsychologischem Mode publikumsgerecht ausrichten[1296]. Eine authentische Persönlichkeitsentfaltung ist dann nicht mehr möglich. Das Recht auf informationelle Selbstbestimmung ist nicht nur im Rahmen staatlicher Aktivitäten relevant, sondern insbesondere bei der Anlegung von Archiven durch Presse, Rundfunk und Fernsehen.
Das vom Bundesverfassungsgericht entwickelte Recht auf informationelle Selbstbestimmung ist das Recht, grundsätzlich selbst darüber zu entscheiden, wann und innerhalb welcher Grenzen persönliche Lebenssachverhalte offenbart werden[1297].
Es handelt sich dabei um eine eigenständige Ausprägung des Persönlichkeitsrechts[1298]. Da das Persönlichkeitsrecht die Persönlichkeitsentfaltung schützen soll, ist das Recht auf informationelle Selbstbestimmung ein elementarer Bereich des Persönlichkeitsrechts. Für die Persönlichkeitsentfaltung ist es wichtig „input" und „output" zu kontrollieren, auch wenn das Leben in sozialen Kontexten immer mit einem gewissen Maß an sozialer Beobachtung und Kontrolle verbunden ist[1299].

Das BVerfG, das das Recht auf informationelle Selbstbestimmung erstmals in dem Volkszählungsgesetz-Urteil[1300] anerkannt hat, führt dazu aus: „Sie (die Daten) können darüber hinaus – vor allem beim Aufbau integrierter Informationssysteme – mit an-

---

1295 BGHZ 128, 1 = NJW 1995, 861(862f.) – Caroline von Monaco I; BGH NJW 1965, 685 (686) – Soraya, bestätigt durch BVerfGE 34, 269 = NJW 1973, 1221 (1223) – Soraya – Interview; OLG Düsseldorf AfP 1989, 549 (550). Zur Interpretation des Art. 8 Abs. 1 EMRK in diesem Zusammenhang vgl. Bleckmann, A., Das Allgemeine Persönlichkeitsrecht in der Europäischen Menschenrechtskonvention. Zur Interpretation des Art. 8 Abs. 1 EMRK, in: Erichsen, H.-U./Kollhosser, H./Welp, J. (Hrsg.), Recht der Persönlichkeit, 9 (20).

1296 Vgl. oben 1. Teil 3. Abschnitt 2. Kapitel.

1297 BVerfGE 65, 1 (7) = NJW 1984, 419 (421) – Volkszählungsurteil.

1298 BVerfGE 65, 1 (7f.) = NJW 1984, 419 (421f.) – Volkszählungsurteil; BGH GRUR 1994, 913 (914) – IM-Liste; BGH NJW 1991, 1532 (1533) – Notfalldienstarzt; OLG Nürnberg NJW 1993, 796 „Naturärzte-Wegweiser"; LG Hamburg AfP 1996, 185 (186).

1299 Rössler, B., a.a.O., 217.

1300 BVerfGE 65, 1 = NJW 1984, 419 – Volkszählungsurteil.

deren Datensammlungen zu einem teilweisen oder weitgehend vollständigen Persönlichkeitsbild zusammengefügt werden, ohne dass der Betroffene dessen Richtigkeit und Verwendung zureichend kontrollieren kann. Damit haben sich in einer bisher unbekannten Weise die Möglichkeiten einer Einsicht- und Einflussnahme erweitert, welche auf das Verhalten des Einzelnen schon durch den psychischen Druck öffentlicher Anteilnahme einzuwirken vermögen. Individuelle Selbstbestimmung setzt aber – auch unter den Bedingungen moderner Informationsverarbeitungstechnologien – voraus, dass dem Einzelnen Entscheidungsfreiheit über vorzunehmende oder zu unterlassende Handlungen einschließlich der Möglichkeit gegeben ist, sich auch entsprechend dieser Entscheidung tatsächlich zu verhalten. Wer nicht mit hinreichender Sicherheit überschauen kann, welche ihn betreffende Informationen in bestimmten Bereichen seiner sozialen Umwelt bekannt sind, und wer das Wissen möglicher Kommunikationspartner nicht einigermaßen abzuschätzen vermag, kann in seiner Freiheit wesentlich gehemmt werden, aus eigener Selbstbestimmung zu planen oder zu entscheiden. Mit dem Recht auf informationelle Selbstbestimmung wären eine Gesellschaftsordnung und eine dies ermöglichende Rechtsordnung nicht vereinbar, in der Bürger nicht mehr wissen können, wer was wann und bei welcher Gelegenheit über sie weiss. Wer unsicher ist, ob abweichende Verhaltensweisen jederzeit notiert und als Information dauerhaft gespeichert, verwendet oder weitergegeben werden, wird versuchen, nicht durch solche Verhaltensweisen aufzufallen. (...) Hieraus folgt: Freie Entfaltung der Persönlichkeit setzt unter den modernen Bedingungen der Datenverarbeitung den Schutz des Einzelnen gegen unbegrenzte Erhebung, Speicherung, Verwendung und Weitergabe seiner persönlichen Daten voraus. Dieser Schutz ist daher von dem Grundrecht des Art. 2 Abs. 1 i. V. m. Art. 1 Abs. 1 GG umfasst. "[1301]

Wie bei den anderen Ausprägungen des allgemeinen Persönlichkeitsrechts muss der Einzelne Einschränkungen seines Rechts auf informationelle Selbstbestimmung im überwiegenden Allgemeininteresse hinnehmen[1302].

Werden beispielsweise Gerichtsentscheidungen veröffentlicht, so ist nur eine Veröffentlichung in anonymisierter Form zulässig[1303], es sei denn, es handelt sich um eine „öffentliche Person" und das Verfahren betrifft sie in dieser Eigenschaft. Das ist beispielsweise der Fall bei einer Gerichtsentscheidung zu der Frage, ob ein Ministerpräsident „IM" genannt werden darf[1304].

Eine durch das Bundesdatenschutzgesetz nicht gedeckte Übermittlung personenbezogener Daten stellt eine Verletzung des Rechts auf informationelle Selbstbestimmung dar[1305]. Unerheblich ist bei der Beurteilung, ob die Unterlagen zuvor woanders veröffentlicht wurden. Denn der verfassungsrechtliche Schutz des allgemeinen Per-

1301 BVerGE 65, 1 = NJW 1984, 419 (422) – Volkszählungsurteil.

1302 BVerGE 65, 1 = NJW 1984, 419 (422) – Volkszählungsurteil; BGH GRUR 1994, 913 (914) – IM-Liste.

1303 Prinz, M./Peters, B., a.a.O., 112.

1304 BGH GRUR 1994, 913 – IM-Liste.

1305 BGH NJW 1984, 1886 (1887) – AEG-Aktionär; BGH NJW 1984, 436 – Schufa.

sönlichkeitsrechts entfällt nicht deshalb, weil es Dritte zuvor ebenfalls verletzt haben[1306].

Die Veröffentlichung von Privatadressen von „öffentlichen Personen" ist unzulässig. So hat das LG Hamburg hinsichtlich der Veröffentlichung der Privatadresse einer Schauspielerin entschieden, dass die Veröffentlichung gegen ihr Recht auf informationelle Selbstbestimmung verstößt, obwohl die Adresse zuvor bereits in einem Branchenbuch („scholz film fernseh ABC") abgedruckt worden war[1307]. Begründet wurde die Entscheidung damit, dass außerhalb der Branche kaum jemand auf die Idee käme, zu diesem Buch zu greifen, um an die Privatanschrift der Schauspielerin zu gelangen. Außerdem ist es gerade Inhalt des Rechts auf informationelle Selbstbestimmung, dass der Einzelne grundsätzlich selbst darüber entscheiden kann, ob, wann und innerhalb welcher Grenzen seine persönlichen Daten in die Öffentlichkeit gebracht werden[1308].
Bei der Beurteilung der Reichweite des Rechts auf informationelle Selbstbestimmung im Wege der Interessenabwägung ist regelmäßig kein überwiegendes Informationsinteresse der Allgemeinheit an einer Privatadresse ersichtlich. Dies insbesondere deshalb, weil niemand ungebetene Besucher in seinem Bereich hinnehmen muss[1309].

12. Schutz vor Unwahrheiten

In Teilen der Rechtsprechung und des Schrifttums wird ein Schutz vor Unwahrheiten als Ausprägung des Persönlichkeitsrechts angenommen[1310]. Der Schutz vor Unwahrheiten spielt nur dann eine Rolle, wenn keine der elf zuvor geschilderten Ausprägungen des Persönlichkeitsrechts tangiert ist. Er umfasst das Recht, gegen sogenannte „wertneutrale Falschdarstellungen" vorzugehen[1311].

Soehring[1312] ist der Auffassung, dass ein Betroffener nicht gegen eine solche „wertneutrale Falschdarstellung" – vorgehen könne, solange dadurch nicht sein sozialer Achtungs- und Geltungsanspruch als Ausprägung seines allgemeinen Persönlichkeitsrechts oder die Tatbestände des § 186 StGB und des § 824 BGB verletzt würden. Auch wenn etwas unwahr sei, aber mangels Hinzutretens besonderer Umstände für Ehre, wirtschaftlichen Ruf oder sozialen Geltungsanspruch des Betroffenen ohne jede Relevanz, so führe das nicht zu Ansprüchen.

1306 Vgl. LG Hamburg AfP 1988, 170 (171).

1307 LG Hamburg AfP 1996, 185 (186).

1308 BGH GRUR, 1994 913 (914) – IM – Liste; NJW 1991, 1532 (1533) – „Notfalldienstarzt"; BVerfGE 65, 1 (7ff.) = NJW 1984, 419 (421ff.) – Volkszählungsurteil.

1309 Prinz, M./Peters, B., a.a.O., 113.

1310 OLG Frankfurt ZUM 1992, 361 (363); OLG Hamburg AfP 1988, 143. Das BVerfG und der BGH haben den Schutz vor Unwahrheiten bislang nicht ausdrücklich als Ausprägung des Persönlichkeitsrechts anerkannt; vgl. Prinz, M./Peters, B., a.a.O., 114., die sich aber meines Erachtens nach widersprechen, wenn sie einerseits behaupten, der Schutz vor Unwahrheiten sei subsidiär und es andererseits aber als Indiz für die Nichtanerkennung sehen, dass die Bundesgerichte bei Unwahrheiten bisher auf die vorrangigen anderen Ausprägungen des allgemeinen Persönlichkeitsrechts zurückgegriffen haben.

1311 Prinz, M./Peters, B., a.a.O., 115 m.w.N.

1312 Soehring, J., Presserecht, Rz. 18.5ff.

Prinz/Peters[1313] lehnen diese Auffassung ab. Sie sind der Meinung, dass es wertneutrale Meldungen nur in Ausnahmefällen gebe, da zum Beispiel allein die Wahl des Urlaubsortes einiges über einen Menschen aussagen könne[1314]. Sie führen weiter das Beispiel an, dass in Bankierskreisen, in denen weiße Hemden mit Nadelstreifenanzügen getragen und dunkle Autos gefahren werden, die Berichterstattung, jemand sei mit einem grünen Hemd gefahren oder im KhakiAnzug oder mit rotem Auto erschienen, durchaus Bedeutung für den sozialen Geltungsanspruch haben könne[1315].
Der Auffassung von Prinz/Peters ist zu folgen. Unwahre Tatsachenbehauptungen können den Betroffenen erheblich beeinträchtigen, weil in sein Recht eingegriffen wird, den eigenen sozialen Geltungsanspruch selbst zu definieren[1316]. Die Rezipienten nehmen auch sogenannte „unerhebliche" Mitteilungen über andere in ihr peripheres Wahrnehmungssystem auf und verarbeiten sie nach internen Programmen[1317]. Auf dieser kognitiven Grundlage kann dann ein anderes Persönlichkeitsbild entstehen als ohne die vermeintlich „unerhebliche" Information.
In den Fällen der wertneutralen Falschdarstellungen ist grundsätzlich von einer Persönlichkeitsrechtverletzung auszugehen.
Eine Interessenabwägung findet bei dieser Ausprägung des allgemeinen Persönlichkeitsrechts nicht statt, da der Behauptende sich nicht auf Art. 5 Abs. 1 GG berufen kann. Grund ist, dass unwahre Tatsachenbehauptungen nach ständiger Rechtsprechung des BVerfG nicht in den Schutzbereich von Art. 5 Abs. 1 GG fallen[1318]. Die unrichtige Information ist unter dem Blickwinkel der Meinungsfreiheit kein schützenswertes Gut, weil sie der verfassungsrechtlich vorausgesetzten Aufgabe zutreffender Meinungsbildung nicht dienen kann[1319].
Gleiches gilt auch bei unwahren Berichten über innere Tatsachen wie Hoffnungen und Ziele[1320].
Für die „öffentliche Person" gibt es auch bei dieser Ausprägung des allgemeinen Persönlichkeitsrechts keine Besonderheiten. Durch ihr Auftreten in der Öffentlichkeit hat sie zwar auf Rückzugsmöglichkeiten verzichtet, es kann aber kein Interesse daran geben, falsch über sie zu berichten.

4. Kapitel: Zwischenfazit

Voraussetzung für die Entwicklung des allgemeinen Persönlichkeitsrechts ist, dass sich die Persönlichkeit aus der Gesellschaft ausdifferenziert und sich nicht mehr nur als integraler Bestandteil der Gemeinschaft sieht, obwohl sie weiter der Gemeinschaft angehört (Sozialbezug der Persönlichkeit). Die Persönlichkeit zieht sich in sich selbst zurück und verliert das „Wir-Gefühl". Innerhalb der Gemeinschaftssphäre muss sie aber weiterhin Sitte und Anstand wahren. Eine Persönlichkeit, die sich darüber hin-

---

1313 Prinz, M./Peters, B., a.a.O., 115.
1314 Ebenda mit Verweis auf auf LG Hamburg Urteil vom 27.06.1997 – 324 O 396/97 (unveröffentlicht).
1315 Prinz, M./Peters, B., a.a.O., 115f.
1316 Prinz, M./Peters, B., a.a.O., 116.
1317 Oben 1. Teil 3. Abschnitt 2. Kapitel.
1318 BVerfGE 61, 1 = NJW 1983, 1415 – „NPD von Europa".
1319 BVerfG NJW 1980, 2072 (2073) – Böll/Walden; BVerfGE 12, 113 (130) – Schmidt/Spiegel.
1320 Prinz, M./Peters, B., a.a.O., 116.

wegsetzt, gilt als asozial und hat mit sozialen Sanktionen zu rechnen, die in Anfeindungen, Missachtung oder Geld- bzw. Freiheitsstrafe bestehen können. Um Konflikte zwischen der allgemeinen Sitten- und Rechtsordnung und der individuellen Moralauffassung nach Möglichkeit nicht entstehen zu lassen, sorgt die Gemeinschaft dafür, dass ihre Mitglieder sozialisiert werden.
Für die „öffentliche Person", die mehr als andere in der Gemeinschaftssphäre wirkt, bedeutet das, dass sie ihrer Vorbildfunktion gerecht werden muss. Das Idol kann dabei auch Grenzen überschreiten, solange solche Grenzübertritte sozial akzeptiert werden.
Da aber die „öffentliche Person" auf die reale Person verweist, muss sie auch die Möglichkeit haben, sich in sich selbst zurückzuziehen. Ein solches Recht auf „Privatheit" hat die Rechtsprechung in vielen Entscheidungen anerkannt[1321]. Hinsichtlich der „öffentlichen Person" gestaltet sich die Anerkennung einer Privatsphäre deshalb als besonders schwierig, da sich ihre der medialen Öffentlichkeit zugewandte Seite gerade nicht aus der Gemeinschaft ausdifferenziert. Der Rückzug in die Privatheit erfolgt nur hinsichtlich der realen Person. Aus diesem Grunde diffundieren zwei Grenzen, nämlich einmal die zwischen „privat" und „öffentlich" und einmal die zwischen „öffentlicher" und „realer" Person.
Dass die Grenze zwischen „privat" und „öffentlich" dynamisch ist und nicht festliegt, hängt mit unserem heutigen Verständnis von „Öffentlichkeit" zusammen[1322].
Ursache für das Verschwimmen der Grenze zwischen „öffentlicher" und „realer" Person ist, dass die „öffentliche" Person immer auf die „reale" Person verweist[1323]. Der Wechsel zwischen Enthüllung und Entzug erschwert die Beurteilung, was zu der der medialen Öffentlichkeit zugewandten Seite gehört.
Um dennoch Rechtssicherheit herzustellen, ist eine Gliederung in Bereiche, die mehr oder weniger öffentliche oder private Elemente enthalten, erforderlich[1324]. Hubmann[1325], auf den die „Sphärentheorie" zurückgeht, hat zwischen drei Bereichen unterschieden. Die Individualsphäre schützt das Eigenleben des Einzelnen in der Öffentlichkeit, in seiner Beziehung zur Welt. Die Privatsphäre umfasst das alltägliche Leben, wie es sich im Kreise des Berufs, der Freundschaft und der Bekanntschaft, der Familie, aber auch auf der Straße und in sogenannten öffentlichen Lokalen abspielt. Zur Geheimsphäre gehört alles, was der Einzelne erkennbar geheim hält.
Die Rechtsprechung hat den Privatbereich grundsätzlich in eine Reihe von Sphären aufgegliedert, die unterschiedlichem Schutz unterliegen sollen.
Weder der Sinn und Zweck dieser weiteren Unterscheidung noch die Abgrenzung der unterschiedlichen Sphären gegeneinander sowie zur Sphäre der Öffentlichkeit sind bisher hinreichend deutlich geworden. Warum ist die sexuelle Beziehung des Vaters der Tennisspielerin Steffi Graf nicht der Intimsphäre zuzurechnen[1326]? Warum etwa ist der Gesundheitszustand eines Menschen „seiner Natur nach" geheimhaltungsbedürftig, wo doch gerade hieran bei vielen Völkern aus Gründen der Hygiene ein vor-

---

1321 Vgl. oben 2. Teil 1. Abschnitt 3. Kapitel 2.
1322 Siehe oben 1. Teil 1. Abschnitt 2. Kapitel 4.
1323 Oben 1. Teil 1. Abschnitt 2. Kapitel 5.
1324 Vgl. auch Scholler, H., Person und Öffentlichkeit. Zum Spannungsverhältnis von Pressefreiheit und Persönlichkeit, München 1967; Guha, H.A., a.a.O., 38ff.
1325 Hubmann, H., a.a.O., 524.
1326 Oben 2. Teil 1. Abschnitt 3. Kapitel 1.

rangiges Interesse besteht[1327]? Inwiefern hilft die Erkenntnis, dass beispielsweise in der Sozialsphäre dem Informationsinteresse ein erheblicher Rang zukommen kann[1328], wo dieses Interesse auch im Bereich der Privatsphäre überwiegen kann? Welchen Sinn hat es, wenn man private Umstände außerhalb des Hauses der Sozialsphäre zuweist und gleichzeitig das „private Moment" dieser Sphäre betont[1329]? Verletzt die Veröffentlichung einer Privatadresse das Verfügungsrecht über die Darstellung der eigenen Person oder das Recht auf informationelle Selbstbestimmung?
Offenbar handelt es sich hier um eine wenig geglückte gedankliche Zergliederungen, deren juristischer Nutzen fragwürdig ist. Das Telos der Konstruktion abgestufter „Sphären" des Persönlichkeitsschutzes war, mit ihrer Hilfe brauchbare, jeweils im voraus einsetzbare Kriterien zur Abgrenzung des rechtlich geschützten von einem ungeschützten Bereich zu finden[1330]. Gerade das ist der Sphärentheorie aber nicht gelungen und konnte ihr auch nicht gelingen, da es im Bereich des allgemeinen Persönlichkeitsrechts immer auf die Umstände des Einzelfalls ankommt. Die Sphäreneinteilung macht aber bereits dann Sinn, wenn sie zumindest eine annähernde Vorstellung der mehr oder minder schutzwürdigen Lebensbereiche gewährleisten kann, da dann das Maß dieser Schutzwürdigkeit, wenn nicht exakt, so doch zumindest näher bestimmt werden kann[1331].
Zutreffend und durch die geltende Rechtslage gefordert ist es, auf die Ursprünge der von Hubmann[1332] ausgearbeiteten Sphärentheorie zurückzukehren und mit ihr in modifizierter Art zu arbeiten. Die folgende Terminologie orientiert sich allerdings an der Rechtsprechung und nicht an Hubmann.

Innerhalb des Privatbereichs wird zwischen einer absolut geschützten Kernsphäre (Art. 2 Abs. 1 und Art. 1 Abs.. 1 i. V. m. Art. 19 Abs. 2 GG) und einem Bereich privater Lebensgestaltung, in den im überwiegenden Interesse der Allgemeinheit eingegriffen werden darf, unterschieden. Der absolut geschützte Kernbereich sollte die Intimsphäre als engsten Persönlichkeitsbereich und die Geheimsphäre umfassen. Damit wird auch die Geheimsphäre absolut geschützt. Dieser absolute Schutz ist vor dem Hintergrund, dass jeder die Möglichkeit haben muss, ins „Unreine" zu denken, gerechtfertigt. Telefonat oder persönliche Notiz sind grundsätzlich der absolut geschützten Kernsphäre zuzurechnen, da die Einschätzung, ob an ihnen ein Geheimhaltungsinteresse besteht, eine Kenntnis des Inhalts voraussetzt. Eine solche Kenntnisnahme ist den Beteiligten nicht zuzumuten[1333].

1327 Lampe, E.-J., a.a.O., 96.
1328 Oben 2. Teil 1. Abschnitt 3. Kapitel 3.
1329 Guha, H.A., a.a.O., 54.
1330 Schmidt, W., a.a.O., 243f; Hubmann, a.a.O., 524.
1331 Guha, H.A., a.a.O., 43, der darauf hinweist, dass die Kritiker der Sphärentheorie hauptsächlich im Datenschutzrecht beheimatet sind und die Konsistenz von Daten einer Einteilung in Sphären widerspricht. Meines Erachtens nach übersieht Guha aber, dass die Sphäreneinteilung nicht nur lokal erfolgen muss, sondern es auch eine informationelle Privatheit gibt. Vgl auch Arnauld, A.v., Strukturelle Fragen des allgemeinen Persönlichkeitsrechts. Überlegungen zu dem Schutzbereich und den Schranken des grundrechtlichen Persönlichkeitsschutzes, in: ZUM 1996, 286 (291).
1332 Hubmann, H., a.a.O., 524.
1333 Vgl. Rüpke, G., Der verfassungsrechtliche Schutz der Privatheit: zugleich ein Versuch pragmatischen Grundrechtsverständnisses, 32.

Zu dem Bereich der privaten Lebensgestaltung gehört unter anderem alles, was nach der Rechtsprechung zur Sozialsphäre gezählt wird, so dass es auch in diesem Teil zu einer Abwägung von allgemeinem Informationsinteresse und Persönlichkeitsschutz kommt. Innerhalb dieser Sphäre müssen die Kriterien, die der EGMR im Caroline-von-Hannover-Urteil[1334] aufgestellt hat, berücksichtigt werden. Danach darf über die Privatsphäre nur berichtet werden, wenn das einen Beitrag zu einer Diskussion in einer demokratischen Gesellschaft leistet[1335]. Der Privatsphäre steht die Öffentlichkeitssphäre gegenüber, über die grundsätzlich berichtet werden darf.

Für die Beurteilung des Schutzes des allgemeinen Persönlichkeitsrechts der „öffentlichen Person" kommt es zunächst also darauf an, ob es sich um einen Bereich der Intimsphäre (Kernbereich) handelt, der absoluten Schutz genießt. Handelt es sich um Vorgänge aus der Intimsphäre, muss beurteilt werden, ob die „öffentliche Person" diesen Teil ihrer Intimsphäre öffentlich gemacht hat, indem sie ihn zur Konstruktion ihres öffentlichen Images benutzt hat. Das kann entweder durch das Berichten über sexuelle Praktiken, aber auch durch die Tätigkeit als Pornodarsteller geschehen[1336]. Ist dies der Fall, handelt es sich um einen Vorgang, der der Öffentlichkeitssphäre zugeordnet wird. Dabei ist aber aufgrund der Wichtigkeit des Schutzes eines Kernbereichs der Persönlichkeit zu beachten, dass die Einwilligung in diese Veröffentlichungen nicht anderweitige Darstellungen und Aussagen aus der Intimsphäre deckt[1337].

Handelt es sich innerhalb der Privatsphäre um einen Bereich der privaten Lebensgestaltung, muss abgewogen werden zwischen dem allgemeinen Informationsinteresse und dem Schutzbedürfnis der „öffentlichen Person". Auch bei der „öffentlichen Person" kann man im Bereich der privaten Lebensgestaltung nicht grundsätzlich von einem Überwiegen des Informationsinteresses ausgehen[1338]. Leistet ein Bericht keinen Beitrag zu einer öffentlichen Debatte, darf er nicht veröffentlicht werden[1339].
Für den Schutz der persönlichen Ehre; des Verfügungsrechts über die Darstellung der eigenen Person; des Rechts am eigenen Bild, des Rechts, von der Unterschiebung nicht getaner Äußerungen verschont zu bleiben; des Rechts auf informationelle

---

1334 EGMR NJW 2004, 2647= EuGRZ 2004, 404 – Caroline von Hannover. Siehe oben 2. Teil 1. Abschnitt 3. Kapitel 3 b.

1335 EGMR NJW 2004, 2647 (2649) = EuGRZ 2004, 404 (414) – Caroline von Hannover.

1336 Vgl. LG Berlin, NJW 1997. 1155 – Pornodarsteller.

1337 Ebenda.

1338 A.A. Ladeur, der davon ausgeht, dass über das Alltagsleben von „Stars" berichtet werden kann, soweit sie an ihrem Starimage mitgearbeitet haben, Ladeur, K.- H., Schutz von Prominenz als Eigentum. Zur Kritik der Caroline-Rechtsprechung des BVerfG, in: ZUM 2000, 879 (888). Meines Erachtens nach arbeitet jede „öffentliche Person" an ihrem Image mit. Es hätte für die Psyche fatale Folgen, wenn sie beispielweise bei jedem Lebensmittelkauf damit rechnen müsste, dass die Rezipienten darüber informiert werden, was sie wann und wo kauft. Die „öffentliche Person" müsste sich permanent ihrem Image entsprechend verhalten, was zu einer Überforderung der realen Person führen würde. Über Alltagsgeschäfte darf nur berichtet werden, wenn gerade sie zu der der medialen Öffentlichkeit zugewandten Seite der „öffentlichen Person" gehören. Das ist der Fall, wenn sich ein bekannter Tierschützer einen Pelzmantel kauft oder ein erklärter Umweltschützer in seinem Garten Insektenvernichtungsmittel einsetzt. Vgl. auch EGMR NJW 2004, 2647 = EuGRZ 2004, 404 – Caroline von Hannover.

1339 EGMR NJW 2004, 2647 (2649) = EuGRZ 2004, 404 (414) – Caroline von Hannover.

Selbstbestimmung und vor Unwahrheiten ergeben sich aufgrund der veränderten Sphäreneinteilung keine Auswirkungen.

5. Kapitel: Rechtswidrigkeit

Die Güter- und Interessenabwägung wird seit der Höllenfeuer-Entscheidung des BGH vom 21.06.1966[1340] nicht mehr auf der Rechtswidrigkeitsebene[1341] sondern bereits zur tabestandsmäßigen Abgrenzung, also zur Feststellung, ob ein Verletzungstatbestand vorliegt, vorgenommen.
Die Widerrechtlichkeit des Eingriffs kann aber durch einen Rechtfertigungsgrund ausgeschlossen sein.

1. Allgemeine Rechtfertigungsgründe

Die allgemeinen Rechtfertigungsgründe wie Selbsthilfe (§§ 229, 561, 859 f., 910 BGB), Notwehr (§ 227 BGB), privatrechtlicher Notstand (§§ 228, 904 BGB) und rechtfertigender Notstand (§ 34 StGB) sind ohne nennenswerte praktische Bedeutung[1342].

2. Wahrnehmung berechtigter Interessen

Nach § 193 StGB[1343], der für zivilrechtliche Rechtsverletzungen genauso gilt wie für Vergehen nach §§ 185 ff. StGB, sind Ehr- und Persönlichkeitsverletzungen gerechtfertigt, wenn sie in Verfolgung der in § 193 StGB ausdrücklich genannten Rechte und Interessen oder zur Wahrung sonstiger berechtigter Interessen erfolgen[1344].

Das Rechtsinstitut der „Wahrnehmung berechtigter Interessen" schützt die Medien davor, dass sich eine von ihnen aufgestellte Behauptung trotz Beachtung der von ihnen zu verlangenden Sorgfalt nachträglich als falsch erweist. Da die Presse eine „öffentliche Aufgabe" erfüllt[1345], bietet das Rechtsinstitut der „Wahrnehmung berechtigter Interessen" eine Haftungsreduzierung[1346].

1340 BGHZ 45, 296 (307) = NJW 1966, 1617 – Höllenfeuerentscheidung (unter Einschränkung von BGHZ 3, 270 (280) = NJW 1952, 660 – Constanze I); vgl. auch BGHZ 50, 133 (143) = NJW 1968 1773 – Mephisto.

1341 Vgl. Gamm, O.-F. Frhr. v., a.a.O., 514.

1342 Schiemann, G., in: Westermann, H. P. (Hrsg.), Ermann, BGB, § 823 Rdnr. 147.

1343 § 193 StGB: „Tadelnde Urteile über wissenschaftliche, künstlerische oder gewerbliche Leistungen, desgleichen Äußerungen, welche zur Ausführung oder Verteidigung von Rechten oder zur Wahrnehmung berechtigter Interessen gemacht werden, sowie Vorhaltungen und Rügen der Vorgesetzten gegen ihre Untergebenen, dienstliche Anzeigen oder Urteile von seiten eines Beamten und ähnliche Fälle sind nur insofern strafbar, als das Vorhandensein einer Beleidigung aus der Form der Äußerung oder aus den Umständen, unter welchen sie geschah, hervorgeht."

1344 BGH NJW 1996, 1131 (1133) – Der Lohnkiller; AfP 1994, 295 (297) – Verdeckte Behauptungen I; Ehmann, H., a.a.O., Anh § 12, Rdnr. 272.

1345 Siehe oben 1. Teil 2. Abschnitt 3. Kapitel 2.

1346 Prinz, M./Peters, B., a.a.O., 228.

Auf diesen Rechtfertigungsgrund kommt es aber beim allgemeinen Persönlichkeitsrecht nicht an, weil die Interessen- und Güterabwägung bereits auf der Stufe der Tatbestandsmäßigkeit erfolgt. Die Konsequenz ist, dass schon keine Persönlichkeitsrechtsverletzung vorliegt, wenn „berechtigte Interessen" gewahrt werden[1347].

3. Einwilligung

Eine Persönlichkeitsrechtsverletzung kann durch eine Einwilligung gerechtfertigt sein.

Insbesondere „öffentliche Personen" gestatten häufig im Rahmen einer Merchandising-Lizenz einen Imagetransfer und damit eine Persönlichkeitsrechtsverletzung[1348]. Umstritten ist dabei die Frage, ob über die Gestattung der Persönlichkeitsrechtsverletzung hinaus Persönlichkeitsrechte übertragen werden können. Bejaht man diese Frage, dann kann der Lizenznehmer gegen einen Eingriff in Persönlichkeitsrechte durch Dritte, in dem ihm übertragenen Bereich im eigenen Namen Ansprüche geltend machen[1349]. Außerdem kann der Lizenzgeber die übertragenen Rechte nicht erneut an Dritte lizenzieren[1350]. Praktisch ist die Frage für den Lizenzgeber interessant, weil für die Übertragung einzelner Persönlichkeitsrechte ein höheres Entgelt verlangt werden kann. Für den Lizenznehmer besteht ein besonderes Interesse an der Übertragbarkeit von Persönlichkeitsrechten, da seine Rechtsstellung durch eine Übertragung sicherer ist.

Eine Auffassung[1351] geht davon aus, dass Persönlichkeitsrechte wegen ihrer höchstpersönlichen Bedeutung nicht durch Übertragung von der Person, zu der sie gehören, gelöst werden könnten.

Nach anderer Ansicht[1352] sind in Analogie zum Urheberrecht die verzichtbaren Bestandteile des Persönlichkeitsrechts übertragbar, da auch Persönlichkeitsrechten neben den ideellen Bestandteilen eine vermögens- bzw. immaterialgüterrechtliche Komponente zukomme. Das Stamm- oder Mutterrecht soll wie beim Urheberrecht nach § 29 UrhG als unveräußerlich beim Inhaber verbleiben. Ein weiteres Argument ist auch, dass bei einer Ablehnung der Übertragbarkeit der vermeintliche Persönlichkeitsrechte der Persönlichkeitsschutz leicht nach dem Markenrecht umgangen werden könnte: Die reale Person könnte sich ihren Namen oder ihr Bild als Marke schüt-

---

1347 Prinz, M./Peters, B., a.a.O., 228, meinen ebenfalls, dass der Rechtfertigungsgrund „Wahrnehmung berechtigter Interessen" nur bei übler Nachrede in Betracht käme, nicht aber bei einer Verletzung des allgemeinen Persönlichkeitsrechts nach § 823 Abs. 1 BGB. Sie begründen das damit, dass das allgemeine Persönlichkeitsrecht ein sogenanntes „Rahmenrecht" sei, bei dem Rechtswidrigkeit nur gegeben sei, wenn sie aus einer Interessenabwägung der tangierten Positionen folgt. Dieser Auffassung ist aber nicht zu folgen, da sie die Grenze von Tatbestand und Rechtswidrigkeit verwischt. A.A. Ehmann, H., Zur Struktur des Allgemeinen Persönlichkeitsrechts, in: JuS 1997, 193 (198).

1348 Schertz, Ch., a.a.O., 10.

1349 Helle, H., a.a.O., 110.

1350 Ebenda.

1351 Helle, H., a.a.O., 52 m.w.N.

1352 Vgl. Schertz, Ch., a.a.O., 158.

zen lassen und das hieran begründete Recht nach § 27 Abs. 1 MarkenG auf andere übertragen.

Dieser Ansicht ist zu folgen:
Bereits oben[1353] wurde gezeigt, dass „öffentliche Personen" aufgrund ihrer Einflusschancen einen Marktwert haben. Allerdings ist zu beachten, dass die „öffentliche Person" ein Kunstprodukt ist, das auf die reale Person verweist. Das heißt, die Persönlichkeitsmerkmale der realen Person werden hyperrealisiert und zum Medienimage aufgebaut[1354]. Wenn man also sagt, die „öffentliche Person" habe einen Marktwert, ist damit gemeint, dass das Persönlichkeitsbild, dass die Rezipienten von einer „öffentlichen Person" haben, diesen Wert besitzt. Die Persönlichkeitsmerkmale der realen Person, die die „öffentliche Person" speisen, liegen im Inneren der realen Person und sind nicht vermarktbar[1355]. Beuthien[1356] stellt richtig fest: „Vermarktbar ist also nicht die im Inneren des Menschen angelegte und dort verbleibende Persönlichkeit, sondern nur die nach außen wirkende und sich damit von der Person ablösende Persönlichkeitsausstrahlung, mithin der Eindruck, den die Person mittels der ihr wesenseigenen Persönlichkeitsmerkmale auf andere Personen macht. Die als Persönlichkeitswirkung auf andere ausstrahlenden Persönlichkeitsmerkmale schlagen sich bei den Mitmenschen in einem Persönlichkeitsbild nieder, das sich diese von der Person machen. Erregt das für die betreffende Person charakteristische Persönlichkeitsbild allgemeine Aufmerksamkeit, so gewinnt es dadurch einen wirtschaftlichen Werbewert oder Medienwert."

In der Marlene-Dietrich-Entscheidung[1357] führt der BGH aus: „Darüber hinaus schützen das allgemeine Persönlichkeitsrecht und seine besonderen Ausprägungen aber auch vermögenswerte Interessen der Person. Der Abbildung, dem Namen sowie sonstigen Merkmalen der Persönlichkeit wie etwa der Stimme kann ein beträchtlicher wirtschaftlicher Wert zukommen, der im Allgemeinen auf der Bekanntheit und dem Ansehen der Person in der Öffentlichkeit – meist durch besondere Leistungen etwa auf sportlichem oder künstlerischem Gebiet erworben – beruht. Die bekannte Persönlichkeit kann diese Popularität und ein damit verbundenes Image dadurch wirtschaftlich verwerten, dass sie Dritten gegen Entgelt gestattet, ihr Bildnis oder ihren Namen, aber auch andere Merkmale der Persönlichkeit, die ein Wiedererkennen ermöglichen, in der Werbung für Waren oder Dienstleistungen einzusetzen. Durch eine unerlaubte Verwertung ihrer Persönlichkeitsmerkmale etwa für Werbezwecke werden daher häufig weniger ideelle als kommerzielle Interessen der Betroffenen beeinträchtigt, weil diese sich weniger in ihrer Ehre und ihrem Ansehen verletzt fühlen, als vielmehr finanziell benachteiligt sehen (vgl. Schlechtriem, in: Festschr. f. Hefermehl, 1976, S. 445, 465; Götting, Persönlichkeitsrechte als Vermögensrechte, 1995, S. 266)."

1353 1. Teil .1. Abschnitt 2. Kapitel 5.

1354 Ebenda.

1355 So auch Beuthien, V., Schützt das allgemeine Persönlichkeitsrecht auch kommerzielle Interessen der Person?- Kritik an den Marlene-Dietrich-Entscheidungen des BGH, in: ders. (Hrsg.), Persönlichkeitsgüterschutz vor und nach dem Tode, 75.

1356 Beuthien, V., a.a.O., 77.

1357 BGHZ 143, 214 = NJW 2000, 2195 – Marlene Dietrich.

Der Kritik Beuthiens, der BGH mache das allgemeine Persönlichkeitsrecht im Ergebnis teilweise selbst zu einem Immatrialgüterrecht und missachte damit die Natur des allgemeinen Persönlichkeitsrechts, das nur die ideellen Interessen der Person schütze, schlägt fehl. Genau wie die Persönlichkeitsmerkmale ist auch das Persönlichkeitsbild ein Teil der Person und damit vom Persönlichkeitsschutz umfasst. „Der BGH hat die kommerziellen Interessen an der Persönlichkeit von jeher in den durch die Persönlichkeitsrechte gewährleisteten Schutz einbezogen: Die Persönlichkeitsrechte sollen danach allein die dem Berechtigten zustehende freie Entscheidung darüber schützen, ob und unter welchen Umständen sein Bildnis oder sein Name – Entsprechendes gilt für andere kennzeichnende Persönlichkeitsmerkmale – den Geschäftsinteressen Dritter dienstbar gemacht wird"[1358].
Bei der Frage, ob Persönlichkeitsrechte übertragbar sind, kann es nur um die vermögenswerten Bestandteile des Persönlichkeitsrechts gehen. Soweit es um den Schutz ideeller Interessen geht, ergibt sich aus der Natur der Sache, dass die Persönlichkeitsrechte unauflöslich an die Person des Trägers gebunden sind und als höchstpersönliche Rechte unverzichtbar und unveräußerlich, also nicht übertragbar und nicht vererblich sind[1359].

In der Marlene-Dietrich-Entscheidung lässt der BGH die Frage der Übertragbarkeit von Persönlichkeitsrechten unter Lebenden offen[1360]. Er bejaht lediglich die Vererbbarkeit solcher Rechte, aus Gründen des besseren Rechtsschutzes: Allein mit Hilfe von Abwehransprüchen ließe sich das Persönlichkeitsrecht des verstorbenen Trägers im Falle der unerlaubten kommerziellen Verwertung nicht wirksam schützen, da Sanktionen nur für den Wiederholungsfall zur Verfügung stünden[1361]. Auch ein Bereicherungsanspruch könne in diesen Fällen versagen, wenn die Bereicherung nicht in der Person des Verletzers eingetreten sei[1362]. Im Übrigen setze auch ein Bereicherungsanspruch eine entsprechende rechtliche Güterzuordnung voraus[1363]. Außerdem gibt der BGH zu bedenken, dass es unbillig erscheine, den durch die Leistungen des Verstorbenen geschaffenen und in seinem Bildnis, seinem Namen oder seinen sonstigen Persönlichkeitsmerkmalen verkörperten Vermögenswert nach seinem Tode dem Zugriff eines jeden beliebigen Dritten preiszugeben, statt diesen Vermögenswert seinen Erben oder Angehörigen oder anderen Personen zukommen zu lassen, die ihm zu Lebzeiten nahe standen[1364]. In der Marlene-Dietrich-Entscheidung[1365] geht also der BGH von der Übertragbarkeit der vermögensrechtlichen Bestandteile des Persönlichkeitsrechts des verstorbenen Trägers aus.

Die Argumente, die für eine Übertragbarkeit nach dem Tode sprechen, sind nicht ohne weiteres auf die Übertragung unter Lebenden anwendbar. Beispielsweise unterlie-

1358 BGHZ 143, 214 (219) = NJW 2000, 2195 (2197) – Marlene Dietrich.
1359 Ebenda m.w.N.; BGHZ 50, 133 (137) = NJW 1968, 1773 – Mephisto.
1360 BGHZ 143, 214 (220) = NJW 2000, 2195 (2198) – Marlene Dietrich.
1361 BGHZ 143, 214 (223) = BGH NJW 2000, 2195 (2199) – Marlene Dietrich.
1362 Ebenda.
1363 Ebenda.
1364 BGHZ 143, 214 (220) = NJW 2000, 2195 (2198) – Marlene Dietrich.
1365 BGHZ 143, 214 = NJW 2000, 2195 – Marlene Dietrich.

gen die vermögenswerten Bestandteile des Persönlichkeitsrechts bei ihrer Nichtübertragbarkeit nicht dem Zugriff jedes beliebigen anderen.

Die Frage, ob eine Übertragung unter Lebenden möglich ist, muss also nach spezifisch diesen Fall betreffenden Kriterien bewertet werden.
Der Einwand, bei der Kommerzialisierung der Persönlichkeit handele es sich um eine mögliche gesellschaftliche Fehlentwicklung der die Rechtsordnung entgegentreten müsse, weil sich die Schaffung eines marktgängigen Immatrialgüterrechts in letzter Konsequenz gegen das Individuum richte und seine Persönlichkeit für Dritte verfügbar mache[1366], geht fehl.
Wie bereits oben dargelegt, hat sich das Persönlichkeitsrecht erst relativ spät entwickelt, da zuvor ein anderes Verständnis von Öffentlichkeit und Individualität gegeben war[1367]. Die Rechtsentwicklung ist somit dem gesellschaftlichen Prozess nachgefolgt. Wie oben auch deutlich wurde, weist die „öffentliche Person" insbesondere hinsichtlich ihres Images Ähnlichkeiten mit einem Markenprodukt auf. Für Marken ist die Möglichkeit der Einräumung bzw. Übertragung von Rechten, die, soweit sie ausschließlich erfolgt, dingliche Wirkung hat, in § 27 Abs. 1, 30 MarkenG gesetzlich vorgesehen. Eine Kommerzialisierung der Rechte an Namen und Bildnissen ist de facto bereits dadurch erfolgt, dass die reale Person sich ihren Namen oder ihr Bild als Marke schützen lassen und das hieran begründete Recht nach § 27 Abs. 1 MarkenG auf andere übertragen kann.
Es ist es also möglich, Rechte nach dem Tod des Persönlichkeitsträgers und Rechte am Namen und am Bild zu übertragen. Innerhalb der Gesellschaft hat die Vermarktung von „öffentlichen Personen" beträchtliche Ausmaße angenommen[1368]. Es besteht bei den an der Vermarktung Beteiligten ein Bedürfnis nach gesicherten Rechtspositionen. Es ist daher nicht nachvollziehbar, warum dem nicht Folge geleistet wird. Wendet man die urheberrechtliche Rechtsfigur der gebundenen Rechtsübertragung an, bei der die unverzichtbaren Bestandteile des Mutterrechts beim Inhaber verbleiben[1369], könnte die persönliche Beziehung des Trägers zum Persönlichkeitsrecht einerseits geschützt werden und andererseits wäre es möglich, Nutzungsrechte zu übertragen. Durch die gebundene Rechtsübertragung kommt es auch nicht zu einer Verletzung der Menschenwürde (Art. 1 GG) und des Rechts auf Selbstbestimmung (Art. 2 GG)[1370].
Es ist folglich sinnvoll, in Analogie zum Urheberrecht eine Übertragbarkeit der Nutzungsrechte an Bildnis, Namen oder Stimme anzunehmen.

Wird das jeweilige Nutzungsrecht exklusiv eingeräumt, steht dem Lizenznehmer neben dem Träger ein eigenes Abwehrrecht gegen Dritte zu, die das jeweilige Identifikationsmerkmal des Lizenzgebers auf die allein ihm gestattete Art nutzen[1371].

1366 Schack, H., Rezension von Götting, H.-P., Persönlichkeitsrechte als Vermögensrechte, in: AcP, 195 (1995), 594f.
1367 Siehe oben 2. Teil 1. Abschnitt 1. Kapitel.
1368 Vgl. Schertz, Ch., a.a.O., 157.
1369 Schertz, Ch., a.a.O., 157f.
1370 Vgl. BGHZ 143, 214 (219) = BGH NJW 2000, 2195 (2197) – Marlene Dietrich.
1371 Schertz, Ch., a.a.O., 158.

Die Einräumung von Nutzungsrechten kann sich nicht auf noch unbekannte Nutzungsarten erstrecken, § 31 Abs. 4 UrhG[1372]. Außerdem gilt die Zweckübertragungslehre, nach der sich, soweit die Nutzungsarten nicht einzeln bezeichnet sind, der Umfang der Rechtseinräumung nach dem im Vertrag verfolgten Zweck richtet[1373].

Existiert kein Lizenz-Vertrag, ist häufig die Frage problematisch, ob der Betroffene überhaupt eine Einwilligung zur Veröffentlichung erteilt hat. Die Einwilligung ist nach herrschender Auffassung eine empfangsbedürftige Willenserklärung, für die die §§ 104 ff. BGB gelten[1374]. Liegt keine ausdrückliche Einwilligung vor, ist nach den §§ 133, 157 BGB zu ermitteln, ob der „Erklärungsempfänger" das Verhalen des Betroffenen nach Treu und Glauben als Einwilligung verstehen konnte.[1375] Rechnet beispielsweise jemand damit, dass er bei Filmaufnahmen mit aufs Bild kommt und nimmt er das in Kauf, so liegt darin keine konkludente Einwilligung zur Veröffentlichung[1376]. Die Annahme einer rechtsgeschäftlichen Erklärung scheitert in derartigen Fällen daran, dass der Betroffene Art und Umfang der Veröffentlichung nicht kennt. Eine Einwilligung für „alle denkbaren Fälle" ist eher unwahrscheinlich[1377].

Die Reichweite der Einwilligung ist durch Auslegung (§§ 133, 157 BGB) nach den Umständen des Einzelfalls zu ermitteln. Führt beispielsweise ein Mannequin auf einer Modemesse Badeanzüge vor, so willigt es konkludent ein, dass in Berichten über die Modenschau auch sein Bild veröffentlicht wird; eine Veröffentlichung in einer Werbeanzeige ist dadurch nicht gedeckt, da eine solche Einwilligung üblicherweise nur gegen Entgelt erfolgt[1378].

Eine unbeschränkt erteilte Einwilligung erlischt nicht ohne weiteres durch Zeitablauf[1379]. Sie kann aber als Willenserklärung nach den allgemeinen Regeln angefochten werden.

Kommt es nicht zu einer Anfechtung, bindet die einmal erteilte Einwilligung den Betroffenen. Bei einer gravierenden Veränderung der Umstände, unter denen die Einwilligung erfolgte, ist aber die Möglichkeit des Widerrufs anerkannt[1380]. Das folgt aus einer analogen Anwendung von § 42 UrhG. Nach § 42 Abs. 1 UrhG kann der Urheber ein Nutzungsrecht zurückrufen, wenn das Werk seiner Überzeugung nicht mehr entspricht und ihm deshalb die Verwertung des Werkes nicht mehr zugemutet werden kann. Eine vergleichbare Lage ist bei einer Medienveröffentlichung gegeben, wenn sich die innere Einstellung des Betroffenen gewandelt hat. Auch dann ist ihm eine weitere Publizierung nicht mehr zumutbar[1381]. Ein Widerruf kommt

1372 Schertz, Ch., a.a.O., 158.

1373 Ebenda.

1374 Frömming, J., Peters, B., Die Einwilligung Im Medienrecht, in: NJW 1996, 958 m.w.N.

1375 Ebenda.

1376 Ebenda; a.A. OLG Köln NJW-RR 1994, 865.

1377 Frömming, J./Peters, B., a.a.O., 958.

1378 OLG Koblenz in GRUR 1995, 771. In der Literatur wird vorgeschlagen, dass in Zweifelsfällen auf die im Urheberrecht entwickelte Zweckübertragungslehre zurückgegriffen werden soll. Demnach reicht die Einwilligung nur soweit wie der mit ihr verfolgte Zweck; vgl. Frömming, J./Peters, B., a.a.O., 959.

1379 A. A. OLG Frankfurt a. M. AfP 1987, 526.

1380 Vgl. OLG München AfP 1987, 570 (571).

1381 Sehr instruktiv Frömming, J./Peters, B., a.a.O., 959 m.w.N.

auch in Betracht, wenn jemand eingewilligt hat, dass politische oder weltanschauliche Aussagen von ihm veröffentlicht werden dürfen, und sich seine Überzeugung anschließend grundlegend ändert[1382]. Der Widerruf muss durch den Betroffenen gegenüber dem Empfänger der Einwilligungserklärung erfolgen. Der Widerruf wirkt ex nunc. Der Widerrufende hat den Erklärungsempfänger gemäß § 42 Abs. 3 UrhG analog angemessen zu entschädigen[1383].

6. Kapitel: Verschulden

Die Gerichte haben im Laufe der Jahre für die Medien eine Reihe von Pflichten zur Bestimmung der „im Verkehr erforderlichen Sorgfalt" nach § 276 Abs. 1 Satz 1 BGB entwickelt[1384]. Das Maß der Sorgfaltspflicht sollte aber bei der Überprüfung der Wahrheit im Interesse der Meinungsfreiheit gemäß Art. 5 Abs. 1 GG nicht überspannt werden[1385]. Bei Erstellung der grundsätzlichen Sorgfaltspflichten wurde berücksichtigt, dass für die Medien die Möglichkeiten der Recherche begrenzt sind, unter anderem, weil vieles unter Zeitdruck veröffentlicht wird. Der Wunsch von Aktualität entbindet aber nicht von der Recherchepflicht[1386], sondern relativiert nur den Sorgfaltsmaßstab[1387].
Von den Medien wird nicht die Wahrheit gefordert, sondern das redliche Bemühen um sie. Würde von den Medien die Wahrheit gefordert werden, könnten sie ihrer öffentlichen Aufgabe nicht mehr gerecht werden[1388]. Da von den Medien nicht zu verlangen ist, dass sie die Wahrheit von Nachrichten und Behauptungen nach den Maßstäben gerichtlicher Wahrheitsfindung feststellen und von ihnen nur „berufsmäßige" Sorgfalt verlangt wird, wurde der Begriff der „pressemäßigen Sorgfalt" geprägt[1389].
Als Richtschnur für diese „pressemäßige Sorgfalt" kann der Pressekodex[1390] des Deutschen Presserats herangezogen werden, auch wenn er keinen Haftungsgrund darstellt.

1. Sorgfaltspflichten

Aus dem Pressekodex ergeben sich folgende Pflichten:

- Recherchepflicht
Die Recherchepflicht ist die wichtigste publizistische Sorgfaltspflicht[1391]. Sie bezieht sich nur auf Tatsachenbehauptungen, da nur sie einem Wahrheitsbeweis, das heißt, einer Recherche, zugänglich sind. Unzureichende Recherchen über Tatsachen können aber dann auf eine Meinungsäußerung „durchschlagen", wenn die Tatsachenbehaup-

---

1382 Frömming, J./Peters, B., a.a.O., 959.
1383 Ebenda m.w.N.
1384 Prinz, M./Peters, B., a.a.O., 250.
1385 Ehmann, H., a.a.O., Anh § 12, Rdnr. 351.
1386 BVerfG NJW 2004, 589 = AfP 2003, 539 – Haarfarbe des Bundeskanzlers.
1387 Vgl. OLG München, ZUM-RD 1998, 218 (219) – „Verstehen Sie Spaß?"
1388 Siehe oben 1. Teil 2. Abschnitt 3. Kapitel 2.
1389 OLG Köln NJW 1963, 1934; Peters, B., Die publizistische Sorgfalt, in: NJW 1997, 1334 (1335).
1390 Der Pressekodex ist abgedruckt im Anhang I.
1391 Peters, B., a.a.O., 1335.

tung causa für die Meinung war[1392]. Stellt sich bei einer Meinungsäußerung heraus, dass die ursächliche Tatsachenbehauptung falsch ist, ist „der Kritik der Boden entzogen"[1393]. Für eine erneute Meinungsäußerung gibt es kein Interesse. Der Umfang der Recherchepflicht bestimmt sich nach dem „gleitenden Sorgfaltsmaßstab"[1394]. Danach sind die Anforderungen für die Recherche desto höher, je größer ein Schaden durch die Berichterstattung für den Betroffenen ist[1395]. Hat der Journalist kein Material zusammengetragen, das für den Wahrheitsgehalt der Information spricht, darf er sie nicht veröffentlichen[1396]. Er darf sich auch nicht auf anonyme oder unzuverlässige Quellen stützen[1397]. Unter Umständen ist eine Rückfrage beim Betroffenen oder beim Gericht erforderlich[1398].

Die Medien müssen vollständig berichten und dürfen relevante Tatsachen nicht weglassen[1399]. Besteht für die gebotenen Darstellung nicht genügend Platz, muss auf den Bericht verzichtet werden[1400].

Damit die Medien aber ihrer „öffentlichen Aufgabe" gerecht werden können, dürfen sie sich auf zuverlässige Quellen ohne Nachforschung verlassen.
Keine Pflicht zur Recherche besteht, wenn der Journalist Mitteilungen von Behörden[1401] bekommt, wie beispielsweise von der Polizei oder der Staatsanwaltschaft – sofern die Mitteilung nicht erkennbar überholt oder widerrufen ist[1402].
Es besteht ebenfalls keine Recherchepflicht, wenn die Information von einer als seriös geltenden Nachrichtenagentur stammt[1403]. Die Privilegierung entfällt, wenn sich die Agentur lediglich auf eine andere Zeitung beruft[1404].

- Zitattreue
Zitate müssen stimmen[1405]. Kann ein Zitat nicht rechtzeitig vor der Veröffentlichung überprüft werden, hat es zu unterbleiben[1406]. Zitiert ein Journalist aus einem

1392 Peters, B., a.a.O., 1336.
1393 BGH NJW 1985, 1621 – Türkenflug.
1394 OLG Stuttgart, ArchPR 1971, 104.
1395 Vgl. auch Ehmann, H., a.a.O., Anh. § 12 Rdnr. 368; Müller, G., Möglichkeiten und Grenzen des Persönlchkeitsrechts, 797 (801).
1396 BGH NJW 1997, 1148 (1149) – Chefarzt.
1397 Peters, B., a.a.O., 1336; Ehmann, H., a.a.O., § 12, Rdnr. 368.
1398 LG Ansbach NJW -RR 97, 1997, 978; OLG Brandenburg NJW-RR 1995, 1429.
1399 BVerfGE 12, 113 (130) – Schmidt/Spiegel; BGH NJW 1997, 1148 (1149) – Chefarzt; BGHZ 57, 325 (326) = NJW 1972, 431 – Freispruch; BGH NJW 1960, 476 (478) – Alte Herren.
1400 Vgl. BGH NJW 1997, 1148 (1149) – Chefarzt; BGH NJW 1982, 635 (637) – Böll/Walden II.
1401 OLG Karlsruhe AfP 1993, 586 (587); OLG Stuttgart AfP 1990, 145 (147); LG Hannover ArchPR 1971, 1413, LG München AfP 75, 758.
1402 KG Berlin, AfP 1992, 302 (303).
1403 BGH MDR 1985, 1014 (1015) – Nachtigall II. Das gilt vor allem für dpa (Deutsche Presse-Agentur), AFP (Agence France-Presse), AP (The Associated Press), Reuters und ddp/ADN (Deutscher Depeschen-Dienst/Allgemeiner Deutscher Nachrichtendienst), Peters, B., a.a.O., 1336f. – dessen Ausführungen zur publizistischen Sorgfalt sehr lesenswert sind.
1404 Peters, B., a.a.O., 1337 m.w.N.
1405 Siehe oben 2. Teil 1. Abschnitt 3. Kapitel 10.

umfangreichen Text, darf er sich auf Kernsätze beschränken, aber nicht einzelne Sätze aus dem Zusammenhang reißen[1407].

- Audiatur et altera pars
Bei allen für den Verletzten erheblichen Tatsachenbehauptungen muss der Journalist dem Betroffenen Gelegenheit zur Stellungnahme geben. Dem Verletzten muss die Möglichkeit zur Anhörung so eröffnet werden, dass sichergestellt ist, dass ihn das Stellungnahmeangebot auch erreicht. Ein erfolgloser Telefonversuch genügt dafür nicht[1408]. Es sind mehrere Versuche zu unternehmen. Notfalls muss dem Betroffenen eine andere Möglichkeit zur Stellungnahme gegeben werden[1409]. Weist der Betroffene entweder bei der Stellungnahme oder von sich aus darauf hin, dass bestimmte Tatsachenbehauptungen über ihn unzutreffend sind, erhöht das die Recherchepflicht[1410].

- Leserbriefe
Leserbriefe muss der Verleger nur mit einem Grobfilter prüfen. Die Prüfpflicht beschränkt sich auf verletzende Behauptungen, deren Unwahrheit offensichtlich ist[1411]. Die allgemeine Freizeichnungsklausel „Für den Inhalt übernehmen wir keine Verantwortung" genügt nicht[1412].

- Anzeigen
Der Verleger ist bei der Entgegennahme von Anzeigen verpflichtet, zu prüfen, ob sie grobe und unschwer zu erkennende Wettbewerbsverstöße enthalten[1413]. Bei Annoncen, die ersichtlich tief in die Rechte des Betroffenen eingreifen, muss vor der Veröffentlichung Rücksprache mit dem Verletzten gehalten werden[1414]. Das ist beispielsweise der Fall, wenn eine Sex-Anzeige mit Vornamen, Telefonnummer und Adresse aus Rachsucht von einem Dritten aufgegeben wird[1415].

- Expertenbeurteilung
Beruft sich der Autor bei seinem Bericht auf die sachverständige Beurteilung von Fachleuten, hat er seiner Sorgfaltspflicht Genüge getan.

- Verdachtsberichterstattung
Ein Bericht über einen in Wahrheit unzutreffenden Verdacht kann für den Betroffenen schwerwiegende Folgen haben. Aus diesem Grunde darf nur über schwerwiegende Fälle berichtet werden, besteht eine verschärfte Recherchepflicht und muss deutlich gemacht werden, dass es sich um eine Verdachtsberichterstattung handelt[1416]. Außerdem muss grundsätzlich so berichtet werden, dass der Betroffene nicht identifiziert

---

1406 BGH NJW 1982, 635 (637) – Terroranschlag.
1407 Peters, B., a.a.O., 1337 m.w.N.
1408 OLG Frankfurt a. M. ArchPR 1972, 111 (112).
1409 Peters, B., a.a.O., 1338 m.w.N.
1410 BGH NJW 1966, 1213 (1215).
1411 BGH NJW 1986, 2503 (2505) = AfP 1986, 241 – Ostkontakte.
1412 Ehmann, H., a.a.O., Anh § 12 Rdnr. 269.
1413 BGH NJW-RR 1994, 874.
1414 RGZ 148, 154; BGH NJW 1965, 685.
1415 OLG Koblenz AfP 1989, 753.
1416 Peters, B., a.a.O., 1338 m.w.N.

werden kann. Die uneingeschränkte Identifizierung des Beschuldigten ist nur in Fällen schwerer Kriminalität oder bei Straftaten zulässig, die die Öffentlichkeit besonderes berühren[1417] .

- Bildnisveröffentlichungen
Wer Personenfotos veröffentlicht, muss prüfen, ob er dazu berechtigt ist[1418]. Keine besondere Überprüfungspflicht trifft denjenigen, der ein Bild von einer Behörde oder einer Agentur erhält[1419].

- Verletzung des allgemeinen Persönlichkeitsrechts
Selbst wenn eine Behauptung wahr ist, dürfen die Medien sie nicht veröffentlichen, wenn sie das Persönlichkeitsrecht des Betroffenen verletzen. Wenn also der Journalist erkennt oder erkennen konnte, dass er mit dem von ihm angefertigten Bericht rechtswidrig das Persönlichkeitsrecht des Betroffenen verletzt, darf er entweder nicht berichten oder er muss sicherstellen, dass der Verletzte anhand des Berichts nicht identifiziert werden kann[1420].

-Verstoß gegen Unterlassungstitel
Ist ein Unterlassungstitel gegen ein Medienhaus ergangen, ist es dafür verantwortlich, einen weiteren Verstoß zu verhindern[1421].

- Organisationsverschulden
Im Rahmen ihrer Sorgfaltspflicht müssen die Medien, das heißt alle Publikationsorgane, auch Herausgeber und Verlage, einen gesetzlichen Vertreter oder ein Sonderorgan gemäß §§ 30, 31 BGB mit der Aufgabe betrauen, kritische Beiträge unter dem Gesichtspunkt des Rechtsschutzes Dritter zu prüfen[1422]. Wird das unterlassen, besteht eine Haftung nach § 823 Abs. 1 BGB[1423].

2. Sorgfaltsverpflichtete

Der pressemäßigen Sorgfalt sind der als Autor Genannte1424, der verantwortliche Text- bzw. Bildredakteur[1425], der Chefredakteur[1426], der Verleger[1427] und die Sendeanstalt[1428] verpflichtet.

1417 BGH NJW 2000, 1036 = AfP 2000, 167.
1418 BGH NJW 1971, 698 (700) – Pariser Liebestropfen; Peters, B., a.a.O., 1339 m.w.N.
1419 Peters, B., a.a.O., 1339 m.w.N.
1420 Vgl. BVerfG NJW 1997, 2669 (2670) – Scientologen; BVerfGE 24, 200, 211 – Spätheimkehrer; KG NJW 1989, 397 (398); LG Berlin AfP 1994, 324 (325).; Prinz, M./Peters, B., a.a.O., 260.
1421 OLG Hamburg NJW-RR 1993, 1392.
1422 BGHZ 39, 124 (130); BGH NJW 1980, 2810.
1423 Zur Problematik der Entlastung vgl. Peters, B., a.a.O., 1337 m.w.N.
1424 BGH NJW 1996, 1131 (1132) – Lohnkiller; LG Berlin NJW 1997, 1373.
1425 BGH NJW 1977, 626 (627) – Konkret.
1426 Vgl. OLG Düsseldorf AfP 1988, 154; a.A. LG Köln AfP 1994, 166 (167) – Harald Schmidt. Das LG Köln lehnt eine Verantwortlichkeit des Chefredakteurs dann ab, wenn er nicht selbst in irgendeiner Weise aktiv bei der Persönlichkeitsrechtsverletzung mitgewirkt hat und eine Verantwortlichkeit unerwidert bestreitet. Auch Soehring lehnt eine prinzipielle Haftung von Chefredakteuren ab. Sie sind nach seiner Auffassung strafrechtlich als auch zivil-

Schaden ist an sich jede Einbuße, die jemand an seinen Lebensgüter – Gesundheit, körperliche Integrität, Persönlichkeit, Ansehen, Ehre oder Vermögen erleidet[1429]. Der reale Schaden, die Beeinträchtigung in Natur, ist der Ausgangspunkt für den Schadensbegriff, das heißt für die Bestimmung des Gegenstandes der Schadensersatzpflicht. Doch mit ihm allein ist nicht auszukommen[1430].

Die Umsetzung des „realen" in einen rechtlich zu ersetzenden Schaden, das heißt, in den juristischen Schadensbegriff, erfordert notwendig Wertungen, so dass man auch von einem „normativen Schadensbegriff" sprechen könnte[1431].

Der Streit um die Schadensbegriffe ist in erster Linie eine terminologische Frage, da kaum jemand bestreitet, dass in die Berechnung des ersatzfähigen Schadens Wertungen eingehen, deren Verallgemeinerung zu „normativen" Festlegungen für die Bemessung des ersatzfähig Schadens führen kann[1432].
Nach der Differenzhypothese bemisst sich der Schaden nach dem Vergleich der Güterlage des Geschädigten, wie sie sich ohne das schädigende Ereignis entwickelt hätte (und weiterentwickeln würde), mit der durch das Ereignis tatsächlich bewirkten Gütersituation und ihre weitere Entwicklung[1433]. Zum ersatzfähigen Schaden gehören nach der Differenzhypothese insbesondere auch der entgangene Gewinn (lucrum cessans) sowie Nachteile für Erwerb oder Fortkommen einer durch Körperverletzung geschädigten Person. § 252 Satz 1 BGB und § 842 BGB haben nur klarstellende Funktion[1434].
Die Persönlichkeitsrechtsverletzung kann bei der „öffentlichen Person" sowohl immateriellen als auch materiellen Schaden verursachen.

---

rechtlich nur verantwortlich, wenn und soweit sie nachweislich individuelle Beiträge zu der jeweiligen Publikation geleistet haben. Anderes gelte nur bei kleineren Zeitungen oder Zeitschriften, wo der Chefredakteur oder Herausgeber bereits kraft seiner Position als „Herr der Zeitung" faktisch die Gesamtverantwortung trage ; vgl. Soehring, J., Die neuere Rechtsprechung zum Presserecht, NJW 1994, 16 (21). Das OLG Düsseldorf hat in einer Entscheidung von 1980 meines Erachtens nach zutreffend ausgeführt: „Ist der Chefredakteur nicht zugleich verantwortlicher Redakteur, haftet er nicht auf jeden Fall neben dem verantwortlichen Redakteur zivilrechtlich für eine Persönlichkeitsverletzung durch eine Presseveröffentlichung. Durch die Einsetzung verantwortlicher Redakteure stellt der Verleger klar, wer im Außenverhältnis für den Inhalt der Zeitung verantwortlich ist. Wenn der Chefredakteur nicht seinerseits zum verantwortlichen Redakteur bestellt ist, liegt seine Aufgabe primär in der internen Oberleitung der Redaktion." OLG Düsseldorf AfP 1980, 54f.

1427 BGH NJW 1996, 1131 (1132) – Lohnkiller.

1428 BGH NJW 1985, 1621 – Türkenflug.

1429 Schlechtriem, P., Schuldrecht, Allgemeiner Teil, 94.

1430 Ebenda.

1431 Schlechtriem, P., a.a.O., 100.

1432 Ebenda.

1433 Ebenda.

1434 Ebenda.

1. Immaterieller Schaden

Der immaterielle Schaden besteht bei der „öffentlichen Person" in Kränkungen und Beeinflussungen des Verhaltens. Der Grund hierfür ist, dass sie die Persönlichkeitsrechtsverletzung durch ihr peripheres Wahrnehmungssystem aufnimmt, sie nach internen Programmen verarbeitet und das Ergebnis zur Grundlage einer zweckhaften Reaktion macht. Ein weiterer Schaden liegt darin, dass die Persönlichkeitsrechtsverletzung in die Autonomie der Person eingreift.

„Wenn wir als das Telos von Freiheit Autonomie begreifen und damit die Möglichkeit, sich die Frage zu stellen, welche Person man sein will, und wenn Freiheitsrechte ebendies garantieren (in den bekannten Grenzen), dann wird deutlich, dass Verletzungen von Privatheit eine Person in eben dieser Frage, wie sie leben möchte, einschränken, festlegen (...)."[1435].

2. Materieller Schaden

Der materielle Schaden wird durch die Modalität der Persönlichkeitsrechtsverletzung determiniert.

a) nicht imageschädliche Beeinträchtigungen

Handelt es sich um eine Persönlichkeitsrechtsverletzung, die das Image der öffentlichen Person unbeschadet lässt, beläuft sich der Schaden nur auf den entgangenen Verdienst. Dieser beurteilt sich danach, ob es sich um eine Werbung oder „nur" um Informationen aus dem Privatleben der „öffentlichen Person" handelt. Wurde die „öffentliche Person" ohne ihre Einwilligung zu Werbezwecken eingesetzt, beläuft sich ihr Verdienstausfall immer auf eine gesamte Kampagne, auch wenn die „öffentliche Person" nur einmalig zu Werbezwecken eingesetzt wurde.[1436] Hintergrund für diese Handhabung ist, dass die „öffentliche Person" auch bei einem einmaligen Werbeauftritt für Produkte aus der gleichen Sparte gesperrt ist.

b) imageschädliche Beeinträchtigungen

Die „öffentliche Person" hat ein Image, das ihr Aufmerksamkeit, Einfluss und einen Marktwert sichert[1437]. Imageschädliche Beeinträchtigungen führen unter anderem zu einer Reduktion des Marktwertes[1438].

Der Schaden, den die Persönlichkeitsrechtsverletzungen verursachen, lässt sich monitär kaum determinieren. Die Ursache hierfür ist, dass zum einen nicht gesagt werden kann, wie sich der Marktwert des Images ohne das schädigende Ereignis entwickelt hätte und dass zum anderen die imageschädliche Wirkung nicht immer unmittelbar erfolgt. Bei den möglichen Schadenspositionen ist zu beachten, dass sich imageschädliche Äußerungen nicht nur im Verlust von Einflusschancen und Aufmerksamkeit und damit in einem gesunkenen Marktwert niederschlagen können, sondern auch im

---

1435 Rössler, B., a.a.O., 138.
1436 Vgl. Prinz, M./Peters, B., a.a.O., 615.
1437 Oben 1. Teil 1. Abschnitt 2. Kapitel 5.
1438 Ebenda.

Verlust der Erwerbsfähigkeit. Wird das Ansehen einer Person öffentlich beschädigt, kann das dazu führen, dass der Betroffene arbeitsunfähig wird, weil er den enormen seelischen Belastungen physisch und psychisch nicht standhalten kann[1439].

8. Kapitel: Rechtsschutz

Aus Persönlichkeitsrechtsverletzungen kann die betroffene „öffentliche Person" verschiedene Ansprüche geltend machen, die nachfolgend kurz dargestellt werden:

1. Unterlassungsanspruch

Möchte die „öffentliche Person" eine zu erwartende Veröffentlichung oder die Wiederholung einer bereits erfolgten Veröffentlichung verhindern, kommt ein Unterlassungsanspruch in Betracht. Dieser quasinegatorische Anspruch wurde von der Rechtsprechung in Analogie zu den §§ 12, 862 Abs. 1 Satz 2, 1004 BGB (in Verbindung mit § 823 Abs. 1 BGB, §§22, 23 KUG) entwickelt[1440]. Er ist anwendbar bei (bevorstehenden) Verletzungen absolut geschützter Rechtspositionen des Anspruchsstellers, also auch bei (bevorstehenden) Verletzungen des allgemeinen Persönlichkeitsrechts.

Der Unterlassungsanspruch besteht in zwei Fallkonstellationen: Die „öffentliche Person" kann sich gegen weitere Störungen mit ihrem Unterlassungsbegehren wenden (Wiederholungsgefahr)[1441] oder vorbeugend gegen eine noch zu erwartende Störung vorgehen (Erstbegehungsgefahr).
Der Unterlassungsanspruch ist gegen alle Tatsachenbehauptungen, die eine tatbestandsmäßige und rechtswidrige Beeinträchtigung des allgemeinen Persönlichkeitsrechts darstellen, zulässig[1442]. Er ist also auch bei zutreffenden Tatsachenbehauptungen, die unzulässig in die Sphäre des Betroffenen eingreifen, gegeben.

Anders als der Anspruch auf Schadensersatz (§§ 823ff. BGB), der ebenfalls einen Anspruch auf Unterlassung künftiger Beeinträchtigungen gewähren kann, setzt der Unterlassungsanspruch kein Verschulden voraus, sondern nur eine widerrechtliche Störung, die zu befürchten ist[1443].

Das begehrte Unterlassen muss auf die konkret drohende Verletzungshandlung gerichtet sein. Das führt insbesondere bei Äußerungsdelikten zu großen Problemen: Häufig ist die Behauptung in unklarer Weise, versteckt zwischen den Zeilen, mehrdeutig, andeutungsweise aufgestellt oder verbreitet worden. Ein bloßes Verbot der wörtlichen Wiederholung würde praktisch leerlaufen, weil die gleiche Äußerung mit anderen Worten wiederholt werden könnte. Aus diesem Grund kann auch das Verbot

---

1439 Fuchs, M., Deliktsrecht, 50 m.w.N.; Gmür, M., Der öffentliche Mensch. Medienstars und Medienopfer, 185ff.

1440 BGH NJW 1997, 1148 (1149) – Chefarzt; NJW 1984, 1886 – AEG-Aktionär; NJW 1954, 1404.

1441 Vgl. BGH NJW 2005, 594 (595) m.w.N.

1442 Thomas, H , in: Palandt, Einf v § 823 Rdnr. 24.

1443 Prinz, M./Peters, B., a.a.O., 272; Paschke, M., Medienrecht, 348.

der andeutungsweisen Aufstellung bestimmter tatsächlicher Behauptungen verlangt werden[1444].

Der Unterlassungsanspruch kann sowohl im einstweiligen Verfügungsverfahren als auch im Wege der Hauptsachenklage geltend gemacht werden. Dadurch, dass der Unterlassungsanspruch – anders als der Berichtigungs-, Schadensersatz- oder Geldentschädigungsanspruch – im Wege des einstweiligen Rechtsschutz geltend gemacht werden kann, hat er im Medienrecht eine besondere Bedeutung.

Die bloße Möglichkeit einer Behauptung reicht wie bei allen Unterlassungsklagen nicht aus, um den auf die Zukunft gerichteten Unterlassungsanspruch durchzusetzen[1445]. Erforderlich ist die hinreichend konkrete Gefahr einer zukünftigen Rechtsbeeinträchtigung[1446]. Eine solche Gefahr besteht nicht schon dann, wenn Journalisten recherchieren. Die Recherche ist oberste Pflicht der Medien. Sie könnten ihre „öffentliche Aufgabe" nicht erfüllen, wenn bereits darin eine zur Unterlassung führende Erstbegehungsgefahr gesehen würde. Im Übrigen steht zum Zeitpunkt der Recherche noch gar nicht fest, was geäußert wird. Ein hinreichend klarer Klageantrag gemäß § 253 Abs. 2 Nr. 2 ZPO wäre somit gar nicht möglich. Etwas anderes gilt, wenn zumindest die Rohfassung eines Artikels vorliegt[1447]. Eine sogenannte „Rohfassung" spricht dafür, dass der Autor zumindest beabsichtigt, den Bericht zu veröffentlichen. Außerdem wird deutlich, über was der Autor berichten möchte. Bei Foto- und Fernsehaufnahmen, die in unzulässiger Weise von Journalisten zur Veröffentlichung gefertigt werden, liegt eine Erstbegehungsgefahr vor, weil es sich bei Bildnisaufnahmen nicht mehr um die Recherche handelt, sondern Bildnisaufnahmen der Recherche nachfolgen und gerade zum Zweck der Veröffentlichung gemacht werden[1448].
Aus der Weigerung, eine Unterlassungserklärung abzugeben, ist noch keine Erstbegehungsgefahr zu folgern. Es kann von niemanden verlangt werden, sich wegen einer Handlung zu unterwerfen, die er weder begangen hat, noch begehen will[1449].
Eine Wiederholungsgefahr wird angenommen, wenn bereits eine rechtswidrige Veröffentlichung erfolgt ist. Dann besteht eine tatsächliche Vermutung für das Vorliegen der Wiederholungsgefahr[1450]. Fehlt es daran, dann ist die Wiederholungsgefahr anhand der konkreten Umstände des Einzelfalls darzulegen und gegebenenfalls zu beweisen.
Die Wiederholungsgefahr fällt nicht dadurch weg, dass der Verletzer erklärt, er werde den Verstoß unter keinen Umständen mehr begehen[1451]. Diese einfache Erklärung

1444 Ehmann, H., Zur Struktur des Allgemeinen Persönlichkeitsrechts, in: JuS 1997, 193 (202). Für eine ebenso weite Auslegung des Unterlassungsanspruchs: Gounalakis, G., Persönlichkeitsschutz und Geldersatz, in: AfP 1998, 10 (23).

1445 Prinz, M./Peters, B., a.a.O., 283.

1446 BGH NJW 1990, 2469 (2470) – Anzeigenpreis II; Hartmann, P., in: Baumbach, A./Lauterbach, W./Albers, J./Hartmann, P., Zivilprozessordnung mit Gerichtsverfassungsgesetz und anderen Nebengesetzen, § 259, Rdnr. 4.

1447 Senfft, H., Begehungsgefahr bei Recherchen der Presse, NJW 1980, 367(369, 371).

1448 Prinz, M./Peters, B., a.a.O., 285.

1449 BGH GRUR 1970, 358 (360) – Heißläuferdetektor.

1450 BGH NJW 1987, 2225 (2227) – Chemiegift; BGH AfP 1986, 241 (243) = NJW 1986, 2503 (2505) – Ostkontakte; OLG München NJW 1997, 62 (63) – Abkassierer.

1451 BGH AfP 1994, 138 (139) – Jahresabschluss.

schützt den Betroffenen nicht vor einer Wiederholung der Äußerung. Erforderlich ist vielmehr eine strafbewehrte Unterlassungserklärung.
Eine Wiederholungsgefahr kann durch eine freiwillige Korrektur entfallen[1452]. Die Wiederholungsgefahr fällt auch fort beim Tod des Schädigers, da eine Rechtsnachfolge nur beim Zustandsstörer nicht beim Handlungsstörer in Betracht kommt[1453].

Zusätzlich zum Unterlassungsanspruch kann der Verletzte nach § 1004 BGB in Verbindung mit § 249 Satz 1 BGB die Veröffentlichung des Unterlassungstitels verlangen, sofern dies zur Folgenbeseitigung erforderlich ist, also insbesondere kein Berichtigungsanspruch gegeben ist[1454].

2. Gegendarstellung

Mit dem Gegendarstellungsrecht kann die „öffentliche Person" die Abgabe einer eigenen Erklärung zu einer Veröffentlichung in den Medien einfordern. Im nationalen Recht findet sich für die Gegendarstellungspflicht der Medien keine einheitliche Rechtsgrundlage. In jedem Bundesland bestehen eigenständige Vorschriften, da die Gesetzgebungszuständigkeit für die Medien vorrangig bei den Ländern liegt[1455]. Darüber hinaus sind die Gegendarstellungsansprüche jeweils in verschiedenen auf das betreffende Medium abgestimmten Gesetzen geregelt. Die einschlägigen Anspruchsgrundlagen finden sich in den Pressegesetzen, den Mediengesetzen oder auch den Rundfunkgesetzen und -staatsverträgen der Länder[1456].

Die Besonderheit des Anspruchs liegt darin, dass er rein formal ausgestaltet ist, also keinerlei Rechtsverletzung und weder eine unwahre noch eine ehrverletzende Darstellung voraussetzt[1457].
Der Gegendarstellungsanspruch ist ein eigenständiges Institut des Medienrechts[1458] und ein Ausfluss des Spannungsverhältnisses von Medienfreiheit und Persönlichkeitsrecht, das im allgemeinen Zivilrecht keine Entsprechung findet[1459]. Er ist ein Ausgleich dafür, dass die Medien über Angelegenheiten berichten dürfen, die die Persönlichkeitsrechte anderer betreffen. Der Anspruch geht auf den Grundsatz des „audiatur et altera pars" zurück[1460]: „Demjenigen, dessen Angelegenheiten in den Medien erörtert werden, wird ein Anspruch darauf eingeräumt, an gleicher Stelle, mit derselben Publizität und vor demselben Forum mit einer eigenen Darstellung zu Wort zu kommen"[1461]. Dies dient auch dem öffentlichen Informationsbedürfnis[1462]. Aus den

---

1452 Prinz, M./Peters, B., a.a.O., 288.
1453 Ebenda.
1454 BGH NJW 1987, 1400 (1401).
1455 Vgl. für die Presse Art. 75 Nr. 2 GG.
1456 In Deutschland entsprechen die Regelungen des Gegendarstellungsrechts in den aufgeführten Gesetzen den europäischen Vorgaben, vgl. Paschke, M., Medienrecht, 334f.
1457 Paschke, M., a.a.O., 331.
1458 Prinz, M./Peters, B., a.a.O., 239 m.w.N.
1459 Paschke, M., a.a.O., 331.
1460 BGH NJW 1964, 1132 (1134) – Uhren-Weiß; BGH NJW 1963, 1155 – Geisterreigen, BGH NJW 1963, 151 – Staatskarosse.
1461 BVerfGE 63, 131 (142) – Gegendarstellung.
1462 Paschke, M., a.a.O., 333.

zuvor genannten Gründen ist die Gegendarstellung auf der Titelseite zu veröffentlichen, wenn die Erstmitteilung auf der Titelseite abgedruckt wurde[1463]. Eine Gegendarstellung ist nur gegen Tatsachenbehauptungen bei berechtigtem Interesse zulässig. Für „öffentliche Personen", die in der Politik tätig sind, gilt, dass der Anspruch bei wahrheitsgetreuen Berichten über öffentliche Sitzungen von Parlamenten[1464] ausgeschlossen ist[1465]. Das Telos dieser Regelung ist der Schutz der Berichterstattung über besonders wichtige Erörterungen des öffentlichen Interesses[1466]. Gibt der Bericht die Verhandlung einseitig, tendenziös oder unvollständig wieder, liegt keine wahrheitsgetreue Berichterstattung vor[1467]. Eine Gegendarstellung ist dann zulässig.

Die Erwiderung muss dem Umfang nach angemessen erfolgen.

Damit der Leistungsanspruch entsteht, muss der Anspruchsteller dem Anspruchsgegner eine form- und inhaltsgerechte Gegendarstellung sowie ein Gegendarstellungsverlangen zuleiten[1468]. Nach dem „Alles-oder-nichts-Prinzip" führt nur eine einzige Formulierung, die das Gericht für unzulässig hält, dazu, dass das das Gegendarstellungsverlangen zurückgewiesen wird[1469]. Eine Ausnahme macht OLG München[1470], wenn einzelne Punkte in der Gegendarstellung gestrichen werden können, ohne dass dadurch das Verständnis der übrigen Punkte der Gegendarstellung leidet: In diesen Fällen streicht das Gericht die unzulässigen Punkte, wenn die betroffene Person oder Stelle das Gericht in einer persönlichen Erklärung ermächtigt hat, die Streichung vorzunehmen.

Da das Hauptsacheverfahren zu lang und zu schwerfällig ist, um die rasche Durchsetzung eines Gegendarstellungsanspruchs zu ermöglichen, bestimmen die Gegendarstellungsvorschriften[1471], dass der Anspruch in einem gesonderten Verfahren durchzusetzen ist, auf das die Vorschriften über die einstweilige Verfügung der Zivilprozessordnung entsprechend anzuwenden sind[1472]. Da der Anspruch schnell verwirklicht werden soll, ist er wahrheitsunabhängig[1473].

1463 BVerfG NJW 1998, 1381 (1384) – Gegendarstellung auf der Titelseite.
1464 Das gilt auch für öffentliche Sitzungen von Gerichten.
1465 Paschke, M., a.a.O., 340.
1466 OLG Hamburg AfP 1977, 240 (241).
1467 LG Berlin AfP 1992, 177 (178) – Mauerschützen.
1468 Siehe zu den einzelnen Formerfordernissen: Paschke, M., a.a.O., 341.
1469 OLG Hamburg ZUM 1995, 887; OLG Hamburg AfP 1989, 465; OLG Karlsruhe AfP 1994, 317; OLG Celle NJW 1953, 1767.
1470 OLG München NJW-RR 1998, 1632 (1633).
1471 Die Gegendarstellungsvorschriften finden sich jeweils in § 11 LPG. Es handelt sich bei ihnen um allgemeine Gesetze im Sinne des Art. 5 Abs. 2 GG (Gronau, K., a.a.O., 114 m.w.N.).
1472 Vgl zu den Einzelheiten Prinz, M./Peters, B., a.a.O., 342ff.
1473 Gronau, K., a.a.O., 114.

3. Berichtigungsanspruch

Werden über eine „öffentliche Person" unwahre Tatsachenbehauptungen[1474] aufgestellt, kann hiergegen ein Anspruch auf Berichtigung[1475] dieser Behauptung geltend gemacht werden.
Von der Rechtsprechung wurde der Berichtigungsanspruch in analoger Anwendung der §§ 12, 862, 1004 Abs. 1 Satz 2, 823 Abs. 1, 2 BGB, 185 ff StGB entwickelt[1476].

Der Berichtigungsanspruch hat folgende Voraussetzungen[1477]:
a) Es muss eine unwahre Tatsachenbehauptung verbreitet werden.
b) Die Unrichtigkeit der Tatsachenbehauptung muss feststehen.
c) Durch die Behauptung muss eine Beeinträchtigung der Persönlichkeit des Betroffenen entstanden sein, die noch fortwirkt.
d) Die Berichtigung muss das geeignete Mittel sein, dieser Beeinträchtigung entgegenzuwirken.

Eine unwahre Tatsachenbehauptung kann auch in der Veröffentlichung eines Bildes liegen. Das ist unter anderem der Fall, wenn aufgrund einer Fotoverwechslung der Falsche abgebildet wurde[1478]. Auch eine Fotomontage kann eine falsche Tatsachenbehauptung aufstellen, da das Bild durch die Montage eine andere Aussage erhält[1479].

Voraussetzung des Beseitigungsanspruchs ist nicht, dass der Störer bei der Verbreitung oder Behauptung selbst schuldhaft oder rechtswidrig gehandelt hat, sondern es genügt, wenn der von ihm geschaffene Störzustand als rechtswidrig fortdauert. So ist möglicherweise eine Äußerung zunächst zulässig, weil die Medien wegen der Erfüllung ihrer „öffentlichen Aufgabe" nur pressemäßige Sorgfalt walten lassen müssen und davon ausgehen, dass eine Behauptung zutreffe. Später stellt sich dann die Unwahrheit der geäußerten Tatsache heraus. In diesen Fällen gibt es kein schutzwürdiges Interesse des Störers, die fortwirkende Störung weiterwirken zu lassen. Der Betroffene hat dann einen Richtigstellungsanspruch dergestalt, dass der Verletzer er-

---

1474 Der Berichtigungsanspruch ist nicht gegen Meinungsäußerungen gegeben, Ehmann, H., Zur Struktur des Allgemeinen Persönlichkeitsrechts, in: JuS 1997, 193 (202). Siehe zur Definition von Tatsachenbehauptungen oben 1. Teil 2. Abschnitt 1. Kapitel 1. bb).

1475 Vorliegend wird der Begriff „Berichtigung" verwendet, obwohl die Terminologie uneinheitlich ist: Teilweise gilt als Oberbegriff auch der „Widerruf", vgl. Soehring, J., Presserecht. Recherche, Darstellung und Haftung im Recht der Presse, des Rundfunks und der Neuen Medien, Rdnr. 31.ff. Nach der hier gebrauchten Terminologie, die sich an der Rechtsprechung (BVerfG NJW 1988, 1381 (1382; BGHZ 128, 1 (3) = NJW 1995, 861 (862) – Caroline von Monaco I) orientiert, ist der „Widerruf" die uneingeschränkte Berichtigung. Sind nur Teile der Aussage zu berichtigen oder ist es für das Verständnis der Rezipienten erforderlich Begleitumstände mitzuteilen, geht das über eine einfache Widerrufsformulierung hinaus. Es handelt sich dann um eine „Richtigstellung". „Berichtigung" ist der Oberbegriff, vgl. Prinz, M./Peters, B., a.a.O., 458.

1476 BGHZ, 128, 1 (3) = NJW 1995, 861 (862) – Caroline von Monaco I; BGH AfP 1987, 502 (503) – Insiderwissen.

1477 Vgl. BGHZ 128, 1 (5) = NJW 1995, 861 (862) – Caroline von Monaco I.

1478 Vgl. OLG Koblenz NJW 1997, 1375 (1376) – Schweigen der Hirten.

1479 Vgl. OLG München AfP 1973, 483 (484).

klärt, nunmehr nach Klärung des Sachverhalts seine Behauptung nicht mehr aufrechtzuerhalten[1480].

Bei Medienveröffentlichungen kann die Beeinträchtigung über Jahre wirken[1481]. Grund ist, dass Presse- und Rundfunkbeiträge in Archiven und von Pressediensten gesammelt werden und der BGH bei der unberechtigten Speicherung von Daten davon ausgeht, dass die Beeinträchtigung regelmäßig so lange fortwirkt, wie die Daten beim Empfänger nicht gelöscht sind[1482]. Werden Behauptungen drucktechnisch verbreitet, wird die fortdauernde Störung im Allgemeinen unterstellt[1483]. Bei der „öffentlichen Person" ist außerdem zu beachten, dass die Rezipienten ihr besondere Aufmerksamkeit entgegenbringen und sie betreffende Äußerungen besonders lange speichern. Eine falsche Äußerung kann das Persönlichkeitsbild, dass die Rezipienten von der „öffentlichen Person" haben, so nachhaltig verändern, dass es zu Imageverlusten kommt und der Marktwert dieser Person dauerhaft sinkt. Liegt zum Zeitpunkt der Geltendmachung des Anspruchs keine schädigende Auswirkung mehr vor, so wird mit dem Berichtigungsverlangen nicht die Wiedergutmachung eines Schadens, sondern eine nicht vom Berichtigungsanspruch umfasste Entschuldigung erstrebt[1484]. Im Endeffekt ist die Entscheidung, ob die Beeinträchtigung fortwirkt, auch hier eine Frage des Einzelfalls.

Die Beeinträchtigung entfällt jedenfalls nicht durch den Abdruck einer Gegendarstellung, da sie etwas völlig Anderes ist als die Erklärung des Störers, er berichtige sich[1485]. Ebensowenig wird die Beeinträchtigung durch eine strafbewehrte Unterlassungsverpflichtung beseitigt, da die Rezipienten davon nichts erfahren[1486]. Die Beeinträchtigung entfällt aber, wenn die Unterlassungsverpflichtung veröffentlicht wurde[1487]. Eine freiwillige Erklärung beseitigt nur dann die Beeinträchtigung, wenn sie ausdrücklich erfolgt. An dieser Eindeutigkeit fehlt es, wenn die Korrektur ohne Bezugnahme auf die Erstmitteilung erfolgt[1488].

Es kann nach der Rechtsprechung nicht in jedem Fall des Vorliegens einer Beeinträchtigung durch eine unwahre Tatsachenbehauptung automatisch Berichtigung verlangt werden, sondern die Erklärung muss zur Folgenbeseitigung der Persönlichkeitsverletzung geeignet sein[1489]. Bei unzutreffenden Tatsachenbehauptungen über die „öffentliche Person" in Medien ist das grundsätzlich der Fall, da durch die Veröffentlichung die Äußerung einem unüberschaubaren Personenkreis gegenüber erfolgt[1490], so dass nur über eine veröffentlichte Berichtigung die Falschmeldung bei den Rezipienten korrigiert werden kann.

1480 Prinz, M./Peters, B., a.a.O., 461 m.w.N; BVerfG NJW 2004, 354.
1481 BGHZ 128, 1 (5) = NJW 1995, 861 (863) – Caroline von Monaco I; BGH NJW 1968, 644 (645) – Fälschung.
1482 BGH NJW 1984, 436.
1483 BGHZ 10, 104 (104f.); BGH NJW 1968, 644 (645).
1484 BGH NJW 1965, 35 (36).
1485 Vgl. BGHZ 128, 1 (5) = NJW 1995, 861 (863) – Caroline von Monaco I, OLG Hamburg AfP 1995, 515 (516).
1486 BGH GRUR 1987, 398 (399).
1487 Prinz, M./Peters, B., a.a.O., 463.
1488 Ebenda.
1489 Vgl. BGHZ 128, 1 (5) = NJW 1995, 861, 863 – Caroline von Monaco I.
1490 Ebenda.

Für die Berichtigung ist kein Verschulden erforderlich[1491]. Der Anspruch dient nicht der Genugtuung des Betroffenen[1492]. Er soll nicht zu einer Demütigung des Störers führen. Die Berichtigung darf in ihrem Inhalt und in ihrer Form nicht über das hinausgehen, was zur Beseitigung bestehender schädigender Folgen unbedingt notwendig ist[1493]. Der Inhalt der Berichtigung muss möglichst genau auf die fortwirkende persönlichkeitsverletzende Äußerung bezogen sein. Sie darf nicht etwa die Wirkung der verletzenden Äußerung noch verstärken[1494].

Ehmann[1495] bringt dazu folgendes Beispiel: „Nach einer Anekdote soll ein berühmter Kollege einmal geäußert haben, der BGH sei nicht in der Lage, einen für eine Anfängerübung geeigneten Fall zu lösen, und – zum Widerruf aufgefordert – dazu die Erklärung abgegeben haben:' Ich widerrufe die Behauptung, der BGH könne Fälle nicht lösen, die für eine Anfängerübung geeignet sind; Fälle, die für eine Anfängerübung geeignet sind, kann der BGH lösen!'"
Berichtigungen mit dieser Wirkung sollten nach Möglichkeit vermieden werden.
Eine Berichtigung kann nur gegenüber Dritten und nicht gegenüber dem Betroffenen erfolgen[1496]. Grund ist, dass die Berichtigung die Ehre des Verletzten wiederherstellen, ihm aber keine Genugtuung verschaffen soll.
Die Berichtigungserklärung hat deshalb demjenigen gegenüber zu erfolgen, demgegenüber die Erstmitteilung abgegeben wurde[1497]. Bei Medienveröffentlichungen hat die Korrektur in demselben Medium und an gleicher Stelle wie die Erstmitteilung zu erfolgen[1498]. Handelt es sich um eine Äußerung in einer Pressemappe oder in einer Presseerklärung, die an bestimmte Personen übergeben oder verschickt wurde, so hat die Berichtigungserklärung diesen Personen gegenüber zu erfolgen[1499].

Für die Überschrift der Mitteilung gibt es zwei Möglichkeiten: Sie kann mit „Widerruf" bzw. „Richtigstellung" überschrieben werden, möglich ist aber auch die Schlagzeile, unter der die Erstmitteilung veröffentlicht war[1500].

Da es der BGH wegen des besonderen Eingriffs in die Interessen des Störers als Voraussetzung für den Berichtigungsanspruch ansieht, dass rechtskräftig die Unwahrheit feststeht, ist der Berichtigungsanspruch nur im Wege der Hauptsachenklage durchsetzbar, weil nur in dieser Verfahrensart abschließend rechtskräftig die Un-

---

1491 BGH AfP 1987, 502 (503) – Insiderwissen; OLG Hamburg ZUM 1989, 248 (249).
1492 Ehmann, H., Zur Struktur des Allgemeinen Persönlichkeitsrechts, in: JuS 1997, 193 (202).
1493 Ebenda.
1494 Ebenda.
1495 Ebenda.
1496 BGH NJW 1989, 774 – Diagnose. Der Vorschlag von Prinz/Peters, dem Verletzten sei eine Erklärung an sich zuzugestehen, die er Dritten seiner Wahl vorlegen könnte, macht vielleicht bei unbekannten Personen Sinn. Bezüglich der „öffentlichen Person" ist so eine Erklärung nicht sinnvoll, da Persönlichkeitsrechtsverletzungen in den Medien eine Vielzahl von Rezipienten erreichen, denen die „öffentliche Person" nicht allen zur Wiederherstellung ihres Images die Erklärung vorlegen kann, vgl. Prinz, M./Peters, B., a.a.O., 471.
1497 Prinz, M./Peters, B., a.a.O., 470.
1498 Vgl. BGHZ 128, 1 (2ff.) = NJW 1995, 861 (862f.) – Caroline von Monaco I.
1499 Vgl. BGH GRUR 1987, 397 (398).
1500 Prinz, M./Peters, B., a.a.O., 472 m.w.N.

wahrheit festgestellt werden kann[1501]. Die Beweislast hinsichtlich der anspruchsbegründenden Tatsachen liegt beim Kläger. Anders als beim Unterlassungsanspruch wird von der Rechtsprechung die Beweisumkehrregel des § 186 StGB unter Hinweis auf den hiermit möglicherweise verbundenen Gewissenszwang nicht angewandt[1502]. Niemand soll durch Richterspruch dazu verpflichtet werden, etwas als unrichtig zu bezeichnen, was möglicherweise wahr ist. Dem Kläger kommt aber regelmäßig die von der Rechtsprechung geforderte erweiterte Substantiierungspflicht des Beklagten zugute, nach der dieser im Bestreitensfalle die konkreten Vorgänge benennen muss und sich nicht auf ein schlichtes Bestreiten beschränken darf[1503].

Gelingt es dem Kläger nicht, die Unwahrheit der Tatsache zu beweisen und liegt ein sogenanntes non liquet vor, kann der Betroffenen nur eine eingeschränkte Berichtigung verlangen. Voraussetzung hierfür ist aber, dass „zwar nicht die Unwahrheit des Vorwurfs positiv feststeht, andererseits aber die Beweisaufnahme für einen objektiven Beurteiler keine ernstlichen Anhaltspunkte für die Richtigkeit des Vorwurfs ergeben hat"[1504]. Ist es hingegen „durchaus möglich", dass die Behauptungen der Beklagten zutreffen, besteht nach Ansicht des BGH kein Raum für einen – wenn auch nur eingeschränkten – Widerruf[1505].

4. Anspruch auf ergänzende Berichterstattung

In den Fällen, in denen die Medien über einen bestimmten Verdacht berichtet haben, der Angeklagte aber freigesprochen wurde, kann der Betroffene verlangen, dass über die neue Tatsache des Freispruchs ergänzend berichtet wird[1506]. Dieser „äußerungsrechtliche Folgenbeseitigungsanspruch" wird auf §§ 823, 1004 BGB analog gestützt[1507]. Voraussetzung ist, dass die durch die Mitteilung erfolgte Persönlichkeitsrechtsverletzung weiter anhält[1508]. Das BVerfG[1509] führt zur Begründung des Anspruchs aus: „Eine übermäßige Beeinträchtigung der Pressefreiheit liegt darin nicht. Das ergibt sich aus der Eigenart der Verdachtsbeichterstattung. Einerseits könnte die Presse, wenn ihr jede Verdachtsberichterstattung untersagt wäre, ihre Informations- und Kontrollfunktion (vgl. BVerfGE 20, 162 (174ff) = NJW 1966, 1603) nicht ausreichend erfüllen. Andererseits birgt eine Verdachtsberichterstattung stets das Risiko der Unrichtigkeit in sich. Das gilt insbesondere beim Bericht über Vorfälle, die Gegenstand gerichtlicher Aufklärung werden. Es ist dann verfassungsrechtlich nicht zu beanstanden, wenn die Gerichte den erforderlichen Ausgleich zwischen Pressefreiheit und Persönlichkeitsrecht dadurch herbeiführen, dass sie dem Betroffenen das Recht zubilligen, eine ergänzende Mitteilung über den für ihn günstigen Ausgang des Strafverfahrens zu verlangen."

1501 Prinz, M./Peters, B., a.a.O., 463; Paschke, M., a.a.O., 356.
1502 BGHZ 37, 187 (189ff); BGH NJW 1999, 133 (138).
1503 Andernfalls wird § 138 Abs. 3 ZPO angewendet.
1504 BGHZ 37, 187 (190) – Eheversprechen.
1505 BGHZ 69, 181 (183). Zur Kritik der Handhabung des non liquet, vgl. Gronau, K., a.a.O., 110.
1506 BVerfG NJW 1997, 2589 – Folgenbeseitigungsanspruch.
1507 Ebenda.
1508 Ebenda.
1509 Ebenda.

Es besteht jedoch keine Pflicht der Medien, selbst nachzuforschen, ob sich der Verdacht bewahrheitet hat[1510].

5. Auskunftsanspruch

Der Verletzer hat dem Verletzten Auskunft über den Umfang der Verletzungshandlung und das Ausmaß der erzielten Vorteile zu erteilen. Im Einzelnen: Wer ohne die erforderliche Einwilligung Fotos aufgenommen und veröffentlicht hat, ist gemäß §§ 823 Abs. 1, 242 BGB in Verbindung mit §§ 37, 38 KUG verpflichtet, dem Betroffenen mitzuteilen, was mit den Negativen und Abzügen geschehen ist, damit der Verletzer seine Herausgabe- bzw. Vernichtungsansprüche durchsetzen kann[1511]. Bei Zweifeln über den Umfang der Verletzung kann der Betroffene die Vorlage der Negative des belichteten Fotos verlangen[1512]. Ebenso besteht ein Auskunftsanspruch, wenn ohne Einwilligung Tonbänder oder Tonbandabschriften eines vertraulichen Gesprächs an Dritte weitergegeben wurden[1513].

6. Anspruch bei rechtswidrig hergestellten Aufnahmen

Kommt es infolge fehlender Einwilligung zu einer Verletzung des allgemeinen Persönlichkeitsrechts, kann der Verletzte bei Fotos und Filmen die Herausgabe der Negative und der vorhandenen Abzüge nach §§ 823, 1004 BGB oder deren Vernichtung gemäß § 37 Abs. 1 Satz 2 KUG[1514] verlangen. Bei Tonbandaufnahmen besteht ein Anspruch auf Löschung gemäß §§ 823 Abs. 1, 1004 BGB analog[1515].

7. Geldentschädigung

a) Darstellung des Geldentschädigungsanspruchs

Für den Ausgleich immaterieller Schäden hat der BGH dem in seinem Persönlichkeitsrecht Verletzten die Geldentschädigung zur Seite gestellt[1516].

Der Anspruch wegen immaterieller Schäden bei schweren Persönlichkeitsverletzungen stellt keinen Schmerzensgeldanspruch im Sinne des § 847 BGB a.F. dar[1517]. Der Schmerzensgeldanspruch hat in erster Linie die Funktion, dass der Verletzte durch das Schmerzensgeld in die Lage versetzt werden sollte, sich Erleichterungen und Annehmlichkeiten anstelle der Dinge zu verschaffen, deren Genuss ihm durch die Verletzung unmöglich gemacht wurde[1518]. Darüber hinaus sollte das Schmerzensgeld auch zu einer Genugtuung führen[1519]. Die Geldentschädigung beim allgemeinen Per-

---

1510 BVerfG NJW 1997, 2589 – Folgenbeseitigungsanspruch.
1511 Frömming, J./Peters, B., a.a.O., 962.
1512 Ebenda.
1513 BGH AfP 1987, 508 (511).
1514 OLG München NJW-RR 1996, 93 (95).
1515 Vgl. BGH NJW 1988, 1016.
1516 BGHZ 128, 1 (8) NJW 1995, 861 (865) – Caroline von Monaco I.
1517 BVerfG NJW 2000, 2187; BGH NJW 1996, 984 (985) – Caroline von Monaco II.
1518 BGHZ 18, 149 (154) – Großer Senat.
1519 BGHZ 18, 149 (154) – Großer Senat.

sönlichkeitsrecht hingegen, soll vor allem der Genugtuung dienen[1520], daneben soll sie auch eine Prävention bewirken[1521].

Der Geldentschädigungsanspruch ist daher ein Rechtsinstitut sui generis – neben dem Schmerzensgeldanspruch, das eigene Voraussetzungen hat[1522]. Er wurde ursprünglich auf § 847 BGB a. F. gestützt. Die Anerkennung einer Geldentschädigung bei Verletzung des allgemeinen Persönlichkeitsrechts bedeutete eine richterrechtliche Durchbrechung des § 253 BGB a. F., der Geldentschädigungen für immaterielle Schäden nur in den gesetzlich bestimmten Fällen vorsah[1523]. Um die Schranke des § 253 BGB a. F. zu überwinden, hat der BGH wenig später als Anspruchsgrundlage auf den durch Art. 1 und 2 GG gewährleisteten Schutz der Persönlichkeit zurückgegriffen[1524]. Der Geldentschädigungsanspruch soll ein Ultima-Ratio-Rechtsbehelf für den besonders schweren Fall sein, gegenüber Medien, die sich von einer unzulässigen Vermarktung der Person nicht abschrecken lassen[1525]. Er besteht nach Ansicht der Rechtsprechung nur, wenn andere Ansprüche zu keinem befriedigenden Ergebnis führen[1526].

Ob eine schwerwiegende Persönlichkeitsrechtsverletzung vorliegt, soll von der Bedeutung und Tragweite des Eingriffs, vom Anlass und Beweggrund des Handelnden sowie dem Grad des Verschuldens abhängen[1527]. Als erschwerend wird es bewertet, wenn mit der Rechtsverletzung hauptsächlich kommerzielle Interessen verfolgt werden[1528]. Außerdem fließen die Verbreitungsdichte sowie die Fortdauer der Interessen- oder Rufschädigung in die Gesamtbewertung ein[1529].
Schwere Persönlichkeitsrechtsverletzungen, die eine Geldentschädigung zur Folge haben, werden beispielsweise bei der Veröffentlichung von Nacktaufnahmen ohne Einwilligung des Abgebildeten angenommen[1530], nicht aber bei der Abbildung von Fotos in einer Zeitschrift, die bei einer privaten Geburtstagsfeier ohne Einwilligung der Abgebildeten geschossen wurden[1531].

1520 BGHZ 128, 1 (8) = NJW 1995, 861 (865) – Caroline von Monaco I; Prinz, M., Geldentschädigung, in: NJW 1996, 953 (954).

1521 Prinz, M./Peters, B., a.a.O., 490; Steffen, E., Schmerzensgeld bei Persönlichkeitsrechtsverletzungen durch die Medien. Ein Plädoyer gegen formelhafte Berechnungsmethoden bei der Geldentschädigung, in: NJW 1997, 10.

1522 BGH NJW 1996, 984 (985) – Caroline von Monaco II; Steffen, Schmerzensgeld bei Persönlichkeitsrechtsverletzungen durch die Medien, in: NJW 1997, 10.

1523 Siemes, Ch., a.a.O. 205 m.w.N.

1524 BGHZ 35, 363 (367f.) – Ginsengwurzel.

1525 Steffen, E., Schmerzensgeld bei Persönlichkeitsrechtsverletzungen durch die Medien. Ein Plädoyer gegen formelhafte Berechnungsmethoden bei der Geldentschädigung, in: NJW 1997, 10; BGH NJW 1995, 861 (864); BGH NJW 1985, 1617 (1619) m.w.N; Müller, G., Möglichkeiten und Grenzen des Persönlichkeitsrechts, 797 (800).

1526 BGH NJW 1995, 861 (864) – Caroline von Monaco I, BGH NJW 1996, 1131 (1134).

1527 Siemes, Ch., a.a.O. 206 m.w.N.

1528 Ebenda.

1529 Siemes, Ch., a.a.O. 206 m.w.N.

1530 BGH NJW 1985, 1617 (1619).

1531 LG München I AfP 1994, 162.

Bei rechtswidrigen schuldhaften Eingriffen in den Kernbereich der Persönlichkeit wird eine schwere Verletzung als naheliegend angesehen[1532]. „Die Schwere der Persönlichkeitsrechtsverletzung ergibt sich daraus, dass Medien in diesen Fällen Dinge, die Dritte unter keinen Umständen etwas angehen, ans Licht der Öffentlichkeit zerren. Darin kommt eine besonders krasse Missachtung der Persönlichkeit des Verletzten durch das Medienunternehmen zum Ausdruck, da allgemein bekannt ist, dass Menschen regelmäßig mit derartigen Darstellungen ihres Intimlebens in der Medienöffentlichkeit nicht einverstanden sind."[1533] Häufig sind in solchen Fällen Gegendarstellungen und Berichtigungen nicht sinnvoll, da sie dazu führen, dass das unangenehme Thema nochmals angesprochen und dann auch von Rezipienten wahrgenommen wird, an denen es vorher vorbeigegangen ist. Für die „öffentliche Person" ergibt sich in dieser Hinsicht keine Besonderheit.

Im Bereich der privaten Lebensgestaltung ist ein schwerer Eingriff in das Persönlichkeitsrecht der „öffentlichen Person" anzunehmen, wenn sie diesen Bereich ihres Daseins nicht zur Konstruktion ihrer medialen Seite benutzt hat, durch den Eingriff in ihrer Persönlichkeitskonstruktion stark beeinträchtigt wird und die Allgemeinheit kein oder nur ein geringes Interesse an der Veröffentlichung hat[1534]. Insbesondere erfundene Zitate stellen schwere Persönlichkeitsrechtsverletzungen dar. Der Betroffene wird als Zeuge gegen sich selbst ins Feld geführt, wodurch er in dem Verfügungsrecht über die Darstellung der eigenen Person tangiert wird[1535] Das gilt insbesondere für die „öffentliche Person", die nicht zuletzt aus Vermarktungsgründen ein massives Interesse daran hat, selbst zu entscheiden, ob und wie sie sich in der Öffentlichkeit äußert.

Auch ehrenrühtige Behauptungen können schwere Persönlichkeitsrechtsverletzungen darstellen, beispielsweise, wenn jemandem zu Unrecht nachgesagt wird, er habe Straftaten begangen[1536] oder er sei der „Rotlichtfürst von F."[1537]

Schmähkritik[1538] ist nach der Rechtsprechung nicht automatisch eine schwere Persönlichkeitsrechtsverletzung[1539]. Diese Ansicht ist aber nicht nachvollziehbar, da das Wesen der Schmähkritik darin liegt, dass bei ihr die Diffamierung der Person im Vordergrund steht. Aus diesem Grunde ist bei ihrem Vorliegen immer eine schwere Persönlichkeitsverletzung anzunehmen.

Wird der Name oder das Bild einer Person ohne deren Einverständnis zu Werbezwecken eingesetzt, so liegt darin stets eine schwere Persönlichkeitsrechtsverletzung. Es

1532 BGH AfP 1988, 34 (35) – Intime Beziehungen; LG Berlin AfP 1997, 735.
1533 Prinz, M./Peters, B., a.a.O., 496.
1534 A.A. wohl LG München I AfP 1992, 376, das in dem arglistigen Einschleichen eines Reporters auf eine private Geburtstagsfeier und dem anschließenden Bericht darüber keine schwere Persönlichkeitsrechtsverletzung sah.
1535 Vgl. oben 2. Teil 1. Abschnitt 3. Kapitel 7., 10 .
1536 Vgl. BGH ZUM 1986 145 (147); OLG Brandenburg NJW 1995, 886 (888).
1537 OLG Saarbrücken NJW 1997, 1376 (1378) – (Rotlichtfürst).
1538 Siehe 2. Teil 1. Abschnitt.
1539 BGH VersR 1975, 332 (333).

wird in das Verfügungsrecht über die Darstellung der Person eingegriffen[1540]. Wird eine „öffentliche Person" mit einer Aussage zugunsten eines Produkts dargestellt, so tangiert es auch die der medialen Öffentlichkeit zugewandte Seite ihres Seins. Das kann einschneidende Folgen für das Bild, das man von ihr hat, haben. Aber auch wenn die Darstellung keinen Einfluss auf das Image des Betroffenen hat, muss es sich niemand gefallen lassen, für Werbung missbraucht zu werden[1541].

In einzelnen Fällen ergibt sich die Schwere der Persönlichkeitsverletzung auch aus der besonderen Hartnäckigkeit der Verletzung, beispielsweise wenn die persönlichkeitsrechtsverletzende Äußerung wiederholt wird[1542].

Eine Persönlichkeitsverletzung kann auch dadurch an Schwere gewinnen, dass nach der Veröffentlichung weitere grundlose, unnötige und zusätzliche Ehrkränkungen des Betroffenen erfolgen[1543].

Vereinzelt kann es an der Schwere der Persönlichkeitsverletzung fehlen, wenn der Verletzte durch seine vorangegangene Äußerungen zu der Verletzung provoziert hat (sogenannter „Gegenschlag")[1544]. Bei der Verletzung des Persönlichkeitsrechts der „öffentlichen Person" durch Medien kann die Provokation darin bestehen, dass sie die Medien gerade auf diesen Punkt ihres Lebens aufmerksam gemacht und sie somit zu dem Eingriff herausgefordert hat[1545].

Es kommt nicht darauf an, dass die Unrichtigkeit einer Tatsachenbehauptung festgestellt wird[1546]. Bei einem „non liquet" wird § 823 Abs. 2 BGB in Verbindung mit § 186 StGB herangezogen[1547].

Voraussetzung für die Geldentschädigung ist, dass der Verletzer schuldhaft gehandelt hat[1548]. Im Einzelnen ist umstritten, welcher Grad des Verschuldens erforderlich ist[1549]. In Anbetracht der Tatsache, dass Persönlichkeitsrechtsverletzungen den Betroffenen stark in seiner Persönlichkeitsentfaltung tangieren können[1550] und von der Presse ohnehin nur pressemäßige Sorgfalt verlangt wird, ist wohl zu verlangen, dass die Medien ihre Pflichten auch nicht fahrlässig verletzen. Eine schwere Persönlichkeitsrechtsverletzung kann auch bei einfacher Fahrlässigkeit vorliegen.

1540 Oben 2. Teil 1. Abschnitt 3. Kapitel 7.

1541 Vgl. BGH NJW 1971, 698 (700) – Pariser Liebestropfen.

1542 BGH NJW 1996, 985 (986) – Wiederholungsveröffentlichung.

1543 Prinz, M./Peters, B., a.a.O., 499 m.w.N.

1544 BGH NJW 1987, 1400 (1401) – Oberfaschist; BGH NJW 1977, 626 – konkret.

1545 Steffen, E., Schmerzensgeld bei Persönlichkeitsrechtsverletzungen durch die Medien. Ein Plädoyer gegen formelhafte Berechnungsmethoden bei der Geldentschädigung, in: NJW 1997, 10 (11).

1546 BGH NJW 1996, 1131 (1134) – Der Lohnkiller.

1547 Vgl. Prinz, M./Peters, B., a.a.O., 500.

1548 BGH NJW 1980, 2801 (2807) – Medizin-Syndikat III; BGH NJW 1971, 698 (700) – Pariser Liebestropfen.

1549 OLG München NJW 1997, 62 (64) fordert Vorsatz, während andere wie beispielsweise Prinz, M./Peters, B., a.a.O., 500 m.w.N. einfache Fahrlässigkeit genügen lassen.

1550 Siehe oben 1. Teil 3. Abschnitt 2. Kapitel.

Der Grad des Verschuldens kann sich allerdings auf die Höhe der Geldentschädigung auswirken[1551].

Weil die Entschädigung als Ultima Ratio gesehen wird, in Fällen schwerer Persönlichkeitsrechtsverletzungen für Genugtuung und Prävention zu sorgen, richtet sie sich nicht nach den Schmerzensgeld-Kategorien für Körperverletzungen.

Schmerzensgelder sind mit Rücksicht auf die Versicherungswirtschaft, die allzu hohe Versicherungsbeiträge zu vermeiden sucht, verhältnismäßig niedrig[1552]. Weder eine Entschädigung von nur DM 1.500,00 (= € 766,94), die der Verlag einer Tageszeitung wegen einer schweren Persönlichkeitsverletzung zahlen sollte[1553], noch DM 500,00 (= € 255,65) für die ungenehmigte Veröffentlichung eines Nacktfotos[1554] können der beabsichtigten Genugtungsfunktion und der Präventionsaufgabe gerecht werden[1555].
Entsprechend dem Schutzauftrag aus Art. 1 und 2 GG hat die Entschädigung die Aufgabe, einerseits vor Persönlichkeitsrechtsverletzungen abzuschrecken und andererseits nicht zu einer unverhältnismäßigen Einschränkung der Pressefreiheit zu gelangen[1556]. Das führt dazu, dass von großen Medienanstalten, die solventer sind als kleinere, auch höhere Beträge bei Persönlichkeitsverletzungen gefordert werden. Der Mindestbetrag wird aber kaum unter € 2.500,00 angesetzt[1557].

Es gibt außerdem einen „Promibonus", der die „öffentliche Person" betrifft. Für die „öffentliche Person" fallen Geldentschädigungen in der Regel höher aus als beim Durchschnittsbürger. Der Grund liegt darin, dass die seelische Kränkung einer ‚öffentlichen Person" schwerer wirkt als bei einem Unbekannten, da aufgrund der erhöhten Aufmerksamkeit, die der öffentlichen Person zuteil wird, von einer Persönlichkeitsverletzung mehr Menschen Notiz nehmen. Der reale Teil der „öffentlichen Person" wird wohl unabhängig von der Qualität der Verletzung von einer Persönlichkeitsrechtsbeeinträchtigung stärker erfasst, als bei einem Unbekannten. Aufgrund des hohen Anreizwertes, eine „öffentliche Person" zu sein, steht sie in der medialen Öffentlichkeit unter starkem Situationsdruck und muss Imageverluste vermeiden[1558]. Persönlichkeitsrechtsverletzungen, die sich negativ auf das Persönlichkeitsbild auswirken, das die Rezipienten von der „öffentlichen Person" haben, können zu daraus re-

---

1551 Vgl. OLG Koblenz NJW 1997, 1375 (1376); Prinz, M., Geldentschädigung, in: NJW 1996, 953 (955).

1552 Beuthien, V., Image, in: NJW 2003, 1220 (1221).

1553 AG Berlin-Mitte NJW 1995, 2639. Die Zeitung hatte das Gehalt eines Fussballspielers der Oberliga veröffentlicht. Das Gericht stellte bei der Bemessung der Geldentschädigung darauf ab, dass die durch die Veröffentlichung erzielte Auflagensteigerung nicht besonders bedeutsam gewesen sei.

1554 AG Kaufbeuren AfP 1988, 273.

1555 Prinz, M./Peters, B., a.a.O., 494; Steffen, E., Schmerzensgeld bei Persönlichkeitsrechtsverletzungen durch die Medien. Ein Plädoyer gegen formelhafte Berechnungsmethoden bei der Geldentschädigung, in: NJW 1997, 10 (11).

1556 BVerfG NJW 1973, 1221 (1224); BGHZ 128, 1 (8) = NJW 1995, 861 (865) – Caroline von Monaco I.

1557 Vgl. Prinz, M./Peters, B., a.a.O., 509.

1558 Oben 1. Teil 3. Abschnitt 2. Kapitel.

sultierenden fremdreflexiven Verhaltensweisen führen. Die „öffentliche Person" wird dann stärker als der Durchschnittsbürger in ihrer Autonomie gehindert. Dem ist durch eine entsprechende Bemessung der Höhe der Geldentschädigung Rechnung zu tragen.

Es soll bei der Höhe der Geldentschädigung darauf geachtet werden, dass dabei keine Gesichtspunkte einfließen dürfen, die zur Beurteilung des Vermögensschadens gehören[1559].

Kriterien für die Bemessung sind Verletzungsabsicht, vorsätzliche Übergriffe und grobe Schlamperei[1560]. Anspruchsmindernd werden Bemühungen um die Wiedergutmachung nach der Tat berücksichtigt[1561].
Bei der Austaxierung der Höhe des Anspruchs soll in der Regel das Telos, nämlich die Medienanstalten durch hohe Geldentschädigungen davon abzuschrecken, Persönlichkeitsrechtsverletzungen mit dem Ziel der Auflagen- bzw. Zuschauersteigerung zu begehen, nicht aus den Augen verloren werden[1562]. Allerdings dürfen die Journalisten nicht zu sehr eingeschüchtert werden. „Denn auch der gewissenhafteste und persönlichkeitsbewussteste Journalist lebt mit dem Prozessrisiko; und je höher der Streitwert ist, desto eher fällt der Journalist bei seinem ängstlichen Verleger schon bei Androhung eines solchen Prozesses in Ungnade."[1563] Die Medien können dann ihrer „öffentlichen Aufgabe" kaum noch gerecht werden.

Wie aus dem Vorstehenden deutlich geworden ist, ist die Bemessung der Geldentschädigung eine Entscheidung des Einzelfalls. Steffen[1564] ist beizupflichten, wenn er schreibt: „Rechtsunsicherheit wird es bei der Bemessung der Geldentschädigung immer geben. Vielleicht liegt auch darin ein gewisser Präventionseffekt (...)"

b) Auswirkung der Verschiebung des § 847 BGB a. F. in § 253 Abs. 2 BGB

Fraglich ist, wie sich die Neuerung des zweiten Gesetzes zur Änderung schadensersatzrechtlicher Vorschriften 19.07.2002[1565] auf das allgemeine Persönlichkeitsrecht und damit auf den Geldentschädigungsanspruch auswirkt. Betrachtet man das Reformgesetz aus einer deliktsrechtlichen Perspektive, so mag es prima facie scheinen,

---

1559 BGH NJW 1970, 1057 (1058); BGH VersR 1957, 334 (336).

1560 Steffen, E., Schmerzensgeld bei Persönlichkeitsrechtsverletzungen durch die Medien. Ein Plädoyer gegen formelhafte Berechnungsmethoden bei der Geldentschädigung, in: NJW 1997, 10 (12).

1561 BGH NJW 1995, 861.

1562 Vgl. zur Problematik – insbesondere die frei erfundenen Interviews von Soraya und Caroline: BVerfG NJW 1973, 1221 ff. – Soraya-Interview; BGHZ 128, 1f. = NJW 1995, 861ff. – Caroline von Monaco I. Vgl. auch Siemes, Ch., a.a.O., 204.

1563 Steffen, E., Schmerzensgeld bei Persönlichkeitsrechtsverletzungen durch die Medien. Ein Plädoyer gegen formelhafte Berechnungsmethoden bei der Geldentschädigung, in: NJW 1997, 10 (12).

1564 Steffen, E., Schmerzensgeld bei Persönlichkeitsrechtsverletzungen durch die Medien. Ein Plädoyer gegen formelhafte Berechnungsmethoden bei der Geldentschädigung, in: NJW 1997, 10 (14).

1565 BGBl. Bd. I, 2674.

als habe der Gesetzgeber mit der Streichung des § 847 BGB a. F., wenn nicht dem allgemeinen Persönlichkeitsrecht insgesamt, so doch dem in diesen Fällen gewährten Anspruch auf Immatrialschadensersatz de lege lata die Grundlage entzogen[1566].
Diese Auslegung widerspricht aber dem Willen des Gesetzgebers. Er sah keinen Anlass zu einer ausdrücklich Regelung des allgemeinen Persönlichkeitsrechts in § 253 Abs. 2 BGB und führte zur Begründung aus:
„Dass Verletzungen des allgemeinen Persönlichkeitsrechts nicht ausdrücklich in die Aufzählung der Schmerzensgeldansprüche aufgenommen sind, steht auch künftig einer Geldentschädigung bei nach § 823 BGB erheblichen Persönlichkeitsrechtsverletzungen nicht entgegen. Nachdem zunächst die Entschädigung in Geld als Rechtsfolge haftungsrechtlich relevanter Persönlichkeitsrechtsverletzungen aus einer Rechtsanalogie zu § 847 BGB abgeleitet worden war, geht die Rechtsprechung inzwischen davon aus, dass es sich bei dem Anspruch auf Geldentschädigung wegen Verletzung des allgemeinen Persönlichkeitsrechts um ein vom Schmerzensgeld nach § 847 BGB zu unterscheidendes Recht handele, das auf den Schutzauftrag aus Artikel 1 und 2 Abs. 1 GG zurückginge (BGHZ 35, 367f.; 39 124, 130 ff. ; 128, 1, 15). Ist dieser Anspruch damit von den §§ 847, 253 BGB geltenden Rechts unabhängig, können Änderungen dieser Vorschrift ihn auch nicht tangieren. Ob anknüpfend an entsprechende frühere Initiativen eine einfachgesetzliche Klarstellung sinnvoll ist, kann hier dahinstehen. Jedenfalls könnte sie sich nicht auf die Anordnung einer Geldentschädigung als Rechtsfolge einer Persönlichkeitsrechtsverletzung beschränken, sondern müsste mit einer ausdrücklichen und umfassenden Regelung des zivilrechtlichen Schutzes des allgemeinen Persönlichkeitsrechts einhergehen. Dies kann im Zusammenhang mit diesem Gesetz nicht geleistet werden."[1567]

Es kann als ausgeschlossen gelten, dass der VI. Zivilsenat den Schutz des allgemeinen Persönlichkeitsrechts durch den Geldentschädigungsanspruch aus Anlass der Reform abschaffen oder vermindern wird[1568].

8. Anspruch aus § 823 Abs. 1 6. Alt. BGB

Führt die Beeinträchtigung des Persönlichkeitsrechts dazu, dass der Verletzte eine Vermögenseinbuße erleidet, so ist dieser materielle Schaden ohne Besonderheiten gemäß § 823 Abs. 1 6. Alt. BGB in Verbindung mit §§ 249 ff. BGB zu ersetzen, wenn dem Verletzter ein Verschulden zur Last fällt[1569]. Anders als bei dem Geldentschädigungsanspruch kommt es auf die Schwere der Persönlichkeitsrechtsverletzung nicht an[1570].

1566 Wagner, G., Das Zweite Schadensersatzrechtsänderungsgesetz, in: NJW 2002, 2049 (2056).
1567 BT- Dr 14/7752, 24f.
1568 Wagner, G., Das Zweite Schadensersatzrechtsänderungsgesetz, in: NJW 2002, 2049 (2056).
1569 Fuchs, M., Deliktsrecht, 50.
1570 Thomas, H., in: Palandt, BGB, § 823 Rdnr. 125.

Der Betroffenen kann den Schaden entweder konkret oder nach der Lizenzanalogie berechnen oder den Gewinn des Verletzers herausverlangen[1571].
Soweit sich der Verletzer gegen den Eingriff durch „Gegenmaßnahmen" wehrt, sind diese zu ersetzen, wobei auf die Erforderlichkeit zu achten ist[1572].

9. Anspruch aus § 812 Abs. 1 Satz 1 2. Alt. BGB

Persönlichkeitsrechtsverletzungen der „öffentlichen Person" seitens der Medien erfolgen in den wohl überwiegenden Fällen zum Zwecke der Gewinnerzielung. Durch eine unerlaubte Verwertung der Persönlichkeitsmerkmale der „öffentlichen Person" beispielsweise für Werbezwecke werden häufig weniger ideelle als kommerzielle Interessen des Betroffenen beeinträchtigt, weil diese sich weniger in ihrer Ehre und ihrem Ansehen verletzt fühlen, als vielmehr finanziell benachteiligt sehen[1573]. Warum soll daher ein Medienunternehmen den hohen Marktwert einer Berichterstattung über eine „öffentliche Person" abschöpfen können, wenn es sich um eine rechtswidrige Persönlichkeitsverletzung handelt[1574]? Naheliegend ist ein Anspruch aus ungerechtfertigter Bereicherung nach § 812 Abs. 1 Satz 1 2. Alt. BGB[1575], der kein Verschulden erfordert[1576]. Für die Anwendung des § 812 Abs. 1 Satz 1 2. Alt. BGB spricht außerdem, dass der Ersatz des immateriellen Schadens subsidiär ist[1577]. Gerade der Grundsatz der Subsidiarität sollte den Gerichten Anlass sein, sich mit dem Bereicherungsausgleich von Amts wegen zu befassen[1578]. Bei einem Eingriff in die Persönlichkeitsrechte der „öffentlichen Person" ohne ihre Einwilligung erlangen die Medien die kostenlose Nutzung des Rechts[1579].
Bei der Anspruchvoraussetzung ist zu beachten, dass es bei den §§ 812 ff. BGB um Be- und nicht um Entreicherung geht. Aus diesem Grund hat man das lange dominierende Schadenserfordernis auf der Gläubigerseite ebenso verabschiedet wie das Element der Vermögensverschiebung oder gar die Entsprechung von Schaden und Bereicherung[1580].

Voraussetzung für den bereicherungsrechtlichen Anspruch ist vielmehr, dass das allgemeine Persönlichkeitsrecht einen Zuweisungsgehalt hat[1581]. Der Begriff des „Zuweisungsgehalts" ist in hohem Maße ausfüllungsbedürftig[1582]. Für die Determination

1571 BGHZ 143, 214 = BGH NJW 2000, 2195 – Marlene Dietrich; BGH NJW 2000, 2201 – Der blaue Engel.
1572 Vgl. BGHZ 66, 182 – überregionale Anzeigenkampagne.
1573 Vgl. BGHZ 143, 214 (219) – Marlene Dietrich.
1574 Vgl. Ladeur, K.-H., Schutz von Prominenz als Eigentum. Zur Kritik der Caroline-Rechtsprechung des BVerfG, in: ZUM 2000, 879 (889).
1575 Vgl. Siemes, Ch., Gewinnabschöpfung bei Zwangskommerzialisierung der Persönlichkeit durch die Presse, in: AcP 2001, 202 (214).
1576 Ullmann, E., Persönlichkeitsrechte in Lizenz, in: AfP 1999, 209 (212).
1577 BGH NJW 1985, 2644 (2646).
1578 Ullmann, E., a.a.O., 213 FN 50; a.A. Müller, G., Möglichkeiten und Grenzen des Persönlichkeitsschutzes, 797 (804).
1579 BGHZ 99, 244 (248) – Chanell Nr.5; OLG München NJW-RR 1996, 539 (540).
1580 Lieb, M., in: Münchner Kommentar, § 812, Rdnr. 208 m.w.N.
1581 Lieb, M., a.a.O., Rdnr. 195.
1582 Lieb, M., a.a.O., Rdnr. 205.

ist es erforderlich, sich auf die Funktion des Bereicherungsrechts zu besinnen[1583]. Bei den §§ 812 ff. BGB kommt es nicht nur auf die Abschöpfung im Empfängervermögen an, sondern auch darauf, dass es der Abschöpfung nur deswegen bedarf, weil zuvor der Gläubiger in seinen vermögensrechtlichen Belangen durch den Eingriff des Schuldners beeinträchtigt worden war[1584]. Die Zubilligung eines Zahlungsanspruchs des Gläubigers setzt also voraus, dass die zu beurteilende bereichernde Handlung des Schuldners in solche Rechtspositionen des Gläubigers eingreift, die für den Gläubiger einen gewissen Vermögenswert hatten[1585]. Es kommt also darauf an, ob sich der Eingreifer Nutzungs- oder Verwertungsmöglichkeiten durch den Eingriff dienlich gemacht hat, die dem Gläubiger zustanden, so dass er nicht nur in seiner allgemeinen Dispositionsfreiheit, sondern zugleich in der Möglichkeit, entgeltlich darüber zu verfügen, beeinträchtigt wurde[1586]. Für den Anspruch ist es unerheblich, ob der Gläubiger die Absicht der Realisierung solcher Nutzungs- oder Verwertungsmöglichkeiten bereits selbst hatte[1587]. Von Bedeutung ist allein, dass der Schuldner durch seinen Eingriff eine solche Möglichkeit nunmehr selbst realisiert und sich damit eine vermögenswerte Chance ohne die Zustimmung des Gläubigers und vor allem ohne Zahlung eines Entgelts, das für die Zustimmung in aller Regel hätte entrichtet werden müssen, zunutze gemacht hat[1588].

Ein Erwerb auf Kosten des Gläubigers liegt nur dann vor, wenn der Gläubiger aufgrund der materiellen Ausgestaltung seiner Rechtsgüter die Möglichkeit gehabt hätte, dem Schuldner den Eingriff und damit den Vermögenserwerb, um dessen Herausgabe bzw. dessen Ersatz es geht, entgeltlich zu gestatten (vermögensrechtliche Qualität)[1589]. Um einen Zuweisungsgehalt zu bejahen, muss also die Rechtsposition, Träger des allgemeinen Persönlichkeitsrechts zu sein, dem Inhaber eine von der Rechtsordnung anerkannte marktfähige Verwertungsmöglichkeit im Wege einer Nutzungsüberlassung bieten[1590]. Bereits oben bei der Einwilligung mittels eines Lizenzvertrages wurde deutlich, dass der Markt gerade den Persönlichkeitsrechten der „öffentlichen Person" einen Marktwert zuweist[1591]. Eine gesetzliche Regelung ist für die Anerkennung des Zuweisungsgehalts des Persönlichkeitsrechts nicht erforderlich, da

1583 Lieb, M., a.a.O., Rdnr. 207.
1584 Ebenda.
1585 Lieb, M., a.a.O., Rdnr. 208.
1586 Ebenda.
1587 Canaris, C.-W., Gewinnabschöpfung bei Verletzung des allgemeinen Persönlichkeitsrechts, in: Ahrens, Hans-Jürgen/Bar, Christian von/Fischer, Gerfried/Spickhoff, Andreas/Taupitz, Jochen (Hrsg.), Festschrift für Erwin Deutsch. Zum 70. Geburtstag, Köln, Berlin, Bonn, München 1999, 85 (89). A.A. Gounalakis, G., Persönlichkeitsschutz und Geldersatz, in: AfP 1998, 10 (19), der darin eine Verletzung des Selbstbestimmungsrechts des Verletzten sieht.
1588 Ebenda. Vgl. auch Ladeur, K.-H., Schutz von Prominenz als Eigentum, in: ZUM 2000, 879 (885).
1589 Lieb, M., a.a.O., Rdnr. 209.
1590 Siemes, Ch., a.a.O., 215 m.w.N.
1591 Siehe oben Seite 236ff. Die Auffassungen Raisers, in: JZ 1961, 465 (471) und Mestmäcker, in: JZ 1958, 521 (525), dass das allgemeine Persönlichkeitsrecht nur den Anspruch auf Achtung gegen Dritte, nicht aber die Berechtigung an einem vermögensrechtlich nutzbaren Herrschaftsgegenstand regele, sind wohl in der heutigen Mediengesellschaft als überholt anzusehen. Vgl. auch Ladeur, K.-H., Schutz von Prominenz als Eigentum, in: ZUM 2000, 879 (885).

der Gesetzesvorbehalt in Art. 14 Abs. 1 Satz 2 GG eine Einbeziehung der Gegebenheiten der Wirtschaftsordnung in die Wertung der Rechtsprechung ermöglicht[1592].

Nach einer Auffassung[1593] soll der Bereicherungsausgleich nicht gegeben sein, wenn der Betroffene die Nutzung beispielsweise des Bildnisses zu Werbezwecken auch nicht gegen Zahlung eines Entgelts gestattet hätte, weil er sie als Persönlichkeitsbeeinträchtigung empfinden würde. In diesem Fall versage die Berechnung des Bereicherungsausgleichs auf der Grundlage eines fingierten Lizenzvertrages[1594]. Diese Meinung ist zu folgen. Es spricht nicht gegen eine bereicherungsrechtliche Lösung, dass der Verletzte häufig selbst gegen Zahlung eines Entgelts nicht bereit gewesen wäre, die öffentliche Präsentation von Details aus seinem Privat- oder Intimleben, die Herabwürdigung seiner Person usw. zu gestatten[1595]. Anders als die §§ 823 Abs. 1, 252 BGB soll der Anspruch aus § 812 Abs. 1 Satz 1 2. Alt. BGB keinen Vermögensschaden ausgleichen[1596]. Er schützt die abstrakte wirtschaftliche Nutzungsmöglichkeit. Es kommt deshalb auch nicht darauf an, ob der Betroffene die Gewinne der Presse faktisch hätte erzielen können[1597].

Nicht nachvollziehbar ist die Begrenzung der Wertzuweisung durch den Markt durch Art. 5 Abs. 1 GG wie sie Siemes[1598] vorschlägt. Hat die Presse-, Informations- und Meinungsfreiheit in einem Falle Vorrang vor dem allgemeinen Persönlichkeitsrecht, liegt schon tatbestandsmäßig keine Persönlichkeitsrechtsverletzung vor. Einer Einwilligung des Persönlichkeitsrechtsträgers hätte es dann nicht bedurft. Für eine Lizenzanalogie ist kein Raum.

Der Umfang der Gewinnabschöfung gemäß § 812 Abs. 1 Satz 1 2. Alt. BGB besteht in der Herausgabe des Erlangten. Das ist bei der Inanspruchnahme fremder Rechte die Nutzung des Rechts[1599]. Die Herausgabe der Nutzung ist wegen der Beschaffenheit des Erlangten nicht möglich. Nach § 818 Abs. 2 BGB ist daher der Wert der Nutzung des Persönlichkeitsrechts zu ersetzen. Das ist die angemessene Lizenzgebühr[1600]. Einen darüber hinausgehenden Gewinn des Eingreifers kann der Rechtsin-

---

1592 Siemes, Ch., a.a.O., 221 m.w.N.

1593 BGHZ 26, 349 (353) – Herrenreiter; Steffen, E., Schmerzensgeld bei Persönlichkeitsrechtsverletzungen durch die Medien, in: NJW 1997, 10 13f.); Gounalakis, G., Persönlichkeitsschutz und Geldersatz, in: AfP 1998, 10 (19).

1594 BGHZ 35, 363 – Ginseng.

1595 Ebenda.

1596 Ullmann, E., Persönlichkeitsrechte in Lizenz?, in: AfP 1999, 209 (212); Canaris, C.-W., Gewinnabschöpfung bei Verletzunge des allgemeinen Persönlichkeitsrechts, in: Ahrens, H.-J./Bar, C.v./Fischer, G./Spickhoff, A./Taupitz, J. (Hrsg.), Festschrift für Erwin Deutsch, 85 (89).

1597 BGHZ 35, 363 – Ginsengwurzel.

1598 Siemes, Ch., a.a.O., 224.

1599 BGHZ 82, 299 (306) – Kunstoffhohlprofil II; BGHZ 99, 244 (248) – Chanell Nr. 5; Canaris, C.-W., Gewinnabschöpfung bei Verletzung des allgemeinen Persönlichkeitsrechts, in: Ahrens, H.-J./Bar, C.v./Fischer, G./Spickhoff, A./Taupitz, J. (Hrsg.), Festschrift für Erwin Deutsch, 85 (90).

1600 BGHZ 20, 345 (353) = NJW 1956, 1554 (1558) – Dahlke; BGH NJW 1979, 2205f. – Fussballtorwart; Canaris, C.-W., a.a.O., 85 (90).

haber nicht verlangen[1601]. Grund ist, dass allein die Nutzung, nicht aber die erzielten Gewinne in dem Zuweisungsgehalt des Persönlichkeitsrechts verkörpert sind[1602]. Diese beruhen letztendlich mehr auf den persönlichen Fähigkeiten und dem Kapital des Eingreifers als auf der Nutzung des Rechts[1603]. So bilden die seitens der Presse ausgewerteten Persönlichkeitsdetails vielfach nur das Rohmaterial. Sie ließen sich ohne das Engagement der Journalisten und die Betriebsmittel der Presseunternehmen nicht lukrativ verwerten, vor allem, wenn erfundene Exklusiv-Interviews und Titelgeschichten sowie Fotomontagen veröffentlicht werden[1604]. Die Ermittlung der angemessenen Lizenzgebühr für die Persönlichkeitsrechtsverletzung stößt bei der öffentlichen Person auf keine großen Schwierigkeiten, da es für die Nutzung ihrer Persönlichkeitsrechte einen Markt gibt, auf dem die Preise bekannt sind. Der Einwand, dass der durch die Persönlichkeitsrechtsverletzung erzielte Mehrerlös nicht genau feststellbar sei, da der Verkauf beispielsweise einer Zeitschrift von vielen Faktoren abhängt[1605], geht fehl, da Erlangtes nicht der Mehrerlös sondern die kostenlose Nutzung des Rechts ist. Bisweilen wird vertreten, dass der durch die Persönlichkeitsrechtsverletzung erzielte Gewinn nach §§ 819 Abs. 1, 818 Abs. 4 BGB in Verbindung mit § 281 BGB a. F. bzw. § 285 BGB n. F. herausverlangt werden kann[1606]. Zwar ist nach Auffassung des BGH[1607] § 281 BGB a. F. eine „allgemeine Vorschrift" im Sinne des § 818 IV BGB, was auch für § 285 BGB n. F. sicherlich gilt, da § 281 BGB a. F. nahezu identisch in §285 BGB n. F. verschoben wurde. Die Schwachstelle der Argumentation dieser Auffassung liegt jedoch darin, dass § 281 BGB a. F. bzw. § 285 BGB n. F. die Erlangung eines Surrogats voraussetzt. Der Schuldner muss infolge des Umstandes, der die Leistung (Herausgabe der Nutzung) unmöglich gemacht hat, für den geschuldeten Gegenstand Ersatz oder einen Anspruch auf Ersatz erlangen (sogenanntes stellvertretendes commodum). Der erzielte Gewinn ist aber nicht der Ersatz dafür, dass der Schuldner das durch die allgemeine Persönlichkeitsrechtsverletzung Erlangte nicht herausgeben kann.

Sind das Ereignis, das die Leistung unmöglich macht und der Umstand, der den Ersatzanspruch begründet, nicht identisch, ist § 285 BGB n. F. gleichwohl anwendbar, sofern beide Ereignisse wirtschaftlich eine Einheit bilden[1608]. Die Unmöglichkeit der Herausgabe einer Nutzung beruht aber nicht auf einem Ereignis, sondern ergibt sich aus der Natur der Sache. Zumindest ist die Identität zwischen herauszugebendem

1601 Siemes, Ch., a.a.O., 226; a.A. Ehmann, H., in: Erman, § 818, Rdnr. 17, 18; Lieb, M., in: Münchener Kommentar, §818, Rdnr. 16.

1602 Siemes, Ch., a.a.O., 226f.

1603 BGHZ 7, 208 (218); BGHZ 82, 299 (308) – Kunstoffhohlprofil II; BGHZ 99, 244 (243f.) – Chanell Nr. 5.

1604 Siemes, Ch., a.a.O., 227 m.w.N.

1605 Gounalakis, G., Persönlichkeitsschutz und Geldersatz, in: AfP 1998, 10 (19).

1606 Canaris, C.-W., a.a.O., 91.

1607 BGHZ 75, 203 205ff. Dass § 281 BGB zu den allgemeinen Vorschriften zählt, wird damit begründet, dass die Verweisung auf die „Allgemeinen Vorschriften" den Zweck habe, dem verschärft haftenden Bereicherungsschuldner die ihm nach Bereicherungsrecht zugute kommenden Vergünstigungen zu nehmen und ihn wieder den Schuldnern aus anderen Rechtsgründen gleichzustellen, vgl. auch BGHZ 83, 293 (299f.). So auch Canaris, C.-W., a.a.O., 91. A.A. Lieb, M., in: Münchener Kommentar, § 819, Rdnr. 115.

1608 Heinrichs, H., in: Palandt, BGB, § 285 Rdnr. 7.

Recht und Mehrerlös nicht gegeben[1609]. Es besteht daher kein Anspruch auf Herausgabe des Mehrerlöses. Verlangt werden kann nur die Lizenzgebühr.
Der Eingreifer kann sich nicht gemäß § 818 Abs. 3 BGB darauf berufen, dass er nicht bereit oder in der Lage dazu gewesen wäre, die angemessenen Lizenzgebühr oder überhaupt ein Honorar für die Nutzung zu zahlen[1610]. Dieser Einwand würde ein „venire contra factum proprium" bedeuten.

Die Einwände in Rechtsprechung und Literatur gegen eine Qualifizierung des allgemeinen Persönlichkeitsrechts in allen Ausprägungen als Nutzungsrecht lassen sich darauf reduzieren, dass Persönlichkeitsrechte nicht „Handelsware" sein sollen[1611]. Es ist zuzugeben, dass ein Persönlichkeitsrecht keinen bereicherungsrechtlichen Zuweisungsgehalt hat, wenn eine freiwillige Nutzung gegen § 134 oder § 138 Abs. 1 BGB verstieße. Der Verletzte hätte dann mittels seines Rechts einen vermögenswerten Anspruch nicht erlangen können, so dass auch eine zustimmungslose Nutzung vermögensrechtliche Interessen nicht berührt[1612].

10. Anspruch aus angemaßter Eigengeschäftsführung gemäß §§ 687 Abs. 2 Satz 1, 681 Satz 2, 667 BGB

Qualifiziert man das allgemeine Persönlichkeitsrecht als Rechtsposition, deren wirtschaftliche Nutzung ausschließlich ihrem Inhaber zugewiesen ist, ergibt sich bei einem vorsätzlichen Eingriff auch die Möglichkeit einer Gewinnabschöfung nach §§ 687 Abs. 2, 681 Satz 2, 667 BGB[1613].

§ 687 Abs. 2 BGB gehört zum System der geschützten Normen und verbessert den Schutz der einer Person zustehenden Güter gegen vorsätzliche Eingriffe in Form der Geschäftsanmaßung[1614]. Voraussetzung sind Widerrechtlichkeit, Eingriff in einen fremden Rechtskreis, entsprechende Kenntnis des Eingreifers und Handeln zum eigenen Vorteil[1615].

Die Nutzung eines fremden Persönlichkeitsrechts ohne entsprechende Einwilligung ist die Führung eines fremden Geschäfts[1616]. Die Bestimmung über die Nutzung des

1609 Vgl. BGHZ 25, 99.
1610 BGHZ 20, 345 (355) – Dahlke; BGH NJW 1979, 2205 (2206) – Fussballtorwart; Ullmann, E., Persönlichkeitsrechte in Lizenz?, in: AfP 1999, 209 (212).
1611 Siemes, Ch., a.a.O., 222.
1612 Siemes, Ch., a.a.O., 223.
1613 Vgl. auch Siemes, Ch., a.a.O., 228 m.w.N.
1614 Schlechtriem, P., Schuldrecht. Besonderer Teil, 293.
1615 Ebenda.
1616 Vgl. auch BGH NJW 2000, 72 (73). A.A. Gounalakis, G., Persönlichkeitsschutz und Geldersatz, in: AfP 1998, 10 (19), der der Ansicht ist, dass die Zeitung, die einen Bericht, ein Interview oder ein Bild trotz entgegenstehendem Willen publiziert, ein eigenes Geschäft führt. Diese Auffassung ist nur schwer nachvollziehbar, da sich die Fremdheit eines Geschäfts danach richtet, ob das Geschäft im Interessen-oder Rechtsbereich eines anderen liegt. Dass das Persönlichkeitsrecht *allein* in den Rechtskreis seines Trägers gehört, liegt in der Natur der Sache. Geht man dennoch davon aus, dass die Nutzung des Persönlichkeitsrechts der „öffentlichen Person" auch ein Geschäft des Geschäftsführers sei, so ändert das am Ergebnis nichts. Auch das „auch fremde Geschäft" wird als „fremdes Geschäft" behandelt. Insofern sind meines

Persönlichkeitsrechts gehört zum Rechts- und Interessenbereich des Rechtsträgers. Entgegen der Auffassung von Canaris[1617] ist auch die Veröffentlichung eines erfundenen Interviews ein fremdes Geschäft, da allein die „öffentliche Person" über die Nutzung ihres Namens und ihres Images und damit über ihre Darstellung in der medialen Öffentlichkeit entscheiden darf.

Die Medien, die vorsätzlich in die Persönlichkeitsrechte der „öffentlichen Person" eingreifen, sind sich zwar der Fremdheit des Geschäfts bewusst, sie wollen aber nur ein eigens Geschäft führen und nicht das Geschäft der „öffentlichen Person". Wollten sie auch das Geschäft für die „öffentliche Person" führen, müssten sie von sich aus für die Nutzung des Rechts bezahlen. Das aber kann von den Medien nicht angenommen werden, die gerade ohne den Erwerb einer Lizenz (Einwilligung) in die Persönlichkeitsrechte des Betroffenen eingreifen. In den Fällen, in denen die Medien etwas veröffentlichen, für das der Betroffene keine Einwilligung erteilt hätte, handeln sie gegen das Interesse und den Willen des Geschäftsherrn, vgl. § 677 BGB. § 679 BGB scheidet aus, da im Falle des überwiegenden öffentlichen Interesses schon tatbestandsmäßig keine Persönlichkeitsrechtsverletzung vorliegt. Es handelt sich somit um einen Fall der angemaßten Eigengeschäftsführung nach § 687 Abs. 2 BGB. Die Geschäftsführung ohne Auftrag ist unberechtigt. Sie entspricht nicht dem Interesse und dem Willen des Betroffenen. Im Interesse der „öffentlichen Person" liegt es, selbst zu entscheiden, wer ihre Rechte nutzt. Die Geschäftsführung ist auch deshalb unberechtigt, weil weder die Voraussetzungen des § 679 BGB noch eine Genehmigung des Betroffenen nach § 684 Satz 2 BGB vorliegt.

Der Geschäftsherr kann in diesen Fällen den Herausgabeanspruch aus §§ 681 Satz 2, 667 BGB geltend machen.

11. Konkurrenzen

Die zuvor genannten Ansprüche stehen nicht in normverdrängender Konkurrenz. Die öffentliche Person kann sich auf alle im einzelnen Fall zutreffenden Anspruchsnormen berufen und daher in der Regel die verschiedenen Vorteile, die sie ihr gewähren, miteinander kombinieren[1618].

Erachtens nach die diesbezüglichen Ausführungen von Sprau, H., in: Palandt, Bürgerliches Gesetzbuch, § 687 Rdnr.2 eine Fehlinterpretation von BGH NJW 2000, 72. BGH NJW 2000, 72 schliesst § 687 Absatz 2 BGB nur aufgrund der zivilrechtlichen Risikoverteilung aus.
Es fehlt in den Fällen der Zwangskommerzialisierung vielmehr am Fremdgeschäftsführungswillen. Eine Geschäftsführung ohne Auftrag ist dann zwar nicht gegeben, der Geschäftsherr (Träger des Persönlichkeitsrechts) hat aber die Möglichkeit kraft der Ausdehnungsvorschrift des § 687 Abs. 2 BGB die Rechte aus Geschäftsführung ohne Auftrag geltend zu machen.Vgl. Sprau, H., in :Palandt, Bürgerliches Gesetzbuch, § 677, Rdnr. 3, 6, 10.

1617 Canaris, C.-W., Gewinnabschöpfung bei Verletzung des allgemeinen Persönlichkeitsrechts, in: Ahrens, H.-J./Bar, C.v./Fischer, G./Spickhoff, A./Taupitz, J. (Hrsg.), Festschrift für Erwin Deutsch, 85 (95).

1618 Vgl. Larenz, K./Wolf, M., Allgemeiner Teil des Bürgerlichen Rechts, 354.

Sind mehrere Ansprüche auf dieselbe Leistung gerichtet, kann sie der Berechtigte nur einmal verlangen. Mit Erfüllung des einen Anspruchs erlöschen daher auch die übrigen, soweit sie sich inhaltlich decken[1619].
Die Geltendmachung eines Anspruchs auf Herausgabe des Vermögensvorteils wegen unberechtigten Eingriffs in eine vermögenswerte Position ist nicht dessen Duldung. Fernliegend ist somit der Gedanke Krügers[1620], mit dem Verlangen der angemessenen Lizenzgebühr genehmige der Verletzte das Vorgehen und könne sich deshalb nicht mehr beeinträchtigt fühlen. Mit dem Verlangen einer angemessenen Lizenzgebühr bringt der Betroffenen nur zum Ausdruck, dass der rechtswidrige Eingreifer nicht etwas kostenlos erhalten soll, während bei Persönlichkeitsrechtsverletzungen mit Einwilligung in der Regel gezahlt werden muss. Eine Geldleistung des Eingreifers lässt nicht den immateriellen Schaden des Betroffenen entfallen. Der Verletzte kann daher neben der Lizenzgebühr den Ersatz des immateriellen Schadens und Unterlassung verlangen[1621].

12. Zwischenfazit:

Das deutsche Zivilrecht stellt dem in seinem Persönlichkeitsrecht Verletzten ein ausdifferenziertes Schutzsystem zur Verfügung. Insbesondere die Prinzessin-Caroline-Fälle[1622], in denen es um verschiedenen Formen unrichtiger Tatsachenberichterstattung ging, haben gezeigt, dass dem Betroffenen ein gesamte Arsenal an wirksamen Rechtsbehelfen zur Seite gestellt wird. Auch wenn sich die Gerichte bis heute mit der Anwendung der bereicherungsrechtlichen Vorschriften sowie denen der angemaßten Eigengeschäftsführung schwer tun[1623], hat die Prinzessin neben der moderaten Geldentschädigung (DM 30.000,00 für drei Verletzungen) mit Erfolg Unterlassung, Gegendarstellung, Richtigstellung und Widerruf erstritten. Dabei ist besonderes Augenmerk auf den Gegendarstellungs- und Berichtigungsanspruch zu legen. Nach dem Grundsatz der Waffengleichheit müssen sie an gleicher Stelle wie die persönlichkeitsrechtsverletzende Erstmitteilung veröffentlicht werden und können sogar auf der Titelseite plaziert werden[1624]. Daher wurde in den Caroline von Monaco I und II- Entscheidungen dem Burda-Verlag ein ganzes Titelblatt mit einer Gegendarstellung verdorben. Die einschneidenden Wirkungen derartiger Veröffentlichungen sollten nicht unterschätzt werden. Bei vielen Rezipienten stellt sich ein Misstrauen gegenüber der Richtigkeit der Berichte ein, das sich in einem Wechsel zu einem Kon-

---

1619 Vgl. Larenz, K./Wolf, M., a.a.O., 355.

1620 Krüger, C., Persönlichkeitsschutz und Werbung. – Zugleich eine Besprechung der beiden BGH-Entscheidungen „White-Christmas" und „Fußballtor", in: GRUR 1980, 628 (629).

1621 Vgl. Ullmann, E., a.a.O., 213, FN 49.

1622 BGHZ 128, 1ff. = NJW 1995, 861ff. – Caroline von Monaco I; BGH AfP 1996, 137 = NJW 1996, 984ff.- Caroline von Monaco II; BGHZ 131, 332ff. = NJW 1996, 985ff.- Caroline von Monaco III.

1623 Vgl. Beuthien, V., Schützt das allgemeine Persönlichkeitsrecht auch kommerzielle Interessen der Person. – Kritik an den Marlene-Dietrich-Entscheidungen des BGH -, in: Beuthien, V. (Hrsg.); Persönlichkeitsgüterschutz vor und nach dem Tode, 75 (79); Siemes, CH., a.a.O., 204.

1624 Oben 2. Teil 1. Abschnitt 8. Kapitel 2., 3.

kurrenzprodukt manifestiert. Kein Verlag kann es sich deshalb auf Dauer leisten, ständig Berichtigungen und Gegendarstellungen abzudrucken[1625].
Der Unterlassungsanspruch bietet die Möglichkeit zu einem effektiven Rechtsschutz. Aus Gründen der journalistischen Sorgfaltspflicht ist in vielen Fällen eine Rückfrage geboten. Der Betroffene erhält dadurch von der Berichterstattung Kenntnis, bevor sie publiziert wird und kann eine Veröffentlichung unterbinden lassen[1626].

Im Übrigen sind die negatorischen Rechtsbehelfe für die Gesellschaft von besonderer Wichtigkeit. Wenn Fehlinformationen dort berichtigt werden, wo sie entstanden sind, dann wird eine einseitige Unterrichtung der Rezipienten verhindert. Der Rezipient, der mangels unmittelbarer Betroffenheit nicht Partei eines entsprechenden Zivilprozesses sein kann, wird auf diese Weise in die Naturalrestitution einbezogen. Nur die negatorischen Rechtsbehelfe sind daher in der Lage, das Dreiecksverhältnis Medien/Rezipient/Verletzter adäquat zu erfassen[1627].

Durch die Anerkennung eines Marktwertes des allgemeinen Persönlichkeitsrechts[1628] und die folgerichtige Anwendung der §§ 812 ff. BGB zur Abschöpfung der ungerechtfertigten Bereicherung bei rechtswidrigen Persönlichkeitsverletzungen[1629] wird den Medien ein weiterer Anreiz für Persönlichkeitsrechtsverletzungen zum Zwecke der Auflagensteigerung und der Gewinnerzielung genommen. Fraglich ist, ob es eines Geldentschädigungsanspruch als Anspruch sui generis zusätzlich Bedarf[1630]. Der in seinem Persönlichkeitsrecht Verletzte ist in Anbetracht der eben dargestellten Rechtslage keineswegs ohne den Geldentschädigungsanspruch einer rücksichtslosen Zwangskommerzialisierung seiner Persönlichkeit ausgesetzt[1631]. Beispielsweise wird bei der ungenehmigten Verwertung einer Persönlichkeit als Werbeträger die Bereicherung der Medien durch die Eingriffskondiktion ohne Verschuldensnachweis ausgeglichen[1632]. Es besteht auch kein Grund § 253 Abs. 2 BGB analog nicht für Persönlichkeitsrechtsverletzungen anzuwenden. Durch die Einbeziehung des allgemeinen Persönlichkeitsrechts in den Anwendungsbereich des § 823 Abs. 1 BGB war bereits

---

1625 Gounalakis, G., Persönlichkeitsschutz und Geldersatz, in: AfP 1998, 10 (20).
1626 Vgl. Paschke, M., a.a.O., 350.
1627 Gounalakis, G., Persönlichkeitsschutz und Geldersatz, in: AfP 1998, 10 (24).
1628 Vgl. zur Bedeutung der wirtschaftlichen Aspekte des allgemeinen Persönlichkeitsrechts: Leisner, W., Von der persönlichen Freiheit zum Persönlichkeitsrecht, in: Forkel, H./Kraft, A. (Hrsg.), Beiträge zum Schutz der Persönlichkeit und ihrer schöferischen Leistungen: Festschrift für Heinrich Hubmann zum 70. Geburtstag, 295 (306).
1629 Siehe 2. Teil 1. Abschnitt 8. Kapitel 9.
1630 Vgl. zu den Bedenken der richterlichen Rechtsfortbildung auch Gounalakis, G., a.a.O., 10. Die Behauptung, dass der Verletzte ohne einen am Präventionsgedanken orientierten und den Gewinn des Verletzers berücksichtigenden Entschädigungsanspruch „der Zwangskommerzialisierung seiner Persönlichkeit weitgehend schutzlos ausgeliefert wäre", setzt voraus, dass diesem andererweitige Ansprüche, die den Gewinn des Verletzers berücksichtigen oder gar abschöpfen, nicht zu Gebote stehen, vgl. Schlechtriem, P., Anmerkungen zu BGH vom 15.11.94 VI ZR56/94, in: JZ 1995, 360ff.
1631 Vgl. BGHZ 128, 1 (9) = NJW 1995, 861 (865) – Caroline von Monaco I.
1632 Vgl. Ullmann, E., a.a.O., 213.

hinsichtlich § 847 BGB a. F. eine „nachträgliche Lücke" entstanden[1633]. Alle in § 823 Abs. 1 BGB genannten Persönlichkeitsgüter wurden ausdrücklich von § 847 BGB geschützt. Somit war die ursprüngliche analoge Anwendung des § 847 BGB für Persönlichkeitsrechtsverletzungen – wie sie anfangs der BGH praktiziert hat – konsequent. Das Enumerationsprinzip verbot in diesem Fall nicht die Gleichstellung eines weiteren Tatbestands im Wege einer Einzelanalogie – und schon gar nicht für den Fall einer nachträglichen Lücke –, sondern vielmehr nur die Verkehrung der Ausnahme zur Regel, indem im Wege einer Gesamtanalogie aus den gesetzlich geregelten Tatbeständen ein „allgemeiner Rechtsgedanke" entwickelt wird[1634]. Das Enumerationsprinzip führt grundsätzlich nur dann zu einem Analogieverbot im eigentlichen Sinne, wenn ein solches durch ein besonderes Bedürfnis nach Rechtssicherheit legitimiert wird – und davon konnte bei § 847 BGB a. F. keine Rede sein[1635]. Das gleiche gilt auch für § 253 Abs. 2 BGB n. F., da § 847 BGB a. F. nur in § 253 Abs. 2 BGB n. F. verschoben worden ist.

Die Höhe der Schmerzensgelder bei Persönlichkeitsrechtsverletzungen muss sich nicht an der Höhe des Schadensersatzes für Körperverletzungen orientieren. Die Verwendung des unbestimmten Rechtsbegriffs „billige Entschädigung" lässt Differenzierungen zu, die eine dem Gleichheitssatz entsprechende Anwendung ermöglichen[1636]. §847 BGB a. F. bzw. § 253 Abs. 2 BGB n. F. verstoßen nicht gegen das sich aus dem Rechtsstaatsgebot ergebene Bestimmtheitsgebot. Rechtsvorschriften sind so zu fassen, wie dies nach der Eigenart der zu ordnenden Lebenssachverhalte mit Rücksicht auf den Normzweck möglich ist[1637]. Wegen der Vielgestaltigkeit und der naturgemäß schwierigen Festlegung eines immateriellen Schadens genügt § 847 BGB a. F. bzw. § 253 Abs. 2 BGB n. F. diesen Anforderungen[1638]. Desweiteren können Schmerzensgelder bei körperlichen Schäden mit denen bei persönlichkeitsrechtsverletzenden Schäden nicht verglichen werden, da zwischen beiden Fallkonstellationen erhebliche Unterschiede bestehen.
Bei Persönlichkeitsrechtsverletzungen ist zu beachten, dass ein erhöhtes Schmerzensgeld ausgesprochen werden soll, wenn Verletzungen der Würde und der Ehre des Menschen sonst ohne Sanktion blieben, mit der Folge, dass der Rechtsschutz der Persönlichkeit verkümmern würde[1639].
Die Anzahl dieser Fälle ist jedoch gering. Der Ersatz des immateriellen Schadens wird damit auch bei Verletzung des allgemeinen Persönlichkeitsrechts auf die ihm zukommende ursprüngliche Funktion der Genugtuung und des Ausgleichs seelischer Beeinträchtigung zurückgeführt[1640]. Die Behauptung, dass der Verletzte ohne einen an Präventionsgedanken orientierten und den Gewinn des Verletzers berücksichtigenden Entschädigungsanspruch der Zwangskommerzialisierung seiner Persönlich-

1633 Canaris, C.-W., Gewinnabschöpfung bei Verletzung des allgemeinen Persönlichkeitsrechts, in: Ahrens, H.-J./Bar, C.v./Fischer, G./Spickhoff, A./Taupitz, J. (Hrsg.), Festschrift für Erwin Deutsch, 85 (99).
1634 Canaris, C.-W., a.a.O., 100.
1635 Canaris, C.-W., a.a.O., 100.
1636 BVerfG NJW 2002, 2187.
1637 Ebenda m.w.N.
1638 Vgl. ebenda.
1639 Ebenda m.w.N.
1640 Ullmann, E., a.a.O., 213.

keit weitgehend schutzlos ausgeliefert wäre, setzt voraus, dass ihm anderweitige Ansprüche, die den Gewinn des Verletzers berücksichtigen oder gar abschöpfen, nicht zu Gebote stehen[1641].
Bei Persönlichkeitsrechtsverletzungen aus Gründen der Gewinnsteigerung kann zwar nicht der Mehrerlös aber die kostenlose Nutzung mit Hilfe einer Lizenzanalogie mittels des Bereicherungsrechts bzw. mit Hilfe der Ansprüche aus angemaßter Eigengeschäftsführung abgeschöpft werden. Führt die Nutzung eines Persönlichkeitsrechtes zu hohen Gewinnsteigerungen wird der rechtsgrundlose Nutzer nachträglich eine entsprechend hohe Lizenzgebühr zahlen müssen. Die Nachfrage bestimmt bekanntlich den Preis.
Dazu werden dem Betroffenen die Berichtigungs-, Gegendarstellungs- und Unterlassungsansprüche zur Seite gestellt. Wird dann noch ein Anspruch auf Schmerzensgeld anerkannt, ist dem Wunsch nach Genugtuung und Prävention ausreichend Rechnung getragen. Es ist schließlich zu bedenken, dass zwar einerseits vor Persönlichkeitsrechtsverletzungen abgeschreckt, andererseits aber auch nicht die Pressefreiheit unverhältnismäßig eingeschränkt werden soll[1642]. Es bedarf keines Anspruchs sui generis.
Canaris[1643] ist zuzustimmen, wenn er meint, dass der Große Zivilsenat[1644] die Ausgleichsfunktion des Schmerzensgeldes zu eng versteht. Der Große Zivilsenat sieht den Grundgedanken der Ausgleichsfunktion darin, „ dass der Schädiger, der dem Geschädigten über den Vermögensschaden hinaus das Leben schwer gemacht hat, nun durch seine Leistung dazu helfen soll, es ihm im Rahmen des Möglichen wieder leichter zu machen".[1545] Canaris wendet richtigerweise ein, dass es nicht das Ziel von § 847 BGB a. F. sei Freude zu verschaffen, sondern Geld[1646]. Bereits in § 847 BGB a.F. fand sich die Formulierung „wegen des Schadens, der nicht Vermögensschaden ist". Der Ansatz von § 847 BGB a.F. war somit schadensrechtlicher Art, die Verschiebung des § 847 BGB a. F. in § 253 BGB n. F. eine logische Konsequenz.

Demgemäß ist im Rahmen der Ausgleichsfunktion sowohl der „äußere" immaterielle Schaden in Form von Verlust „äußerer Lebensqualität" (Störungen des Verhältnisses zum sozialen Umfeld; Beeinträchtigungen des Images etc.) als auch der „innere" immaterielle Schaden (Gefühlsschaden) auszugleichen[1647]. Bei einem solchen Verständnis der Ausgleichsfunktion bleibt kein Raum mehr für eine zusätzliche Genugtuungsfunktion, die ohnehin keine Stütze im Gesetz findet.[1648]
Auch § 253 Abs. 2 BGB n. F. analog kann zu hohen Schmerzensgeldbeträgen bei großen und zu kleineren Beträgen bei kleineren Medienanstalten führen, da von dem Umfang der Medienunternehmen auch die Anzahl der eine Persönlichkeitsrechtsverletzung wahrnehmenden Rezipienten und damit das Ausmaß des Schadens abhängt.

1641 Schlechtriem, P., in: JZ 1995, 364.
1642 BVerfG NJW 1973, 1221 (1224) ; BGHZ 128, 1 (9) = NJW 1995, 861 (865) – Prinzessin Caroline von Monaco I.
1643 Canaris, C.-W., a.a.O., 102f.
1644 Pars pro toto BGHZ 18, 149 (154ff).
1645 BGHZ 18, 149 (154).
1646 Canaris, C.-W., a.a.O., 103.
1647 Ebenda.
1648 Ebenda.

Die von Gounalakis[1649] kritisierte Abkehr vom Ausgleichsgedanken kann mit dieser Lösung Einhalt geboten werden, weil sich die Bemessungsgrundlage des Schmerzensgeldes nach dem vom Schädiger beim Geschädigten angerichteten Schaden richtet. Folgerichtig ist auch beim Schmerzensgeld ein „Promibonus" anzunehmen: Die Persönlichkeitsverletzung bei einer „öffentlichen Person" wiegt schwerer als bei einem Unbekannten, da aufgrund der erhöhten Aufmerksamkeit, die der „öffentlichen Person" zuteil wird, von einer Persönlichkeitsrechtsverletzung mehr Rezipienten Notiz nehmen. Der reale Teil der „öffentlichen Person" wird zudem von einer Persönlichkeitsrechtsverletzung stärker erfasst als bei einem Durchschnittsbürger. Aufgrund des hohen Anreizwertes „öffentliche Person" zu sein, steht sie in der medialen Öffentlichkeit unter starkem Situationsdruck und muss Imageverluste vermeiden[1650]. Persönlichkeitsrechtsverletzungen, die sich negativ auf das Persönlichkeitsbild auswirken, das die Rezipienten von der „öffentlichen Person" haben, können zu daraus resultierenden fremdreflexiven Verhaltensweisen führen. Die „öffentliche Person" wird dann stärker als der Unbekannte in ihrer Autonomie gehindert.

Dadurch, dass bei Persönlichkeitsrechtsverletzungen das Schmerzensgeld und der Bereicherungsanspruch nebeneinander geltend gemacht werden können, findet eine ausreichende Gewinnabschöpfung statt. Gegendarstellungs- und Berichtigungsansprüche dienen zusätzlich der Prävention.

Problematisch sind die Fälle der Ehrverletzungen. Hier greifen weder Berichtigung noch Gegendarstellung. Auch Ansprüche aus Bereicherungsrecht und angemaßter Eigengeschäftsführung sind nicht gegeben. Dem Persönlichkeitsrechtsschutz kann hier zivilrechtlich nur durch Unterlassung und erhöhte Schmerzensgelder Rechnung getragen werden.
Bei ungenehmigten Bildveröffentlichungen ist eine Berichtigung oder Gegendarstellung – abgesehen von Fotomontagen und Bild/Text-Kombinationen – nicht möglich. Es können in diesen Fällen aber Ansprüche auf Herausgabe der ungerechtfertigten Bereicherung, Herausgabe des durch die angemaßte Eigengeschäftsführung Erlangten, Unterlassung, Schadensersatz oder Schmerzensgeld geltend gemacht werden. Auch sollte von der Möglichkeit der Freiheitsstrafe nach § 33 KUG bei groben Verstößen Gebrauch gemacht werden[1651].

Da § 253 Abs. 2 BGB n. F. grundsätzlich eine gute und ausreichende Möglichkeit darstellt, zu einem Ausgleich der immateriellen Schäden zu gelangen und gemeinsam mit den übrigen Rechtsbehelfen auch eine Präventionswirkung hat, wäre es wünschenswert, dass der Gesetzgeber das allgemeine Persönlichkeitsrecht auch zivilrechtlich anerkennt und es in § 253 Abs. 2 BGB n. F. explizit nennt. Diese Lösung scheint de lege ferenda eine sinnvolle Alternative zum Geldentschädigungsanspruch zu sein.

1649 Gounalakis, G., a.a.O., 17.

1650 Vgl. Beuthien, V., Image, in: NJW 2003, 1220 (1221).

1651 Vgl. zur Bedeutung des strafrechtlichen Schutzes des Persönlichkeitsrechts, Werwigk-Hertneck, C., Schutz vor den Paparrazi? Der Einbruch in die Intimsphäre soll strafbar werden, in: ZRP 2003, 293 (294).

2. Abschnitt: Fazit

Das Telos der vorliegenden Arbeit war es, das allgemeine Persönlichkeitsrecht der lebenden „öffentlichen Person" in den Medien zu determinieren. „Öffentlichkeit" war dabei der zentrale Begriff. Die Bestimmung dieses Terminus erfolgte mittels eines Rückgriffs auf die Soziologie, da der Begriff in der Jurisprudenz nicht eindeutig definiert ist. Der interdisziplinäre Ansatz macht die Interdependenz von „öffentlicher Person", Medien und Gesellschaft deutlich.
Die Arbeit liefert folgende entscheidende Erkenntnisse:

1. Der erste Teil der Untersuchung hat mit Hilfe der interdisziplinären Grundlagenarbeit gezeigt, dass sich im Laufe der Zeit das Verständnis von „Öffentlichkeit" verändert hat. Aufgrund dieses Verständniswandels kam es auch zu einer Änderung der Auffassung hinsichtlich Privatheit und deren Schutzbedürfnis. Es entstand ein neuer Diskurs: der um das allgemeine Persönlichkeitsrecht und die Medien.
Wir befinden uns gegenwärtig im Zeitalter der medialen Öffentlichkeit. Den Medien kommt in unserer Gesellschaft eine herausragende Rolle zu, da sie die beste Chance bieten, Vorgänge in Staat und Gesellschaft, in Wirtschaft und Politik und in allen sonstigen Lebensbereichen einem breiten Publikum zu vermitteln und transparent zu machen[1652]. Symtomatisch für die mediale Öffentlichkeit ist die Aufhebung der Dichotomie von öffentlich und privat. Nicht mehr das Private als Privates, sondern das Private als Öffentliches[1653] wird in der medialen Öffentlichkeit interessant. Das Öffentliche scheint nur noch dann von Wert zu sein, wenn es der Darstellung des Persönlichen Raum gibt[1654]. Ziel ist eine Gesellschaft, die in der Lage wäre, die zu ihrer Errichtung notwendige Differenz öffentlich/privat wieder aufzuheben. So begründet sich das Paradox, dass zum einen das Private und das Öffentliche voreinander geschützt werden sollen, zum anderen aber das Öffentliche seine Legitimation nur noch in der Enthüllung des Privaten findet.

2. Die Interdependenz der ursprünglich geteilten Sphären findet Ausdruck im modernen Verständnis der „öffentlichen Person". Die Arbeit definiert den Begriff der „öffentlichen Person" auf der Grundlage der Aufhebung der Dichotomie von „öffentlich" und „privat". Neben der authentischen realen Identität gibt es eine hyperrealisierte der medialen Öffentlichkeit[1655] zugewandte Seite.
Die „öffentliche Person" oszilliert zwischen öffentlich und privat, indem sie auch in der medialen Öffentlichkeit auf ihre reale Seite verweist. Das Telos der Verweisung ist es, Aufmerksamkeit zu erlangen. Personen, die der Identifikation dienen können, erlangen Aufmerksamkeit. Grund ist, dass der Prozess der gesellschaftlichen Integration durch Verinnerlichung von und Identifikation mit gesellschaftlichen Idealbildern verläuft[1656]. Nur die authentisch wirkende Person steht der für die Identitätskonstruktion notwendigen Identifikation des Einzelnen mit einem Vorbild zur Verfü-

1652 Paschke, M., Medienrecht, 8.
1653 Im Sinne von „allen zugänglich".
1654 Peters, S./Jentz, J., Diana oder die perfekte Tragödie, 20; Gemür, M., a.a.O., 32, 75; Rössler, B., a.a.O., 15.
1655 Im Sinne von „jedermann zugänglich".
1656 Freud, S., Neue Folge der Vorlesung zur Einführung in die Psychoanalyse, 66.

gung[1657]. Authentizität wird durch Verweisung auf die reale Person erreicht. Allerdings ist es der realen Person nicht immer möglich, als Idealbild zu fungieren. Jeder reale Mensch hat Unzulänglichkeiten. Um als Idealbild fungieren zu können, muss die reale Person also mit Attraktivität aufgeladen werden[1658]. Dafür ist eine hyperrealistische Darstellung der realen Person erforderlich. Aus der realen Person wird daher die öffentliche Person kreiert. Die „öffentliche Person" ist ein Kunstprodukt, das so wie es gezielt sichtbar gemacht worden ist und nicht anders in Erscheinung treten soll. Handlungen und Informationen über die reale Person, die in die Öffentlichkeit lanciert werden, können daher dem Image der „öffentlichen Person" entgegenstehen bzw. ihr Image verändern[1659]. Wenn dieses neue Image nicht von den Rezipienten akzeptiert wird, verliert die „öffentliche Person" an Aufmerksamkeit und an Marktwert[1660].
Ob jemand eine „öffentliche Person" ist, ist eine Entscheidung des Einzelfalles. Bestimmte Berufsfelder prädestinieren für den Status der „öffentlichen Person"; dazu gehören beispielsweise hochrangige Politiker, Journalisten, Schauspieler, Popstars, Spitzensportler und Adlige mit herausragender repräsentativer Stellung.
Voraussetzung für den Status der öffentlichen Person ist eine der medialen Öffentlichkeit zugewandte Seite, Aufmerksamkeitserlangung und ein durch Einflusschancen vermittelter Marktwert.

Die vorliegende Arbeit hat gezeigt, dass die Konstruktion der „öffentlichen Person" einerseits auf Berichterstattung seitens der Medien angewiesen ist und andererseits – um Imageverluste und Ähnliches zu vermeiden – vor ihnen geschützt werden muss.

3. Beim Persönlichkeitsschutz der öffentlichen Person in den Medien geht es letztlich um eine Kollision zwischen dem Persönlichkeitsrecht des Einzelnen und dem Schutz der Medien. Für die dadurch erforderliche Rechtsabwägung ist die Funktion und Aufgabe der Medien von entscheidender Bedeutung. Bei deren näherer Betrachtung wurde vor allem deutlich, dass sie nicht nur für die Konstruktion der „öffentlichen Person" eine entscheidende Rolle spielen, sondern auch für den gesellschaftlichen und politischen Prozess. Das Medienwesen in Deutschland wird daher von der Konzeption der Kommunikations- und Medienfreiheit des Grundgesetzes geprägt. Nur wenn der Äußernde sich auf Art. 5 Abs. 1 oder 3 GG berufen kann, bedarf es einer Abwägung mit dem Persönlichkeitsrecht der „öffentlichen Person". Die Einordnung einer Verhaltensweise in den richtigen Schutzbereich ist wichtig ist, da die Absätze 1 und 3 GG verschiedenen Schranken unterliegen.

4. Um die Kollision von Medienfreiheit und Persönlichkeitsrechtsschutz interessengerecht zu lösen, befasste sich die Arbeit näher mit dem Wesen der Persönlichkeit. Persönlichkeit wurde definiert als das Gesamtbild der für ein Individuum charakteristischen Reaktions- und Interaktionsformen im Umgang mit anderen[1661].

1657 Vgl. Freud, S., Massenpsychologie und Ich-Analyse, 120.
1658 Vgl. Franck, G., a.a.O., 173.
1659 Vgl. Thompson, J.B., a.a.O., 135, 137, 141, 143, 144.
1660 Vgl. auch Ullmann, E., Persönlichkeitsrechte in Lizenz? in: AfP 1999, 209.
1661 Zimbardo, Ph. G., Psychologie, 421.

Handungen der „öffentlichen Person", die im Bereich ihrer der medialen Öffentlichkeit zugewandten Seite erfolgen und bewertet werden, führen auch immer zu einer Veränderung des Kompetenzwissens der realen Person. Aus diesem Grund kann die Verletzung der Persönlichkeit der öffentlichen Person nicht von Rechtsbeeinträchtigungen der realen Person getrennt werden. Das ist ein entscheidender Erkenntnisgewinn der Arbeit, da beispielsweise Ladeur[1662] von einer solchen Trennung ausgeht.
Die Reaktionen des Einzelnen sind Ergebnisse von Verrechnungsprozessen[1663]. Dabei bewerten Personen die ihnen verfügbaren Handlungsmöglichkeiten hinsichtlich ihrer Instrumentalitäten zur Erreichnung angestrebter Ziele und Oberziele in Relation. Die Wertigkeit angestrebter Ziele und Oberziele beurteilt sich nach den angeborenen Bedürfnissen des Menschen, die in einer Hierachie der Vorrangigkeiten angeordnet sind. Wertschätzung und Selbstverwirklichung durch Wertschätzung gelten als bedeutende Lebensziele und stehen in der Rangordnung sehr weit oben. Als „öffentliche Person" genießt man Wertschätzung[1664], so dass es sich hierbei um ein bedeutendes Oberziel handelt. Der Anreizwert erstrebter Folgen eines Handlungsergebnisses steigt, je stärker das Eintreten der antizipierten Ergebnisse zu einer Annäherung an ein übergreifendes Oberziel führen kann[1665]. Da der Status „öffentliche Person" Wertschätzung mit sich bringt, ist der Anreiz eine „öffentliche Person" zu sein oder zu bleiben sehr hoch. Das führt dazu, dass die Angst, diesen Status zu verlieren, ebenfalls sehr groß ist[1666]. Folglich steht die „öffentliche Person" in der medialen Öffentlichkeit unter starkem Situationsdruck, da sie sich zur Erhaltung ihres Oberzieles „Erhaltung des Status ‚öffentliche Person' und damit Erhaltung der Aufmerksamkeit durch Vermeidung von Imageverlusten" ständig um die Angemessenheit ihres Verhaltens kümmern muss. In dem Moment, in dem sie keine Rückzugsmöglichkeiten mehr hat, handelt die „öffentliche Person" nur noch fremdreflexiv und nicht mehr autonom. Da die „öffentliche Person" ein Idealbild darstellen soll, ist sie gezwungen auf sich und ihr Verhalten Perspektiven einzunehmen, die sie vielleicht ursprünglich gar nicht einnehmen wollte. Da somit fehlende Rückzugsmöglichkeiten starke Wirkungen auf die Persönlichkeitsentfaltung besitzen, muss die „öffentliche Person" vor unerwünschtem Zugang zu ihrer Person seitens der medialen Öffentlichkeit geschützt werden[1667].

5. Der Bereich der Rückzugsmöglichkeiten wird Persönlichkeitssphäre genannt. Es handelt sich dabei um eine von dem Gemeinschaftsbereich abgesonderte Sphäre, die der Gemeinschaftssphäre aber in vielerlei Hinsicht verbunden ist.

6. Für die Determination der Rechte der „öffentlichen Person" ist eine Anlehnung an die Lehre der absoluten und relativen Person der Zeitgeschichte[1668] nicht sinnvoll. Nach der zutreffenden Kritik des EGMR ist die Einordnung in „absolute und relative

1662 Ladeur, K.-H., Persönlichkeitsschutz und „"Comedy". Das Beispiel der Fälle SAT1/Stahnke und RTL 2/Schröder, in: NJW 2000, 1977 (1981).
1663 Lampe, E-J., a.a.O., 77.
1664 Vgl. oben 1. Teil 3. Abschnitt 2. Kapitel.
1665 Lantermann, E.D., a.a.O., 145.
1666 Ebenda.
1667 Vgl. Rössler, B., a.a.O., 23.
1668 Neumann-Duesberg, H., Bildberichterstattung über absolute und relative Personen der Zeitgeschichte, in: JZ 1960, 114.

Personen der Zeitgeschichte" nicht eindeutig[1669]. Außerdem ist die Unterscheidung nicht mehr zeitgemäß. In der medialen Öffentlichkeit geht es um Erlangung von Aufmerksamkeit und Einfluss durch die Konstruktion hyperrealer Personen und ihrer Images. Die Lehre von der Person der Zeitgeschichte stellt jedoch nicht auf diese Faktoren ab, sondern auf das „öffentliche Interesse". Als Zeitgeschichte wird alles betrachtet, woran gegenwärtig ein berechtigtes öffentliches Interesse besteht. Die absolute und relative Person der Zeitgeschichte erfordert daher auch eine Auseinandersetzung mit dem Begriff „Öffentlichkeit" ohne dabei auf die mediale Öffentlichkeit und ihre Standards abzustellen. Diese Verwässerung des Begriffs der „Öffentlichkeit" dient nicht der Rechtsfindung, da sie die Interdependenz von Öffentlichkeit, Medien und Imagekonstruktion nicht deutlich macht. Es ist aufgrund des Strukturwandels der Öffentlichkeit erforderlich, sich ganz von der Lehre von der absoluten und relativen Person der Zeitgeschichte zu trennen. Eine logische Konsequenz des veränderten Verständnisses von Öffentlichkeit ist es, nur noch auf den Begriff der „öffentlichen Person" abzustellen.

7. Bei dem Persönlichkeitsrechtsschutz der „öffentlichen Person" ist zu bedenken, dass bei ihr die Grenze zwischen „öffentlicher" und „realer" Person diffundiert. Ursache ist, dass die „öffentliche Person" immer auf die reale verweist. Ein weiteres Erschwernis für die Beurteilung von Persönlichkeitsrechtsverletzungen ist, dass auch die Grenze zwischen „öffentlich" und „privat" nicht festliegt. Es ist daher problematisch zu erkennen, was zu der der medialen Öffentlichkeit zugewandten Seite gehört, über die berichtet werden darf. Um dennoch Rechtssicherheit herzustellen, ist eine Gliederung in Bereiche, die mehr oder weniger öffentliche oder private Elemente enthalten erforderlich. Dabei kommt die Untersuchung zu dem Ergebnis, dass entgegen der Auffassung der Rechtsprechung[1670] lediglich eine Einteilung in einen Privatbereich und eine Öffentlichkeitssphäre sinnvoll ist. Innerhalb des Privatbereichs wird zwischen einer absolut geschützten Kernsphäre (Art. 2 Abs. 1 und Art. 1 Abs. 1 i. V. m. Art. 19 Abs. 2 GG) und einem Bereich privater Lebensgestaltung, in den im überwiegenden Interesse der Allgemeinheit eingegriffen werden darf, unterschieden. Der absolut geschützte Kernbereich umfasst die Intimsphäre als engsten Persönlichkeitsbereich und die Geheimsphäre. Zu dem Bereich der privaten Lebensgestaltung gehört unter anderem alles, was nach der Rechtsprechung zur Sozialsphäre[1671] gezählt wird. Bei Eingriffen in diesen Bereich findet eine Abwägung von allgemeinem Informationsinteresse und Persönlichkeitsschutz statt. Über die Öffentlichkeitssphäre darf grundsätzlich berichtet werden.
Für die Beurteilung des Schutzes des allgemeinen Persönlichkeitsrechts der „öffentlichen Person" kommt es zunächst darauf an, ob es sich um Vorgänge handelt, die grundsätzlich der Intimsphäre (Kernbereich) zuzuordnen sind. Handelt es sich um solche Vorgänge, muss beurteilt werden, ob die „öffentliche Person" diesen Teil ihrer Intimsphäre öffentlich gemacht hat, indem sie ihn zur Konstruktion ihres öffentli-

1669 EGMR NJW 2004, 2647 (2650) = EuGRZ 2004, 404 (413) – Caroline von Hannover.
1670 BVerfG NJW 1980, 2070 (2071) – Eppler – i. V. m. BVerfGE 65, 1 = NJW 1984, 419 – Volkszählungsurteil – i. V. m. BVerfG AfP 1994, 126 -Judenverfolgung; BVerfG NJW 1993, 1845; BVerfG 1991, 2074 (2075) – Gebührenerschleichung; BVerfGE 61, 1 = NJW 1983, 1415 – „NPD von Europa".
1671 BGH NJW 1981, 1089 (1091) – Der Aufmacher I.

chen Images benutzt hat. Das kann entweder durch das Berichten über sexuelle Praktiken, aber auch durch die Tätigkeit als Pornodarsteller geschehen[1672]. Ist dies der Fall wird der Vorgang der Öffentlichkeitssphäre zugeordnet. Dabei ist aber aufgrund der Wichtigkeit des Schutzes eines Kernbereichs der Persönlichkeit zu beachten, dass das In-die-Öffentlichkeit-Treten in einer bestimmten Angelegenheit nicht anderweitige Darstellungen und Aussagen aus der Intimsphäre deckt[1673].
Handelt es sich innerhalb der Privatsphäre um einen Bereich der privaten Lebensgestaltung, muss abgewogen werden zwischen dem allgemeinen Informationsinteresse und dem Schutz der Privatsphäre, wobei der Privatsphäre ein besonderes Gewicht beizumessen ist[1674]. Auch bei der „öffentlichen Person" kann man im Bereich der privaten Lebensgestaltung nicht grundsätzlich von einem Überwiegen des Informationsinteresses ausgehen[1675]. Es hätte für die Psyche fatale Folgen, wenn die „öffentliche Person" bei jedem Lebensmittelkauf damit rechnen müsste, dass die Rezipienten darüber informiert werden, was sie wann und wo kauft. Über Alltagsgeschäfte darf nur berichtet werden, wenn gerade sie zu der der medialen Öffentlichkeit zugewandten Seite der „öffentlichen Person" gehören. Das ist beispielsweise der Fall, wenn sich ein bekannter Tierschützer einen Pelzmantel kauft. Diese Ansicht wird auch von dem EGMR in seiner Caroline von Hannover-Entscheidung gestützt. Der EGMR stellt darauf ab, ob ein Bericht einen Beitrag zur öffentlichen Debatte leistet[1676]. Alles, was zu der der medialen Öffentlichkeit zugewandten Seite der „öffentlichen Person" gehört, ist eine Frage von allgemeinem Interesse und trägt zur öffentlichen Debatte bei.

Für den Schutz der persönlichen Ehre; des Verfügungsrechts über die Darstellung der eigenen Person; des Rechts am eigenen Bild, des Rechts, von der Unterschiebung nicht getaner Äußerungen verschont zu bleiben; des Rechts auf informationelle Selbstbestimmung und vor Unwahrheiten ergeben sich aufgrund der von der Rechtsprechung abweichenden Sphäreneinteilung keine Auswirkungen.

8. Die Untersuchung hat gezeigt, dass die „öffentliche Person" auch einen Marktwert besitzt. In diesem Kontext wurde der Frage nachgegangen, ob über die Gestattung einer Persönlichkeitsrechtsverletzung hinaus Persönlichkeitsrechte übertragen werden können. Diese Frage hat vor allem wirtschaftliche Bedeutung. Bei den an der Vermarktung der „öffentlichen Person" Beteiligten besteht auch aus finanziellen Gründen ein Bedürfnis nach gesicherten Rechtspositionen. Die Arbeit kommt zu dem Ergebnis, dass ideelle Interessen unauflöslich an die Person des Persönlichkeitsrechtsträgers gebunden und als höchstpersönliche unverzichtbare und unveräußerliche Rechte nicht übertragbar sind[1677]. Die verzichtbaren Bestandteile des Persönlichkeitsrechts sind analog dem Urheberrecht übertragbar. Das Stamm- oder Mutterrecht bleibt wie beim Urheberrecht nach § 29 UrhG als unveräußerlich beim Inhaber.

1672 Vgl. LG Berlin NJW 1997. 1155 – Pornodarsteller.
1673 Ebenda.
1674 Vgl. EGMR NJW 2004, 2647 (2650) = EuGRZ 2004, 404 (414) – Caroline von Hannover.
1675 A.A. Ladeur, der davon ausgeht, dass über das Alltagsleben von „Stars" berichtet werden kann, soweit sie an ihrem Starimage mitgearbeitet haben, Ladeur, K.-H., Schutz von Prominenz als Eigentum. Zur Kritik der Caroline-Rechtsprechung des BVerfG, in: ZUM 2000, 879 (888).
1676 Vgl. EGMR NJW 2004, 2647 (2649) = EuGRZ 2004, 404 (414) – Caroline von Hannover.
1677 Oben 2. Teil 1. Abschnitt 5. Kapitel 3.

Grund ist, dass eine Kommerzialisierung der Rechte an Namen und Bildnis de facto bereits dadurch erfolgt ist, dass die reale Person sich ihren Namen oder ihr Bild als Marke schützen lassen und das hieran begründete Recht nach § 27 Abs. 1 MarkenG auf Andere übertragen kann[1678].

9. Persönlichkeitsrechtsverletzungen können bei „öffentlichen Personen" sowohl immaterielle als auch materielle Schäden verursachen.
Der immaterielle Schaden besteht bei „öffentlichen Personen" in Kränkungen und Beeinflussungen des Verhaltens.
Der materielle Schaden wird durch die Modalität der Persönlichkeitsrechtsverletzung determiniert. Handelt es sich um eine Persönlichkeitsrechtsverletzung, die das Image der „öffentlichen Person" unbeschadet lässt, beläuft sich der Schaden nur auf den entgangenen Verdienst.
Bei imageschädlichen Beeinträchtigungen ist der Schadensumfang wesentlich schwerer zu bestimmen. Sie führen unter anderem zu einer Reduktion des Marktwertes. Der Schaden, den die Persönlichkeitsrechtsverletzungen verursachen, lässt sich aber monitär kaum determinieren. Die Ursache hierfür ist, dass zum einen nicht gesagt werden kann, wie sich der Marktwert des Images ohne das schädigende Ereignis entwickelt hätte und dass zum anderen die imageschädliche Wirkung nicht immer unmittelbar erfolgt. Bei den möglichen Schadenspositionen ist zu beachten, dass sich imageschädliche Äußerungen nicht nur im Verlust von Einflusschancen und Aufmerksamkeit und damit in einem gesunkenen Marktwert niederschlagen können, sondern auch im Verlust der Erwerbsfähigkeit. Wird das Ansehen einer Person öffentlich beschädigt, kann das dazu führen, dass der Betroffenen arbeitsunfähig wird, weil er den enormen seelischen Belastungen physisch und psychisch nicht standhalten kann[1679].

10. Das deutsche Zivilrecht stellt dem in seinem Persönlichkeitsrecht Verletzten ein ausdifferenziertes Schutzsystem zur Verfügung. Eines Anspruchs sui generis in Form eines „Geldentschädigungsanspruchs" bedarf es entgegen der Auffassung der Rechtsprechung[1680] nicht. Dabei sind insbesondere die negatorischen Rechtsbehelfe von besonderer Relevanz. Werden Fehlinformationen dort berichtigt, wo sie entstanden sind, dann wird eine einseitige Unterrichtung der Rezipienten verhindert. Der Rezipient, der mangels unmittelbarer Betroffenheit nicht Partei eines entsprechenden Zivilprozesses sein kann, wird auf diese Weise in die Naturalrestitution einbezogen. Nur die negatorischen Rechtsbehelfe sind daher in der Lage, das Dreiecksverhältnis Medien/Rezipient/Verletzter adäquat zu erfassen[1681]. Durch die Anerkennung eines Marktwertes des allgemeinen Persönlichkeitsrechts[1682] und die folgerichtige Anwendung der §§ 812 ff. BGB zur Abschöpfung der ungerechtfertigten Bereicherung bei

1678 Oben 2. Teil 1. Abschnitt 5. Kapitel 3.
1679 Fuchs, M., Deliktsrecht, 50 m.w.N.; Gmür, M., Der öffentliche Mensch. Medienstars und Medienopfer, 185ff.
1680 BGH NJW 1995, 861 (865) – Caroline von Monaco I.
1681 Gounalakis, G., Persönlichkeitsschutz und Geldersatz, in: AfP 1998, 10 (24).
1682 Vgl. zur Bedeutung der wirtschaftlichen Aspekte des allgemeinen Persönlichkeitsrechts: Leisner, W., Von der persönlichen Freiheit zum Persönlichkeitsrecht, in: Forkel, H./Kraft, A. (Hrsg.), Beiträge zum Schutz der Persönlichkeit und ihrer schöferischen Leistungen: Festschrift für Heinrich Hubmann zum 70. Geburtstag, 295 (306).

rechtswidrigen Persönlichkeitsverletzungen[1683] wird den Medien ein weiterer Anreiz für Persönlichkeitsrechtsverletzungen zum Zwecke der Auflagensteigerung und der Gewinnerzielung genommen.
§ 253 Abs. 2 BGB n. F. analog kann zu hohen Schmerzensgeldbeträgen führen. Es ist sinnvoll, beim Schmerzensgeldanspruch einen „Promibonus" anzunehmen: Die Persönlichkeitsrechtsverletzung bei einer „öffentlichen Person" wiegt schwerer als bei einem Unbekannten, da aufgrund der erhöhten Aufmerksamkeit, die der „öffentlichen Person" zuteil wird, von einer Persönlichkeitsrechtsverletzung mehr Menschen Notiz nehmen. Der reale Teil der „öffentlichen Person" wird zudem von einer Persönlichkeitsrechtsverletzung stärker erfasst als bei einem Durchschnittsbürger. Aufgrund des hohen Anreizwertes „öffentliche Person" zu sein, steht sie in der medialen Öffentlichkeit unter starkem Situationsdruck und muss Imageverluste vermeiden[1684]. Persönlichkeitsrechtsverletzungen, die sich negativ auf das Persönlichkeitsbild auswirken, das die Rezipienten von der „öffentlichen Person" haben, können zu daraus resultierenden fremdreflexiven Verhaltensweisen führen. Die „öffentliche Person" wird dann stärker als der Unbekannte in ihrer Autonomie gehindert.
Dadurch, dass bei Persönlichkeitsrechtsverletzungen das Schmerzensgeld und der Bereicherungsanspruch nebeneinander geltend gemacht werden können, findet eine ausreichende Gewinnabschöpfung statt. Gegendarstellungs- und Berichtigungsansprüche dienen zusätzlich der Prävention.

Problematisch sind die Fälle der Ehrverletzungen. Hier greifen weder Berichtigung noch Gegendarstellung. Auch Ansprüche aus Bereicherungsrecht und angemaßter Eigengeschäftsführung sind nicht gegeben. Dem Persönlichkeitsrechtsschutz kann in diesen Fällen zivilrechtlich nur durch Unterlassung und erhöhte Schmerzensgelder Rechnung getragen werden.
Bei ungenehmigten Bildveröffentlichungen ist eine Berichtigung oder Gegendarstellung – abgesehen von Fotomontagen und Bild/Text-Kombinationen – nicht möglich. Es können aber Ansprüche auf Herausgabe der ungerechtfertigten Bereicherung, Herausgabe des durch die angemaßte Eigengeschäftsführung Erlangten, Unterlassung, Schadensersatz oder Schmerzensgeld geltend gemacht werden. Auch sollte von der Möglichkeit der Freiheitsstrafe nach § 33 KUG bei groben Verstößen Gebrauch gemacht werden[1685].
§ 253 Abs. 2 BGB n. F. ist grundsätzlich eine gute und ausreichende Möglichkeit, zu einem Ausgleich der immateriellen Schäden zu gelangen. Gemeinsam mit den übrigen Rechtsbehelfen hat § 253 Abs. 2 BGB n. F. auch eine Präventionswirkung. Es wäre eine sinnvolle Alternative zum Geldentschädigungsanspruch, wenn der Gesetzgeber das allgemeine Persönlichkeitsrecht auch zivilrechtlich anerkennt und es in § 253 Abs. 2 BGB n.F. explizit nennen würde.

1683 Oben 2. Teil 1. Abschnitt 8. Kapitel 9.

1684 Vgl. Beuthien, V., Image, in: NJW 2003, 1220 (1221).

1685 Vgl. zur Bedeutung des strafrechtlichen Schutzes des Persönlichkeitsrechts, Werwigk-Hertneck, C., Schutz vor den Paparrazi? Der Einbruch in die Intimsphäre soll strafbar werden, in: ZRP 2003, 293 (294).

Anhang

I. Der Pressekodex des Deutschen Presserats

Vom Deutschen Presserat in Zusammenarbeit mit den Presseverbänden beschlossen und Bundespräsident Gustav W. Heinemann am 12. Dezember 1973 in Bonn überreicht. In der Fassung vom 02. März 2005.

1. Die Achtung vor Wahrheit, die Wahrung der Menschenwürde und die wahrhaftige Unterrichtung der Öffentlichkeit sind oberste Gebote der Presse.

2. Zur Veröffentlichung bestimmte Nachrichten und Informationen in Wort und Bild sind mit der nach den Umständen gebotenen Sorgfalt auf ihren Wahrheitsgehalt zu prüfen. Ihr Sinn darf durch Bearbeitung, Überschrift oder Bildbeschriftung weder entstellt noch verfälscht werden. Dokumente müssen sinngetreu wiedergegeben werden. Unbestätigte Meldungen, Gerüchte und Vermutungen sind als solche erkennbar zu machen.
Symbolfotos müssen als solche kenntlich sein oder erkennbar gemacht werden.

3.Veröffentlichte Nachrichten oder Behauptungen, insbesondere personenbezogener Art, die sich nachträglich als falsch erweisen, hat das Publikationsorgan, das sie gemacht hat, unverzüglich von sich aus in angemessener Weise richtigzustellen.

4. Bei der Beschaffung von personenbezogenen Nachrichten, Informationen und Bildern dürfen keine unlauteren Methoden angewandt werden.

5. Die vereinbarte Vertraulichkeit ist grundsätzlich zu wahren.

6. Jede in der Presse tätige Person wahrt das Ansehen und die Glaubwürdigkeit der Medien sowie das Berufsgeheimnis, macht vom Zeugnisverweigerungsrecht Gebrauch und gibt Informanten ohne deren ausdrückliche Zustimmung nicht preis.

7. Die Verantwortung der Presse gegenüber der Öffentlichkeit gebietet, dass redaktionelle Veröffentlichungen nicht durch private oder geschäftliche Interessen Dritter oder durch persönliche wirtschaftliche Interessen der Journalistinnen und Journalisten beeinflusst werden. Verleger und Redakteure wehren derartige Versuche ab und achten auf eine klare Trennung zwischen redaktionellem Text und Veröffentlichung zu werblichen Zwecken.

8. Die Presse achtet das Privatleben und die Intimsphäre des Menschen. Berührt jedoch das private Verhalten öffentliche Interessen, so kann es im Einzelfall in der Presse erörtert werden. Dabei ist zu prüfen, ob durch eine Veröffentlichung Persönlichkeitsrechte Unbeteiligter verletzt werden. Die Presse achtet das Recht auf informationelle Selbstbestimmung und gewährleistet redaktionellen Datenschutz.

9. Es widerspricht journalistischem Anstand, unbegründete Behauptungen und Beschuldigungen, insbesondere ehrverletzender Natur, zu veröffentlichen.

10. Veröffentlichungen in Wort und Bild, die das sittliche oder religiöse Empfinden einer Personengruppe nach Form und Inhalt wesentlich verletzen können, sind mit der Verantwortung der Presse nicht zu vereinbaren.

11. Die Presse verzichtet auf eine unangemessen sensationelle Darstellung von Gewalt und Brutalität. Der Schutz der Jugend ist in der Berichterstattung zu berücksichtigen.

12. Niemand darf wegen seines Geschlechts, einer Behinderung oder seiner Zugehörigkeit zu einer rassischen, ethnischen, religiösen, sozialen oder nationalen Gruppe diskriminiert werden.

13. Die Berichterstattung über schwebende Ermittlungs- und Strafverfahren und sonstige förmliche Verfahren muss frei von Vorurteilen erfolgen. Die Presse vermeidet deshalb vor Beginn und während der Dauer eines solchen Verfahrens in Darstellung und Überschrift jede präjudizierende Stellungnahme. Ein Verdächtiger darf vor einem gerichtlichen Urteil nicht als Schuldiger hingestellt werden. Über Entscheidungen von Gerichten soll nicht ohne schwerwiegende Rechtfertigungsgründe vor deren Bekanntgabe berichtet werden.

14. Bei Berichten über medizinische Themen ist eine unangemessen sensationelle Darstellung zu vermeiden, die unbegründete Befürchtungen oder Hoffnungen beim Leser erwecken könnte. Forschungsergebnisse, die sich in einem frühen Stadium befinden, sollten nicht als abgeschlossen oder nahezu abgeschlossen dargestellt werden.

15. Die Annahme und Gewährung von Vorteilen jeder Art, die geeignet sein könnten, die Entscheidungsfreiheit von Verlag und Redaktion zu beeinträchtigen, sind mit dem Ansehen, der Unabhängigkeit und der Aufgabe der Presse unvereinbar. Wer sich für die Verbreitung oder Unterdrückung von Nachrichten bestechen lässt, handelt unehrenhaft und berufswidrig.

16. Es entspricht fairer Berichterstattung, vom Deutschen Presserat öffentlich ausgesprochene Rügen abzudrucken, insbesondere in den betroffenen Publikationsorganen.

II: Wichtige Entscheidungen zum allgemeinen Persönlichkeitsrecht in den Medien

Abgeordnetenbestechung	BGHZ 31, 308
Abkassierer	OLG München NJW 1997, 62
AEG-Aktionär	BGH NJW 1984, 1886
Aktenvermerk	LG Hamburg NJW 1989, 1160
Alban Nicolai Herbst	LG Berlin AfP 2004, 287
Alte Herren	BGH NJW 1960, 476
Anastacia	BGHZ 53, 245
Andreotti	EGMR NJW 2004, 2653
Anzeigenpreis II	BGH NJW 1990, 2469
Aus nichtigem Anlass	OLG Hamburg NJW 1975, 649
Ausschwitzlüge	BVerfG NJW1994, 1779
Banklady	OLG Hamburg AfP 1976, 137
Ba Wü	BVerfGE 74, 297
Bayer-Aktionäre	BVerfGE 85, 1
Blinkfüer-Beschluss	BVerfGE 25, 256
Bob-Dylan	BGH AfP 1997, 475
Böll/Walden	BVerfGE 54, 208 = NJW 1980, 2072
Böll/Walden I	BGH NJW 1978, 1797
Böll/Walden II	BGH NJW 1982, 635
Botho Strauß-Brief	LG Berlin NJW 1995, 881
Brief an Bundespräsidenten	BGH AfP 1994, 295
Burschenschaft	BGHZ 31, 308
Caroline von Hannover	EGMR EuGRZ 2004, 404 = NJW 2004, 2647
Caroline von Monaco	BVerfG 101, 361
Caroline von Monaco I	BGHZ 128, 1= NJW 1995, 861
Caroline von Monaco II	BGH AfP 1996, 137 = NJW 1996, 984
Caroline von Monaco III	BGHZ 131, 332 = NJW 1996, 1128
Catarina Valente	BGH NJW 1959, 1269
Chefarztbrief	BVerfG NJW 1991, 2339
Chefarzt	BGH NJW 1997, 1148
Chemiegift	BGH NJW 1987, 2225
Constanze I	BGHZ 3, 270
Constanze II	BGHZ 14, 163 = NJW 1954, 1682
Dahlke	BGHZ 20, 345 = BGH NJW 1956, 1554
Der Aufmacher	BVerfGE 66, 116
Der Aufmacher I	BGH NJW 1981, 1089
Der Aufmacher II	BGH NJW 1981, 1366
Der Fall Angelika	KG Ufita Band 54 (1969), 291
Der blaue Engel	BGH NJW 2000, 2201
Der Lohnkiller	BGH NJW 1996, 1131
Deutschlands ärmster Prinz	OLG Hamburg AfP 1992, 376
DGHS	BVerfGE 94, 1
Die Sünderin	BVerwGE 1, 303

Dubioses Geschäftsgebahren	BGH AfP 1995, 404 = GRUR 1995, 270
Donner	OLG Kiel Ufita Band 2 (1929), 559
Eheversprechen	BGHZ 37, 187
Ehebruch	BGH AfP 1999, 350 = NJW 1999, 2892 = GRUR 1999, 1034 = ZUM 1999, 734
Eigener Name	BVerfG AfP 1998, 386
Eppler	BVerfG NJW 1980, 2070
Ermordung des Schuhmachermeisters	KG JW 1932, 891
Ernst August von Hannover	BVerfG AfP 2001, 212
Fälschung	BGH NJW 1968, 644
FCKW	BGH NJW 1994, 124
Fernsehansagerin	BGHZ 39, 124
Folgenbeseitigungsanspruch	BVerfG NJW 1997, 2589
FRAG	BVerfGE 57, 295
Freispruch	BGHZ 57, 325 = NJW 1972, 431
Friesenhaus	BGH GRUR 1990, 390
Frau oben ohne	OLG Oldenburg NJW 1989, 400
Fußballtorwart	BGH NJW 1979, 2205f.
Gebührenurteil	BVerfGE 90, 60
Gegendarstellung	BVerfGE 63, 131
Gegendarstellung auf der Titelseite	BVerfG NJW 1998, 1381
Ginsengwurzel	BGHZ 35, 363
Gretna Green	GRUR 1965, 256
Großer Senat	BGHZ 18, 149
Guildo Horns Ehe	LG Hamburg ZUM 2003, 577
Haus auf Teneriffa	BGH NJW 1971, 1359
Harald Schmidt	LG Köln AfP 1994, 166
Helnwein	BVerfG ZUM 1999, 236
Heinrich Böll	BVerfG NJW 1993, 1462
Heiratsschwindler	LG Stuttgart AfP 1983, 292
Heißläuferdetektor	BGH GRUR 1970, 358
Herrenreiter	BGHZ 26, 349
Hessen 3	BVerfGE 87, 181
Hochschulurteil	BVerfGE 35, 79
Hochzeitsbild	BGH GRUR 1962, 211
Höllenfeuerentscheidung	BGHZ 45, 296= NJW 1966, 1617
Honka I	OLG Hamburg AfP 1991, 537
Honka II	OLG Hamburg ZUM 1995, 336
Hormoncreme	BGH NJW 1970, 187
Humanbiologie	BGH AfP 1983, 396
IM- Liste	BGH GRUR 1994, 913
„IM- Sekretär"	BGH ZUM 1998, 834
Insiderwissen	BGH AfP 1987, 502
Intime Beziehungen	BGH AfP 1988, 34
Ivan Rebroff	OLG Karlsruhe AfP 1996, 282

Jahresabschluss	BGH AfP 1994, 138
Judenverfolgung	BVerfG AfP 1994, 126
Kampfanzug unter der Robe	BGH NJW 1987, 1398
Kanzlerehe	LG Berlin AfP 2003, 174
Kanzlerkandidat	OLG München Ufita Band 41 (1964), 322
Katharina Witt	OLG Frankfurt/M. NJW 2000, 594
Kohl/Biedenkopf I	BGH AfP 1979, 304 = NJW 1979, 647
Kohl/Biedenkopf II	JZ 1979, 351
konkret	BGH NJW 1977, 626
Konkret-Karikatur	BVerf NJW 1987, 2661
Krankenpapiere	BGHZ 24, 72 = NJW 1957, 1146
Kredithaie	BVerfGE 60, 234 = NJW 1982, 2655
Kriminaldirektor	BVerfG NJW 1993, 1463
Kunstflieger	OLG Nürnberg GRUR 1973, 40
Kunstkritiker	BVerfGE 51, 129
Langemann	BGH NJW 1987, 2667
Lebach	BVerfGE 25, 202 = NJW 1973, 1226
Lebensmittelskandal	OLG München NJW 1963, 658
Leipziger Volkszeitung	BVerfGE 27, 71
Leserbrief	BGH NJW 1954, 1404
Lido-Tanzpalast	LG Hamburg Ufita Band 34 (1961), 363
Lohnkiller	BGH NJW 1996, 1131
Lüth	BVerfGE 7, 198
Luxemburger Wort	BGH NJW 1966, 1213
Marlene Bildnis	BGH GRUR 2002, 690
Marlene Dietrich	BGHZ 143, 214 = NJW 2000, 2195
Mauerschützen	LG Berlin AfP 1992, 177
Mauss	OLG München AfP 1991, 435
Mephisto	-BVerfGE 30, 173 = BVerfG NJW 1971, 1645 -BGHZ 50, 133 = NJW 1968, 1773
„Mit Verlogenheit zum Geld"	BGH AfP 1988, 25
Münzen-Erna	BVerfG NJW 1998, 1386
Nachtigall I	BGH NJW 1970, 1077; GRUR 1970, 370
Nachtigall II	BGH MDR 1985, 1014
Nacktaufnahme	BGH NJW 1985, 1617
Nacktfoto	BGH NJW 1974, 1947
Nena	NJW-RR 1987, 231; GRUR 1987, 128
Nitribitt	BGH NJW 1960, 1614
Notar	OLG Nürnberg MDR 1963, 412
Notfalldienstarzt	BGH NJW 1991, 1532
NPD von Europa	BVerfGE 61, 1 = NJW 1983, 1415
Opus Dei	BVerfG NJW 1990, 1980
Ostkontakte	BGH AfP 1986, 241 =NJW 1986, 2503
Panorama	BGHZ 66, 182
Pariser Liebestropfen	BGH NJW 1971, 698
Patientenkartei	BVerfGE 32, 373

Verdeckte Behauptungen I	BGH AfP 1994, 295
Verdeckte Behauptungen II	BGH NJW 1995, 189; NJW-RR 1994, 1246
„Verstehen Sie Spaß?"	OLG München ZUM-RD 1998, 218
Videoaufzeichnung	BGH ZUM 1995, 719
Volkszählungsurteil	BVerfGE 65, 1 = NJW 1984, 419
Vorsprung durch Tomate	OLG Hamburg AfP 1993, 582
Vor unserer eigenen Tür	BGH NJW 1966, 2353
WDR	BVerfGE 83, 238
Werkszeitung	BVerfGE 95, 28
Wiederholungsveröffentlichung	BGH NJW 1996, 985
Zwangsdemokrat	BVerfGE 82, 272= NJW 1991, 95

Literaturverzeichnis

Abeltshauser, Thomas E.
Unternehmensbegriff und öffentliches Interesse, Frankfurt a. M., Bern 1982

Ders.
Redaktionelle Presseäußerungen im Lichte von § 1 UWG, in: WRP - Wettbewerb in Recht und Praxis 1997, 1143ff.

Adelung, Johann Christoph
Grammatischkritisches Wörterbuch der Hochdeutschen Mundart mit beständiger Vergleichung der übrigen Mundarten, besonders aber der oberdeutschen, M-Scr, 3. Band, 2. verbesserte Ausgabe, Leipzig 1798

Allfeld, Philipp
Anmerkungen zu RG vom 21. Dezember 1921 - 185/21I -, in: JW 1922, 389 f.

Ders.
Benutzung lebender oder kürzlich verstorbener Personen als Gegenstand dramatischer Darstellung, in: DJZ 1922 Sp. 584 ff.

Ders.
Der Entwurf eines Gesetzes, betreffend das Urheberrecht an Werken der bildenden Künste und der Photographie, in: GRUR 1904, 258ff.

Ders.
Kommentar zu den Gesetzen vom 19. Juni 1901 betreffend das Urheberrecht an Werken der Literatur und der Tonkunst und über das Verlagsrecht sowie zu den internationalen Verträgen zum Schutze des Urheberrechts, München 1902 (zitiert: KUG I)

Ders.
Kommentar zu dem Gesetze betreffend das Urheberrecht an Werken der bildenden Künste und der Photographie vom 9. Januar 1907, München 1908
(zitiert: KUG II)

Ders.
Recht am eigenen Bilde, in: DJZ 1920 Sp. 702 f.

Ders.
Rechtsanwälte im Bilde, in: DJZ 1926 Sp. 1467 ff.

Ders.
Die Reform des Urheberrechts an Werken der bildenden Künste und der Photographie, in: DJZ 1904 Sp. 705 ff.

Anderson, Benedict
Die Erfindung der Nation: Zur Karriere eines folgenreichen Konzepts, erweiterte Neuausgabe, aus dem Englischen übersetzt von Burkard, Benedikt und Münz, Christoph, Frankfurt a. M., New York 1996

Arendt, Hannah
Vita Activa - oder Vom tätigen Leben, Stuttgart 1960

Arnauld, Andreas von
Strukturelle Fragen des allgemeinen Persönlichkeitsrechts Überlegungen zu Schutzbereich und Schranken des grundrechtlichen Persönlichkeitsschutzes, in: ZUM 1996, 286ff

Arndt, Adolf
Umwelt und Recht. Das Öffentliche: 1. Gerichtsöffentlichkeit, 2. Die Verbände im Bereich des Öffentlichen, in: NJW 1960, 423

Ders.
Umwelt und Recht. „Vor unserer eigenen Tür" - Eine Besprechung der Entscheidung des BGH vom 16.09.1966 zu dieser Fernsehsendung, in: NJW 1967, 1845f.

Asanger, Roland/Wenninger, Gerd
Handwörterbuch der Psychologie, Weinheim, Basel 1980

Baecker, Dirk
Oszillierende Öffentlichkeit, in: Maresch, Rudolf (Hrsg.), Medien und Öffentlichkeit, Positionierungen, 1996, 89ff.

Bar, Christian von
Schmerzensgeld und gesellschaftliche Stellung des Opfers bei Verletzungen des allgemeinen Persönlichkeitsrechts, in: NJW 1980, 1724ff

Baraldi, Claudio/Corsi, Giancarlo/Esposito, Elena (Hrsg.)
GLU. Glossar zu Niklas Luhmanns Theorie sozialer Systeme, 2. Auflage, Frankfurt a. M. 1998

Barthenheier, Günter
Zur Notwendigkeit von Öffentlichkeitsarbeit - Ansätze und Elemente zu einer allgemeinen Theorie der Öffentlichkeitsarbeit, in: Naedrich, Günther/Barthenheier, Günter/Kleinert, Horst (Hrsg.), Öffentlichkeitsarbeit: Dialog zwischen Institutionen und Gesellschaft. Ein Handbuch, Berlin, New York 1982, 15ff.

Baumbach, Adolf/Lauterbach, Wolfgang/Albers, Jan/Hartmann, Peter
Zivilprozessordnung mit Gerichtsverfassungsgesetz und anderen Nebengesetzen, 62. neubearbeitete Auflage, München 2004

Becker, Bernhard v.
Verbotene Bücher. Eine Anmerkung zum Urteil des LG München - Maxim Biller, in: ZUM 2003, 675ff.

Ders.
Rechtsfragen der Satire, in: GRUR 2004, 908ff.

Bellebaum, Alfred
Soziologische Grundbegriffe: Eine Einführung für soziale Berufe, 8. verbesserte Auflage, Stuttgart, Berlin, Köln, Mainz 1980

Berggold, Christian
Unternehmensidentität: Emergenz, Beobachtung und Identitätspolitik: Ansatzpunkte einer organisationstheoretischen Betrachtung, Berlin 2000

Bertelsmann Lexikon Geschichte
o.O., o.J.

Berth, Rolf
Wähler- und Verbraucherbeeinflussung, Stuttgart 1963

Beuthien, Volker
Schützt das allgemeine Persönlichkeitsrecht auch kommerzielle Interessen der Person? in: Beuthien, Volker (Hrsg.), Persönlichkeitsgüterschutz vor und nach dem Tode, Baden-Baden 2002, 75ff.

Ders.
Was ist vermögenswert, die Persönlichkeit oder ihr Image? Begriffliche Unstimmigkeiten in den Marlene-Dietrich-Urteilen, in: NJW 2003, 1220ff. (zitiert: Image)

Bewier, Martin
Über das Recht am eigenen Bild, Leipzig 1916

Bleckmann, Albert
Das Allgemeine Persönlichkeitsrecht in der Europäischen Menschenrechtskonvention. Zur Interpretation des Art. 8 Absatz 1 EMRK, in: Erichsen, Hans-Ulrich/Kollhosser, Helmut/Welp, Jürgen (Hrsg.), Recht der Persönlichkeit, Berlin 1996

Böckelmann, Frank
Theorie der Massenkommunikation. Das System hergestellter Öffentlichkeit, Wirkungsforschung und gesellschaftliche Kommunikationsverhältnisse, Frankfurt a. M. 1975

Bolz, Norbert
Du hast in Wahrheit keine Wahl, also triff sie! in: Der Tagesspiegel vom 25.08.02, 25.

Bonfadelli, Heinz
Der Einfluss des Fernsehens auf die Konstruktion der sozialen Realität: Befunde aus der Schweiz zur Kultivierungshypothese, in : Burkart, Roland (Hrsg.), Wirkungen der Massenkommunikation: Theoretische Ansätze und empirische Ergebnisse, 2. Auflage, Wien 1989, 154ff.

Borgmann, Anette
Gesellschaftliche Rahmenbedingungen: Fernsehwerbung und Konsumption in der Erlebnisgesellschaft, in: Friedrichsen, Mike/Jenzowsky, Stefan (Hrsg.), Fernsehwerbung, Opladen, Wiesbaden 1999, 61ff.

Bosl, Karl
Die Gesellschaft in der Geschichte des Mittelalters, Göttingen 1975

Bourdieu, Pierre
Die feinen Unterschiede. Kritik der gesellschaftlichen Urteilskraft, 5. Auflage, Frankfurt a. M. 1992

Brodersen, Carsten/Selmer, Peter
Grundrechtskonforme Verwaltung des Mangels und Gebührenrecht, in: NJW 1983, 1088-1099

Broglie, Gabriel de
Une image vaut dix mille mots: Essai sur la télévision, Paris 1982

Buß, Eugen
Das Unternehmensimage - der neue Produktionsfaktor, in: Manager Magazin (Hrsg.) Imageprofile 1988: Das Deutsche Image-Jahrbuch, 1. Jahrgang, Düsseldorf 1988, 8ff

Buss, Malte
Manipulation mit Millionen. TV-Werbung intern, 2. Auflage, Frankfurt a. M., Berlin 1995

Caemmerer, Ernst von
Der privatrechtliche Persönlichkeitsschutz nach deutschem Recht, in: Esser, Josef (Hrsg.), Festschrift für Fritz von Hippel, Tübingen 1976, 27ff.

Canaris, Claus-Wilhelm
Gewinnabschöpfung bei Verletzungen des allgemeinen Persönlichkeitsrechts, in: Ahrens, Hans-Jürgen/Bar, Christian von/Fischer, Gerfried/Spickhoff, Andreas/Taupitz, Jochen (Hrsg.), Festschrift für Erwin Deutsch. Zum 70. Geburtstag, Köln, Berlin, Bonn, München 1999

Cohn, Georg
Neue Rechtsgüter. Das Recht am eigenen Namen. Das Recht am eigenen Bilde, Berlin 1902.

Coing, Helmut
Ehrschutz und Presserecht, Karlsruhe 1960

Constant, Benjamin
De l'esprit de la conquête et de l'usurpation, in: Gauchet, Maurice (Hrsg.), De la liberté chez les modernes: Ecrits politiques, Paris 1980

Czajka, Dieter
Pressefreiheit und öffentliche Aufgabe der Presse, Stuttgart, Berlin, Köln, Mainz 1968

Dasch, Norbert
Die Einwilligung zum Eingriff in das Recht am eigenen Bild, München 1990

Degenhart, Christoph
Rundfunk und Internet, in: ZUM 1998, 333ff.

Dewey, John
The Public and Its Problems, New York 1927

Dörner, Andreas
Politainment: Politik in der medialen Erlebnisgesellschaft, Frankfurt a. M. 2001

Dolzer, Rudolf/Vogel, Klaus (Hrsg.)
Bonner Kommentar zum Grundgesetz, Stand Mai 2000

Dovifat, Emil (Hrsg.)
Handbuch der Publizistik, Bd. 1, Allgemeine Publizistik, Berlin 1968

Dreier, Horst (Hrsg.)
Grundgesetz, Kommentar, Bd.1, Art. 1-19, Tübingen 1996

Druey, Jean-Nicolas
Privat-Geheimsphäre. Was liegt drin, in: Festschrift für Virscher, Rudolf, Zürich 1983, 4ff.

Duden
Deutsches Universalwörterbuch, 4. neu bearbeitete und erweiterte Auflage, Mannheim, Leipzig, Wien, Zürich 2001

Dumont, Karl
Das Recht am eigenen Bilde, Breslau 1908

Dyer, Richard
Heavenly Bodies. Film Stars and Society, Basingstoke 1986

Ehmann, Horst
Zur Struktur des Allgemeinen Persönlichkeitsrechts, in: JuS 1997, 193ff.

Eichler, Hermann
System des Personenrechts, Berlin 1989

Engau, Herwigh
Straftäter und Tatverdächtige als Personen der Zeitgeschichte, Frankfurt a. M. 1993

Erichsen, Hans-Uwe/Kollhosser, Helmut/Welp, Jürgen (Hrsg.)
Recht der Persönlichkeit, Berlin 1996

Erman
Westermann, Harm Peter (Hrsg.), BGB. Handkommentar mit EGBG, ErbauVO, HausratsVO, LPartG, ProdHaftG, UKlaG, VAHRG und WEG, Band I, 11. neubearbeitete Auflage, Münster, Köln 2004

Ernst, Stefan
Gleichklang des Persönlichkeitsschutzes im Bild- und Tonbereich?, NJW 2004, 1277ff.

Faulstich, Werner
Die bürgerliche Mediengesellschaft (1700-1830), Göttingen 2002

Faulstich, Werner/Rückert, Corinna
Mediengeschichte in Tabellarischem Überblick von den Anfängen bis heute,
Teil II: Geschichte von Einzelmedien, Bardowicki 1993

Fechner, Frank
Medienrecht. Lehrbuch des gesamten Medienrechts unter besonderer Berücksichtigung von Presse, Rundfunk und Multimedia, 3. überarbeitete und ergänzende Auflage, Tübingen 2002

Feuerbach, Paul Johann Anselm von
Betrachtungen über die Öffentlichkeit und Mündlichkeit der Gerechtigkeitspflege, Neudruck der Ausgabe Giessen 1821-25, Band 1, 2, Aalen 1969

Finger
Kunstschutzgesetz und Geschäftsleben, in: GRUR 1908, 48ff.

Fisch, Jörg
Interesse, in: Brunner, Otto/Conze, Werner/Koselleck, Reinhart (Hrsg.), Geschichtliche Grundbegriffe. Historisches Lexikon zur politisch-sozialen Sprache in Deutschland, H-Me, Band 3, Stuttgart 1982

Foucault, Michel
Die Ordnung der Dinge, Frankfurt a. M. 1974

Franck, Georg
Ökonomie der Aufmerksamkeit. Ein Entwurf, München, Wien 1998

Franke, Einhard
Bildberichterstattung über Demonstrationen und Persönlichkeitsschutz der Polizei, in: JR 1982, 48ff.

Freud, Sigmund
Massenpsychologie und Ich-Analyse, Frankfurt a. M. 1921

Ders.
Neue Folge der Vorlesungen zur Einführung in die Psychoanalyse, Frankfurt a. M. 1932

Fricke, Michael
Personenbildnisse in der Werbung für Medienprodukte, in: GRUR 2003, 406ff.

Frömming, Jens/Peters, Butz
Die Einwilligung im Medienrecht, in: NJW 1996, 958ff.

Fuchs, Maximilian
Deliktsrecht, 3.überarbeitete und erweiterte Auflage, Berlin, Heidelberg, New York 2001

Fuchs-Heinritz, Werner/Lautmann, Rüdiger/Rammstedt, Otthein/Wienold, Hanns (Hrsg.)
Lexikon zur Soziologie, 3. völlig neu, bearbeitete und erweiterte Auflage, Opladen 1994

Gamm, Otto-Friedrich Frhr. v.
Persönlichkeitsschutz und Massenmedien. Neuere Entwicklung der Rechtsprechung, in: NJW 1979, 513ff.

Gareis, Karl
Das Recht am eigenen Bilde, in DJZ 1902, 412ff

Geißler, Rainer
Wandlung durch Massenmedien: Die Verstärker-Doktrin neu durchdacht, in: Burkart, Roland (Hrsg.), Wirkungen der Massenkommunikation: Theoretische Ansätze und empirische Ergebnisse, 2. Auflage, Wien 1989, 23ff.

Georges, Karl Ernst
Ausführliches Lateinisch-Deutsches Handwörterbuch, 12. Auflage, Bd. 2, Hannover 1969

Geuss, Raymond
Privatheit. Eine Genealogie, aus dem Englischen von Wördemann, Karin, 1. Auflage, Frankfurt a. M. 2002

Gmür, Mario
Der öffentliche Mensch: Medienstars und Medienopfer, München 2002

Goethe, Johann Wolfgang
Wilhelm Meisters Lehrjahre, Zweiter Teil, in: Johann Wolfgang Goethe Werke, 4. Band, 6. Auflage, Frankfurt a. M. 1989

Götting, Horst-Peter
Persönlichkeitsrechte als Vermögensrecht, Tübingen 1995

Görres, Joseph
Die teutschen Zeitungen, in: Rheinischer Merkur Nr. 80 und 81 vom 01. und 03. Juli 1814

Goldbaum, Wenzel
Anmerkung zu AG München JW 1928, 376, in: JW 1928, 376

Gottwald, Stefan
Das allgemeine Persönlichkeitsrecht. Ein zeitgeschichtliches Erklärungsmodell, Berlin 1996.

Guha, Harald Andreas
Der Schutz der absoluten Person der Zeitgeschichte vor indiskreter Wort- und Bildberichterstattung, Frankfurt a. M. 1999

Grimm, Dieter
Die Meinungsfreiheit in der Rechtsprechung des Bundesverfassungsgerichts; in: NJW 1995, 1697ff

Grimm, Jakob/Grimm Wilhelm
Deutsches Wörterbuch, H-Juzen, Band. 10, bearbeitet von Heyne, Moritz/Seedorf, Henry/Teuchert, Hermann, Nachdruck der Erstausgabe von 1877 München 1984

Dies.
Deutsches Wörterbuch, N.O.P.Q., Band. 7, bearbeitet von Lexer, Matthias von, Leipzig 1889

Dies.
Deutsches Wörterbuch, Z-ZMasche, Band. 15, bearbeitet von Heyne, Moritz/Seedorf, Henry/Teuchert, Hermann, Nachdruck der Erstausgabe von 1956 München 1984

Gronau, Kerstin
Das Persönlichkeitsrecht von Personen der Zeitgeschichte und die Medienfreiheit, Baden-Baden 2002

Gurjewitsch, Aaron J.
Das Weltbild des Mittelalterlichen Menschen, aus dem Russ. von Lossack, Gabriel, 5. Auflage, München 1997

Habermas, Jürgen
Technik und Wissenschaft als ‚Ideologie', Frankfurt a. M. 1968

Ders.
Erkenntnis und Interesse, 4. Auflage, Frankfurt a. M. 1977

Ders.
Strukturwandel der Öffentlichkeit, 1. Auflage, Frankfurt a. M. 1990

Häberle, Peter
Öffentliches Interesse als juristisches Problem: Eine Analyse von Gesetzgebung und Rechtsprechung, Bad Homburg 1970

Hager, Gerhard/Walenta, Günther
Persönlichkeitsschutz im Straf- und Medienrecht, 3. Auflage, Wien 1995

Hartmann, Heinz
Autorität, in: Fuchs-Heineritz, Werner/Lautmann, Rüdiger/Rammstedt, Otthein/Wienold, Hans (Hrsg.), Lexikon zur Soziologie, 3. völlig neubearbeitete Auflage, Opladen 1994

Heck, Philipp
Das Problem der Rechtsgewinnung. Gesetzesauslegung und Interessenjurisprudenz. Begriffsbildung und Interessenjurisprudenz, Berlin, Zürich 1968

Heldrich, Andreas
Persönlichkeitsschutz und Pressefreiheit nach der Europäischen Menschenrechtskonvention, NJW 2004, 2634ff.

Helle, Ernst
Der Schutz der Persönlichkeit der Ehre und des wirtschaftlichen Rufes im Privatrecht, 2. erweiterte Auflage, Tübingen 1969

Helle, Jürgen
Besondere Persönlichkeitsrechte im Privatrecht, Tübingen 1991

Heinrichsbauer, Jürgen
Die Pressekontrolle, München 1968

Henne, Thomas
Alles schon mal dagewesen? - Parallelen zwischen den Mephisto-Entscheidungen der deutschen Gerichte und Walsers Tod eines Kritikers, in: NJW 2003, 639f.

Henning, Bernd
Privatsphärensehen: Einstellungen zu Privatem und Intimen im Fernsehen, München 2001

Heuermann, Hartmut/Kuzina, Matthias
Gefährliche Musen: Medienmacht und Medienmissbrauch, Stuttgart, Weimar 1995

Hill, Christopher
The World Turned Upside Down, Harmondsworth 1975

Hillmann, Karl-Heinz
Wörterbuch der Soziologie, 4. überarbeitete und ergänzte Auflage, Stuttgart 1994

Hölscher, Lucian
Öffentlichkeit, in: Brunner, Otto/Conze, Werner/Koselleck, Reinhart (Hrsg.), Geschichtliche Grundbegriffe Historisches Lexikon zur politisch-sozialen Sprache in Deutschland, Mi-Pre, Band 4, Stuttgart 1975, 413

Hobsbawm, Eric J.
Das Imperiale Zeitalter 1875-1974, aus dem Englischen von Udo Rennert, Frankfurt a. M., New York 1989

Honsell, Heinrich
Herkunft und Kritik des Interessebegriffs im Schadensersatzrecht, in: JuS 1973, 69ff.

Hornig, Frank/Rosenbach, Marcel
Die Damen-Qual, in: Der Spiegel 35/2002, 154ff

Hubmann, Heinrich
Der zivilrechtliche Schutz der Persönlichkeit gegen Indiskretion, in: JZ 1957, 521ff.

Ders.
Das Persönlichkeitsrecht, 2. veränderte und erweiterte Auflage, Köln, Graz 1967

Ders.
Grundsätze der Interessenabwägung, in: AcP 155 (1956), 85ff

Hubmann, Heinrich/Rehbinder, Max
Urheber- und Verlagsrecht, 7. Auflage, München 1991

Jäckel, Michael
Die umworbene Gesellschaft. Eine Einführung, in: Ders. (Hrsg.), Die umworbene Gesellschaft, Opladen, Wiesbaden 1999, 9ff.

Jähnke, Burkhard/Laufhütte, Heinrich Wilhelm/Odersky, Walter (Hrsg.)
Strafgesetzbuch: Leipziger Kommentar, Großkommentar, 19. Lieferung: §§ 174, 184c, 11. neubearbeitete Auflage, Berlin 1994

Jarass, Hans D.
Das allgemeine Persönlichkeitsrecht im Grundgesetz, in : NJW 1989, 857

Jellinek, Georg
Gesetz und Verordnung. Staatsrechtliche Untersuchungen auf rechtsgeschichtlicher und rechtsvergleichender Grundlage, Neudruck der Ausgabe von 1887, Tübingen 1919

Kant, Immanuel
Beantwortung der Frage: Was ist Aufklärung?, in: Was ist Aufklärung?: Aufsätze zur Geschichte und Philosophie, Hrsg. und eingeleitet von Zehbe, Jürgen, 3. Auflage, Göttingen 1985, 55ff.

Karasek, Hellmuth
Mehr Sterne als am Himmel. Von Marilyn Monroe bis Susan Stahnke: Wie hat sich das Bild der Stars verändert? in: Der Tagesspiegel, 7. Februar 2004, 24

Kastner, Klaus
Literatur und Recht - eine unendliche Geschichte, in: NJW 2003, 609ff.

Keppler, Angela
Wirklicher als die Wirklichkeit: Das neue Realitätsprinzip der Fernsehunterhaltung, Frankfurt a. M. 1994

Keyßner, Hugo
Gutachten zum 26. Deutschen Juristentag 1902 über die Frage: Zum Schutz des Rechts am eigenen Bild, in: Verhandlungen des 26. Deutschen Juristentages, 1. Band (Gutachten), Berlin 1902, S. 72ff. (zitiert: Gutachten)

Ders.
Das Recht am eigenen Bilde, Berlin 1896

Ders.
Das Recht am eigenen Bilde, in : DJZ 1898, 486 f.

Klages, Christlieb
Grundzüge des Filmrechts. Grundlagen, Verträge, Rechte, München 2004

Kleinert, Horst
Ökonomische Aspekte der Öffentlichkeitsarbeit, in: Naedrich, Günther/Barthenheier, Günter/Kleinert, Horst (Hrsg.), Öffentlichkeitsarbeit: Dialog zwischen Institutionen und Gesellschaft. Ein Handbuch, Berlin, New York 1982, 27ff

Klier, Peter
Im Dreieck von Demokratie, Öffentlichkeit und Massenmedien, Berlin 1990

Kluth, Heinz
Prestige, in: Beckerath, Erwin v./Bente, Hermann/Brinkmann, Carl/Gutenberg, Erich/Haberler, Gottfried/Jecht, Horst/Jöhr Walter Adolf/Lütge, Friedrich/Predöhl, Andreas/Schraeder, Reinhard/Schmidt-Rimpler, Walter/Weber, Werner/Wiese, Leopold v. (Hrsg.), Handbuch der Sozialwissenschaften, Nut-Rep, 8. Band, Göttingen 1964

Knies, Wolfgang
Schranken der Kunstfreiheit als verfassungsrechtliches Problem, München 1967

Köcher, Alfred/Birchmeier, Eliane
Public Relations? Public relations!: Konzepte, Instrumente und Beispiele für erfolgreiche Unternehmenskommunikation, Köln, Zürich 1992

Kohler, Josef
Zum Autorrecht und Individualrecht. III. Der Fall der Bismarckphotographie, in: GRUR 1900, 196 ff.

Ders.
Das Eigenbild im Recht, Berlin 1903 (zitiert: Eigenbild)

Ders.
Das Individualrecht als Namensrecht, in: Archiv für Bürgerliches Recht Band 5 (1891), 77f.

Kohtes, Paul J.
Der Nutzen von Image-Programmen, in: Manager Magazin (Hrsg.) Imageprofile 1988: Das Deutsche Image-Jahrbuch, 1. Jahrgang, Düsseldorf 1988, 47ff

Kopp, Ferdinand O./Schenke, Wolf-Rüdiger
Verwaltungsgerichtsordnung, Kommentar, 13. neubearbeitete Auflage, München 2003

Koszyk, Kurt
Deutsche Presse im 19. Jahrhundert, Geschichte der deutschen Presse, Teil II, Berlin 1966

Koszyk, Kurt/Pruys, Karl Hugo (Hrsg.)
Handbuch der Massenkommunikation, München 1981

Kull, Edgar
Zur öffentlichen Aufgabe grundrechtsgeschützter Presse, in: Presserecht und Pressefreiheit, Festschrift für Löffler, Martin zum 75. Geburtstag, o.O., o.J.

Krüger, Christof
Persönlichkeitsschutz und Werbung. Zugleich eine Besprechung der beiden BGH-Entscheidungen „White-Christmas" und „Fussballtor", in: GRUR 1980, 628ff.

Kunczik, Michael
Public Relations. Konzepte und Theorien, 4. völlig überarbeitete Auflage, Köln, Weimar, Wien 2002

Ladeur, Karl-Heinz
Persönlichkeitsschutz und „Comedy". Das Beispiel der Fälle SAT1/Stahnke und RTL 2/Schröder, in: NJW 2000, 1977ff.

Ders.
Schutz von Prominenz als Eigentum. Zur Kritik der Caroline-Rechtsprechung des Bundesverfassungsgerichts, in: ZUM 2000, 879ff.

Ders.
Die Anpassung des privaten Medienrechts an die „Unterhaltungsöffentlichkeit", in: NJW 2004, 393ff

Ladeur, Karl-Heinz/Gostomzyk, Tobias
Ein Roman ist ein Roman ist ein Roman. Zu den gerichtlichen Auseinandersetzungen um die autobiografischen Werke von Maxim Biller, Alban Nikolai Herbst und Birgit Kempker und der Notwendigkeit einer Rekonstruktion der Kunstfreiheit, in: ZUM 2004, 426ff.

Landwehr, Wilfried
Das Recht am eigenen Bild, Zürich, Winterthur 1955

Lantermann, Ernst - Dieter
Interaktionen: Person, Situation und Handlung, München 1980

Lampe, Ernst-Joachim
Persönlichkeit, Persönlichkeitssphäre, Persönlichkeitsrecht, in: Jahrbuch für Rechtssoziologie und Rechtstheorie: Grundrechte aus der Sicht der Sozial- und Verhaltenswissenschaften, Band 12, Opladen 1987, 73ff

Larenz, Karl
Methodenlehre der Rechtswissenschaft, 6. neubearbeitete Auflage, Berlin, Heidelberg 1991

Larenz, Karl/Canaris, Claus-Wilhelm
Methodenlehre der Rechtswissenschaft, 4. neubearbeitete Auflage, Berlin, Heidelberg 2000

Larenz, Karl/Wolf, Manfred
Allgemeiner Teil des Bürgerlichen Rechts, 9. neubearbeitete und erweiterte Auflage, München 2004

Leisner, Walter
Von der persönlichen Freiheit zum Persönlichkeitsrecht, in: Forkel, Hans/Kraft, Alfons (Hrsg.), Beiträge zum Schutz der Persönlichkeit und ihrer schöpferischen Leistungen: Festschrift für Heinrich Hubmann zum 70. Geburtstag, Frankfurt a. M. 1985, 295ff.

Leonhard, Joachim-Felix/Ludwig, Hans-Werner/Schwarze, Dietrich/Straßner, Erich (Hrgs.)
Medienwissenschaft: Ein Handbuch zur Entwicklung der Medien und Kommunikationsformen, 1. Teilband, Berlin, New York 1999

Lepenies, Wolf
Soziologische Anthropologie. Materialien, München 1971

Lerche, Peter
Meinungsfreiheit und Richtigkeitsanforderungen an Tatsachenangaben im wirtschaftlichen Wettbewerb, in: Pfister, Bernhard/Will, Michael R., Tübingen 1991, 143ff.

Lilienthal, Volker
Sendefertig abgesetzt. ZDF, SAT1 und der Soldatenmord von Lebach, Berlin 2001

Löffler, Martin
Presserecht. Kommentar zu den Landespressegesetzen der Bundesrepublik Deutschland mit einem besonderen Teil und einem Textanhang. Fortgeführt von Wenzel, Karl Egbert/Sedelmeier, Klaus, München 1997

Loock, Alexandra
Persönlichkeitsrecht versus Medienfreiheit, in: Neue Justiz 2005, 157ff.

Lottes, Günther
Politische Aufklärung und plebejisches Publikum: Zur Theorie und Praxis des englischen Radikalismus im späten 18. Jahrhundert, München 1979

Lüders, Carl-Heinz
Presse- und Rundfunkrecht, Berlin, Frankfurt a. M., 1952

Luhmann, Niklas
Ökologische Kommunikation. Kann die moderne Gesellschaft sich auf ökologische Gefährdungen einstellen?, Opladen 1986

Ders.
„Distinctions directrices". Über Codierung von Semantiken und Systemen, in: ders., Soziologische Aufklärung, Band 4: Beiträge zur funktionalen Differenzierung der Gesellschaft, Opladen 1987, 13ff.

Ders.
Die Gesellschaft der Gesellschaft, 2. Auflage, Frankfurt a. M. 1999

Ders.
Das Recht der Gesellschaft, Frankfurt a. M. 1995

Ders.
Die Realität der Massenmedien, 2. erweiterte Auflage, Opladen 1996

Maatje, Christian
Verkaufte Luft. Die Kommerzialisierung des Rundfunks. Hörfunkwerbung in Deutschland (1923 - 1936), Potsdam 2000

Mallmann, Walter
Pressepflichten und öffentliche Aufgabe der Presse, in: JZ 1966, 625ff.

von Mangoldt, H./Klein, Friedrich/Starck, Christian
Das Bonner Grundgesetz, Bd. (Art. 1-19), 4. völlig neubearbeitete Auflage, München 1999

Mann, Michael
Geschichte der Macht: Vom Römischen Reich bis zum Vorabend der Industrialisierung, 2. Band, aus dem Engl. von Hanne Herkommer, Frankfurt a. M.; NewYork 1994

Mann, Roger
Auswirkungen der Caroline-Entscheidung des EGMR auf die forensische Praxis, NJW 2004, 3220ff

Marcinkowski, Frank
Publizistik als autopoetisches System. Politik und Massenmedien. Eine systemtheoretische Analyse, Opladen 1993

Marcus, Otto
„Das Recht am eigenen Bilde", in: GRUR 1904, 240ff.

Martens, Wolfgang
Öffentlich als Rechtsbegriff, Bad Homburg v.d.H., Berlin, Zürich 1969

Marwitz
Das Recht am eigenen Bilde und das Recht am Lebensbild, in: Ufita, Band 6 (1933), 51ff

Maslow, Abraham
Toward a psychology of being, 2. Auflage, New York 1968

Ders.
The father reaches of human nature, New York 1971

Maunz, Thomas/Dürig, Günter/Herzog, Roman
Grundgesetzkommentar, Bd. 1 (Art. 1-11), Stand 2002

Meyer, Thomas
Was ist Politik, 2. überarb. und erweiterte Auflage, Opladen 2003

Meyer-Goßner, Lutz
Strafprozessordnung. Gerichtsverfassungsgesetz, Nebengesetze und ergänzende Bestimmungen, 46. neubearbeitete Auflage, München 2003

Meyer-Ladewig, J./Petzold, H.
Die Bindung deutscher Gerichte an Urteile des EGMR. Neues aus Straßburg und Karlsruhe, in: NJW 2005, 15ff.

Mikos, Lothar
Die Inszenierung von Privatheit. Selbstdarstellung und Diskurspraxis in Daily Talks, in: Willems, Herbert/Jurga, Martin (Hrsg.), Inszenierungsgesellschaft. Ein einführendes Handbuch, Opladen, Wiesbaden, 1998

Model, Otto/Müller, Klaus
Grundgesetz für die Bundesrepublik Deutschland, 11. vollständig überarbeitete Auflage, Köln, Berlin, Bonn, München 1996

Mogel, Hans
Persönlichkeitspsychologie. Ein Grundriss, Stuttgart, Berlin, Köln, Mainz 1985

Müller, Gerda
Möglichkeiten und Grenzen des Persönlichkeitsrechts, in: VersR 2000, 797ff.

von Münch, Ingo
Staatliche Wirtschaftshilfe und Subsidiaritätsprinzip, in: JZ 1960, 303ff

von Münch, Ingo/Kunig, Philipp (Hrsg.)
Grundgesetz- Kommentar, Band 1 (Präambel bis Art. 19), 5. neubearbeitete Auflage, München 2000

Münchener Kommentar
Band 5, Schuldrecht- Besonderer Teil III. Partnerschaftsgesetz, Produkthaftungsgesetz, Redakteur: Ulmer, Peter, 4. Auflage, 2004

Nass, Gustav
Person, Persönlichkeit und juristische Person, Berlin 1964

Nass, Otto
Staatsberedsamkeit, 2. erweiterte Auflage, Köln, Berlin, Bonn, München 1980

Negt, Oskar/Kluge, Alexander
Öffentlichkeit und Erfahrung: Zur Organisationsanalyse von bürgerlicher und proletarischer Öffentlichkeit, Frankfurt a. M., 1972

Neumann-Duesberg, Horst
Bildberichterstattung über absolute und relative Personen der Zeitgeschichte, in: JZ 1960, 114ff.

Ders.
Fernsehsendung „Aktenzeichen XY - ungelöst" und Persönlichkeitsrecht, in: JZ 1971, 305ff.

Ders.
Persönlichkeitsrecht auf Namensanonymität, in: JZ 1976, 564ff

Ders.
Sprache im Recht, Münster 1949

Nicolini, Käte/Ahlberg, Hartwig
Urheberrechtsgesetz Kommentar, 2. Auflage, München 2000

Noelle-Neumann, Elisabeth
Die Schweigespirale. Öffentliche Meinung - unsere soziale Haut, München, Zürich 1980

Öhlinger, Theo
Das Problem des verwaltungsrechtlichen Vertrages, Salzburg, München 1974

Olshausen, Thomas
Das Recht am eigenen Bilde, in: Gruch Beitrag 1902, 46. Jahrgang

Orth, Ernst Wolfgang
Öffentlichkeit, in: Brunner, Otto/Conze, Werner/Koselleck, Reinhart (Hrsg.), Geschichtliche Grundbegriffe Historisches Lexikon zur politisch-sozialen Sprache in Deutschland, H-ME, Band 3, Stuttgart 1982

Osiander, Daniela
Das Recht am eigenen Bild im allgemeinen Persönlichkeitsrecht. Aspekte für Medienschaffende, Frankfurt a. M. 1993 (zitiert: Recht am eigenen Bild)

Ossenbühl, Fritz
Medien zwischen Macht und Recht, in: JZ 1995, 633ff

Osterrieth, Albert
Bemerkungen zum Entwurf eines Gesetzes, betreffend das Urheberrecht an Werken der Photographie, in: GRUR 1902, S. 343ff

Ders.
Bemerkungen zum Entwurf eines Gesetzes, betreffend das Urheberrecht an Werken der Photographie (Fortsetzung), in: GRUR 1904, 245ff.

Palandt
Bürgerliches Gesetzbuch mit Einführungsgesetz (Auszug), BGB-Informationspflichten-Verordnung, Unterlassungsklagengesetz, Produkthaftungsgesetz, Erbbaurechtsverordnung, Wohnungseigentumsgesetz, Hausratsverordnung, Lebenspartnerschaftsgesetz, Gewaltschutzgesetz (Auszug) bearbeitet von Bassenge, Peter/Brudermüller, Gerd/Diederichsen, Uwe/Edenhofer, Wolfgang/Heinrichs, Helmut/Sprau, Hartwig/Putzo, Hans/Weidenkaff, Walter, 63. neubearbeitete Auflage, München 2004

Parsons, Talcott
On the Concept of Influence, in: Parsons Sociological Theory and Modern Society, New York 1967, 355-382

Paschke, Marian
Medienrecht, 2. vollständig neubearbeitete und erweiterte Auflage, Berlin, Heidelberg 2001

Patzlaff, Rainer
Medienmagie - oder die Herrschaft über die Sinne, 2. Auflage, Stuttgart 1992

Paul, Hermann
Deutsches Wörterbuch, 9. vollständig bearbeitete Auflage von Henne, Helmut/Objartes, Georg unter Mitarbeit von Kämber-Jensen, Tübingen 1992

Peters, Birgit
Prominenz. Eine soziologische Analyse ihrer Entstehung und Wirkung, Opladen 1996

Peters, Butz
Die publizistische Sorgfalt, in: NJW 1997, 1334 ff.

Ders.
Fernseh-und Filmproduktion. Rechtshandbuch, Baden-Baden 2003

Peters, Sibylle/Jentz, Janina
Diana oder die perfekte Tragödie: Kulturwissenschaftliche Betrachtungen eines Trauerfalls, Köln, Weimar, Wien 1998

Pieroth, Bodo/Schlink, Bernhard
Grundrechte, Staatsrecht II, 20. neubearbeitete Auflage, Heidelberg 2004

Pietzko, Joachim
Die Werbung mit dem Doppelgänger eines Prominenten, in: AfP 1988, 209ff

Plessner, Helmuth
Das Problem der Öffentlichkeit und die Idee der Entfremdung, Göttingen 1960

Posse, Ernst
Wesen und Aufgabe der Presse, Tübingen 1917

Postman, Neil
Die Verweigerung der Hörigkeit: Lauter Einsprüche, Frankfurt a. M. 1988

Prinz, Matthias
Der Schutz der Persönlichkeitsrechte vor Verletzung durch die Medien, in: NJW 1995, 817ff.

Ders.
Geldentschädigung bei Persönlichkeitsrechtsverletzungen durch die Medien, in: NJW 1996, 953ff. (zitiert: Geldentschädigung)

Prinz, Matthias/Peters, Butz
Medienrecht. Die zivilrechtlichen Ansprüche, München 1999

Raiser, Thomas
Der Begriff der juristischen Person. Eine Neubesinnung, in: AcP 199 (1999), 104 ff.

Rebmann, Kurt/Säcker, Franz Jürgen (Hrsg.)
Münchener Kommentar, §§ 433 - 606, VerbrKrG, HausTWG, MHG, Band 3, 3. Auflage, München 1995

Rebmann, Kurt/Säcker, Franz Jürgen/Rixecker, Roland (Hrsg.)
Münchener Kommentar, §§ 1-240, AGBG, Band 1, 4. Auflage, München 2001

Rehbinder, Manfred
Presserecht, Berlin 1967

Reinhold, Gerd (Hrsg.)
Soziologie Lexikon, unter Mitarbeit von Lamnek, Siegfried/Recker, Helga, 4. Auflage, München, Wien, Oldenbourg 2000

Ricker, Reinhart
Freiheit und Aufgabe der Presse, individualrechtliche und institutionelle Aspekte, München 1983

Ders.
Rechte und Pflichten der Medien unter Berücksichtigung des Rechtsschutzes des Einzelnen, in: NJW 1990, 2097

Ridder, Helmut
Zur verfassungsrechtlichen Stellung der Gewerkschaften im Sozialstaat nach dem Grundgesetz für die Bundesrepublik Deutschland, Stuttgart 1960

Rietschel, Siegfried
Das Recht am eigenen Bilde, in: AcP 1903 (Band 94)

Rössler, Beate
Der Wert des Privaten, Frankfurt a. M. 2001

Rohracher, Hubert
Einführung in die Psychologie, 6. umgearbeitete und erweiterte Auflage, Wien, Innsbruck 1958

Rüpke, Giselher
Der verfassungsrechtliche Schutz der Privatheit: zugleich ein Versuch pragmatischen Grundrechtsverständnisses, 1. Auflage, Baden-Baden 1976

Sachs, Michael (Hrsg.)
Grundgesetz Kommentar, 2. Auflage, München 1999

Schack, Haimo
Rezension von Götting, H.-P. Persönlichkeitsrechte als Vermögensrechte (JuS Privatum, Band 7) Tübingen: Mohr1995, XIX, 303S., DM 198, -, in: AcP 195 (1995), 594ff.

Scheer, Bernhard
Deutsches Presserecht, Hamburg 1966

Schertz, Christian
Merchandising. Rechtsgrundlagen und Rechtspraxis, München 1997

Scheuner, Ulrich
Die staatliche Intervention im Bereich Wirtschaft. Rechtsformen und Rechtsschutz, in: Veröffentlichungen der Vereinigung deutscher Staatsrechtslehrer II, Berlin 1954, 1ff.

Schieder, Theodor
Staatensystem als Vormacht der Welt 1848-1918, Propyläen-Geschichte Europas, Band 5, 2. Auflage, Berlin 1998

Schimpf, Christian
Der verwaltungsrechtliche Vertrag unter besonderer Berücksichtigung seiner Rechtswidrigkeit, Berlin 1982

Schlechtriem, Peter
Bereicherung aus fremden Persönlichkeitsrecht, in: Fischer, Robert (Hrsg.), Strukturen und Entwicklungen im Handles-, Gesellschafts- und Wirtschaftsrecht: Festschrift für Wolfgang Hefermehl zum 70. Geburtstag am 18.09.1976, München 1976

Ders.
Schuldrecht, Allgemeiner Teil, 5. neubearbeitete Auflage, Tübingen 2003

Ders.
Schuldrecht, Besonderer Teil, 6. weitgehend neubearbeitete Auflage, Tübingen 2003

Ders.
Anmerkungen zu BGH vom 15.11.94 VI ZR56/94 in: JZ 1995, 360ff

Schmidt, Walter
Die bedrohte Entscheidungsfreiheit, in: JZ 1974, 241ff

Schmidt-Jortzig, Edzard
Meinungs-und Informationsfreiheit, in: Isensee, Josef/Kirchhof, Paul, HStR IV (Freiheitsrechte), 2. Auflage, Heidelberg 2001, 635ff (§ 141)

Schmiede, Annette
Noch 15 Sekunden. Bis zur Studiotür behütet, beim Duell allein: Schröder und Stoiber, in: Der Tagesspiegel v. 24.08.02, 27.

Schmiedke-Rindt, Carina
She's Got Herself a Universe 1 oder Die Vorstellung einer Lebenswelt und ihrer BewohnerInnen Im Widerschein des Madonna-Fanomens, in: Hepp, Andreas/*Winter,*

Rainer (Hrsg.)
Kultur-Medien-Macht. Cultures Studies und Medienopfer, 2. überarbeitete und erweiterte Auflage, Opladen, Wiesbaden 1999, 337f

Schmitt, Carl
Verfassungslehre, 3.Auflage, Berlin 1957

Schneider, Franz
Presse, Pressefreiheit, Zensur, in: Brunner, Otto/Conze, Werner/Koselleck, Reinhart (Hrsg.), Geschichtliche Grundebegriffe Historisches Lexikon zur politisch-sozialen Sprache in Deutschland, Mi-Pre, Band 4, Stuttgart 1975

Schneider, Peter
Pressefreiheit und Staatssicherheit, Mainz 1968

Ders.
Recht und Macht, Mainz 1970

Schneiekert, Hans
Der Schutz der Photographien und das Recht am eigenen Bilde, Halle a.S. 1903

Schnur, Roman
Pressefreiheit, in: Veröffentlichungen der Vereinigung der Deutschen Staatsrechtslehrer 1965, 101ff.

Scholler, Heinrich
Person und Öffentlichkeit. Zum Spannungsverhältnis von Pressefreiheit und Persönlichkeitsrecht, München 1967

Schüle, Adolf
Persönlichkeitsschutz und Pressefreiheit, Tübingen 1961

Ders.
Pressefreiheit, in: Veröffentlichungen der Vereinigung der deutschen Staatsrechtslehrer 1965, 160ff

Schumacher, Michael
„Tomaten selbst häuten und entkernen".Michael Schumacher hat eine ganze Menge dazugelernt seit er in Italien arbeitet. Tränenreich weinen allerdings, das konnte er vorher schon. Interview: Wolfgang Prosinger und Helmut Schümann, in: Der Tagesspiegel vom 01.07.01, Weltspiegel, 1

Schwinge, Erich
Ehrschutz heute. Die Schutzlosigkeit der Führungskräfte, Tübingen, Zürich, Paris 1988

Senfft, Heinrich
Begehungsgefahr bei Recherchen der Presse, in: NJW 1980, 367ff.

Sennett, Richard
Verfall und Ende des öffentlichen Lebens. Die Tyrannei der Intimität, Frankfurt a. M. 1986

Seyfarth, Georg
Der Einfluss des Verfassungsrechts auf zivilrechtliche Ehrschutzklagen, in: NJW 1999, 1287ff.

Siemes, Christiane
Gewinnabschöpfung bei Zwangskommerzialisierung der Persönlichkeit durch die Presse, in: Grunsky, Wolfgang/Lieb, Manfred/Medicus, Dieter (Hrsg.), AcP, Band 201 (2001), Tübingen 2001, 202ff

Smend, Rudolf
Das Recht der freien Meinungsäußerung, in: Veröffentlichungen der Deutschen Staatsrechtslehrer 1928, 209ff.

Ders.
Zum Problem des Öffentlichen und der Öffentlichkeit, in: Bachof, Otto/Drath, Martin/Gönnenwein, Otto/Walz, Ernst (Hrgs.), Forschungen und Berichte aus dem öffentlichen Recht, Gedächtnisschrift für Walter Jellinek 12. Juli 1985 - 9.Juni 1955, München 1955, 1. Aufl., 11ff.

Ders.
Staatsrechtlichr Abhandlungen, Berlin 1955

Soehring, Jörg
Presserecht. Recherche, Darstellung und Haftung im Recht der Presse, des Rundfunks und der Neuen Medien. Unter Mitarbeit von Hoeren, Thomas, 3. erweiterte und überarbeiteteAuflage, Stuttgart 2000

Ders.
Die neuere Rechtsprechung zum Presserecht, in: NJW 1994, 16ff

Soehring, Jörg/Seelmann-Eggebrecht, Sebastian
Die Entwicklung des Presse-und Äußerungsrechts 1997 bis 1999, in: NJW 2000, 2466 ff.

Dies.
Die Entwicklung des Presse- und Äußerungsrechts 2000 bis 2004, in: NJW 2005, 571ff.

Sonnenfels, Joseph
Grundsätze der Polizey, Handlung und Finanz, Band.1, Wien 1765

Spitzer, Gerald
Sonderwerbeformen im TV. Kommunikations-Kooperationen zwischen Fernsehen und Wirtschaft, Wiesbaden 1996

Starck, Christian
Zur notwendigen Neuordnung des Rundfunks, in: NJW 1980 1359ff.

Steffen, Erich
Schmerzensgeld bei Persönlichkeitsrechtsverletzungen durch die Medien. Ein Plädoyer gegen formelhafte Berechnungsmethoden bei der Geldentschädigung, in: NJW 1997, 10ff.

Straßner, Erich
Historische Entwicklungstendenzen der Zeitungsberichtserstattung, in: Leonhard, Joachim-Felix/Ludwig, Hans-Werner/Schwarze, Dietrich/Straßner, Erich, Medienwissenschaft: Ein Handbuch zur Entwicklung der Medien und Kommunikationsformen, 1. Teilband, Berlin, New York 1999

Stürner, Rolf
Die verlorene Ehre des Bundesbürgers - Bessere Spielregeln für die öffentliche Meinungsbildung?, in: JZ 1994, 865 ff.

Teßmer, Dirk
Der privatrechtliche Persönlichkeitsschutz von Prominenten vor Verletzungen durch die Medien. - Mit rechtsvergleichenden Bezügen.-, Hamburg 2000

Thompson, John B.
The Media and Modernity: A Social Theory of the Media, 3. Auflage, Cornwall 1997

Ullmann, Eike
Persönlichkeitsrechte in Lizenz?, in: AfP 1999, 209ff.

Velten, Horst
Die Aufsteiger der Nation, in: Zeitmagazin 36/1994, 3ff.

Wagner, Gerhard
Das Zweite Schadensersatzrechtsänderungsgesetz, in: NJW 2002, 2049 ff.

Wahrig, Gerhard
Deutsches Wörterbuch, neu herausgegeben von Wahrig-Burgfeind, Renate, Gütersloh 1997

Wasserburg, Klaus
Der Schutz der Persönlichkeit im Recht der Medien, Heidelberg 1988

Welcker, Carl-Theodor
Die vollkommene und ganze Pressfreiheit, Freiburg 1830

Wenzel, Karl Egbert/Burkhardt, Emanuel H.
Das Recht der Wort-und Bildberichterstattung, 5. vollständig überarbeitete Auflage, Köln 2003

Werwigk-Hertneck, Corinna
Schutz vor den Paparazzi? Der Einbruch in die Intimsphäre soll strafbar werden, in: ZRP 2003, 293ff

Westermann, Harry
Person und Persönlichkeit als Wert im Zivilrecht, Köln, Opladen 1957

Wittich, Werner
Der soziale Gehalt von Goethes Roman „Wilhelm Meisters Lehrjahre", in Erinnerungsgabe für Max Weber, München und Leipzig 1923, Bd. II, S. 279ff.

Zimbardo, Philip G.
Psychologie, vierte neubearbeitete Auflage, Berlin, Heidelberg, New York, Tokyo 1983

Zippelius, Reinhold,
Konkretisierung des Persönlichkeitsrechts in der neueren Verfassungsentwicklung, in: Jahrbuch für Rechtssoziologie und Rechtstheorie (Grundrechte aus der Sicht der Sozial- und Verhaltenswissenschaften), Bd. XII, Opladen 1987, 125ff

Peter Lang · Europäischer Verlag der Wissenschaften

Katja Kassing

Ehrverletzende Personalsatire in Deutschland, Österreich, der Schweiz und England

Frankfurt am Main, Berlin, Bern, Bruxelles, New York, Oxford, Wien, 2004.
XX, 318 S.
Criminalia. Herausgegeben von Klaus Volk. Bd. 38
ISBN 3-631-52089-1 · br. € 56.50*

Im Rahmen der gesellschaftlichen Kommunikation haben satirische bzw. vermeintlich satirische Beiträge in den letzten Jahren insbesondere in den deutschsprachigen Ländern einen wachsenden Stellenwert bekommen. Dabei bewegt sich diese Art der Auseinandersetzung grundsätzlich in einem Raum von widerstreitenden Interessen, führt nicht selten zu einer Kollision zwischen Meinungs- und Kunstfreiheit auf Seiten des Satirikers sowie der „Ehre" auf Seiten des Betroffenen. Die Arbeit soll dazu beitragen, diese Kollision werkadäquat aufzulösen. Ziel ist es, anhand eines Vergleichs der vier Rechtssysteme (Deutschland, Österreich, Schweiz sowie – dem „Mutterland des Satirischen"– England) einen Weg zu einer angemessenen juristischen Beurteilung satirischer Werke aufzuzeigen und die bisherigen Unklarheiten und Mängel darzulegen, auf dass die Aussage *Eckhard Henscheids* in der „Times" vom 3. August 1991, *Just imagine a (...) court dealing with linguistics and satire; it will be one of the funniest cases for years,* zumindest zukünftig nicht mehr zutreffen sollte.

Aus dem Inhalt: Das satirische Wesen und die Grundsätze der Rezeption als literaturwissenschaftliche Grundlagen für die juristische Beurteilung dieser Art der Kommunikation · Satire unter dem Aspekt des Ehrenschutzes in Deutschland, Österreich und der Schweiz · Satire unter dem Aspekt des Ehrenschutzes in England · Die werkadäquate juristische Beurteilung satirischer Werke

FSC
www.fsc.org
MIX
Papier | Fördert gute Waldnutzung
FSC® C083411

Kolibri 360 GmbH
Ferdinand-Jühlke-Straße 7
99095 Erfurt, Deutschland
produktsicherheit@kolibri360.de

Druck:
CPI Druckdienstleistungen GmbH
im Auftrag der
Kolibri 360 GmbH
Ferdinand-Jühlke-Str. 7
99095 Erfurt